AF748371

Traité de droit administratif
du Cameroun

Patrick Edgard ABANE ENGOLO

Traité de droit administratif du Cameroun

Théorie générale et droit administratif spécial

L'Harmattan

Du même auteur

Traité de contentieux administratif du Cameroun, Patrick E. Abane Engolo, L'Harmattan, 2019.

Les transformations contemporaines du droit public en Afrique, Sous la direction de Magloire Ondoa, Patrick E. Abane Engolo, L'Harmattan, 2018.

Les fondements du droit administratif camerounais, Sous la direction de Magloire Ondoa et Patrick E. Abane Engolo, L'Harmattan, 2016.

5-7, rue de l'Ecole-Polytechnique, 75005 Paris

http://www.editions-harmattan.fr

ISBN : 978-2-343-17070-1
EAN : 9782343170701

SOMMAIRE

ABRÉVIATIONS, SIGLES ET ACRONYMES

ACFRA : Société assureurs franco-africains

AJDA : Actualité juridique droit administratif

AJDA : Actualité juridique de droit administratif

AL : Alinéa

AP : Assemblée plénière

AP : Assemblée plénière

ART : Article

Art. : Article

BULL : Bulletin de la chambre civile de la Cour de cassation

C.A : Chambre administrative

C. civ : Code civil

C.E : Conseil d'État

C.P : Code pénal

C.P.E : Commune de plein exercice

C.S : Cour suprême

CA : Chambre administrative

Cass civ : Cour de cassation-chambre civile

Cass. Soc. : Chambre sociale de la Cour de cassation

CAY : Chambre administrative, section de Yaoundé

CC : Conseil constitutionnel

CCA : Conseil du contentieux administratif

CE : Conseil d'État

CEFAM : Centre de formation pour l'administration communale

CFJ : Cour fédérale de justice

CFJ : Cour fédérale de justice

CFJ/CAY : Cour fédérale de justice/chambre administrative de Yaoundé

CGI : Code général des impôts

Chr. : Chronique

CHRON : Chronique

CIJ : Cour internationale de justice

CNPS: Caisse nationale de prévoyance sociale

CONCL : Conclusion

COR : Cameroun oriental

COR : Cameroun oriental

Cour. Cass. Crim… : Chambre criminelle de la Cour de cassation

CS : Cour suprême

CS/AP : Assemblée plénière de la Cour suprême

CS/CA : Chambre administrative de la Cour suprême

CUD :Communauté urbaine de Douala

CUY :Communauté urbaine de Yaoundé

D :Dalloz

DDHC : Déclaration des droits de l'homme et du citoyen

DEA : Diplôme d'études approfondies

DUDH : Déclaration universelle des droits de l'homme et du citoyen

Ed. : Edition

E.D.C.E : Études et documents du Conseil d'État

Ed. : Edition

EDLK : Les Éditions le Kilimandjaro

ENS : École normale supérieure

F.S.J.P : Faculté des sciences juridiques et politiques

G.A.J.A : Grands arrêts de la jurisprudence administrative

GAJA : Les Grands arrêts de la jurisprudence administrative

Ibid. (*Ibidem*) : Au même endroit

J.C.A : Jurisclasseur de droit administratif

J.O : Journal officiel

L.G.D.J : Librairie générale de droit et de jurisprudence

LGDJ : Librairie générale de droit et de jurisprudence

LITEC : Librairies techniques

MDL : Maréchal des logis

MINDCAF : Ministère du Cadastre et des Affaires foncières

MINFI : Ministère des Finances

MINFOPRA : Ministère/Ministre de la Fonction publique et de la Réforme administrative

NEA : Nouvelles Éditions du Cameroun

OAMPI : African and Madagascar Office for Industrial Property

OBS : Observations

OCB : Organisation camerounaise de la banane

Op.cit (*Opus citum*) : Cité plus haut

PUA : Presses Universitaires d'Afrique

PUA : Presses Universitaires d'Afrique

PUCAC : Presses de l'Université catholique d'Afrique centrale

PUD : Presses Universitaires de Dschang

PUF : Presse universitaire de France

PUF : Presses universitaires de France

R. A : Revue administrative

R.C.D : Revue camerounaise de droit

R.D.P : Revue de droit public et de science politique en France et à l'étranger

R.F.D.A : Revue française de droit administratif

R.J.P.I.C : Revue juridique et politique indépendance et coopération

RADSP : Revue africaine de droit et de science politique

RASJ : Revue africaine de sciences juridiques

RBSJA : Revue béninoise de sciences juridiques et administratives

RDP : Revue de droit public et de science politique en France et à l'étranger

Rec. : Recueil

Rev. Adm. : Revue administrative

Rev. Gén. Adm. : Revue générale de droit administratif

Rev. Jur. Afr. : Revue juridique africaine

RJPIC :Revue juridique et politique indépendance et coopération

S :Sirey

S. : Revue Sirey

SCB : Société camerounaise de banque

SCOA : Société commerciale de l'ouest africain

SGFPE : Statut général de la fonction publique de l'État

SMIG : Salaire minimum interprofessionnel garanti

SPIC : Service public à caractère industriel et commercial

T. : Tome

T.C. : Tribunal des conflits

T.E : Tribunal d'État

TA : Tribunal administratif

TA/YDE : Tribunal administratif de Yaoundé

TC : Tribunal des conflits

TGI : Tribunal de grande instance

TGI :Tribunal de grande instance

Th. : Thèse

UY : Université de Yaoundé

V. : Voir

INTRODUCTION GÉNÉRALE :

LE DROIT ADMINISTRATIF ET L'AFRIQUE

Existe-t-il un droit administratif de l'Afrique ? L'interrogation est porteuse en ce sens qu'instinctivement, les enseignants, tout comme les étudiants, évoquent le droit administratif africain.

Si la réponse à donner d'avance est négative, il s'avère que de nombreux facteurs agrègent les droits administratifs en Afrique. Du point de vue de sa naissance, le droit administratif est « découvert » en Afrique, à l'occasion de la présence coloniale de la France dans ce continent. Il est donc à constater avant cet instant de l'histoire africaine que le droit administratif, pris comme ensemble de règles spéciales organisant l'administration et régissant ses rapports internes, et les rapports avec des sujets de droit extérieurs, n'existait pas.

À la vérité, cette matière juridique se greffe au système romano-germanique. C'est alors que les États africains ayant connu la domination portugaise, espagnole ou belge, et plus encore française dont le Cameroun, ont « subi » cette influence juridique. Pour prendre le cas de ce dernier État, il a d'abord été par le traité germano-douala sous le protectorat allemand, mais le droit administratif n'y a pas été implanté parce que peut-être, les intérêts et l'idéologie allemandes déclinés dans le traité, et le temps qu'a duré cette collaboration ne l'a pas permis. Aussi, il demeure inscrit dans les annales que c'est avec la France que le droit administratif s'est fait jour au Cameroun, comme dans les autres Etats d'Afrique noire d'expression française.

Les composantes du droit administratif dont l'administration et ses prérogatives ne sont pas l'apanage des États consacrant un droit administratif. Aussi, la Grande-Bretagne, les États-Unis d'Amérique ou plus proche encore, le Nigeria, sont les États qui ont un « Administrative Law ». Il s'agit de règles qui organisent et limitent l'administration, mais il est nécessaire d'une part que ces règles soient dérogatoires au droit commun et d'autre part, c'est la conséquence, il est besoin que des instances de jugement qui ne sont pas forcément constituées en ordre de juridiction, mais sont néanmoins des juridictions spécialisées, connaissent du contentieux de l'administration en y appliquant un droit procédural particulier. Ces derniers aspects ne se trouvent pas dans l'« Administrative Law », qui se démarque donc du droit administratif.

Le continent africain, quel que soit l'espace géographique choisi, a donc toujours connu une administration plus ou moins organisée. Les empires, royaumes, sultanats et autres chefferies en sont des expressions à travers les différentes personnes détentrices d'autorités en leur sein. Mais, avoir une administration ce n'est pas avoir le droit administratif.

Le mythique arrêt Blanco du tribunal des conflits en 1873 évoque ce corps de règles, comme étant du droit spécial. Il est donc exceptionnel parce que distinct d'un droit classique, du droit commun régissant les rapports ordinaires entre personnes égales.

Aussi, la naissance du droit administratif en France inaugure la naissance du droit administratif partout où il a été exporté. Est-ce à dire que le droit administratif de la France est le droit administratif des États africains ?

Un droit c'est un ensemble, à savoir des fondements et sources, et une idéologie. Ces quelques critères ramassés joignent et disjoignent les deux espaces territoriaux comparés. L'identité parfaite est impossible. Seuls les États unitaires ont en principe un droit identique, quel que soit l'endroit où l'on se trouve. Par ailleurs, l'État régional et même l'État unitaire décentralisé accordent de plus en plus, comme c'est le cas pour la Nouvelle-Calédonie en France, le privilège du droit d'expérimentation ou loi du pays, à des collectivités territoriales infra étatiques. L'identité est encore plus difficile pour les États fédéraux, a fortiori est-elle impossible entre deux continents ou entre un État et d'autres États souverains de continents différents.

Les sources sont l'apanage de l'ordre juridique ancré dans la Constitution, à la lecture de la théorie kelsénienne, de sorte qu'une source du droit là-bas n'a aucune valeur normative ici.

S'agissant des fondements, tel que cela sera démontré progressivement, la liaison est indéniable, ce qui fait souvent croire à tort que le droit administratif, ensemble normatif, est en Afrique la photocopie du même ensemble normatif de la France.

Pour le cas africain justement, au-delà d'un droit administratif qui est un ensemble normatif spécial parce que dérogatoire au droit commun, il faut également voir un droit administratif spécifique parce que se distinguant à plus d'un trait du régime applicable en Hexagone.

L'objectif qui est de s'intéresser au droit administratif dans sa généralité amène à présenter et à étudier la théorie générale, le droit des biens de l'administration, le régime juridique des personnels de l'administration, les contrats de marchés publics qu'elle conclut et le contentieux qui peut survenir de son activité, quelle qu'elle soit.

Il revient à mettre en exergue la spécificité attachée aux acteurs principaux d'une part, mais aussi la spécificité liée au droit administratif formulé d'autre part ; l'ensemble pour donner une identité au droit administratif des États africains, et partant, à celui camerounais.

I. Les traits des principaux acteurs

Le droit administratif au Cameroun ou dans n'importe quel autre État comme en France, est l'objet d'une confluence d'acteurs. En termes de variété et de quantité, les plus nombreux, à savoir les personnes privées, sont dominés. Il n'est point nécessaire de déterminer le nombre de personnes physiques, c'est-à-dire le nombre d'administrés, usagers du service public et autres agents publics qui sont la population d'un État, se retrouvant concernées par le dispositif du droit administratif. Dans le même sens, il ne revient pas d'énumérer les personnes morales de droit privé, elles également diverses et nombreuses.

En droit administratif, ce n'est pas le nombre qui compte, car les personnes morales de droit public à la variété réduite sont les plaques tournantes de ce droit parce qu'elles ont la charge de sa mise en œuvre, en premier lieu, et ont également l'obligation de le constituer en second lieu, le fait étant que les administrations publiques produisent du droit. Aux côtés de l'administration se trouve le juge, dont les rôles de garantie et d'institution du droit administratif devraient être constatés. Mais en réalité, tandis que les administrations sont les bras séculiers de l'exécutif, le juge est pour sa part diminué dans sa marge de manœuvre.

A. L'administration, bras séculier de l'exécutif

Sous l'ancien régime, l'administration était ouverte aux privilégiés et elle accordait des privilèges. Ceci fait que l'accès à plusieurs fonctions publiques pouvait se faire par l'achat des charges. Montesquieu lui-même, homme de liberté et magistrat, avait vendu sa charge. Le privilège statutaire et les pouvoirs conférés aux autorités administratives excluaient donc l'égalité de traitement.

Dans les États africains, l'administration publique se présente aussi, effectivement comme accordant à ceux qui y travaillent une plus-value sociale, parce qu'ils sont réputés appartenir à une fonction publique dans laquelle les agents ont une stabilité de l'emploi, une sécurité de la rémunération et un prestige.

Mais alors, l'emploi étant chose rare, les agents des administrations se sentent redevables de cette administration, de sorte que leur mission vise la satisfaction du service public, incarné par les exigences de l'État employeur et non le service public désincarné dans la seule satisfaction de l'intérêt général.

La fonction publique, qui en Afrique reste à son stade embryonnaire, est en réalité celle de l'État. Elle donne à soupçonner, comme c'est le cas au Cameroun, une fonction publique locale, mais point de fonction publique hospitalière ou autre. Les effectifs sont-ils pléthoriques ou non ? difficile de répondre. Car, la méthode statistique n'est pas utilisée pour établir les besoins, et il n'est donc pas facile d'établir une lisibilité des stratégies des recrutements publics.

Dans les États africains où le droit administratif est consacré comme tel, l'organisation administrative suit celle française. D'abord, l'administration demeure cette personne morale dite fictive avec qui on n'a jamais et on ne dinera jamais. Gaston Jeze et Léon Duguit, qui sont loin d'être des ressortissants des États africains, sont à ce propos cités en abondance dans les cours de droit administratif.

Dans sa structure, l'organisation administrative de ces États reprend le modèle français qui est la concentration et la décentralisation, selon les États, en tropicalisant d'ailleurs cette dernière.

L'administration est donc une personne morale de droit public assujettie au respect de l'ensemble normatif qui déroge au droit commun. Cet ensemble normatif est produit par elle ou émane d'autorités publiques qui lui sont hiérarchiquement supérieures du point de vue de la hiérarchie des organes. De plus, l'administration doit pourvoir à l'utilité publique.

Par le foncteur déontique « doit », tel qu'utilisé, l'administration a un devoir transcendant toute objection de droit ou de fait, à savoir : pourvoir à l'utilité publique. On n'est pas loin de Rivero, la quête de l'administration étant de combler les attentes des usagers et de permettre qu'elle-même fonctionne non pas dans son intérêt propre, mais toujours à l'avantage des usagers. Cette mission catégorique qui lui incombe, lui impose l'usage de moyens exorbitants si besoin s'en fait sentir, le pouvoir exorbitant permettant l'atteinte de l'objectif d'utilité publique.

Ce n'est pas pur idéologie que de présenter l'administration par ladite mission qui lui incombe. Sauf que dans les États africains, si l'administration correspond à cette représentation, les autorités administratives dévoient cette vocation et cette fonction de l'administration. La mission correspondant à satisfaire l'intérêt général se trouve compromise quand il est constaté que les autorités administratives, loin d'être les serviteurs de l'administration, sont les soldats de leurs administrations. Ces autorités sont d'ailleurs mal outillées, parce qu'ignorant très souvent les contours, les règles qu'elles sont supposées mettre en application. Leurs intérêts particuliers déteignent sur leurs fonctions, mais cette question est peu juridique et relève plus de la sociologie, de l'anthropologie et de la science politique.

De même, les différentes administrations qui ne sont point confinées à la gestion de portions de territoires interviennent dans le cadre de missions techniques. Il s'agit essentiellement pour le Cameroun, des établissements publics administratifs et des groupements d'intérêt public. D'autres administrations dans l'entre « public-privé » sont également créées, dans l'esprit de la distinction gestion publique et gestion privée, comme déclinée dans l'affaire Société Commerciale de l'Ouest africain de 1921. Les sociétés d'économie mixte et les sociétés à capitaux publics sont de ces personnes morales de droit privé qui participent aux missions de service public, et connaissent donc une forte implication de l'administration publique dans leur création, comme dans leur fonctionnement.

Au premier regard et en dehors des reproches formulés à l'encontre des autorités administratives, il est perçu un alignement dans la structuration et le fonctionnement des administrations des États africains à celles françaises.

Pour autant, les législateurs africains sont constants quant à l'octroi des prérogatives privilégiées à l'administration d'État. L'exemple de la décentralisation technique au Cameroun peut l'illustrer, car il est constaté que les textes octroient un pouvoir d'instruction des autorités de tutelle sur celles décentralisées. À l'exemple, pour les universités d'État considérées comme établissements administratifs, c'est le ministre qui autorise les recrutements des personnels enseignants et qui gère les promotions de grade. De même, c'est le ministre chargé de l'Emploi qui y autorise les recrutements des personnels administratifs d'appui.

Pour les collectivités territoriales décentralisées supposées autonomes, leur dépendance financière et les règles budgétaires et comptables (qui ont d'ailleurs suggéré qu'un chapitre de cet ouvrage leur soit consacré) produisent un resserrement de la liberté d'agir desdites collectivités publiques. D'ailleurs, les communautés urbaines qui sont des collectivités territoriales à part entière sont administrées par les délégués du gouvernement non élus, mais simplement nommés par le président de la République. L'excuse atténuante est que le texte constitutionnel dispose en son article 55 al 2 que les collectivités territoriales décentralisées « *s'administrent librement par les conseils élus* ». Cette pratique serait donc conforme à la Constitution, parce que les conseillers sont élus obligatoirement ; le chef de l'exécutif n'est élu que facultativement. Il ne faut pas ignorer que la décentralisation c'est aussi le droit des populations locales de choisir elles-mêmes leurs autorités. Et donc, accepter que les conseillers élus élisent un chef de l'exécutif local, lui-même d'ailleurs élu, est commode par rapport aux principes et à l'esprit de la décentralisation.

Certes le président de la République est issu du suffrage universel, mais il préside l'ensemble et non la partie ; il n'est pas un président local, mais le président national. Il n'est pas élu par les populations locales, mais par celles de partout, c'est-à-dire le peuple camerounais. C'est sûrement fixé sur ces règles que pour les communes le maire élu comme tous les conseillers municipaux, le devient par élection de ses pairs. Il est donc évident que l'interprétation du texte constitutionnel ignore les principes de la décentralisation, ou alors que le décret de 1987 instituant les communautés urbaines et la loi de 2004 fixant les règles applicables aux communes, textes infra constitutionnels, ont voulu constituer un mécanisme propre à la décentralisation camerounaise.

Ces échantillons révèlent que les contours de l'administration sont pareils là où il y a le droit administratif, mais que pour le cas de l'Afrique, les législateurs ont choisi de produire une administration publique au service des intérêts de l'exécutif.

B. Un juge diminué

Une spécificité du droit administratif est d'instituer pour l'administration une instance juridictionnelle particulière. Le magistrat qui y officie est appelé juge administratif. Hier et aujourd'hui encore, s'il fallait le qualifier en Afrique, on dira qu'il est :

- lent à la décision ;
- inapte au droit administratif ;
- intéressé par son sort.

Pour parvenir à ces conclusions, il faut remonter à ce qui fait de lui ce qu'il est. Sur ce point, il est préalable de s'intéresser à une famille du droit qui est répulsive du droit administratif, mais dans laquelle le juge (personne physique) et la juridiction (institution) sont des modèles de compétence et d'affranchissement. Il s'agit du système de la Common Law.

En affirmant que la Common Law est un système juridique marqué par la prégnance du juge-artisan de la jurisprudence (elle même source principale du droit), c'est indirectement exprimer la place qu'occupe cet auteur du droit. Ce système est en effet celui du « judge-made », car le droit écrit y est moins important que le droit jurisprudentiel.

Par rapport à la législation dont les réaménagements se font à l'issue de lourdes procédures, la souplesse en Common Law se manifeste ici par le pouvoir immédiat du juge de faire et de refaire le droit. Par ailleurs, le judiciaire, même quand il n'est pas formellement constitutionnalisé comme en Grande-Bretagne n'est pas moins considéré comme un pouvoir à part entière et égal au législatif et à l'exécutif. Le prestige de l'œuvre du juge et donc de la fonction de juger s'établit à partir de son identification et du rôle qui est le sien par rapport à son homologue du système romano-germanique, où existe la juridiction administrative.

La Common Law est faite par le juge et son identification montre que le souci premier est non seulement qu'il soit à la hauteur de la tâche, mais également qu'en toute impartialité et responsabilité, il rende son office. L'œuvre de justice est prioritairement confiée aux juristes, même si cette règle n'est pas absolue. Des différences apparaissent entre le juge en Angleterre et aux États-Unis, mais la souplesse et l'efficacité demeurent.

En Angleterre et au Pays de Galles, il n'y a pas de ministère public. Le personnel judiciaire est une formation unie. Ce sont essentiellement des juristes praticiens et universitaires qui ont été formés pour cet office. Ce corps comprend les *solicitors*, les *barristers* et les *judges* à proprement parler. Les solicitors sont des professionnels inscrits à la *Law society*. Ils sont assimilables aux notaires et huissiers de notre système de droit. Les *barristers* sont des avocats. Quand aux *judges*, leur indépendance est accentuée, car les juges des cours supérieures ne sont pas révocables, sauf si la demande est faite par les deux chambres du parlement. Les juges des cours inférieures sont nommés à vie et ils ne peuvent être révoqués que pour faute grave.

Aux États-Unis forcément, les juges sont des juristes professionnels qui pour autant, ne sont pas des magistrats professionnels, et leur mode d'accès à la fonction y contribue. Il faut souligner comme en Angleterre l'institution du jury formé de citoyens ordinaires qui participent à l'office de trancher les litiges. Il existe un ministère public aux États-Unis.

Dans le système de la Common Law, il ressort que le corps des juges est généralement constitué d'anciens avocats. Leur professionnalisme, leur efficacité et leur notoriété ont alors contribué à faire qu'ils accèdent à ladite charge. Cet élément a pour conséquence d'abord d'affirmer leur autorité et donc leur indépendance ; ensuite leur professionnalisme et donc leur aptitude à formuler un droit jurisprudentiel de qualité, et enfin leur inclination à défendre les droits des parties et surtout à garantir les droits de la défense.

L'accès à la fonction obéit à diverses modalités. L'une d'elle est la nomination. En Angleterre, les « *judges* » (juges professionnels), *barristers* de renom, sont nommés par la plus haute autorité, à savoir la reine, sur proposition du Lord Chancellor. Aux États-Unis, plusieurs modalités sont associées. Les juges des cours fédérales sont des juges de carrière. Au sommet de la hiérarchie judiciaire figure la Cour suprême constituée de neuf membres nommés à vie par le président des États-Unis après approbation du Sénat. Dans les États fédérés, les juges des tribunaux d'État qui ne sont pas forcément des juges de carrière sont désignés suivant trois modalités distinctes. Le principe le plus répandu est l'élection des juges par les citoyens de l'État. D'autres juges sont nommés par le gouverneur avec l'approbation du parlement de l'État, c'est le cas du New Jersey. La cooptation est également employée telle que pratiquée en Alaska. Leurs mandats sont plus ou moins longs suivant les États fédérés, certains leur accordant même un mandat à vie. Par son rôle, le juge de la Common Law contribue à en faire un système de « Judge made ».

Nommé au plus haut niveau ou en majorité élu, le juge dans le système de la Common Law, est dépositaire de la responsabilité de contribuer à l'œuvre normative, et de rendre le droit au nom de ceux de qui il tient son pouvoir. Tels l'exécutif et le législatif élus, le juge a davantage d'autonomie et rend plutôt compte à ceux qui devront l'évaluer à la qualité de son office. Même quand ils sont désignés, ce système de droit les affranchit fortement de l'autorité des autres pouvoirs, notamment grâce à la notoriété dont ils jouissent et qu'ils doivent défendre.

Plus que dans le système romano-germanique, le juge de la Common Law est outillé pour faire directement le droit. La procédure étant en général accusatoire, il lui revient de protéger néanmoins la victime, de garantir le procès équitable et de donner des assises logiques à son droit. C'est ainsi que ses opinions sont abondamment argumentées. Il faut aussi constater le phénomène du « *compensation culture* », par lequel le juge a tendance à rémunérer de manière disproportionnée les préjudices subis, à la différence des juges des autres systèmes, moins enclins à substantiellement dédommager.

À la comparaison, le juge administratif n'a pas le même profil de compétence et de liberté. La compétence ne se résume pas ici comme dans la théorie générale en l'habilitation légale. Plutôt, il s'agit des capacités intellectuelles intrinsèques d'un magistrat, qui devraient l'amener à rendre un droit conforme aux principes et règles en vigueur dans un domaine. Il faut connaître le droit, il faut comprendre sa mécanique constituée d'interprétations constructives et de principes matriciels d'un droit supposé non codifié.

Il est exigeant d'être juge administratif parce qu'à la différence de son collègue de la juridiction judiciaire qui a déjà des textes rassemblés, le juge administratif doit rechercher une règlementation éparse et des fois non précises sur certaine question. Il doit donc faire œuvre de jurisprudence. L'élévation intellectuelle, la systématisation du droit, la genèse des institutions, l'évolution du droit en vigueur et l'impératif de justice sont trop souvent des connaissances et aptitudes échappant à nos juges administratifs, de sorte que le malheur du droit administratif dans les États de droit africains provient du juge administratif.

À sa décharge, il ne se fait pas juge administratif. C'est donc la faute à ceux qui l'investissent. Jamais élu et toujours nommé, il est par principe formé dans une école où il apprend le droit judiciaire et des fois, comme c'est le cas au Gabon et depuis peu au Cameroun, le droit administratif.

Le souci est donc la formation du magistrat administratif et sa sélection par l'administration qu'il est appelé à juger ou confusément à servir. Il y a un besoin d'affranchir le juge de l'administration. Sur ce point, des critiques fusent contre le Conseil Supérieur de la Magistrature, qualifié de relique du ministre juge, mais cette institution fait bien ses preuves en France. Ce sont les règles ou les individus qui posent problème en Afrique.

En réalité, le problème c'est l'individu juge qui est dans une constante autolimitation, parce que fébrile. Il ignore même le droit qu'il est supposé faire appliquer et façonner. Il n'est pas étrange, dans les États africains, de voir un juge se considérer limité par une disposition réglementaire. C'est le cas au Cameroun où l'« inattaquabilité » du titre foncier, l'inaliénabilité du domaine public ou encore insaisissabilité de ce domaine parmi d'autres règles et principes sont disposés par des règlements que le juge considère comme s'imposant à lui. Aussi, le juge administratif a failli à son pouvoir, en se diminuant devant les actes juridiques de l'administration.

Sa faible culture est éprouvée à la lecture de ses décisions, parce que le juge, non obligé de justifier ses jugements, n'explique pas sa décision et n'instruit donc pas le droit administratif. En fait, pour faire mieux, il faut encore en être capable, d'où l'urgence de revoir les critères de sélection des juges administratifs.

Davantage, la justice constitutionnelle, plus récente que celle administrative fournit aujourd'hui avec l'exemple béninois une jurisprudence appréciable, alors même que de grandes décisions des juges administratifs, de quelque Etats africains qu'ils soient, demeurent recherchées.

La timidité de ce juge est également attachée à une quête de construction de carrière, car, pour être stable et évoluer sur le plan professionnel, il ne faut peut-être pas égratigner les intérêts de l'administration. Enfin, le juge contribue à l'État de droit. Aussi, s'il n'est pas maîtrisé, il peut devenir dangereux pour l'administration, sanctionnant à tout vent. Le recruter peu apte, et surtout le diminuer en quantité, résorbent le risque. C'est ainsi que la juridiction administrative manque de personnels, et que les juridictions administratives sont très peu nombreuses. C'est ainsi qu'elles sont en général géographiquement éloignées du justiciable administratif. L'évidence est donc de constater que le droit administratif immanent dans les États africains est propre à eux-mêmes.

II. Un droit administratif spécifique

En parcourant les ouvrages de droit administratif, il s'avère pour les cas français et belge qu'il ne s'agit point de photographie de l'un par l'autre. Par exemple, ce n'est que bien tard qu'il y eu « jurisprudentialisation » du droit administratif belge, leur conseil d'État n'étant créé qu'en 1946. Dans le même sens, il n'est dont point de mise d'estimer que pour les États africains concernés il y a application du droit administratif français. L'autonomie est là, même si l'empreinte originelle demeure. Dès lors il doit être dit après avoir répondu à la préoccupation de savoir s'il s'agit d'un droit administratif en Afrique ou africain qu'en l'état, il faut le considérer comme un droit pour l'administration et par l'administration.

A. Un droit administratif en Afrique ou africain ?

Cette question devrait permettre de dire s'il existe pour le Cameroun un droit administratif camerounais. Satisfaire à l'obligation de répondre passe par la préalable détermination de l'éventuelle existence d'un droit africain et donc, d'un droit administratif africain.

Ce préalable exige une théorisation à constater ou non la présence d'une famille de droit africain. Le lien entre différents ordres juridiques est de plus en plus discuté, poussant à dire par exemple qu'il n'ya plus de famille de droit civil, c'est-à-dire que le système romano-germanique n'existe pas ou n'existe plus. Les différences ont même conduit à la construction de trois grands groupes dans ce système, avec le droit romaniste, le droit germanique et le droit scandinave. Mais, il peut être avancé que ce sont trois branches d'un même arbre, parce que le lien intrinsèque demeure, faisant que l'origine de cette famille du droit et ses caractéristiques ne connaissent nullement de dilution, quel que soit l'ordre juridique en présence. C'est ainsi que la philosophie libérale dans cette famille de droit, la prégnance des sources écrites de ce système et la division du droit en deux branches (droit public et droit privé) pérennisent ce système de droit, au-delà des détails fondant des différences.

Il est plus difficile de relier les droits en vigueur en Afrique. L'histoire lointaine et précoloniale peut asseoir des ressemblances, la tiédeur des libertés également. Cependant, la présence d'une forte communauté musulmane dans la plupart des États, même ceux colonisés par la France, de même que la colonisation effectuée par l'Angleterre, qui a laissé à ces États en héritage les principes de la Common Law, sont des facteurs de distinction des ordres normatifs africains.

Il n'est donc pas loisible de proclamer l'existence d'un système de droit africain, car les législations africaines, et notamment celles des États d'expressions française et anglaise se distinguent, et celles des États d'obédience chrétienne s'opposent à celles musulmanes quant à :

- la place de la femme ;
- l'influence de la religion sur le droit ;
- la place de la jurisprudence ;
- la division des branches du droit.

La liste n'est pas exhaustive, mais il est permis d'y voir un rejet de l'existence d'un droit africain et donc d'un droit administratif africain.

En réalité, quelques États africains ont en partage le droit administratif, qui n'est pour autant nullement le même pour tous ces États. Dans le détail, les systèmes d'organisation juridictionnelle ne sont pas pareils. L'existence d'un code administratif ou de justice administrative sépare, et le degré de distinction d'avec le droit administratif français n'est pas le même partout. Autant il n'y a pas de droit administratif africain, autant ce droit existant dans les États africains est constitué différemment de celui français. En effet, il a été adapté ci et là en fonction des impératifs économiques, des idéologies politiques et des réalités locales.

De manière indéniable, tous les droits administratifs se ressemblent, les raisons simples sont les notions communes et les fondements communs. Viendrait-il à l'esprit d'appréhender le contrat administratif en un lieu autrement que ce qu'il est ailleurs. Il n'est point absurde de suggérer que la logique (administrative) de la doctrine, des juges et des législateurs est pareille, de manière à ce qu'un acte consensuel ne puisse jamais être autre chose qu'un acte consenti. C'est ainsi que les notions d'acte administratif unilatéral, les principes d'égalité... sont les mêmes en tout lieu où se trouve le droit administratif. C'est le postulat de l'unité notionnelle du droit qui prescrit un sens commun générique et général des concepts, avec des précisions pouvant néanmoins donner lieu à des différences selon le lieu.

Loin de ce ventre mou de l'unité des droits administratifs, l'ancrage solide reste le fondement. On devrait s'interroger sur la constance des reprises dans nos cours de droit administratif au Gabon, au Sénégal ou encore au Cameroun, notamment des actes juridiques, positions doctrinales et jurisprudentielles fondatrices du droit administratif en France.

Dès lors, pour les actes juridiques et à titre d'exemple : l'Edit de Saint-Germain du 21 février 1641, la loi d'organisation judiciaire des 16-24 août 1790, le décret du 16 fructidor An III, l'Édit de Moulin en 1566, la loi du 24 mai 1872 s'avèrent être parmi ces grands textes français incontournables dans les études de droit administratif partout.

Les grands maîtres du droit public africain sont recherchés. Le péché de la plupart est leur existence, parce qu'en général, c'est après la vie que les œuvres produites peuvent conduire à la béatification. En fait la doctrine administrativiste des juristes africains est encore bien récente. Aussi très peu de juristes de renom se sont déjà installés dans ce domaine. Ceux qui semblent se démarquer sont souvent des contemporains, encore que la diffusion de la doctrine africaine n'est pas faite, ces quelques juristes laissant davantage des œuvres nationales. Il faut donc chercher longtemps pour les trouver.

L'autre raison est peut-être que cette discipline du droit public a été et est l'objet de nombreux assauts de la fine fleur des juristes français, d'ailleurs devanciers de ceux africains. Il est des grands noms gravés dans le marbre. Le duo Auby et Drago, Charles Eisenmann, Roger Bonnard, Gaston Jeze, André de Laubadere, Jean Rivero, Marcel Waline, Edouard Laferierre et plus encore Léon Duguit et Maurice Hauriou, parmi quelques rares autres, sont de grands noms qui ''hantent'' le droit administratif. De l'autre côté, les commissaires du gouvernement, célèbres par leurs conclusions, à l'exemple de Gazier, Matter et Romieu ont laissé leurs marques à ce droit.

En s'intéressant aux doyens Duguit et Hauriou, et empruntant à la terminologie nord-américaine, il peut être dit qu'ils sont en définitive les pères fondateurs du droit administratif par la célébrité, l'éternité et l'opportunité de leurs œuvres. Ils ne sont pas français, ils ne le sont plus. Car, ces auteurs et donc leurs travaux font partie du patrimoine commun du droit administratif. C'est l'exemple même de la Déclaration universelle des droits de l'homme de 1948. Ce texte de portée générale est déclaratoire en France, mais la Convention européenne des droits de l'homme de 1950, tout comme la Déclaration des droits de l'homme et du citoyen et l'ensemble du préambule constitutionnel de cet État montrent très bien l'interaction des règles et principes universels de garanties des droits de l'homme, dans l'ordonnancement normatif français.

Il n'est donc pas pénible de suggérer que la doctrine établie puisse être un point de contact entre les droits administratifs, sauf à rejeter la logique des propos et la logique des positions de ces grands auteurs.

La jurisprudence est certainement l'un des fondements équivoques. Le juge statue pour une espèce et en fonction du droit qui lui est applicable. Il ne devrait pas y avoir extension d'un cas spécifique à un autre cas spécifique, et dont d'un droit en vigueur à un autre droit en vigueur. Cependant, le juge est amené à puiser dans ces principes universels de justice (jusnaturalisme) et dans le dispositif positif (exemple le droit à une justice équitable dans l'article 6 CEDH et 7 CADHP) pour dire le droit. D'ailleurs, l'intime conviction d'un juge normalement constitué, peut-elle être autre chose que ce qu'elle est partout (au-delà des acclimatations). Quand le droit écrit n'a pas disposé d'une question, le juge interpellé devra néanmoins dire le droit. D'où lui viendra l'inspiration, si ce n'est de son entendement de la solution possible, de sa connaissance de la question ailleurs, et surtout du processus intellectuel de validation d'une solution étrangère dans un contentieux national.

Il a été maladroitement reproché au juge africain de reprendre les solutions françaises. En fait, reprendre un droit incompatible est un problème ; par contre, reprendre une solution compatible et se l'autoapproprier ne devrait pas donner lieu à débat. La minutie est de ne pas citer l'affaire en référence, mais de s'en inspirer. Ceci n'est pas toujours un acte de faiblesse, mais une preuve de l'adéquation des raisonnements. Faut-il reprocher à un fabriquant de véhicule X de s'inspirer du processus de fabrication du véhicule Y, ou encore le chirurgien camerounais doit-il pratiquer une chirurgie camerounaise ?

Concernant la jurisprudence, l'arrêt Blanco de 1873, mais aussi d'autres décisions comme l'arrêt Terrier ou Benjamin, Société immobilière de Saint-Just, Société des granits porphyroïdes des Vosges, ou encore Cadot sont de ces décisions qui disent et orientent le droit administratif. Il pourrait être envisagé que les décisions rendues appartiennent à la France, mais le processus intellectuel, les conclusions et donc le raisonnement n'ont pas de nationalité.

À y regarder de près, très peu d'objections sont recensées pour les actes juridiques, la doctrine administrativiste et la jurisprudence administrative d'avant les indépendances. Il n'est point justifiable de rejeter pour autant le droit français intervenant après les indépendances des États africains. Il ne s'agit point d'en faire application, mais plutôt de s'en inspirer, du moment où les points du droit dont il est question sont pertinents et compatibles avec l'ordre juridique mis en cause.

Les États africains connaissant le droit administratif ne sont pour autant pas des moutons de Panurge. Avec de la compétence, il est même possible que les droits produits par ces États puissent également devenir des sources d'inspiration pour des États comme la France. Toutefois, il demeure qu'un droit administratif est inscrit dans un ordre juridique et que c'est dans cet ensemble normatif qu'il se déploie.

D'abord, il faut éviter la confusion entre fondement et source du droit. Le fondement c'est la raison d'être, la justification, ce qui autorise une action, c'est-à-dire l'élément essentiel servant de base. La source par contre est en droit l'assise positive, c'est-à-dire la disposition, la clause ou la jurisprudence donnant une habilitation à agir dans un sens. À l'illustration, monsieur A, mécanicien, a par une fausse manœuvre abimé le véhicule de monsieur B. Aussi, monsieur A doit en répondre, parce que c'est à lui de réparer, car il est l'auteur d'un préjudice : c'est le fondement. Par ailleurs, le juge le condamnera sur la base de l'article 1382 du Code civil : c'est la source.

Le droit provient de quelque part, c'est-à-dire qu'il a un processus de formation, mais sa matérialisation est le fait de ses sources. Dans le droit positif, la source première, d'ailleurs appelée fondement de l'ordre juridique est la Constitution. Elle est le fait d'un État et ne s'emprunte pas, ni ne s'applique à un autre État, ni ne peut tenir lieu de source de droit à toute personne qui n'en relève pas par sa nationalité ou sa résidence. C'est à la lumière de cette perception qu'il existe des droits administratifs pour les États africains, et donc dans chacun, car les uns et les autres ont leurs propres bases constitutionnelles du droit administratif. Par voie de conséquence et au travers de l'enchainement du droit, les normes infra constitutionnelles sont le propre de chaque État, avec de manière évidente des différences dans les contenus et portées. Dès lors, la Constitution et la loi camerounaises, les traités et accords légalement ratifiés par le Cameroun, les règlements ou encore la jurisprudence produite par le juge administratif camerounais sont les sources qui, agrégées, vont constituer le droit administratif camerounais. L'argument d'autorité c'est qu'un ordre juridique est l'ensemble hiérarchisé des normes produites dans un État, ou auxquelles il est assujetti. Ce faisant donc, il existe un droit camerounais comme il existe un droit canadien ou français. Dans cette veine, les branches du droit et les disciplines qui, en ressortent doivent être considérées comme propres à chaque ordre juridique. À l'énumération, il y a donc un droit pénal camerounais, un droit constitutionnel camerounais et mieux encore, un droit administratif camerounais.

Cette théorie de l'autonomie postule une possible similarité des trajectoires et des règles, mais surtout une évidente autonomie des sources.

Ces facteurs manquent à l'acception d'un (macro) droit administratif africain, mais ils sont suffisants pour l'établissement d'un (micro) droit administratif camerounais par exemple. Une autre démarcation peut néanmoins provenir de ce que le droit administratif formulé l'est pour l'administration et par l'administration.

B. Un droit pour l'administration et par l'administration

L'ordre juridique est cohérent : les normes se superposant et s'enchevêtrant sans s'opposer. Dans le droit administratif de quelque États africains qu'ils soient, et davantage dans celui camerounais, les dispositions concordent et la jurisprudence s'intègre dans cette cohérence du droit positif, si bien que rarement, se trouvent des textes, des décisions de justice, contrevenant aux autres règles ; la partie s'intégrant donc dans l'ensemble. Cette cohérence est de mise dans les états africains où, la fin justifiant les moyens, les prérogatives supérieures de l'administration dominent sur la priorité de satisfaire l'intérêt général dans le droit de la puissance publique. La définition du droit administratif s'en trouve perturber parce que le service public est exposé au péril, au regard de ce que le droit administratif en Afrique est plus imprégné de l'exorbitance. Ainsi, le service public est souvent affiché, et c'est la puissance publique qui est en réalité disposée et matérialisée.

S'il fallait dire qui est l'auteur du droit administratif, notamment au Cameroun comme c'est le cas ailleurs, la réponse serait le pouvoir exécutif. La démonstration est périlleuse pour le rôle du juge administratif. Au demeurant, l'argumentaire déjà développé sur la limitation du juge administratif peut être repris. Sa sélection et sa formation relèvent bien de l'administration, qui organise les concours pour son recrutement et assure sa formation. L'emprise du président de la République et du ministre de la Justice dans la gestion de carrière des magistrats, par leurs postures au sein du Conseil supérieur de la magistrature, est un aléa suggérant une dépendance des magistrats. L'option actuelle de l'exécutif de ne pas nommer des universitaires dans les cours et tribunaux, tel que le rendent possible les textes, révèle aussi une méfiance vis-à-vis de ces hauts diplômés, réputés libres dans leurs opinions.

Le droit administratif dans les différents États africains est très peu jurisprudentiel. Non pas que le juge ne tranche pas les litiges, mais trop souvent, ses jugements sont déclaratifs, alors que la création du droit relève du jugement constructif. D'ailleurs, le législateur, s'il n'intervient avant le jugement, vient a posteriori légiférer sur les questions tranchées par le juge, de sorte que le droit jurisprudentiel perd sa substance. Par suite, il y a plus de décisions d'espèces, c'est-à-dire applicables pour une affaire que les décisions de principe, qui ont vocation à déborder le cas présenté au juge. Pour prouver cette allégation, il faudrait rechercher les principes généraux du droit émanant du juge qui ne sont pas des prescriptions du droit écrit. De manière irréfragable, le droit administratif des États africains, illustré par celui camerounais, est fortement textuel. Pour citer des secteurs légiférés ou réglementés, il faut énumérer :

- la procédure administrative contentieuse ;
- les libertés de communication, d'association, d'opinion…
- les libertés politiques ;
- la décentralisation ;
- la propriété publique ;
- les statuts des fonctionnaires ;
- l'urbanisme ;
- les marchés publics ;
- etc.

Pour les actes réglementaires, il est un truisme que l'administration en est l'auteur direct. Elle est donc juge et partie, parce qu'en amont, elle émet des règles de droit et en aval, elle en assure l'exécution.

Quant aux textes législatifs, le pouvoir exécutif détient un monopole de fait, de l'initiative de faire la loi. De nombreux projets de loi protégeant les libertés, organisant l'administration et définissant les prérogatives administratives sont ainsi conçus par l'exécutif dont l'administration est le bras séculier. Le gouvernement va défendre le projet de loi devant les parlementaires et le président de la République le promulguera. Par conséquent, l'administration s'avère être l'auteur direct et indirect du droit administratif, qui est pourtant supposé limiter son bon vouloir.

Plus profonde encore est la restriction d'astreindre ou d'enjoindre l'administration. La France a définitivement levé le verrou en 1995, mais les États comme le Cameroun n'en sont pas véritablement là, le magistrat pouvant même être emprisonné s'il donne des ordres à l'administration. Le système mis en place muselle alors les auteurs concurrents de l'administration, dans la construction du droit administratif, laissant la latitude, et donc, le monopole de fait à l'administration pour faire son droit. S'il y a limitation ou sanction c'est que l'administration s'auto-flagelle immédiatement, ou par l'entremise du juge autorisé, de manière à constater que le droit administratif est dans les États africains, très peu protecteur des droits et libertés.

Cette constatation simplifie la définition de ce droit administratif éloigné de sa nécessaire *jurisprudentialité*. Il peut être dit que dans les États africains, le droit administratif est donc un droit pour l'administration et par l'administration. L'une des expressions alarmantes est le décret camerounais du 8 mars 1995 portant statut de la magistrature. Il révèle en plein jour qu'un corps (les magistrats) d'un pouvoir (le judiciaire) ; dépend statutairement d'un acte juridique pris par un autre corps (l'administration) qui appartient à un pouvoir dont il est dit séparé, à savoir l'exécutif.

La *jurisprudentialité* est un critère du droit administratif libéral. Quand ce droit est textuel, il est nécessaire que le dispositif législatif soit dominant. S'il est davantage réglementaire, c'est qu'il est forcément autoritaire, devenant une production d'un ensemble normatif convenable pour l'administration, au préjudice des autres sujets du droit administratif.

L'induction et la déduction effectuées conduisent à l'observation du droit administratif camerounais comme revêtant les traits qui peuvent être retrouvés dans les droits administratifs béninois, ivoirien et d'autres États africains. De même, le regard général permet de tirer des conclusions de l'analyse des principes des droits administratifs des autres États africains, comme se retrouvant également au Cameroun. Indiscutablement, il y aura toujours des différences. Mais à titre de regroupement, l'étude menée sur un droit administratif, celui camerounais, donne à voir un ensemble normatif, non pas similaire, mais semblable, c'est-à-dire analogue à celui des autres États africains. Les caractères permettant cette affirmation sont :

- un droit prioritairement marqué par les pouvoirs exorbitants de l'administration ;
- un droit fortement textuel, dont les règlements formulent la grande partie des règles ;
- un juge limité par son profil et la marge de manœuvre qui lui est donnée ;
- des institutions à la recherche de leurs repères et dotées de caractéristiques défiant la théorie générale ;
- des fondements communs avec le droit administratif français ;
- une distinction des sources, chaque Etat ayant son droit administratif propre.

En s'appesantissant spécialement sur l'exemple du Cameroun, ces différents caractères se retrouvent dans tous les pans du droit administratif camerounais. Il convient de présenter dans ce cadre, respectivement l'administration et ses actes, la décentralisation territoriale, les moyens de l'administration et le contentieux administratif.

PREMIÈRE PARTIE :

L'ADMINISTRATION ET SES ACTES

L'administration est née avec la société. Elle se présentait comme étant une structure plus ou moins organisée, où des individus participaient à la gestion des affaires courantes de la société.

À l'origine, le droit de façon formelle n'encadrait que les rapports entre individus : il s'agit du droit des personnes. Quand bien même il intervenait dans les relations entre particuliers et personnes publiques, c'était généralement pour imposer des obligations aux particuliers. La raison en est toute simple. Le droit a une vocation : créer des droits et des obligations. Ce qui est droit pour l'un est devoir pour l'autre. Or, l'administration travaille pour le monarque qui, à un moment, est devenu sacré, du fait de l'érection des monarchies de droit divin. Ainsi, le roi (dieu ou représentant de Dieu) ne pouvait mal faire, son administration aussi, laquelle exécute ses ordres et devait être protégée. Le problème c'est que la reconnaissance d'un droit de l'administration implique la responsabilité de cette dernière, ce qui était très peu admissible en ce temps-là. Mais de façon irrémédiable, le droit administratif ne pouvait ne pas naître.

I. La naissance du droit administratif

Le droit qui régulait l'administration a progressivement été établi, mais ce n'était pas le droit administratif. En effet, l'administration obéissait aux règles de droit privé et était jugée par les tribunaux de droit commun.

Avec la Révolution française de 1789, il a été question de dépasser l'État de société liberticide et de mieux protéger les citoyens. C'est ainsi que la **loi** des 16 et 24 août 1790 sur l'organisation judiciaire instituait que :

« *Les fonctions judiciaires sont distinctes et demeureront toujours séparées des fonctions administratives. Les juges ne pourront à peine de forfaiture troubler de quelque manière que ce soit, les opérations des corps administratifs, ni citer devant eux les administrateurs pour raison de leurs fonctions* ». Cette position fut réitérée par le décret du 16 fructidor an III : « *défenses itératives sont faites aux tribunaux de connaître des actes d'administration, de quelque espèce qu'ils soient, aux peines de droit* ».

La lecture de cette législation révèle ainsi un changement de politique juridictionnelle. Il s'agit de ne plus faire juger l'administration par le juge ordinaire (juge de droit commun), mais plutôt, à cause de sa singularité, de faire que les litiges de l'administration soient jugés par une instance particulière.

La naissance et l'autonomie du droit administratif ont finalement été consacrées de façon historique par le juge dans le célèbre arrêt Blanco. Le 08 février 1873, le Tribunal des conflits rendait sa décision dans l'arrêt Blanco. L'affaire concernait la détermination du juge compétent et du droit applicable dans un litige dans lequel l'administration était concernée. Le tribunal des conflits statua ainsi qu'il suit :

« Considérant que l'action intentée par le sieur Blanco contre le préfet du département de la Gironde, représentant l'État, a pour objet de faire déclarer l'État civilement responsable, par application des articles 1382, 1383 et 1384 du Code civil, du dommage résultant de la blessure que sa fille aurait éprouvée par le fait d'ouvriers employés par l'administration des tabacs ;

Considérant que la responsabilité, qui peut incomber à l'État, pour les dommages causés aux particuliers par le fait des personnes qu'il emploie dans le service public, ne peut être régie par les principes qui sont établis dans le Code civil, pour les rapports de particulier à particulier ;

Que cette responsabilité n'est ni générale ni absolue ; qu'elle a ses règles spéciales qui varient suivant les besoins du service et la nécessité de concilier les droits de l'État avec les droits privés ;

Que, dès lors, aux termes des lois ci-dessus visées, l'autorité administrative est seule compétente pour en connaître ».

Après donc la consécration de la « justiciabilité » de l'administration devant une « autorité » particulière, il est reconnu par cet arrêt que le droit applicable devait être un droit différent de celui qui régit les rapports entre particuliers. C'est ainsi que d'abord, les juridictions administratives ont vu le jour, juridictions surplombées en France par le Conseil d'État (C.E), et que par la suite, un droit spécial, le droit administratif, devait voir le jour.

II. Les caractères du droit administratif

Les caractères du droit administratif sont liés à sa définition, à ses sources et aux critères dits théoriques.

A. Les sources du droit administratif

Le fonctionnement, l'organisation de l'administration et les règles régissant ses rapports avec les autres personnes morales, voire les particuliers, ne s'effectuent pas de façon spontanée. Comme tout ordre régulateur, le droit administratif est le fait des règles juridiques. Dans l'ordre juridique, le droit administratif tire sa source première de la Constitution.

1. La Constitution

La Constitution est une source de droit externe à l'administration. Elle est la norme fondamentale de l'État parce que c'est à elle que toutes les autres règles doivent se conformer. La Constitution se divise en deux grands blocs : un préambule et un corpus.

Le préambule de la Constitution, qui est sa partie introductive, est la présentation et la consécration des principes et droits proclamés par la République, et contenus dans les textes internationaux. Longtemps discutée, la valeur juridique du préambule de la Constitution camerounaise a été reconnue par l'article 65 de la loi constitutionnelle du 18 janvier 1996, qui dispose que : *« Le préambule fait partie intégrante de la Constitution »*. Il faut préciser que le préambule de la Constitution pose de façon plutôt précise certaines règles, telles que l'obligation pour l'administration de respecter la propriété et donc, de n'exproprier que si l'utilité publique le justifie et contre préalable et juste indemnisation.

Le corps de la Constitution regorge quant à lui de bons nombres de règles qui concernent directement ou non l'administration. Il s'agit notamment des deux langues officielles, du pouvoir réglementaire (article 8(8), 27), de la création et de l'organisation des services publics de l'État (article 8(9)), de la nomination aux emplois civils et militaires, de l'état d'exception et de l'état d'urgence, du pouvoir administratif du Premier ministre (article 12), de la décentralisation (article 55 s)... Le corpus de la Constitution organise donc les différents pouvoirs, régit leurs rapports et détermine négativement le domaine du règlement tout en disposant sur la décentralisation et sur divers autres pouvoirs de l'administration.

Du point de vue théorique, la Constitution se rattache à la thèse contractualiste et est l'expression du « vouloir-vivre ensemble », qui fonde la construction de la société civile. Elle est la norme fondamentale.

- **La Constitution comme norme fondamentale**

De la définition de la Constitution donnée dans le lexique des termes juridiques, il ressort que les auteurs, très subtilement, évitent la définition par le critère de « supériorité ». Ils préfèrent l'appréhender de façon matérielle par ses règles, et de façon formelle dans sa présentation et ses modalités d'élaboration et de modification.

L'affirmation de la Constitution comme étant la norme fondamentale vient du positivisme normatif. Le professeur Ricardo Guastini[1] qui le démontre, tout comme Kelsen, fonde son étude sur la notion de validité et s'en rapproche, même en admettant qu'une norme soit valide quand elle est l'application d'une autre. Mais contrairement au maître de Vienne, il énonce qu'*« il existe des normes qui ne sont ni valides, ni non valides »*[2], il parle en l'occurrence

[1] GUASTINI (R), "*Compelling and non-Compelling Normative formulations*", in Associone Italiana di direto comparatos, Italian national reports, XIVth international congress of comparative law, Athènes 1994.

[2] GUASTINI (R), « *Jugements de validité* », in *L'architecture du Droit*, Mélanges Troper p. 454.

de normes « suprêmes indépendantes ». Privilège est alors donné au critère d'effectivité à la place de celui de validité[3].

Pour des raisons logiques tenant à la « démontrabilité » de sa théorie (plus que celle de la présupposition de la norme fondamentale de Kelsen), le professeur Guastini de conclure :

« *Or, il faut admettre (pour des raisons tout simplement logiques) que l'ensemble des normes valides doit forcément s'appuyer sur une norme ni valide ni non valide, et donc « suprême » ou « fondamentale ». Mais si toutes les normes existantes ne peuvent être valides – s'il doit forcément exister une norme ni valide ni non valide – pourquoi ne pas admettre qu'il s'agit non pas d'une norme « présupposée », mais tout simplement d'une norme « posée », c'est-à-dire positive ? Autrement dit, pourquoi ne pas admettre que la norme suprême est la Constitution elle-même ? Pourquoi chercher un fondement de validité pour la Constitution dans une norme ultérieure ni valide ni non valide, au lieu d'admettre, en toute simplicité, que la Constitution elle-même n'est ni valide ni non valide ? La norme « fondamentale » s'avère donc une duplication de la Constitution. La théorie de la validité peut bien se passer d'elle* »[4].

Il faut dire que donner un fondement de validité à la Constitution peut d'un point de vue logique être soutenu, s'il est admis que ce référent n'est pas d'ordre normatif[5]. À défaut d'accepter ce fondement non normatif, il faudrait fonder comme Guastini, la Constitution sur elle-même.

Dans un sens dévolutif, « *la Constitution est l'acte juridique qui détermine l'organisation du pouvoir d'État. À ce titre, c'est elle qui crée les organes et autorités de ce pouvoir chargés d'exprimer la volonté de l'État et d'agir en son nom* »[6].

Dans un sens organisationnel, la Constitution est la norme des normes. Ce qui veut dire qu'elle est l'unité de référence de l'ordre juridique. Toutes les normes de l'ordre juridique procèdent d'elle et lui sont subordonnées, de sorte qu'il y a concordance, donc conformité de tous les autres actes juridiques à la Constitution.

---

[3] Ibid.

[4] Ibid., p. 462

[5] À ce propos v. KAMTO (M), *Pouvoir et Droit en Afrique noire, Essai sur les fondements du constitutionalisme dans les États d'Afrique noire francophone*, LGDJ 1987, p. 170 ; V. aussi NCHOUWAT (A), *Le juge et l'évolution du Droit Administratif au Cameroun,* th de 3e cycle, université de Yaoundé II, 1994, p. 123 et s.

[6] BIPOUN-WOUM (J-M), *Cours de droit constitutionnel (éléments),* 1ère année de licence, cours polycopié, Université de Yaoundé II-FSJP, 1998, p. 41.

- **Le contenu et les caractéristiques de la Constitution**

Matériellement, la Constitution est un acte de portée générale et impersonnelle. Par sa portée générale, la Constitution doit régler un ensemble de situations en éditant des règles juridiques. La généralité lui permet de subsister. Il est difficilement imaginable que la Constitution aille régler les situations dans les détails.

La codification par généralité permet de prévoir le maximum d'hypothèses envisageables et d'éviter de permanentes réadaptations constitutionnelles. La généralité de la Constitution se marque de prime abord dans son préambule qui, sans être construit en articles, est l'énoncé linéaire de grands textes[7], ou plus précisément, de principes fondamentaux.

La Constitution reste la norme de référence des organes qu'elle crée. C'est donc elle qui donne compétence au parlement pour légiférer, au juge pour trancher les litiges, et à l'exécutif pour mettre en œuvre ses missions. La Constitution donne donc compétence à des organes étatiques et établit le contenu de leurs compétences. En tant que fondement de l'ordre juridique, la Constitution s'impose ainsi à l'autorité administrative, autant que la loi.

L'administration est soumise à la Constitution du point de vue de la hiérarchie des fonctions et de celle des normes, et c'est à ce titre que, le cas échéant, le juge administratif peut vérifier la conformité des actes administratifs à la Constitution.

Il faut tout de même souligner que si la soumission à la Constitution est une obligation qui incombe à l'administration, et que le juge en est le garant, le juge administratif n'y intervient que dans certaines conditions particulières. Le fait est que de façon générale, il y a une loi qui est prise par rapport à la Constitution, et c'est cette loi que l'administration applique. Or, la loi peut être inconstitutionnelle, mais le juge administratif n'est pas juge de la constitutionnalité des lois, mais de la légalité des règlements. Dans ce cas, on dit que la loi (inconstitutionnelle) fait écran entre la Constitution et le règlement ; c'est la théorie de l'écran législatif. Dans ce cas, le juge administratif est incompétent.

Il peut tout de même arriver que la loi en question soit plutôt générale, ou que l'acte administratif pris viole un principe général du droit. Dans ce cas, le juge administratif est compétent pour statuer ; c'est la théorie de l'écran transparent[8].

L'administration est également soumise à la loi.

---

7 On retrouve dans le préambule de 1996 la juxtaposition de la déclaration universelle des droits de l'homme, les Chartes des Nations Unies et africaines des droits de l'homme et des peuples et diverses conventions internationales.

8 CS/CA, 29 mai 1980, Monkam Tientcheu contre État du Cameroun.

2. La loi

La loi est un acte juridique écrit et de portée générale, élaborée par le parlement. Sa vocation de généralité lui permet d'englober le maximum de situations et d'hypothèses. La généralité s'inscrit comme un facteur d'égalité.

Effectivement, si chaque individu avait sa loi et connaissant les écarts des forces sociales en présence, on aurait la loi du fort et celle du faible. Aussi, la généralité de la loi sous-entend l'égalité entre ses assujettis, qui sont donc concernés par ses dispositions. La loi s'impose à l'administration et tient ainsi lieu de source du droit administratif.

3. Les actes juridiques de l'ordre international

Ces actes juridiques qui sont élaborés dans l'ordre international s'imposent dans l'ordre étatique. Certains sont non écrits, tandis que d'autres sont des textes juridiques. On distingue à ce niveau les textes directement applicables par l'administration (le droit communautaire dit d'effet direct), de ceux qui doivent d'abord être réceptionnés dans l'ordre interne avant d'être appliqués par l'administration. Pour ce dernier cas, il faut que le parlement les ratifie, que les textes soient publiés, et que l'autre (ou les autres) partie(s) les applique(nt) également (principe de réciprocité des traités).

De manière plus précise et d'après l'article 2 paragraphe 1 de la Convention de Vienne, la Convention internationale ou traité international est un accord écrit conclu entre deux sujets de droit international. Il faut y regrouper deux catégories : le traité bilatéral et le traité multilatéral ; selon que l'État se lie à une seule autre partie ou que l'État se lie à plusieurs autres parties. Le traité est d'ailleurs défini comme étant « *l'accord, quelle qu'en soit la dénomination, conclu entre deux ou plusieurs sujets du droit international en vue de produire des effets juridiques* »[9].

Contrairement au traité qui est un acte positif, la coutume elle est plutôt tacite. La coutume est perçue par le statut de la Cour internationale de justice[10] comme étant « *une pratique juridique acceptée comme étant le droit* ». Les normes internationales coutumières sont invocables devant le juge et tirent de plus en plus leur ''obligatoriété'' de leur insertion formelle dans des conventions internationales[11]. C'est ainsi que, d'origine coutumière, le principe de l'utilisation non dommageable du territoire émis et confirmé par la jurisprudence internationale a été repris à l'article 3 de la convention des Nations Unies sur la diversité biologique.

---

[9] Art. 2 de la Convention de vienne du 23 mai 1969 sur le droit des traités.
[10] Art. 38 (2).
[11] C.I.J, Affaire du droit de passage en territoire indien du 26 novembre 1957, C.I.J, affaire du plateau continental de la mer du nord du 12 avril 1960.

Les principes généraux du droit, normes du droit international sont des principes juridiques non écrits ayant une portée générale. Certains principes généraux sont néanmoins issus de certaines règles appartenant aux ordres juridiques des États, telle que l'autorité de la chose jugée. D'autres principes généraux du droit naissent directement dans l'ordre international. C'est le cas du principe du respect de l'indépendance des États. « *Les principes généraux intègrent l'ordre juridique international par la voie des traités, de la pratique internationale ou de la jurisprudence* »[12].

Le statut de la Cour internationale de justice évoque aussi les décisions judiciaires et la doctrine. La portée juridique des décisions de justice s'étend uniquement aux parties au litige[13]. La jurisprudence internationale contribue considérablement au développement du droit international. De même, il peut arriver qu'un État exprime sa volonté par un acte unilatéral. Cet acte unilatéral se décline souvent en notification, reconnaissance, renonciation, promesse... Ces actes acquièrent la qualité d'acte juridique[14] au regard des engagements qui y sont pris. À cet effet, l'acte unilatéral est opposable à son auteur.

À ces catégories d'actes et normes du droit international, il faut ajouter les décisions prises par les organisations internationales ayant une vocation d'organisation mondiale. C'est notamment, pour le cas de l'Organisation des Nations Unies, des résolutions et recommandations qui sont prises par ses organes.

Les traités, coutumes, principes généraux, jurisprudence internationale, actes unilatéraux et décisions des organisations internationales font partie des actes juridiques qui sont opposables à l'État. Par voie de conséquence, l'administration se retrouve soumise aux prescriptions qui en proviennent.

Le principe de légalité est l'obligation faite à l'administration de s'incliner devant la règle de droit, quelle que soit l'origine de cette règle. Aussi, l'administration doit, le cas échéant, se référer au droit international ou communautaire.

L'administration est ainsi soumise à l'obligation de prendre des actes conformes au droit international et au droit communautaire. Cette obligation de conformité concerne tant les règles de fond que celles de forme.

Si une procédure de consultation est par exemple prévue par une norme communautaire, et que les dispositions qui la prévoient sont « *inconditionnelles et suffisamment précises* »[15], il ne devrait pas être procédé

---

[12] CIJ, Affaire du détroit de Corfou, Rec. 1949, p. 22 ; V. aussi C.P.J.I affaire de la fonderie du trail, sentence arbitrale du 16 avril 1938 et 11 mars 1941.

[13] Art. 59 du statut de la CIJ.

[14] C.I.J, Affaire des essais nucléaires français, rec., 1974.

[15] CE, Ass., Garcia Henriquez, 8 mars 1985, Lebon, p. 70 ; CE, Association des chasseurs et pêcheurs dc la Bidassoa, 3 déc. 1993, RFDA. 1994.191.

autrement, l'administration étant liée. Un autre cas est celui de la condition de réciprocité. La vérification doit être faite[16] avant de poser un acte administratif dont l'application en est conditionnée.

Le droit international approvisionne l'ordre juridique étatique en droits et en obligations. Aussi, l'administration doit se plier aux prescriptions matérielles de ceux-ci quand ils sont réceptionnés dans l'ordre interne.

Quand une norme internationale confère à l'administration le pouvoir de réglementer en vertu d'elle, c'est-à-dire que l'administration devra la compléter, on se retrouve dans un dédoublement fonctionnel[17]. Dans ce cas, l'administration assure l'exercice de ses compétences internes et du même coup, ses droits et obligations du fait de la règlementation internationale. In fine, l'administration est tenue de se conformer à ces règles auxquelles l'État a librement consenti.

Cependant, des difficultés peuvent se présenter quant à la signification à donner à certains énoncés contenus dans un traité ou un accord international. Pour dépasser cet obstacle susceptible de survenir avant la mise en jeu ou pendant la mise en jeu de ladite norme, recours est fait à l'interprétation.

La procédure la plus utilisée est l'interprétation faite par la juridiction internationale. Effectivement, certains accords internationaux prévoient explicitement le règlement en leur sein des problèmes d'interprétation survenant dans la mise en œuvre desdits accords[18]. Cette formule n'est pas retenue dans d'autres traités qui laissent la charge de l'interprétation aux États membres. En dernier ressort, les questions d'interprétation pourront toujours relever de la compétence du juge supranational. Il s'agit des recours directs ou préjudiciels des actes juridiques, des traités, conventions et autres textes de droit dérivé. Dans le cas de la CEMAC par exemple, le recours en interprétation devant le juge communautaire donne lieu à des interprétations qui s'imposent à tous les États membres[19].

---

[16] CE, Ass. 29 mai 1981, Rekhou, Rec.220 ; RDP 1981.1707, concl. J.F. Théry.

[17] SCELLE (G), *Le phénomène juridique du dédoublement fonctionnel*, Festchrift Wehberg. 1956, p. 331.

[18] Traité instituant l'OHADA ; Traité instituant l'OAPI. - Cf. KENFACK DOUAJNI (G), « *Les conditions de la création dans l'espace OHADA d'un environnement juridique favorable au développement* », R.J.P.C, 1998, p. 39.

[19] Pour la CEMAC, art. 17 de la convention régissant la Cour de justice communautaire repris par l'art. 48 de l'acte additionnel n° 06/00/CEMAC 041-CCE-CJ-02 portant statut de la chambre judiciaire de la Cour de Justice de la CEMAC.

Relativement à l'interprétation par le juge administratif, l'arrêt G.I.S.T.I[20] rendu par le Conseil d'État français est venu lui reconnaître ce pouvoir, tel que la Constitution le prévoyait d'ailleurs[21].

La transposition de la norme internationale dans l'ordre interne par l'administration peut donc passer par des nécessités d'interprétation. Mais, c'est dans sa mise en œuvre concrète qu'elle trouve son accomplissement. L'administration doit s'exécuter quand la norme du droit international requiert un comportement positif ou négatif de l'administration.

L'exécution d'un acte du droit international peut ainsi conduire à l'édition de normes. La norme est la règle de conduite qui doit être prise et observée. L'observation d'une norme consiste à s'y conformer. La norme est observée quand l'administration se plie à ce qu'elle ordonne. Ainsi, l'administration doit à son égard avoir un comportement positif et négatif. Quand la règle ordonne une action, c'est un comportement positif de l'administration qui est attendu. Au contraire, quand la norme proscrit une action, donc ordonne une abstention, c'est un comportement négatif qui est attendu.

Quant à la règle qui doit être prise, il est usuel qu'une norme de droit international donne à l'administration le pouvoir de la compléter. Les directives [22]par exemple sont seulement obligatoires dans leur résultat. Elles permettent donc à l'administration de prendre les moyens nécessaires à leur accomplissement, quand on n'est pas dans le domaine de la loi. Sa mise en œuvre va alors consister pour l'administration à déterminer les moyens nécessaires pour l'atteinte desdits résultats. Le défaut de moyens peut d'ailleurs être sanctionné[23] comme étant une entrave à l'exécution de la norme querellée.

L'obligation de mise en œuvre lie l'administration de sorte que, lorsque les conditions d'entrée en vigueur lui incombent, elle doit s'y atteler. Si les conditions de mise en œuvre sont posées, l'administration doit simplement s'exécuter.

- **Le contrôle de conventionalité**

La mise en œuvre des sujétions provenant du droit international par l'administration fait l'objet de contrôles administratif et juridictionnel. Pour

---

[20] CE Ass. 29 juin 1990, G.I.S.T.I (Groupe d'information et de soutien des travailleurs immigrés), Rec. 171, concl. Abraham

[21] L'art 55 de la Constitution française de 1958 attribue au juge le pouvoir d'écarter l'application d'une loi contraire à un traité.

[22] Certaines dispositions des directives peuvent être d'effet direct. Cf. SAURON (J-L), *L'application du droit...*, op.cit, p. 14 ; CJCE, SACE, 17 décembre 1970, aff. 33/70, Rec. p. 1213.

[23] CJCE, Ursula Becker, 19 janvier 1982. Aff.8/81, Rec., p.53 ; CJCE, Francovich et Bonifaci, 19 novembre 1991, aff. 6/90 et 9/90, Rec. p.5403.

ce dernier, il revient de s'édifier sur le juge compétent pour assurer la conformité des actes administratifs unilatéraux aux traités et accords internationaux.

Pour le contrôle de l'application conforme des traités et accords internationaux, la compétence des juridictions nationales est prédéterminée par les textes. En cas d'indétermination expresse des textes, il n'est pas exclu qu'à l'occasion d'un litige, le juge reconnaisse lui-même sa compétence. S'agissant des textes, ils sont de l'ordre national et international. Ainsi, le traité CEMAC reconnaît au juge national le pouvoir de trancher les litiges nés à l'occasion de l'exécution du traité et des actes dérivés[24].

En ce qui concerne le juge, il peut s'agir du juge judiciaire ou du juge administratif, selon les cas. Le juge administratif français a reconnu sa compétence dans le contrôle de l'application du traité par l'administration[25]. Il a alors considéré la violation du traité comme étant une déclinaison de la violation de la loi[26].

Le juge administratif camerounais a également eu à se reconnaître compétent, pour connaître des contestations sur la non-conformité de l'acte administratif à un accord international :

« Attendu que la Cour fédérale de justice est saisie de plein droit des litiges d'ordre administratif pendants devant la cour suprême et se rapportant au fonctionnement des institutions fédérales ;

Qu'en vertu de l'article 5 de la Constitution du 1er septembre 1961, l'assistance technique et financière extérieure relève de la compétence des autorités fédérales, que M. Fauchet était fonctionnaire de l'assistance technique et que le litige qui l'oppose à l'État du Cameroun met en cause les modalités techniques prévues par les accords de coopération franco-camerounais du 31 décembre 1958. D'où il suit que la Cour fédérale de justice est compétente pour connaître du présent litige »[27].

Il faut signaler que les pouvoirs du juge administratif dans le cadre de la garantie du droit communautaire européen sont poussés. Le juge administratif français fait ainsi application du pouvoir de contrôle qui lui est donné[28] pour vérifier la conformité de la transposition de la norme internationale par l'administration. Il s'est d'ailleurs reconnu : le pouvoir d'inviter l'administration à prendre des actes réglementaires nécessaires à la transposition[29], le pouvoir de connaître des contestations sur la légalité de

[24] Art. 2.
[25] CE 30 mars 1952, Dame Kirkwood, Rec.291.
[26] FOUDA (G-J), *L'application de la norme...,* op.cit, p. 314.
[27] CFJ/CAY, arrêt n° 20 du 16 mars 1961, Fauchet Claude contre Etat du Cameroun.
[28] Art. 189 du traité du 25 mars 1957 ; CE, 22 décembre 1978, Cohn-Bendit.
[29] CE 3 février 1989, Alitalia.

mesures réglementaires de transposition[30], le pouvoir d'abroger les règles non compatibles avec une directive[31].

4. Les actes juridiques de l'administration

Le droit administratif est également constitué d'actes juridiques d'origine administrative. Ceux-ci, totalement ou partiellement édictés par l'administration, ont également la particularité de s'imposer à l'administration elle-même. Il s'agit notamment des actes administratifs unilatéraux et des contrats passés par l'administration.

5. La jurisprudence et les principes généraux du droit

Ils apparaissent comme la source la plus importante du droit administratif. Ils le sont parce qu'en termes de précision de la conduite de l'administration et des droits des administrés, qu'en termes de quantité, ils surclassent de loin toutes les autres sources qui régulent et orientent l'action de l'administration. Si déjà à l'origine, la nécessité de juridictions propres à l'administration a été l'affaire des lois, c'est bien par la jurisprudence que la spécialité des règles administratives a été énoncée.

Pour la jurisprudence, elle est l'ensemble des décisions de justice ayant acquise autorité de la chose jugée. Elle a pour vocation d'interpréter ou de préciser le droit codifié. Le problème avec le droit administratif est qu'à la différence du droit privé fait de codes (code civil, code pénal...), il n'y a pas de code administratif. Les lois de l'administration sont éparses, vagues et souvent partielles. Le déni de justice empêche le juge de se dire incompétent ; il doit donc interpréter les textes vagues et faire la loi administrative où elle ne se présente pas explicitement. C'est donc par les décisions du juge administratif que le droit administratif s'est fait. C'est pour cela que le droit administratif est dit fondamentalement jurisprudentiel, car il est dans son origine essentiellement prétorien.

Habituellement considéré comme ayant pour fonction de trancher les litiges, le juge en général et le juge administratif en particulier, débordent, ainsi ce cloisonnement. Dans la réalité, le juge en prenant des décisions, édicte des règles « *dont la force en fait de véritables sources du droit* »[32].

Dire le droit et non faire le droit semble en réalité être la fonction première du juge. Le fait que ce dernier se retrouve à évoluer dans la seconde proposition a souvent été sujet à questionnement.

---

[30] CE 28 septembre 1984, Confédération nationale des sociétés de protection des animaux en France.

[31] CE 3 février 1989, Alitalia, op.cit.

[32] EISENMANN (C), *Cours de droit administratif*, tome 1, op.cit, p. 301.

Le pouvoir normateur est une prérogative qui est originellement déniée au juge. La conception théorique de la séparation des pouvoirs enferme le juge dans un rôle extérieur à celui de la fonction normative.

- **Le fondement de l'exclusion du pouvoir normatif du juge**

La constitution et l'organisation de la société ont été abordées par les théories du contrat social[33]. Les écrits de Jean-Jacques Rousseau attirent ici l'attention. Ce dernier énonce que tous les phénomènes sociaux remontent toujours à une première convention, et que la force de fait s'avérait frileuse, si bien qu'il a fallu la renforcer par la force de droit[34].

Cette théorie énonce que le judiciaire ne peut travailler qu'en suivant le droit (et non en le faisant). Son office consiste juste à dire le droit. Il est originellement proscrit au juge de réglementer ; il ne peut que rendre le droit : « *Le tribunat n'est point une partie constitutive de la cité, et ne doit avoir aucune portion de la puissance législative, ni de l'exécutive* »[35].

La réception de cette acception s'est faite dans la séparation des pouvoirs, avec un pouvoir judiciaire qui ne devait pas avoir à légiférer, mais à simplement utiliser les lois pour trancher les litiges.

- **Le dépassement de la posture du juge ligoté**

Le pouvoir normateur du juge administratif fait aujourd'hui école. Le juge participe en effet à la création des règles juridiques que l'administration doit suivre. Il faudra néanmoins révéler que ce pouvoir normateur du juge reste soumis à des conditions.

Du fait que la loi est normalement générale, le juge, à l'occasion des litiges qui lui sont soumis, peut se retrouver face à des segments sociaux exigeant de sa part une intervention normative. Cette typicité est fortement poussée pour le droit administratif qui n'est pas codifié. Le doyen Georges Vedel, en formulant une de ses études en la forme interrogative, se posait la question de savoir : « Le droit administratif peut-il être indéfiniment jurisprudentiel ? »[36]. Cette interrogation contient l'expression d'un constat, celui de la production de la norme administrative par le juge.

En fait, la carence réglementaire, plus que la généralité de la règle de droit, met le juge face à une double situation : rendre le droit en l'absence de précisions dans les lois matérielles. Le juge ne saurait prétexter de

---

[33] ROUSSEAU (J-J), *Du contrat social*, union générale d'édition, Paris 1973, 438 p. V. aussi LOCKE (John) : *Du pacte social, Lettres sur la tolérance, second traité sur le gouvernement civil…*
[34] ROUSSEAU (J.-J.), *Du contrat…*, op.cit, pp. 64 et 70.
[35] Ibid, pp. 199-200.
[36] VEDEL (G), « *Le droit administratif peut-il être indéfiniment jurisprudentiel ?* », EDCE, 1979, p. 8.

l'inexistence de règles juridiques concernant le contentieux qui lui est soumis pour ne pas juger. Il tomberait, en refusant de juger, sous le coup du déni de justice. Effectivement, le juge n'a pas le droit de se soustraire à sa mission qui consiste à dire le droit[37]. Dans cette hypothèse bien précise, le juge va se transformer en jurislateur[38], c'est-à-dire qu'il va « créer » du droit.

Cette fonction est aujourd'hui de plus en plus poussée en France, à tel point que le juge a déjà eu à se substituer à l'administration, pour condamner et combler la carence de mesures administratives nécessaires à l'exécution d'une loi nouvelle[39]. Cette tendance n'ayant pas encore eu l'autorité du précédent requis, parce que restant encore isolée, montrera, si elle est suivie, un réel dépassement par le juge, de sa fonction de juger.

- **Le cadre conditionnel du pouvoir normateur du juge**

Portalis discourait que « *la science du législateur consiste à trouver dans chaque matière les principes les plus favorables au bien commun ; la science du magistrat est de mettre ces principes en action, de les ramifier, de les étendre par une application sage et raisonnée, d'étudier l'esprit de la loi quand la lettre tue de ne pas s'exposer au risque d'être tour à tour esclave et rebelle* »[40]. Ce qui veut dire que l'œuvre de formation du droit par le juge n'est ni esclave ni rebelle. Qu'en fait, il existe un canevas.

Le système juridique, tout comme la Constitution devient le fondement de validité de la décision du juge, en l'absence d'autres référents infra constitutionnels. À cet égard, le juge ne peut prendre une décision contrevenant aux prescriptions de ces référents. À propos du système juridique, c'est en son sein que le juge va dégager la règle de droit à appliquer. Cela se tire d'un état sociologique de civilisation, et de l'appréhension que – *ce qui n'est pas juridiquement défendu est juridiquement permis*[41]. C'est d'ailleurs au travers des recours en appel qu'il est visible que le juge ne peut s'ériger en « rebelle », mais doit suivre une certaine logique juridique, quand il rend des décisions dans des situations de carence des règles infra constitutionnelles.

L'autre élément conditionnant le recours au pouvoir normateur du juge est sa mise en jeu. Il y a impossibilité pour le juge de statuer de sa propre

---

[37] Art. 4. C. civ.

[38] ONDOA (M), *Le droit de la responsabilité publique dans les États en développement : contribution à l'étude de l'originalité des droits africains*, t 2, Université de Yaoundé II, thèse de doctorat d'État en droit public, 1996, p. 400.

[39] CE, sect. du 25 février 2005, Madame Barbier (req n° 253593, RFD adm. 2005.753, Concl. D. Chauvaux, AJDA 2005-1002, chron. C. landais et F. Lenica V. DENIS DE BECHILLON, « *Le juge et son œuvre. Un an de fabrication du droit administratif dans la jurisprudence du conseil d'État* », *L'architecture du droit*, Mélanges précités, p. 399 et s.

[40] Discours préliminaire au code civil en l'an VIII.

[41] KELSEN (H), *Théorie pure du droit*, Dalloz, Paris 1962, p327.

initiative. Le juge ne peut s'autosaisir[42], il ne peut que statuer à l'occasion d'un procès et ce n'est que dans ce cadre-là qu'il pourra valablement faire le droit.

A part l'initiative qui échappe au juge, il ne doit pas également poser des arrêts de règlement[43] qui, par leur généralité, conféreraient de droit au juge un pan de la fonction législative. En dehors de ces restrictions, le juge administratif est bien titulaire d'un pouvoir normateur obligeant l'administration. Ses formes et sa force d'expression restent à préciser.

- **Formes et force d'expression du pouvoir normatif du juge**

Que le juge soit souvent présenté comme le serviteur de la loi n'est pas faux. La fonction de la juridiction est une fonction de mise en œuvre du droit. Elle est donc normalement purement exécutive[44]. Seulement, « *le juge administratif est souvent amené à interpréter la loi* »[45], ou à trancher dans des situations où il y a absence de précision normative (ce que les uns qualifient maladroitement de vide juridique). C'est à ces moments que son pouvoir normateur s'exprime. Il se manifeste sous des formes précises et revêt une force juridique devant conduire à l'inclination de l'administration.

- **Les formes d'expression**

Il s'agit des moyens dont dispose le juge et qui lui permettent de faire grief. Ce sont des décisions qu'il prend et qui s'érigent en règle de conduite pour l'administration. Considération faite que la norme est une règle de conduite, ces décisions du juge ne pourront que revêtir l'attribut de norme, parce qu'elles sont censées a posteriori servir de source aux actes de l'administration. On peut grouper ces décisions en deux sous-catégories : la jurisprudence et les principes généraux.

a. La jurisprudence

Si la jurisprudence naît du procès[46], toutes les décisions issues de procès ne constituent pas la jurisprudence. Il a été dit que le droit administratif souffre de l'inexistence d'un code administratif au sens du Code civil ou du Code pénal[47]. Cela ne veut pas pour autant dire que l'administration navigue à vue.

---

[42] Art 5 du C. Civ. Sur la question ; BILONG (S), *Approche méthodologique*, op.cit, pp. 34-35.
[43] ROUAULT (M-C), DUTRIEUX (D), HEDIN (B), LECLERCQ (F), *Droit administratif*, Annales corrigées, Gualino éditeur, Paris 2001, pp. 167-168.
[44] D'AMBRA (D), *L'objet de la fonction juridictionnelle : Dire le droit et trancher les litiges*, thèse, L.G.D.J, t. 236, Paris, 1994, p. 21.
[45] Loi au sens matériel.
[46] KAMDEM (J-C), *L'acte juridictionnel en droit administratif français*, thèse de droit public, Paris I, p. 488.
[47] Cf. LIENHARD (A) et RONDEY (C), « *Incidences juridiques et pratiques des codifications à droit constant (à propos du nouveau code de commerce)* », Recueil Dalloz 2000, Chron. p. 521.

Il existe effectivement des textes disparates et relativement peu nombreux qui régissent l'activité de l'administration.

Le juge en présence d'un texte clair et précis doit simplement l'appliquer[48]. Aussi, toute décision du juge intervenant dans un cadre où le droit écrit est présent et suffisamment expressif n'est pas la jurisprudence. Le professeur René Chapus ajoute que les jugements d'application de jurisprudence ne sont pas la jurisprudence[49].

Avant de revenir sur des remarques à porter sur les développements venant d'être faits, on peut déjà dire que la jurisprudence est la solution qu'une décision de justice pose à l'occasion d'un litige, dans un cas de carence normative, et qui acquiert l'autorité de la chose jugée.

Pour revenir au précédent développement, le premier volet fait état de ce que la Cour de cassation parle de texte clair et précis. C'est dire que la seule existence d'un texte de droit n'est pas suffisante, il faut également que ce dernier ne prête pas à équivoque et donc, qu'il corresponde réellement à l'espèce jugée. À l'évidence, il est constant de rencontrer des textes dont le recours à l'interprétation est incontournable et c'est à cette occasion notamment que l'interprétation judiciaire s'avère créatrice[50]. En second volet, il y a l'affirmation suivant laquelle les jugements d'application de jurisprudence ne sont pas la jurisprudence.

Contrairement au professeur René Chapus, les rédacteurs du *Lexique des termes juridiques* déterminent que la jurisprudence tient de la constance et de l'ensemble des décisions allant dans le même sens. Il y a là une opposition entre l'acte juridictionnel isolé et celui qui est suivi. Pour tenter de trancher sur la question, on peut recourir au critère de l'édiction de la norme.

Quel est l'acte qui édicte la norme ? Évidemment que c'est le premier jugement et que les autres n'en sont que l'application. De surcroît, il faut combien de décisions « semblables » pour que la devancière soit érigée en jurisprudence ? Il serait bien subjectif de se prononcer là-dessus. Du moment qu'une décision de justice a, par son caractère initial, enrichi le droit, il y aurait donc jurisprudence.

Sur la question de savoir si le juge d'instance peut voir ses décisions érigées en jurisprudence, réponse doit être donnée que primo, quand il y a absence d'appel, la décision lie l'administration. Deuxio, dans une espèce semblable, un juge (tribunal administratif – chambre administrative de la Cour suprême ou sections réunies de la Cour suprême) autre, qui peut être d'un

48 Civ, 22 nov. 1932, D.H. 1933. Z

49 CHAPUS (R), *Droit administratif général*, tome 1, Montchrestien, Paris 2001, p. 122.

50 D'AMBRA (D), *L'objet de la fonction juridictionnelle : Dire le droit et trancher les litiges*, thèse, op.cit, p. 34 et s.

ressort supérieur peut valablement s'inspirer d'une décision d'un juge de premier ressort pour statuer. Conclusion, la production jurisprudentielle ne dépend pas rigidement du niveau de l'instance de jugement.

En guise de précisions terminales, la « création du droit » par le juge ne s'effectue pas *ex nihilo*. Le juge révèle en réalité le droit, en exposant une règle qui en fait était présente dans le système juridique, mais manquait de formalisation explicite dans l'ordre juridique. Le juge révèle aussi le droit en faisant l'interprétation d'un texte qui admettait l'éventualité de la décision du juge.

b. Les principes généraux du droit

Les principes généraux sont l'œuvre du juge. Ils sont des principes de justice tirant pour la plupart leur source de la théorie libérale française. Ils consacrent des principes fondamentaux inhérents à l'État de droit. En plus, le principe général du droit a une vocation de généralité parce qu'il est susceptible de s'appliquer à diverses situations, et au-delà du cas d'espèce à l'occasion duquel il est formulé[51]. Dans son office, le juge va déterminer les principes généraux qui sont des règles non écrites ou non expressément formulées.

Étant exclusivement l'œuvre du Conseil d'État en France[52], il s'est d'abord agi pour ce conseil de détecter des principes non écrits à partir d'un texte[53] ; puis le juge s'est détaché de l'obligation de référence à un texte[54], pour l'appréhension d'un principe général. Ce conseil a fini par admettre l'établissement de principes généraux du droit « *applicables même sans texte* »[55]. Les principes généraux sont indépendants du droit écrit dans ce contexte, puisqu'ils n'en tirent plus spécifiquement leur existence et leur force obligatoire.

Au Cameroun, il peut être recensé plusieurs considérations en ce qui concerne les principes généraux. Le professeur Maurice Kamto, en établissant un distinguo entre l'auto affirmation juridictionnelle du Conseil d'État et la rationalité de la construction juridictionnelle camerounaise[56], amène à conclure à la présomption d'une construction plus légiférée de notre droit administratif. Par voie de conséquence, on constate que ce qui fait ailleurs

[51] EISENMANN (C), *Cours de droit administratif, tome II,* op.cit, p. 316.
[52] MORAND-DEVILLER (J), *Cours de droit administratif,* 9e éd, Montchrestien, Paris 2005, p. 267.
[53] CE ASS. 7 juil. 1950, Dehaene, rec. 426, RDP 1950-691, concl Gazier.
[54] CE sect. 5 mai 1944, Dame veuve Trompier – Gravier, Rec. 133. D. 1945.110, Concl. Chenot.
[55] CE Ass. 26 oct. 1945, Aramu et autres. p. 213. D. 1946. p. 158, note G. Morange.
[56] KAMTO (M), « *La fonction administrative contentieuse de la cour suprême du Cameroun* », in *les cours suprêmes en Afrique – III la jurisprudence administrative* ; Economica, Paris 1988, p. 35.

office de principe général est au Cameroun légiféré, et plus précisément, que les principes généraux tirent leur source du préambule de la Constitution au Cameroun. Il faudrait alors mieux voir en la consécration de certains principes généraux par la Constitution, leur élévation au rang de principes ou règle constitutionnels, et leur dénégation de la catégorie de simple principe général de droit.

La place des principes généraux du droit dans la hiérarchie des normes juridiques peut prêter à équivoque. Se référant à la hiérarchie des organes, le professeur René Chapus confère aux principes généraux une autorité supérieure aux actes administratifs unilatéraux, mais inférieure à la loi[57]. Une autre thèse consiste à voir les principes généraux comme ayant une valeur constitutionnelle. C'est une opinion dégagée notamment dans des conclusions faites par le commissaire du gouvernement Fournier[58]. Cette opinion admet tout de même l'existence de principes généraux à valeur infra législative et supra décrétale. Pour pouvoir avoir une position là-dessus, il est nécessaire de prendre en compte des questions de légalité et d'opportunité.

S'agissant la valeur des principes généraux par rapport aux actes administratifs, l'argument consistant à interpeller la classification des organes est plus que pertinent. S'il est reconnu un pouvoir de contrôle de l'administration par le juge administratif, il faut donc admettre que la juridiction sanctionnatrice de l'administration lui est supérieure. De surcroît, le jeu de contre-pouvoir ne décrit pas de contre-pouvoir administratif à l'encontre de la juridiction[59]. Il est donc tout à fait admissible que l'acte juridictionnel soit supérieur à l'acte administratif.

Le principe général du droit a par voie de conséquence une valeur supra décrétale. Par contre, en dehors de ceux qui bénéficient de leur inscription dans le texte constitutionnel, ou qui ont été consacrés par le juge constitutionnel (et ont donc valeur constitutionnelle), les autres principes généraux du droit demeurent subordonnés à la loi.

B. Les critères théoriques du droit administratif

Si la source principale et les sources secondaires du droit administratif sont connues, il reste à établir le fondement de ce droit. Ledit fondement n'est établi qu'à partir du critère de détermination de ce qu'est l'administration elle-même ; et à partir de là, de l'hypothèse dans laquelle ce droit est appliqué. À ce propos, deux grands courants ont eu à s'affronter vers la fin du 19e siècle

57 CHAPUS (R), *Droit administratif* général, tome 1, op.cit, p. 111.
58 CE sect. 26 juin 1959, syndicat général des ingénieurs-conseils, rec. 394. RDP 1959.1004, concl. Fournier
59 EISENMANN (C), *Cours de droit administratif*, tome I, LGDJ, Paris 1982, p. 500.

et au début du 20e siècle. Ces tendances doctrinales étaient celle du service public et de la puissance publique.

La notion de service public est le fruit des travaux du professeur Léon Duguit, doyen de la faculté de droit de Bordeaux qui a donc fondé l'école du service public. Pour le doyen Duguit, le droit administratif intervient par rapport à la finalité de l'acte posé par l'administration. La notion de service public est de l'ordre des fins. *« Une activité qualifiable de service public est destinée au meilleur service de l'intérêt général »*. L'administration a des missions, les moyens importent peu. Et dès lors que l'objet vise l'intérêt général, il doit y avoir application du droit administratif, parce qu'il s'agit d'une personne publique qui agit. Ce point de vue doit être nuancé dans la mesure où toutes les activités d'intérêt général ne sont pas toujours remplies par des personnes publiques. Les ONG ou encore les hôpitaux privés mènent des actions qui servent l'intérêt général, alors même qu'elles sont des personnes privées. Pire encore, certaines personnes publiques ont des activités qui se rapprochent fortement de celles des personnes privées. C'est le cas des services publics industriels et commerciaux.

L'école de la puissance publique est fondée par le professeur Maurice Hauriou. Celui-ci, doyen de la faculté de droit de Toulouse, présente la notion de puissance publique comme critère du droit administratif. Pour lui, c'est à partir des moyens et des procédés que s'identifie le droit administratif. Cette position relève que l'administration s'illustre par sa domination juridique sur les autres. Ainsi, l'administration jouit d'énormes prérogatives : on parle de prérogatives exorbitantes de droit commun. Par exemple, pour qu'un particulier obtienne une contrainte sur un autre, il doit s'adresser d'abord au juge. L'autorité administrative, elle, n'a pas besoin en général de l'autorisation du juge : elle décide et exécute elle-même. Le cas des déguerpissements est ici fort illustratif. De même, quand une décision administrative est contestée, on l'exécute d'abord avant, ou tout en la contestant. Pour le doyen Hauriou, dès qu'il y a prérogative exorbitante, il y a administration, et donc, application du droit administratif. Le raisonnement de l'école de la puissance publique est tout de même sujet à relativisation. D'abord, certaines personnes privées telles que les ordres professionnels ont aussi des prérogatives exorbitantes. Ensuite, on constate que certaines administrations n'ont pas toujours d'énormes pouvoirs (le cas des organismes publics consultatifs) et qu'enfin, l'administration reste malgré tout soumise au droit.

À la vérité, la complexité de la détermination du critère théorique du droit administratif doit amener l'observateur averti à considérer que ce droit est tantôt celui des fins, tantôt celui des moyens, et que ces critères vont en s'appliquant des fois simultanément et parfois séparément ; ce qui peut donner une définition plus fiable au droit administratif.

C. La définition

Largement relayée par la doctrine, la définition proposée par le doyen Vedel est pour le moins satisfaisante. Il le définit comme étant le régime juridique qui, s'appliquant aux activités du gouvernement (hors ses rapports avec les autres pouvoirs publics et les États étrangers et organisations internationales) et des autorités décentralisées, tend par la mise en œuvre de la puissance publique, à des buts de service public[60].

De façon plus simple, le droit administratif est cet ensemble de règles de droit public qui régissent l'activité administrative, en organisant les administrations et en régulant ses rapports avec les particuliers. De plus, ce droit soumet la puissance publique à l'obligation de légalité en conditionnant les actes qu'elle pose, pour que l'activité administrative conserve toute sa substance.

Le droit administratif fait par ailleurs partie des disciplines du droit public parce que, à la différence du droit civil ou pénal, il encadre une institution étatique : l'administration. D'ailleurs, il présente le caractère dominant de ladite institution, visible à travers son organisation et ses actes.

[60] V. CHAPUS (R), *Droit administratif général,* tome 1, n° 8s.

TITRE I :

L'ORGANISATION ADMINISTRATIVE ET LES ACTES DE L'ADMINISTRATION

L'administration prend divers actes et s'incarne sous plusieurs formes. Sur le premier point, l'activité administrative est menée grâce à des actes qui permettent de déceler la présence d'une personne publique. Sur le second point, les formes de l'administration sont relatives à son mode organisation. C'est ainsi que les différentes institutions administratives peuvent être regroupées dans diverses personnes morales de droit public. La mère de ces collectivités publiques est l'État, qui incarne donc une forme d'administration. Toutes les autres administrations lui sont subordonnées et n'ont d'existence que parce que l'État l'a voulu. De plus, leurs activités sont d'abord et toujours encadrées par les actes juridiques émanant de l'État.

Il s'agira d'étudier :

- les institutions administratives (chapitre 1) ;
- les actes de l'administration (chapitre 2).

CHAPITRE 1 :

LES INSTITUTIONS ADMINISTRATIVES ET LEURS ORGANISATIONS

Le doyen Hauriou propose une définition de l'institution dont certains aspects peuvent être retenus. L'universitaire l'appréhende comme étant une organisation sociale créée par un pouvoir et dotée d'un pouvoir. Ces quelques éléments de sa définition qui font d'ailleurs ressortir sa conception, qui tient à la puissance publique, ont deux avantages. Le premier est qu'il y a une prise en considération des institutions comme étant des organes, et le second que les institutions sont diverses. Pour le droit public, l'institution est soit constitutionnelle, soit administrative. Le président de la République, le gouvernement ou encore le parlement sont des institutions constitutionnelles, parce que prévues et créées par la Constitution. Comme pour les institutions administratives, on constate dans l'exemple qui vient d'être donné que l'institution peut être personnelle (le président de la République) ou impersonnelle, c'est-à-dire collective (le parlement). Reste à préciser cette notion en droit administratif, avant d'en présenter l'organisation.

Section 1 : Les institutions administratives

À part la classification institution personnelle/institution impersonnelle, il en existe une autre beaucoup plus répandue. Il s'agit de la distinction institution norme-institution organe. L'institution-norme est un texte juridique d'une importance indéniable. C'est le cas de la Constitution. L'institution-organe, objet de cette étude est, quant à elle, cette organisation personnelle ou non qu'évoquait le doyen Hauriou. Elle est créée par un texte normatif (Constitution, loi, règlement...). Son identification passe par la présentation de son critère juridique. Elle s'achève par la classification qui y est opératoire.

Paragraphe 1 : La détermination de l'institution administrative

L'énumération plutôt exhaustive desservirait la détermination voulue. L'approche pouvant le mieux correspondre à l'appréhension de l'institution administrative est celle qui met en exergue le critère juridique susceptible de correspondre à la réalité. Il s'agit de la personnalité morale, de sa mission et de ses moyens.

A. La personnalité morale

Toute personne est supposée avoir des droits et des obligations, assortis éventuellement de la capacité de les exercer : on parle d'existence juridique. Celle-ci octroie à l'individu la personnalité juridique. Cette logique a été déployée pour les institutions publiques dont les institutions administratives font partie.

Le problème qui se pose est que la personnalité juridique des personnes physiques est attribuée à un individu visible. Au contraire, la personnalité juridique des administrations est généralement attribuée à des entités non préhensibles. Ceci a d'ailleurs amené des auteurs tels que le doyen Léon Duguit, à dire qu'il n'a *« jamais diné avec une personne morale de droit public »*.

Seulement, les administrés sont bien gérés par des administrations qui jouissent évidemment de droits et d'obligations. Il fallait permettre aux administrations d'avoir une existence juridique. Or, l'agent administratif qui est en face de vous n'est que le porte-voix de sa hiérarchie, un exécutant, sa hiérarchie elle-même n'exécutant que la loi.

C'est cette caractéristique qui, à la différence des personnes physiques de chair, a fait qu'il y ait création d'une notion de personne morale pour les institutions publiques. Il faut préciser que même les institutions administratives dites personnelles ne sont que des personnes morales. Le critère ici est l'impersonnalité de la fonction. Pour le cas du président de la République, il ne s'agit pas d'un individu particulier, mais de toute personne qui exercerait la fonction. C'est pour cela que la Constitution ne désigne pas nommément ce dernier.

On distingue les personnes morales de droit privé des personnes morales de droit public. Si indifféremment les deux ont la personnalité morale, c'est-à-dire une reconnaissance de leur personnalité juridique leur permettant d'avoir et d'exercer des droits et obligations, les personnes morales de droit public ont pour leur part des traits spécifiques.

B. Les traits spécifiques de la personne morale pour l'institution administrative

Si la création de l'institution privée résulte d'une initiative privée, celle des institutions administratives est le fait d'une autorité publique. Elles sont créées suivant les cas par le constituant, le parlement, une autorité compétente du pouvoir exécutif, ou encore l'organe délibérant de la collectivité territoriale décentralisée.

Les institutions administratives sont d'intérêt public. Ceci veut dire qu'elles ont pour mission de satisfaire l'intérêt général. Pour ce faire, elles sont titulaires de pouvoirs supérieurs à ceux qu'un particulier aurait sur un autre (puissance publique). Il faut tout de même relever que certaines institutions privées telles que les ordres professionnels ne sont pas très éloignées de ces critères. Assurément, la différence ici provient de ce que les autorités de ces ordres professionnels ne sont pas publiques, parce qu'elles sont désignées par les membres de la corporation. De même, ces regroupements de professionnels sont des personnes morales de droit public, quoiqu'investies de missions de service public.

Paragraphe 2 : La classification des institutions administratives

Les institutions administratives déterminées comme étant des organes s'appréhendent en deux grands blocs. Il y a d'une part les institutions classiques, et d'autre part les institutions spécialisées.

A. Les institutions classiques

Il s'agit des institutions dites d'État auxquelles peuvent être associées les institutions territorialement décentralisées. Elles sont dites classiques parce qu'elles sont les premières à être apparues. Elles ont une vocation de compétence générale, contrairement aux institutions spécialisées. Au niveau de l'administration centrale, il faut distinguer :

- la présidence de la République. Elle peut être considérée comme le siège du pouvoir exécutif. Elle détient le pouvoir général d'organisation et de détermination des règles de fonctionnement de l'administration. Elle comprend le président de la République, le secrétariat général, le cabinet civil et des services rattachés ;

- les services du Premier ministre. Ces services sont chargés de mettre en œuvre les décisions du président de la République. Ils s'y trouvent un Premier ministre, un secrétariat général et des administrations rattachées.

- les ministères. Ils sont chargés de mettre en œuvre la politique gouvernementale. Leur vocation est surtout de gérer des services publics particuliers ;

À côté de cette administration d'État, il existe l'administration territorialement décentralisée qui sera présentée ultérieurement.

B. Les institutions spécialisées

Ces institutions administratives qui ont la personnalité morale de droit public se démarquent de celles déjà présentées. La différenciation s'opère principalement au niveau de la mission et du fonctionnement. S'agissant du fonctionnement, ces administrations sont généralement pourvues d'organes délibérants souvent dénommés conseils d'administration. Ces institutions ont des missions à vocations techniques et spécialisées, parce que ces personnes morales sont créées pour atteindre un but particulier.

En dehors des établissements administratifs, il est aussi question des services publics industriels et commerciaux, qui sont incarnés par les sociétés à capitaux publics et les sociétés d'économie mixte. On peut y joindre les autorités administratives chargées dans certains secteurs de la fonction de régulation. S'y intègrent : l'Agence de régulation des marchés publics et le Conseil national de la communication.

Section 2 : L'organisation de l'administration

Le fonctionnement de l'administration est déterminé par l'organisation dont elle est sujette. Un principe majeur existe : celui de la superposition, qui présente l'administration comme étant un enchevêtrement de structures les unes horizontales, aux autres qui sont verticales. Cette verticalité fait de l'organisation administrative une pyramide et ceci invariablement, que ce soit ou la déconcentration, ou dans la décentralisation.

Paragraphe 1 : La déconcentration

Cette forme d'organisation qui coexiste même avec la décentralisation s'en distingue à travers la spécificité de ses attributs.

A. Les attributs de la déconcentration

L'administration déconcentrée ressort de l'administration d'État. Si la base de l'État est l'unité du centre supérieur d'émission du pouvoir, il est difficile, voire impossible d'administrer totalement à partir du centre. La centralisation se déploie donc à côté de la déconcentration qui est d'ailleurs l'une de ses modalités. Les administrations centrales sont constituées de la présidence de la République, des services du Premier ministre et des ministères.

La déconcentration consiste alors à rapprocher ces autorités centrales des administrés. Pour cela, il est créé des prolongements des ministères. Il s'agit des délégations régionales, départementales et d'arrondissements des ministères. Ces structures qui sont déployées dans des circonscriptions administratives, encore appelées unités administratives, sont tributaires du démembrement géographique du territoire national.

Au regard du décret n° 2008/377 du 12 novembre 2008, les circonscriptions administratives sont constituées au Cameroun de la région, du département et de l'arrondissement (le district ayant disparu par le même décret). À la tête de ces circonscriptions se trouvent respectivement les gouverneurs, les préfets et les sous-préfets. Toutes sont sous l'autorité du ministre chargé de l'Administration territoriale.

L'administration déconcentrée est donc constituée de délégations régionales, départementales et d'arrondissements coiffées par ces autorités déconcentrées (gouverneurs, préfets et sous-préfets). La particularité de la déconcentration reste l'unité de la personnalité juridique de l'État, puisque l'autorité déconcentrée agit au nom de l'État qu'elle engage. Encore faut-il préciser que ces autorités déconcentrées ne font qu'appliquer les décisions des autorités centrales ; ce qui a fait dire que « *C'est le même marteau qui frappe, mais on en a raccourci le manche* ». Le pouvoir hiérarchique corrobore la jonction qu'il y a entre les autorités de la même personne morale de droit public.

B. Le pouvoir hiérarchique

L'unité de la personnalité juridique qui est la substance de la déconcentration (même si à l'intérieur d'une collectivité publique décentralisée, on trouve aussi le pouvoir hiérarchique) fait qu'il y a unité des décisions rendues. C'est pour cela que les autorités des unités déconcentrées de l'État, devant se conformer aux décisions de l'administration centrale, sont soumises au pouvoir hiérarchique.

Le pouvoir hiérarchique induit la superposition des autorités administratives. À partir des normes, il peut être procédé à une classification des autorités administratives. En effet, la hiérarchie des autorités est induite par une hiérarchie des normes. L'autorité est une habilitation que le droit confère à une personne physique ou morale de pouvoir agir. L'autorité est donc titulaire d'un pouvoir d'agir. En termes d'autorité, il n'est pas question de prendre en considération la personne nommément désignée et qui exerce le pouvoir administratif, il s'agit plutôt de s'en tenir à la fonction, qui elle, est anonyme dans le corps administratif. Le pouvoir hiérarchique suggère ainsi une classification des autorités, et une détermination des pouvoirs des supérieurs hiérarchiques sur leurs subordonnés.

1. La classification des autorités administratives

C'est généralement au travers de la notion de pouvoir hiérarchique que se conçoit celle d'autorité administrative. Le pouvoir hiérarchique est un pouvoir qui est donné au supérieur. Le pouvoir hiérarchique, proche du pouvoir de tutelle, parce que les deux sont des prérogatives de commandement, s'en distingue notamment parce qu'il ne s'introduit que dans une administration unifiée, c'est-à-dire portant d'un bout à l'autre une unité organique. Il faut donc se référer à l'unité de la personnalité juridique dans le pouvoir hiérarchique, quand au contraire le pouvoir de tutelle tient sa place dans les relations entre deux personnes morales de droit public distinctes[61].

Le pouvoir hiérarchique existe dans la déconcentration[62] et à l'intérieur des collectivités publiques décentralisées. S'il est entendu que le pouvoir

---

[61] Plus précisément entre État ou établissements publics et collectivités territoriales décentralisées. Cf. MORAND-DEVILLER (J), *Cours de droit administratif*, op.cit, p. 154 et s.
[62] Elle n'existe pas moins dans l'organisation interne des collectivités décentralisées.

d'instruction[63] appartient bien au supérieur hiérarchique, il faudrait encore déterminer qui est l'autorité administrative pour avoir la pleine mesure de la classification des autorités. Cette classification peut s'établir à partir de la norme créatrice de l'autorité.

En premier lieu, la norme constitutionnelle prévoit l'existence explicite d'un certain nombre d'autorités administratives (le président de la République et les membres du gouvernement) ; alors que les autres autorités administratives (gouverneur, préfet, directeur…) sont toutes issues de normes infra constitutionnelles de niveaux différents. Il peut être conclu que les autorités « administratives constitutionnelles » sont supérieures aux autres qui, à leur tour, s'identifient les unes aux autres dans la pyramide, avec le niveau de l'acte qui les institue.

En deuxième lieu, le recours à la hiérarchie des normes peut toujours être utile, cette fois-ci en rapport avec la valeur juridique de l'acte qu'une autorité est amenée à prendre dans la pyramide des normes. Cette éventualité, sans être très satisfaisante[64], permet tout au moins d'appréhender que l'autorité qui prend les décrets soit supérieure à celle qui prend des arrêtés.

Enfin, la classification des autorités peut tout aussi bien s'effectuer à partir des fonctions et tâches que chaque agent de l'administration accomplit dans le corps administratif[65]. À ce propos, et en ne se contentant que du cas des fonctionnaires, ceux-ci sont classés en plusieurs catégories dont la représentation dans sa généralité est la suivante :

- la catégorie A : autorité de conception, direction et contrôle ;
- la catégorie B : autorité d'application à un haut niveau ;
- la catégorie C : exécutions spécialisées ;
- la catégorie D : exécutions courantes.

Cette catégorisation des fonctionnaires de l'État permet de dire que plus on descend, plus le lien de subordination est accru, et donc plus les contraintes de légalité augmentent[66].

---

[63] EISENMANN (C), *Cours de droit administratif*, tome1, LGDJ, Paris 1982, p. 221 et s.

[64] NLEP (R-G), L*'administration publique camerounaise – contribution à l'étude des systèmes africains d'administration publique*, op.cit, p. 49.

[65] Infra, p. 360 et s. V. aussi EISENMANN (C), *Cours de droit administratif*, t. 1, op.cit, p. 179 et s. V. aussi pp. 422-425 du tome II ; AUBY (J.M) DUCOS-ADER (R), *Droit administratif*, 5e éd., Dalloz, Paris 1979, p. 43. – art 3 du décret n° 2008/376 du 12 novembre 2008 portant organisation administrative de la République du Cameroun.

[66] CS/CA, Jugement n° 38 du 06 mai 1982, OWONA Essono Guillaume Tel contre État du Cameroun. Sur l'obligation d'obéissance hiérarchique ; Cf. NGUILA (P), *Traité de droit congolais de la fonction publique*, l'Harmattan, Paris 2007, pp. 138-139.

La subordination hiérarchique montre que l'autorité subordonnée est dans la classification des autorités administratives, inférieure à celle de qui elle reçoit les ordres.

2. Le contenu du pouvoir hiérarchique

Le pouvoir hiérarchique détenu par l'autorité supérieure lui permet d'intervenir, pour contrôler les actes de ses subordonnés. Ce pouvoir qui permet donc aussi le contrôle vise à éviter toute forme d'illégalité. Il s'agit de conditionner les actes à prendre et de sanctionner ceux illégalement pris.

Ainsi s'y trouve le pouvoir d'instruction. Ce pouvoir se caractérise notamment par la prérogative d'instruction que détient le supérieur hiérarchique sur ses subordonnés, ces derniers devant appliquer les instructions que leurs supérieurs leur ont données. Le pouvoir d'instruire est le pouvoir de déterminer la conduite de ses subordonnés. Il attribue donc au supérieur hiérarchique la faculté de donner des ordres à ses subordonnés. Le pouvoir hiérarchique comprend également la faculté d'annuler (faire disparaître rétroactivement) et de reformer (modifier les mesures illégales) : c'est le pouvoir hiérarchique sur les actes.

Ce pouvoir peut aussi s'exercer sur les personnes, avec notamment le pouvoir de sanctionner le subordonné. Il faut préciser que l'autorité supérieure exerce son pouvoir hiérarchique sans avoir besoin qu'un texte l'y habilite, à la différence du contrôle de tutelle de la décentralisation.

Paragraphe 2 : La décentralisation

La décentralisation est l'organisation ou le système d'administration qui consiste à permettre à des collectivités publiques infra étatiques de s'administrer librement. Cette organisation administrative a des formes et des modalités particulières.

A. Les modalités de la décentralisation administrative

Ayant reconnu la nécessité d'autonomiser certains secteurs du service public et certains territoires locaux, l'État procède à la décentralisation. Il s'agit alors de leur donner la personnalité juridique. Par là, ils sont distincts de l'État et les actes qu'ils posent n'engagent en principe que leur seule responsabilité, d'où leur autonomie qui ne se confond pas à de l'indépendance.

Les entités décentralisées sont créées au regard de leurs missions particulières ou de l'existence d'affaires locales. Elles ont une personnalité juridique. De plus, la décentralisation est généralement régie par trois principes :

- le principe d'autonomie qui fonde lesdites collectivités à s'auto administrer de façon libre. Elles ont un budget propre, des affaires propres et des autorités qu'elles se choisissent elles-mêmes ;

- le principe de participation qui oblige ces collectivités à se sentir concernées par les affaires et les intérêts étatiques de sorte que la solidarité survive. Ce principe se manifeste à travers notamment la redistribution des richesses d'une localité à d'autres par l'État ;

- le principe de subsidiarité. Ce dernier est un principe de répartition des compétences. Il énonce que la tâche à accomplir doit l'être au niveau le plus adapté. Les actions coûteuses ou d'intérêt national relèvent de l'État, et les autres des collectivités décentralisées, suivant leur importance.

Il reste que les collectivités décentralisées ne se meuvent pas dans une totale liberté. Il est consacré un contrôle par l'État de ces collectivités. Ce contrôle est exercé sous la forme du pouvoir de tutelle. Le pouvoir ou contrôle de tutelle fondé sur la préservation des intérêts nationaux et le respect de la légalité impose à l'Etat de contrôler les collectivités publiques décentralisées.

La tutelle doit expressément être prévue par les textes. Elle est concomitamment exercée au Cameroun par les autorités déconcentrées relevant du MINAT (gouverneur, préfet) et le président de la République. Elle consiste en un contrôle sur les actes, certains devant préalablement être approuvés par l'autorité de tutelle, et en une censure de ces derniers par les autorités de tutelle quand ils sont manifestement illégaux, ou par le juge pour les illégalités ordinaires.

Elle se décline également en une suspension de l'assemblée délibérante ou du chef de l'exécutif local (par le MINAT), une dissolution de l'assemblée délibérante ou une révocation de l'exécutif local avec dans ces cas, le pouvoir de substitution provisoire des autorités démises par l'autorité de tutelle.

B. Les formes de la décentralisation

Il faut distinguer la décentralisation technique de celle territoriale.

La décentralisation technique ou par service est celle qui consiste à créer des services autonomes, en charge de la gestion d'une parcelle bien précise du service public. La structure créée a donc une compétence spécialisée. Elle jouit aussi d'une autonomie financière, de la personnalité morale de droit public, d'une autorité exécutive (directeur, recteur…) et d'un organe délibérant (le conseil d'administration). Elleest aussi soumise au contrôle de tutelle. Ces collectivités sont des établissements publics administratifs (les universités d'État, le FEICOM, la SNI…).

La décentralisation territoriale ou géographique est celle par laquelle une communauté humaine, géographiquement étendue, est librement administrée par des autorités locales. Ces autorités sont en principe élues par les populations locales, dont elles défendent les intérêts. Ces administrations sont également constituées d'une autorité exécutive (le maire, le président du conseil régional, le délégué du gouvernement) et d'un organe délibérant (ex. : conseil municipal). S'y retrouvent : les régions, les communes et les communautés urbaines. Ces dernières se marquent par la nomination et non l'élection du chef de l'exécutif local qui est appelé délégué du gouvernement.

L'administration publique se présente donc de plusieurs manières, suivant qu'il s'agit de la décentralisation ou de la déconcentration. Il reste qu'elle est soumise à des missions de service public, qui se trouvent accomplies à travers divers actes qui lui sont propres.

CHAPITRE 2 :

LES ACTES DE L'ADMINISTRATION

L'administration est une organisation et comme telle, elle doit fonctionner. Ce fonctionnement met en exergue l'objectif, mais aussi, et surtout le mode d'action. L'activité administrative se marque par les actes que l'administration pose. L'administration est le bras séculier de l'exécutif, c'est-à-dire qu'elle met en œuvre les décisions prises par les autorités politiques. Elle est de ce fait investie du pouvoir de poser des actes matériels et des actes juridiques.

Pour les actes juridiques, ils se marquent par la volonté dont ils sont la traduction d'une part. Ils ont d'autre part vocation à modifier l'ordonnancement juridique. À travers l'acte juridique qu'elle prend, il revient de constater la volonté délibérée de l'administration d'introduire des modifications dans les situations juridiques.

L'administration peut ainsi mener son activité en prenant des actes administratifs unilatéraux. Elle peut aussi agir, à travers des actes dont la nature est originellement de l'ordre du droit privé : il s'agit des contrats administratifs.

Section 1 : Les actes administratifs unilatéraux

L'activité administrative est marquée par l'édiction quotidienne d'actes. L'étude du régime juridique de ces actes pris par l'administration fait ressortir plusieurs actes pouvant être classés en deux grandes catégories : celle de l'acte administratif unilatéral (Paragraphe 1) et celle des autres actes dits particuliers (Paragraphe 2).

Paragraphe 1 : L'acte administratif unilatéral

Les articles 8, 12 (2)(3) et 12(5) de la Constitution traitent du pouvoir réglementaire de l'exécutif en le reconnaissant respectivement au président, au Premier ministre et aux ministres. Ce pouvoir qui est par ailleurs exercé par les autorités déconcentrées et décentralisées est celui qui consiste à prendre des mesures qui modifient l'ordonnancement juridique. Ce pouvoir se manifeste à travers les actes administratifs unilatéraux (AAU).

A. Les critères de l'acte administratif unilatéral

La Cour fédérale de justice a eu l'occasion de donner une définition à l'acte administratif unilatéral dans l'arrêt n° 20 du 20 mars 1968 ; Ngongang Njanke

Martin c/État du Cameroun : *« L'acte administratif est un acte juridique unilatéral pris par une autorité administrative dans l'exercice d'un pouvoir administratif et créant des droits et des obligations pour les particuliers ».* Cette définition appelle plusieurs observations :

- l'acte administratif est un acte juridique, ce qui veut dire qu'il apporte ou soustrait une règle, une norme dans l'ordre juridique existant ;

- c'est un acte unilatéral. L'unilatéralité signifie le sens unique de la volonté. Ce qui veut dire que l'acte administratif est créé par la seule volonté de l'administration, sans que celle des particuliers soit requise. À ce niveau, il faut dire que certains actes sont pris par une seule autorité, d'autres sont pris par une autorité seule, après avis d'une commission. Une autre catégorie est celle des actes pris par plusieurs autorités à la fois (ex. : les arrêtés interministériels). Invariablement, le critère de l'unilatéralité ne s'applique pas par rapport aux nombres d'autorités ayant participé à l'édiction, mais simplement au fait que l'administration ait pris l'acte sans requérir l'avis des tiers.

L'unilatéralité traduit la volonté d'une seule autorité, à savoir celle qui a pris l'acte. L'auteur de l'acte est son signataire. L'acte pris sera réputé être un acte de l'administration si le signataire agit en sa qualité d'autorité administrative.

La procédure administrative d'édiction de l'acte provient des textes et des usages qui règlent la démarche à suivre dans la prise de décision. Ainsi, elle peut prescrire que des avis soient requis pour prendre une décision. La volonté de l'auteur de l'acte s'exprime alors, en relation avec celle de l'auteur de l'avis. Les structures qui sont appelées à mener des enquêtes ou à émettre des avis sont des institutions d'accompagnement de l'autorité de décision. Elles ont pour rôle d'éclairer et d'aider cette dernière dans l'exercice de son pouvoir de décision[67]. Les structures d'appui à l'activité décisionnelle de l'administration peuvent être des juridictions[68], des organismes privés et des structures administratives permanentes ou ad hoc[69].

---

[67] Lire BONNEFROY (J-L), *Aperçu sur l'administration consultative*, la documentation française, Paris 1964.

[68] Si en France le Conseil d'État joue un rôle de conseil du gouvernement, au Cameroun, la juridiction administrative n'est pas investie de ce rôle. Seul le Conseil Constitutionnel apparaît investi d'une compétence consultative, et ceci en matière constitutionnelle. Cf. art 34 à 37 de la loi n° 2004/004 du 21 avril 2004 portant organisation et le fonctionnement du Conseil constitutionnel. V. CHAPUS (R), *Droit administratif général*, op.cit, p. 450 et s. V. aussi BRAIBANT (G), « *Le rôle du Conseil d'État dans l'élaboration du droit* », in *Mélanges Chapus*, 1992, p. 91.

[69] Comme structure permanente, on peut citer le Conseil économique et social ou encore la Commission nationale des droits de l'homme et des libertés qui a notamment pour attribution d'émettre des propositions (avis) aux pouvoirs publics. Cette commission émet des avis se rapportant à la promotion et à la protection des droits de l'homme et des libertés.

Les avis émis par les organes consultés peuvent être facultatifs, obligatoires ou conformes. Quel qu'en soit le cas, certes les avis ont pour effet d'influencer la décision administrative quand ils ne lient même pas cette décision, mais pour autant, l'autorité qui décide reste le signataire, le titulaire du pouvoir d'édicter formellement l'acte juridique. La signature identifie l'auteur de l'acte et ce dernier est supposé n'émaner que de lui.

L'origine de l'initiative de l'acte importe peu. Que l'acte émane d'une initiative administrative ou que ce soit l'administré qui a mis en branle le processus décisionnel, c'est au final la décision prise qui est retenue, parce qu'elle ne reflète que le vouloir manifesté de l'administration. Dans le même sens, le fait qu'un acte ressorte de tractations interministérielles n'enlève rien à son unilatéralité. « *Ce qui est important ici, c'est que cet acte émane d'un seul camp, ses auteurs sont tous d'un même côté, celui de l'administration* »[70].

Pour son élaboration, l'acte administratif unilatéral peut donc être directement pris par une autorité, tout comme il peut l'être après consultation. Toute consultation donne lieu à l'émission d'un avis. Tel qu'indiqué, on a trois types d'avis :

- l'avis facultatif. Sa réquisition n'est pas obligatoire ;
- l'avis obligatoire dont la réquisition est obligatoire ;
- et l'avis conforme dont la réquisition et le respect sont obligatoires pour l'administration.

L'acte administratif unilatéral doit avoir un motif de droit, c'est-à-dire un fondement juridique. Il est daté, signé, souvent présenté sous forme d'articles, motivé dans certains cas. Il faut dire que la signature qui authentifie l'acte et en désigne l'auteur doit obligatoirement être présente sur l'acte administratif unilatéral. La signature est une formalité substantielle de l'acte. L'entrée en vigueur de l'acte termine sa procédure d'élaboration. L'entrée en vigueur se fait par la publicité. Il s'agit de la notification aux concernés ou de la publication au journal officiel.

- L'acte administratif est pris par une autorité administrative. Cet énoncé a pour but d'insister sur l'auteur de l'acte. L'autorité administrative est tout agent d'une institution administrative. Il peut s'agir d'une autorité de décision, comme d'un simple agent d'exécution. En ce qui concerne les premiers s'y intègrent le président de la République, le Premier ministre, les ministres, les

Pour les structures ad hoc : Cf. CS/CA, jugement n° 63 du 31 mars 2004, Ngasso Robert contre État du
Cameroun. En l'espèce, dans le cadre d'un litige foncier, l'administration a constitué une commission ad hoc qui a émis un avis. Ledit avis n'a pas été suivi par l'administration. Le juge a considéré que cet avis était facultatif.

[70] BINYOUM (J), *Droit administratif*, op.cit., p. 116.

directeurs, les gouverneurs, les maires... Par ailleurs, la détermination de l'autorité administrative se fait par prétérition à celles qui n'en sont pas. Il s'agit des autorités législatives, politiques et judiciaires.

- L'acte administratif unilatéral est pris dans l'exercice d'un pouvoir administratif, c'est-à-dire en matière administrative et par l'autorité compétente. La compétence est de trois ordres : elle est territoriale (la zone de compétence), matérielle (les attributions de cette autorité) et personnelle (l'auteur de l'acte est l'autorité indiquée par les textes). Il peut tout de même arriver qu'il y ait délégation, c'est-à-dire attribution de la compétence d'édicter à une autorité autre que celle titulaire.

- L'acte unilatéral crée des droits et des obligations pour les particuliers : on dit qu'il fait grief.

Dès que ces critères, tous cumulatifs sont remplis, l'acte est réputé unilatéral et peut en cas de litiges être contesté devant le juge administratif.

B. La classification des actes administratifs unilatéraux

Plusieurs classifications existent. La moins répandue est celle qui distingue les actes réglementaires des actes non réglementaires.

1. La distinction acte réglementaire/acte non réglementaire

a. L'acte réglementaire

Avant d'en faire l'énumération, il sied de présenter les différentes caractéristiques de l'acte réglementaire.

i. Les caractéristiques de l'acte réglementaire

L'acte réglementaire est d'abord un acte qui émane de l'administration. Ensuite, il est un acte général. L'acte réglementaire émane du pouvoir réglementaire lui-même, réservé à l'administration.

La généralité du règlement est qu'il est édicté pour un groupe de personnes, ce qui le différencie de l'acte administratif individuel qui, lui, aurait vocation à n'être applicable qu'à une ou à plusieurs personnes nommément désignée(s). L'autre facette de cette généralité est que le règlement peut même être édicté et fixer les attributions du chef d'un organisme tel un directeur général. Il n'en demeurera pas moins impersonnel, puisqu'il ne s'adresse pas spécifiquement au titulaire du poste, mais à la fonction. Il s'applique alors, indifféremment à toute personne susceptible d'exercer la fonction, et reste de ce fait général. La catégorie de l'acte réglementaire comporte les règlements autonomes (article 27 de la Constitution) et ceux d'application des lois.

ii. La généralité de l'acte réglementaire

Il faut souligner que les actes réglementaires ont, avec la loi et la Constitution, comme attribut la généralité et la permanence. Les actes généraux ont la particularité de ne pas nommément désigner leurs destinataires, à la différence des actes administratifs individuels. Il ne faudrait pas que le changement de circonstances entraîne un dépassement des normes générales, de sorte qu'on se retrouve en train d'en faire sans cesse de nouvelles. Même si ces actes généraux ne sont pas édictés *ne varietur*, ils doivent subsister le plus longtemps possible[71].

iii. Règlement autonome et règlement d'application

Les matières que l'acte administratif réglemente sont diverses. Elles vont des domaines exclusivement réservés à l'administration à ceux qui sont du domaine de la loi.

Le domaine exclusivement réservé à l'administration est celui du règlement autonome. Après que le règlement autonome ait été pris, il revient encore à l'administration de donner suite à ce règlement autonome, en prenant toutes les mesures d'application nécessaires.

Le même phénomène est observable avec la loi. Après qu'une matière qui relève du domaine de la loi a été réglée par voie législative ou exceptionnellement par voie d'ordonnance, il revient à l'administration d'y donner suite.

iv. Le règlement autonome

Le pouvoir réglementaire autonome est celui qui est conféré par la Constitution, à l'autorité administrative de réglementer les domaines non inclus dans celui de la loi. C'est par l'absence de loi comme acte initiateur que ce type de règlement est dit autonome. De surcroit, même dans sa dévolution, le règlement autonome est censé ne pas dépendre de la loi.

Toutefois, le professeur René Chapus énonce que les règlements autonomes sont affranchis du respect des lois tant qu'ils n'en rencontrent pas[72]. Tout en reconnaissant que suivant la Constitution, les deux domaines ne devraient pas se rencontrer, il précise qu'il y a un fléchissement à cette règle, dans la mesure où des lois viennent à avoir des dispositions réglementaires. Au surplus, il rajoute « *que le Conseil constitutionnel juge que*

---

[71] FRISON-ROCHE (M-A) et BARANES (W), « *Le principe constitutionnel de l'accessibilité et de l'intelligibilité de la loi* », précité, p. 367.

[72] CHAPUS (R), *Droit administratif général*, tome 1, 15e éd, Montchrestien, Paris, n° 838, pp.661-662.

les lois votées dans les matières réglementaires ne sont pas, de ce fait, contraires à la Constitution »[73].

Le règlement autonome, catégorie particulière du règlement, est tiré de la nécessité de délier l'administration[74]. Le principe est que son domaine est négativement donné[75]. Cependant, il existe quelques éléments du règlement autonome dont le champ est explicitement énoncé par la Constitution. Il s'agit notamment de la création des services publics de l'État[76], de l'organisation de la déconcentration[77], de la délimitation territoriale des collectivités territoriales décentralisées[78] ou encore des dispositions ayant trait à la formation du gouvernement[79].

Quant à l'autorité compétente pour édicter des règlements, la loi constitutionnelle de 1996, contrairement au dispositif constitutionnel de 1972[80], enlève l'exclusivité du pouvoir réglementaire au président de la République pour l'étendre au Premier ministre[81].

Si le pouvoir réglementaire est partagé entre le président de la République et le Premier ministre, il faut dire que seul le président de la République est titulaire du pouvoir réglementaire autonome. Cette position est tirée de ce que pour les matières énumérées dans les règlements autonomes, c'est toujours le président qui en est reconnu compétent. Elle est aussi tirée de ce que le rapprochement du règlement autonome de la loi fait qu'il est plus tolérable qu'il soit exercé par l'institution la plus haute qui est le président de la République. Reste que les possibilités de délégation soient toujours admises, que ce soit pour le règlement autonome que pour le règlement d'exécution des lois, tel que le prévoient la Constitution et les actes infra constitutionnels.

Les règlements autonomes sont justifiés par les nécessités « de l'efficacité gouvernementale »[82]. Ils donnent à l'administration la possibilité de se

---

[73] CC 30 juillet 1982, Blocage des prix et des revenus, p. 57, Rev. Adm. 1983, p. 360, note M. De Villiers, RDP 1983, p. 350, note L. Favoreu. CC. 8 juin 1995, nominations par décret en conseil des ministres, p. 211, AJ 1995, obs. O. Schrameck.
V. HAMON (L), « *Les domaines de la loi et du règlement à la recherche d'une frontière* », D1960, chron, p. 253 ; MESNARD (A-H), « *Dix années de jurisprudence du Conseil constitutionnel en matière de répartition des compétences législatives et réglementaires* » AJ 1970, p. 259.
[74] Morand-Deviller parle du caractère inconditionné du règlement autonome. Cf. MORAND-DEVILLER (J), *Cours de droit administratif,* op.cit, p. 342.
[75] Art. 26 de la loi constitutionnelle de 1996.
[76] Art. 8 (9).
[77] Art. 61 (2), Supra.
[78] Supra. V. aussi art. 59 sur le pouvoir de sanction (tutelle administrative) du président de la République sur les présidents des conseils régionaux.
[79] Art. 10 (1).
[80] Constitution du 20 mai 1972, art. 9.
[81] Art. 8 (8) et art. 12 (3) de la Constitution de 1996.
[82] MORAND-DEVILLER (J), *Cours de droit administratif,* op.cit, p. 341

déterminer plus librement en se référant directement à la Constitution. Le règlement autonome a enfin un domaine négativement donné, « *les matières autres que celles qui sont du domaine de la loi ressortissent au pouvoir réglementaire* »[83] ; ce qui fait dire qu'il a un champ plutôt vaste.

Hormis le cas du règlement autonome qui est la manifestation de la création autonome du droit par l'administration, il est une autre catégorie manifestée à travers la création dérivée.

v. Le règlement d'exécution des lois et l'ordonnance comme actes normatifs dérivés

En tant qu'exécutant des lois, il a été concédé à l'administration le pouvoir de prendre des règlements d'exécution des lois. Ceux-ci tirent leur raison d'être de la loi et en sont les expressions. À la différence du règlement autonome, le règlement d'exécution des lois est donc conditionné par la loi. L'ordonnance quant à elle est prévue par la Constitution.

- **Le règlement d'exécution des lois**

Le règlement d'exécution de lois est inscrit dans l'esprit républicain qui accorde à l'exécutif de façon stricte, l'exécution des lois sans plus. Les règlements d'exécution des lois ont pour vocation d'être généraux et obligatoires, mais ils sont conditionnés. C'est parce qu'ils sont conditionnés qu'ils sont dits dérivés. Le conditionnement des règlements d'exécution des lois est au sens strict l'œuvre de la loi formelle. Cette hypothèse est fréquente en matière de mise en œuvre de la loi, où sa généralité[84] amène l'administration à la compléter pour la rendre applicable aux espèces qui se présenteront.

Les règlements d'exécution des lois sont de la compétence du président de la République et du Premier ministre[85], qui peuvent déléguer ce pouvoir à tout membre du gouvernement. D'autres autorités administratives peuvent également en hériter. Ces règlements sont des compléments à la loi dont ils font l'application. Toute loi énonce au minimum un but. Le règlement d'exécution a la charge de poser les modalités de mise en œuvre de la loi, dans l'objectif d'atteindre le résultat fixé. En termes de modalités, il est question des moyens normatifs et de ceux organiques requis pour la mise en œuvre de la loi[86].

---

[83] Art. 27 loi constitutionnelle de 1996.

[84] LEBEN (C), *Charles Eisenmann, Écrits de théorie du droit, de droit constitutionnel et d'idées politiques* op.cit, p. 191.

[85] Art. 12 (2) de la Constitution de 1996.

[86] Exemple : Décret n° 90/1516 du 26 novembre 1990 du président de la République fixant les modalités d'application de la loi n° 83/013 du 21 juillet 1983 relative à la protection des personnes handicapées, Décret n° 74-733 du 19 août 1974 du président de la République fixant

Certaines mesures portant exécution des lois ne sont pas directement l'émanation de textes de loi. Il s'agit des actes administratifs qui se trouvent dans le processus de mise en vigueur d'une loi. Ces actes administratifs sont rattachés à la loi par l'intermédiaire d'un autre acte administratif qui, pour sa part, tire directement son fondement de la loi. Il en est ainsi quand le règlement d'exécution de la loi garde lui aussi une forte part de généralité, laissant à des actes subalternes le soin de mieux préciser des questions de droit qu'il entrepose, et qui dérivent de la loi.

Les règlements d'exécution des lois sont pris sur invitation expresse du législateur. Cette invitation est généralement formulée ainsi : « *Les modalités d'application de la présente loi sont fixées par voie réglementaire* ». Quand bien même le texte n'invite pas l'administration à prendre des règlements d'exécution, l'administration peut y procéder de façon spontanée. Elle se basera sur le caractère incomplet du texte législatif, sur l'opportunité de la règle de droit qui en appelle à l'effectivité de la loi et sur les dispositions constitutionnelles qui font de l'administration un organe d'application de la loi. Ceci traduit que l'exécution de la loi est une sujétion qui incombe à l'administration. La nécessité de la traduction de la loi dans la réalité a même poussé le juge administratif français à réglementer à la place du gouvernement[87], qui avait fait montre de carence à prendre les mesures nécessaires à l'exécution d'une nouvelle loi de sécurité sociale[88].

- **L'ordonnance**

Parmi les actes juridiques, on distingue deux types d'ordonnances : l'ordonnance juridictionnelle et l'ordonnance administrative. Il s'agit ici de l'ordonnance administrative.

L'ordonnance est un acte pris par le gouvernement sur habilitation (autorisation) du parlement dans le domaine de la loi. L'ordonnance est donc prise sur la base de l'habilitation que le parlement donne au gouvernement de légiférer à sa place[89]. Au vu de la spécialisation et de la séparation fonctionnelle des pouvoirs, il n'est pas loisible pour le gouvernement de faire des intrusions dans le domaine de la loi. L'élaboration de l'ordonnance répond donc à des circonstances particulières. En guise de circonstances, la plus admise est celle de l'urgence. Dans cette hypothèse, il faut voir que pour qu'un projet de loi ou une proposition de loi finisse de passer par le processus d'examen parlementaire, il est nécessaire qu'il y ait les discussions, les

---

les modalités d'application de la loi n° 69-LF-18 du 10 nov. 1969 instituant un régime d'assurance – pensions de vieillesse, d'invalidité et de décès.

[87] CE Sect. du 25 février 2005, Madame Barbier, RFDA 2005. 753, concl D. Chauvaux, AJDA 2005.1002, Chron. C. Landais et F. Lenica.

[88] Cf. DE BECHILLON (D), « *Le juge et son œuvre. Un an de fabrication du droit administratif dans la jurisprudence du conseil d'État* », in *L'architecture du droit*, Mélanges précités, p. 359.

[89] TJOMB (E), *Les ordonnances en droit positif camerounais*, op.cit, p. 16.

amendements, le travail en commission, le travail en assemblée plénière et la navette[90] conduisant la loi projetée devant le Sénat qui, en cas de rejet, va donner à la navette toute sa vigueur[91]. Ce qui pourrait conduire à la réunion d'une commission mixte paritaire.

Il est ainsi évident que la procédure législative normale est lourde. À travers l'habilitation donnée au gouvernement de prendre des ordonnances, il y a automatiquement gain de temps et endossement de responsabilité par le gouvernement.

Autre fondement de l'ordonnance, l'élément politique tenant à la composition partisane des assemblées. Dans ce cas, soit le gouvernement n'est pas majoritaire au parlement, soit la mesure à prendre ne peut l'être par les parlementaires, parce qu'allant à l'encontre de leurs intérêts électoraux[92]. Dans ces cas, il est mieux pour le gouvernement, dans la première hypothèse et mieux pour le parlement dans la seconde hypothèse, de légiférer par voie d'ordonnance. Les ordonnances sont exclusivement prises par le président de la République et ont une consécration constitutionnelle[93]. Tout en reconnaissant l'existence de cette catégorie d'actes juridiques, la Constitution y a opposé des conditions. Ainsi, l'ordonnance est prise sur la base d'une habilitation législative qui se traduit par une loi d'habilitation. Cette habilitation couvre un objet qui ne doit pas être formulé sous forme d'objectif, c'est-à-dire vague ; car la Constitution parle d'objets *« déterminés »*. De même, l'habilitation est limitée dans le temps et les ordonnances entrent en vigueur dès leur publication.

La nature de l'ordonnance peut être ambivalente, du fait de son apparence biface. Déjà, l'ancienne appellation de l'ordonnance est le décret-loi, appellation montrant le particularisme de cet acte qui est administratif et législatif à la fois. L'ordonnance se rapproche de l'acte législatif, parce qu'il est pris dans le domaine de la loi. La loi d'habilitation serait un acte habilitant le président de la République à légiférer, une délégation du pouvoir de législation. Ce rattachement à la loi peut aussi être perçu in fine quand l'ordonnance est ratifiée par le parlement. Il pourrait alors à tort être imaginé que l'ordonnance a une valeur législative[94]. Cette opinion est pour le moins contestable.

---

[90] La navette est le fait qu'un projet ou une proposition de loi aille d'une chambre à une autre du parlement. Cf. MBOME (F-X) et LOGMO MBELEK (A), « *Droit et politique au Cameroun depuis 1982* », Juridis périodique
n° 67, Aproda Yaoundé, p. 51 et s. V. aussi MOMO (B), « *Le parlement camerounais* », Lex lata n° 023-024, 1996, p. 23. Sur l'expression « navette » cf. MBOME (F-X), « *Les rapports entre l'exécutif et le parlement* », Lex lata n° 023-024, 1996, p. 26.
[91] Art. 30 ((3) c) de la loi constitutionnelle de 1996.
[92] CHAPUS (R), *Droit administratif général*, op.cit, n° 847, p. 666.
[93] Art. 28 de la loi constitutionnelle de 1996.
[94] Binyoum (J), *Droit administratif*, Op.cit. p. 122.

L'ordonnance ne saurait être prise comme une loi, autant qu'une loi ayant des dispositions réglementaires ne peut voir ses dispositions qualifiées de législatives[95]. L'auteur de l'ordonnance est une autorité administrative, à savoir le président de la République, qui exprime dans l'ordonnance la volonté administrative[96] et non pas celle législative, qui elle, s'exprimera lors de la ratification. L'office du président serait alors comparable à celui qu'il exerce dans la prise des règlements d'exécution des lois.

Au vu de l'auteur de l'acte qui est une autorité administrative et de l'unilatéralité de cet acte, il est admissible que l'ordonnance soit un acte administratif. Cette position est corroborée par l'obligation de conformité à la loi qui pèse sur l'ordonnance[97] et dont la loi est exemptée.

De façon tranchée, la Constitution elle-même dispose que les ordonnances « *ont un caractère réglementaire tant qu'elles n'ont pas été ratifiées* »[98]. C'est dire que la valeur de l'ordonnance est réglementaire.

Par ailleurs, un aspect mérite d'être soulevé, celui du constat au Cameroun de la permanence dans le temps de diverses ordonnances qui n'ont jusqu'ici pas été déposées sur le bureau du parlement. Il s'agit notamment des ordonnances sur le statut des personnes de 1981[99] (11) et des ordonnances réglant la gestion foncière et domaniale[100]. Cette situation est à déplorer, car ces textes n'acquièrent pas le niveau normatif de protection que la Constitution a voulu donner aux matières qu'elles encadrent. Cet immobilisme permet au gouvernement de procéder à des modifications de ces ordonnances, puisque jusqu'alors, ce sont des actes réglementaires. Pour plus de sécurité juridique, il faudrait peut-être donner une limite dans le temps pour le dépôt de l'ordonnance sur le bureau de l'assemblée pour qu'elles ne tombent pas sous le coup de la caducité.

---

[95] Ogier-Bernaud (V) et Severino (C), « *Droit constitutionnel jurisprudentiel...* », précité, p. 831.

[96] Dreyfus (F) et D'Arcy (F), *Les institutions politiques et administratives de la France*, 5e éd, Economica, Paris 1997, p. 171

[97] Morand-Deviller (J), *Cours de droit administratif,* op.cit, p. 342 ; Chapus (R), *Droit administratif général*, op.cit, pp. 669-670.

CC 8 août 1985, Évolution de la Nouvelle-Calédonie, p. 63. D.1986, p.45, note F. Luchaire ; CE 7 décembre 1990, territoire de Nouvelle-Calédonie, p. 353, DA 1991, n° 86 ; CE ASS – 3 juillet 1998, Syndicat des médecins de l'AIN, p. 277, DA 1998, n° 324, obs. C.M., RFDA 1998, p.942, concl. C. Maugüé

[98] Art 28 de la loi constitutionnelle de 1996.

Sur le caractère réglementaire de l'ordonnance. Lire : Mbome (F-X) et Logmo Mbelek (A), « *Droit et politique…* », précité, p. 59 ; V. Duhamel (O), *Le pouvoir politique en France*, PUF, Paris 1991, p. 230.

[99] Ordonnance n° 81/002 du 29 juin 1981 portant organisation de l'état civil et diverses dispositions relatives à l'État des personnes.

[100] Ordonnance n° 74-1, 74-2 et 74-3 du 6 juillet 1974 ; J. O.R.U.C n° 1 supplémentaire du 5 août 1974.

Les ordonnances sont des actes réglementaires, c'est-à-dire qu'elles sont des actes administratifs unilatéraux à vocation générale. Elles créent des droits et des obligations à l'endroit de l'administration et des administrés ; elles sont subordonnées en ce sens qu'elles transposent l'habilitation dont elles sont recouvertes[101] et à l'endroit de laquelle elles sont tenues de se conformer.

L'acte réglementaire recouvre donc tous les actes à portée générale que l'administration prend. Il faut y mettre les règlements autonomes et les règlements d'exécution des lois et des ordonnances. À ce type d'actes, il faut joindre les règlements pris sur délégation et dont le but est d'établir les modalités d'application des règlements autonomes et des règlements d'exécution des lois[102].

Par ailleurs, le règlement est soumis à la loi. Cette affirmation mérite vérification, surtout au vu du règlement autonome qui, lui, prend directement sa source dans la Constitution.

vi. La subordination du règlement

Le principe de légalité impose à l'administration de se conformer au droit et ici, plus particulièrement à la loi. Aussi, le juge saisi devra confronter le règlement à la loi, pour voir si l'administration a pris le premier en se conformant à la seconde. Les lois sont des commandements ; elles le sont pour tous et elles gardent leur force de ce que même la puissance publique s'incline face à elles. Dès lors, l'administration ne doit et ne peut employer que « *les moyens de contrainte déterminés par la loi et seulement dans les conditions légales* »[103].

En fait, la loi autorise et restreint l'action de l'administration, elle la conditionne. À titre illustratif, la loi de 1990 sur les partis politiques[104] dispose que c'est le gouverneur qui doit donner l'autorisation de création d'un parti politique. À ce titre, il peut, suite à une demande, refuser ou accepter la création d'un parti. La loi lui attribue la compétence et l'oblige à motiver sa décision dans le cas du refus d'autorisation[105]. Le gouverneur, autorité

101 AMSELEK (P), « *Les fonctions normatives ou catégories modales* », in *L'architecture du droit*, op.cit, p.58.

102 La délégation ici doit être prise comme différente de la sous-délégation parce que le délégataire aura pour une grande partie déjà détaillé l'acte supérieur et la délégation visera strictement des mesures additives. Dans le cas des ordonnances, le Président de la République ne saurait légalement renvoyer à un décret d'application les mesures qu'il est habilité à édicter par ordonnance Cf. CHAPUS (R), *Droit administratif général,* op.cit, p. 671 ; CE Ass, 3 juillet 1998, syndicat des médecins de l'AIN.

103 DUGUIT (L), *Traité de droit constitutionnel*, tome II, Paris 1928, éd de Boccard, p. 49.

104 Loi n° 90/056 du 19 décembre 1990 sur les partis politiques.

105 Ibid, art 8 al. 2. Voir aussi ordonnance n° 01/PCA/CS, UPC – Manidem contre État du Cameroun. Obs. B. Guimdo in juridis.info n° 16 du 16 décembre 1993, pp. 56-58.

administrative, a donc du fait de la loi un commandement de motiver la réponse négative.

Ces développements s'appliquent aux règlements d'exécution des lois, en ceci que lorsque l'administration les prendra, elle devra respecter les lignes tracées par la loi dont elle fait application.

L'obligation de légalité s'impose aussi au règlement autonome qui, sans formellement être susceptible de contrôle en raison de la loi, est quand même soumis au contrôle du juge. Ce dernier pourra se référer à la Constitution ou aux principes généraux du droit[106].

En ce qui concerne la soumission du règlement à la Constitution, rappel doit d'abord être fait que le règlement faisant suite à la loi ou à la Constitution[107], doit se conformer à l'acte dont il procède. Pour le règlement autonome, l'exigence de constitutionnalité est avérée[108] parce qu'elle en est le « fruit ».

L'acte réglementaire est donc conditionné. Il en est de même de celui non réglementaire.

b. L'acte non réglementaire

À côté du pouvoir réglementaire qui est la compétence reconnue à une autorité administrative de prendre des actes de portée générale et impersonnelle, l'administration dispose aussi du pouvoir de prendre des actes qui n'ont pas de portée générale : ce sont les actes non réglementaires. Il faut en présenter les traits et la typologie.

i. L'appréciation d'un point de vue quantitatif

L'administration peut prendre des normes qui vont influencer la situation juridique d'un individu ou d'un groupe d'individus nommément désignés : c'est l'acte administratif individuel[109].

La démarcation qu'il y a donc entre l'acte réglementaire et l'acte individuel selon leur rapport au système juridique[110], est un rapport quantitatif. En effet, du règlement à l'acte individuel, on passe de la généralité à « l'individualité ». Pour être plus précis, l'acte individuel confère une situation à un ou plusieurs individus bien identifiés. Il peut sembler général quand il concerne un nombre

---

[106] BINYOUM (J), *Droit administratif*, cours polycopié, Université de Yaoundé, sans date, p. 122.
[107] KELSEN (H), *Théorie pure du droit*, op.cit, p. 266.
[108] KOUBI (G), « *Circulaires administratives et constitution de la Ve république* », in *L'architecture du droit* op.cit, p. 579 et 588. Cf. C.E, 26 juin 1959, « Syndicat général des ingénieurs conseils ».
[109] EISENMANN (C), *Cours de droit administratif*, tome 2, op.cit, p. 510.
[110] BOCKEL (A), *Droit administratif*, op.cit, p. 168.

considérable de personnes[111], mais il restera en vérité individuel parce qu'il les désigne nommément. L'acte individuel est donc comme acte juridique[112], un acte administratif nommant les personnes à l'endroit desquelles il fait grief.

Pour le groupe constitué des normes générales, il est formé par cet ensemble de normes qui visent « la conduite collective ». Elles conservent l'anonymat de ses destinataires qui sont généralement quantitativement considérables. Il peut tout de même arriver qu'un acte qui ne traite que d'une autorité, qui n'a qu'un seul destinataire, soit général. Le critère d'identification est l'anonymat que présente cet acte et qui le rend susceptible de s'appliquer indifféremment à toute personne qui exerce la fonction.

ii. Les caractéristiques de l'acte administratif individuel

L'acte administratif individuel se distingue de l'acte réglementaire en ce qu'il est une décision qui est édictée pour un ou plusieurs particuliers nommément désignés. La décision individuelle peut ne s'adresser qu'à une seule personne. C'est le cas de l'acte de nomination ou d'affectation d'un personnel de la fonction publique. L'acte individuel peut aussi concerner un groupe de personnes, tout en demeurant individuel. C'est le cas de la publication des résultats d'un concours.

Le critère de différenciation est en fait la désignation nominative des destinataires de l'acte par ses dispositions. L'acte individuel est donc attaché à l'individu nommément désigné. Cet aspect *« intuitu personae »* a pour conséquence l'extinction de l'acte dès le changement de situation juridique de son destinataire (exemple : son décès).

L'acte individuel est un acte administratif[113]. Il obéit par conséquent aux règles de forme et de fond de l'acte administratif unilatéral. L'acte administratif individuel ou décision individuelle est ainsi un acte créateur de droits et d'obligations pour les particuliers et pour l'administration.

Il est un acte créateur dans la mesure où il est l'expression de la volonté de l'administration. Il est aussi et surtout un acte créateur dans la mesure où ses dispositions sont de réelles normes qui modifient les situations juridiques de ses destinataires.

---

[111] Exemple : résultat d'un concours officiel ou liste de recrutement massif à la fonction publique ; V. décision n° 03/MINIMIDT/SG/DAG/SDPS/SP, portant engagement de personnels temporaires dans les services du Ministère de l'Industrie, des Mines et du Développement technologique.

[112] MAYER (P), « *Existe-t-il des normes individuelles ?* », in *L'architecture du droit* – Mélanges précité, p. 679. - Cf. CFJ/CAY, arrêt du 31 octobre 1967, Essomba Zibi Jean contre Etat du Cameroun (Acte portant licenciement d'un agent public).

[113] CS/CA, Jugement n° 166 du 29 mai 1980, Mboma Richard contre État du Cameroun, in *les grands arrêts de la jurisprudence administrative camerounaise*, 1986, p. 261, obs. F-X Mbome.

Effectivement, quand un acte administratif unilatéral porte nomination d'un fonctionnaire à un poste de responsabilité dans l'administration, ce fonctionnaire se retrouve en droit de jouir de tous les avantages matériels et financiers dudit poste, avec la sujétion de fournir la prestation inhérente au poste. L'administration est tenue de lui octroyer le traitement en termes d'avantages de service, tout en lui exigeant de fournir la prestation attendue. Toujours dans le même sens, en interdisant à un individu de se rendre à un lieu précis[114], l'administration modifie sa situation juridique en limitant sa liberté d'aller et de venir, c'est-à-dire sa liberté de circulation.

L'opposabilité de l'acte individuel est notamment perceptible dans la possibilité pour le destinataire de cet acte d'en réclamer l'exécution devant le juge. Les décisions individuelles interviennent le plus souvent en application des actes généraux, ce qui ne leur enlève pas leur caractère d'acte faisant grief. Ainsi, « *le jugement, la décision administrative, l'acte juridique privé, bien qu'intervenus en application ou en exécution d'une règle générale, ajoutent à la règle générale un impératif nouveau, liant non plus tout le monde, mais les parties au jugement ou à l'acte juridique, les destinataires nommés d'une décision administrative* »[115].

L'unilatéralité exprimée au travers de l'acte individuel peut cependant être diluée. Il s'agit précisément du contexte de la nomination qui, dans certains cas, ne peut aboutir que si la personne qui est nommée accepte le poste. Au contraire de l'acte réglementaire qui est fortement imprégné du caractère unilatéral[116], l'acte individuel est pour sa part quelques fois édulcoré quant à la prééminence de l'imposition de la volonté administrative[117].

En tant qu'acte juridique, l'acte individuel de l'administration doit être conforme aux actes juridiques qu'il met en œuvre[118], étant donné que c'est un

---

[114] CFJ/CAY, Jugement ADD n° 55 mars 1969, Emini Tina Etienne contre État Fédéré du Cameroun oriental, in *Les grands arrêts de la jurisprudence administrative camerounaise*, op.cit, p. 59, obs. Mbome.

[115] DABIN (J), *Théorie générale du droit*, op.cit, p. 8.

[116] BINYOUM (J), *Droit administratif*, op.cit, p. 116.

[117] CHAPUS (R), *Droit administratif général*, op.cit, n° 657, p. 493.

[118] CE, 19 mai 1933, Benjamin, Rec. 541. En l'espèce, le maire de Nevers, sur le motif de la préservation de l'ordre public et dans le cadre de son pouvoir de police administrative a pris deux arrêtés interdisant deux conférences organisées par le sieur René Benjamin. Le CE a annulé ces deux arrêtés sur la considération qu'ils ont été pris au mépris des lois françaises du 30 juin 1881 et du 20 mars 1907. – Voir aussi CFJ/CAY, arrêt n° 3/A du 8 février 1964 confirmé par la décision CFJ/AP, arrêt n° 1 du 30 avril 1968, Toko Daniel contre État du Cameroun Oriental. Le sieur Toko, maire de la commune mixte rurale d'Edéa, a été suspendu par le Premier ministre, et le même décret avait prononcé la dissolution du conseil municipal dont il était également membre, sans en énoncer le motif. Le juge a, en vertu de l'art. 26 de la loi n° 44 du 17 juin 1957, invalidé cette décision administrative pour violation de la loi.

acte qui logiquement, intervient en dernier lieu[119]. Il doit donc être la fidèle somme des actes qui le tiennent. Dans ce cas, l'administration devra d'abord se conformer à la Constitution, puis aux lois et règlements intervenant dans la pyramide juridique de la décision individuelle à prendre. À cet effet, les visas des décisions individuelles[120] sont bien illustratifs de leurs contraintes d'adéquation à leurs textes d'origine.

iii. La controverse sur le caractère normatif de l'acte individuel

La controverse sur l'aspect normatif de l'acte individuel met en relief deux opinions différentes.

- **La thèse négative**

La thèse négative est celle qui fait objection à la reconnaissance du caractère normatif de l'acte individuel. La thèse négative voit en l'acte individuel une simple transposition de l'acte général. L'acte individuel serait un usage dirigé, une activité matérielle qui se distingue de l'activité juridique[121].

L'activité matérielle, terrain de déploiement de l'acte individuel c'est « *l'activité d'État qui n'est ni législation, ni juridiction* »[122]. Le doyen Duguit propose d'ailleurs une opposition entre deux fonctions : la fonction législative qui est celle qui consiste à poser des règles de droit générales, abstraites et impersonnelles, et qui aboutit à des actes-règles que sont les lois et les règlements d'une part, et la fonction administrative qui consiste « *à prendre des décisions qui, simplement, rendent applicable à un individu déterminé une règle ou un ensemble de règles préétablies, sans rien ajouter au fond de celles-ci* »[123]. À partir de cette analyse, il peut être dit que l'acte individuel ne fait pas grief.

Il ne fait pas grief parce qu'il ne serait que la simple transposition d'un référent, qui a au préalable établi les règles de fond de l'acte non réglementaire. Dans cet ordre d'idée, le professeur Mayer se pose la question de savoir s'il existe des normes individuelles[124]. Il répond par l'affirmative sans pour autant omettre de soulever les opinions dissidentes à sa conclusion. Il prend dans les opinions dissidentes le courant réaliste de certains auteurs

---

[119] Cf. Les théories dualistes, avec notamment les concepts de *légis latio et légis executio*, in LEBEN (C), *Charles Eisenmann, Écrits de théorie...*, op.cit, p. 190.

[120] Par exemple, la décision n° 03/MINMIDT/SG/DAG/SDPSP/SP déjà mentionnée à comme référence 13 visas dont la Constitution, et deux lois.

[121] Thèse soutenue par Duguit et reprise in, LEBEN (C), *Charles Eisenmann, Écrits de théorie du droit, de droit constitutionnel et d'idées politiques,* idem, pp. 196-199.

[122] Ibid.

[123] Ibid.

[124] MAYER (P), « *Existe-t-il des normes individuelles* », in *L'Architecture du droit*, précité, pp. 686-687.

scandinaves[125] qui conçoivent que la règle de droit doit n'être vue que comme une proposition exprimant la certitude de son contenu et « *l'acte non réglementaire ne serait pas plus qu'une livide signification de l'acte juridique dont il procède* ». La thèse négative souffre de sa fébrilité face à la critique qui en appelle à son dépassement.

- **La thèse positive**

Ce dépassement de la thèse négative postule l'existence de normes juridiques non réglementaires de fabrication administrative. Il s'agit de donner à la norme juridique toute l'envergure qui la caractérise. La doctrine est pour sa majorité acquise à cette opinion positive. Les auteurs stigmatisent cette reconnaissance de la nature normative à tout acte qui modifie les situations juridiques indifféremment de ce qu'elle émane du législateur, ou qu'elle provienne de l'administration.

L'envergure, c'est-à-dire le nombre de personnes concernées, n'est pas prise en compte dans la détermination ontologique de la norme juridique. En réalité, il y a deux grandes sortes de normes[126] : les normes à portée générale qui sont collectives et les normes qui s'adressent à un ou plusieurs sujet(s) nommé(s).

En reconnaissant que l'acte individuel tire son fondement d'un acte réglementaire qui « fait prédication » sur les dispositions de l'acte individuel, il faut admettre que cet acte individuel n'est légal que s'il est conforme à l'acte général dont il procède. Précision vaut que la prescription de la norme générale ne devient effective que par le biais de la norme individuelle[127]. Cette possibilité ouvre les portes de l'acte juridique à l'acte individuel. En effet, le vouloir manifesté (volonté) et les conséquences de droit (faire grief) de ce vouloir manifesté se retrouvent dans l'acte individuel.

Le vouloir manifesté est celui qu'exprime la volonté administrative dans la formation de l'acte administratif individuel. Cette norme pose des droits et des obligations que doit respecter son destinataire, et l'administration elle-même[128]. Le fait que l'acte individuel fasse grief donne une autre caractéristique de l'acte juridique qui est son opposabilité. L'acte individuel est donc, au même titre que l'acte réglementaire, un acte par lequel l'administration fait le droit.

---

125 Idem. Il cite en référence Hâgerstrôm, Lundstedt, Alf Ross, et fait un rapprochement entre les positions de ces auteurs et celles des auteurs américains de la sociological jurisprudence, notamment Wendell Holmes dès 1872.
126 EISENMANN (C), *Cours de droit administratif*, tome II, op.cit, p. 510.
127 Ibid., pp. 104-105.
128 C'est la règle « *tu patere legem quam fecisti* » selon laquelle l'autorité administrative est liée pas ses propres décisions. Cf. Rivero (J) et Waline (J), *Droit administratif*, 8e éd, Dalloz, Paris 2000, p. 86.

En dehors de la classification acte réglementaire, acte non réglementaire, une autre classification plus répandue est celle des actes écrits/actes non écrits.

2. La classification acte administratif écrit/acte administratif non écrit

Les actes administratifs écrits peuvent être généraux ou individuels. Ils remplissent le formalisme qui fait dire que l'administration est écrite. S'y trouvent : l'ordonnance, le décret, l'arrêté, les directives, les circulaires et autres décision et notes de service.

L'acte administratif peut être non écrit. C'est le cas de l'acte gestuel (ex. : les signes émis par le policier qui dirige la circulation) et de l'acte verbal se déclinant en l'ordre oral donné par l'autorité administrative[129].

Tous les actes administratifs unilatéraux déjà cités sont dits explicites, mais l'administration peut refuser d'agir. Cette attitude met en relief l'acte administratif implicite, consistant au silence de l'administration.

L'administration peut en effet présenter une attitude d'abstention. Dans ce cas, le silence gardé par l'administration est considéré comme étant une action. Ce silence est tantôt interprété comme un silence refus, tantôt comme un silence acceptation.

Le silence observé par l'administration ne constitue pas à lui seul la décision administrative. Le silence fait grief parce que l'autorité ayant gardé le silence avait compétence pour agir[130]. L'interprétation du silence s'effectue à partir des textes, de la jurisprudence et de la doctrine. À propos des textes, celui relatif au permis de bâtir énonce clairement que faute par le maire de notifier sa décision dans les délais prévus à l'article 48 de la loi portant code de l'urbanisme, le permis de construire ou l'accord préalable est réputé accordé pour les travaux décrits dans la demande[131]. Comme quoi, le défaut de réponse par observation du silence entraîne octroi de ce permis.

De même, l'état de la législation sur la création d'associations politiques est libéral, parce que les lois en la matière accordent l'acceptation à la demande qu'un parti politique dépose pour sa création quand l'administration reste silencieuse[132].

---

[129] (CS/CA, jugement n° 83 du 30 juin 1983, Sikam Adolphe c/État du Cameroun).

[130] KAMTO (M) et GUIMDO (B), « *Le silence de l'administration en droit administratif camerounais* », in Lex lata n° 006 du 15 décembre 1994, p. 10 et s. V. jugement n° 01/CS/CA du 25 oct. 1984, Otete Biyidi Dieudonné contre État du Cameroun.

[131] Art 49 du décret n° 68-59 COR du 30 avril 1968 relatif à la construction.

[132] Loi n° 90/056 de décembre 1990 sur les partis politiques et la liberté d'association.
- Ordonnance n° 02/0/PCA/CS du16 déc. 1992, UPC Manidem contre État du Cameroun, obs. Guimdo in juridis infos n° 16. p. 56-58.

Le silence gardé par l'administration peut également être un silence refus. C'est le sort du silence que l'administration observe[133] quand un administré lui adresse une demande gracieuse.

Paragraphe 2 : Les actes particuliers de l'administration

Il faut présenter la particularité de ces actes avant de relever que, dans certaines situations, ils peuvent être attaqués devant le juge.

Pris par l'administration, certains actes subissent un traitement juridique différent de celui des actes administratifs unilatéraux. On y retrouve les actes de gouvernement et les mesures d'ordre intérieur.

A. L'acte de gouvernement

L'acte de gouvernement est issu au Cameroun de l'arrêt Kouang Guillaume de mai 1979. Si l'acte de gouvernement est un acte qui crée des droits et obligations, il est particulier parce qu'il est pris par l'autorité administrative agissant cette fois comme autorité politique, ou tout simplement parce que cet acte s'avère inattaquable. Les actes tels la participation du gouvernement au débat parlementaire, la promulgation de la loi par le président de la République ou encore la décision d'organiser les élections font partie de cette catégorie. Il faut ajouter à cette catégorie les actes pris dans le cadre des relations diplomatiques. Ces actes, tout comme les premiers, ne peuvent donc subir le même régime que les actes unilatéraux.

B. Les mesures d'ordre intérieur

Les mesures d'ordre intérieur forment un autre bloc d'actes particuliers pris par l'administration. Ces actes ont longtemps eu la spécificité de ne pas être décisoires parce que ne créant en principe pas des droits et obligations à l'endroit des particuliers. Ces actes sont des mesures prises à l'intérieur de l'administration pour les agents administratifs et non pour les administrés. Ici, le supérieur donne des instructions à ses subordonnés sur le travail qui doit être fait. Ces types de mesures sont faits d'actes conservatoires et préparatoires. Ces actes par principe ne créant pas des droits et obligations pour les administrés, ils sont donc exclus de tout examen contentieux devant le juge administratif.

---

[133] Art. 12 de l'ordonnance n° 72/6 du 26 août 1972 portant organisation de la cour suprême et art. 17(2) de la loi n° 2006/018 du 29 décembre 2006 fixant l'organisation et le fonctionnement des tribunaux administratifs.

Par contre, d'autres mesures qualifiées de circulaires administratives peuvent être interprétatives ou impératives conformément aux arrêts Notre-Dame du Kreisker et madame Duvigneres[134].

L'activité administrative est ainsi menée par une complexité d'actes dont l'acte administratif unilatéral reste le principal. Non négligeable, il faut aussi présenter le contrat administratif.

Section 2 : Le contrat administratif

L'administration agit de plus en plus par le moyen d'actes complexes. Ceux-ci sont le fait du dépassement de l'unilatéralité de l'acte administratif pour la bilatéralité. L'acte le plus important ici est le contrat qui peut être un contrat de droit privé, tout comme un contrat administratif. La détermination du contrat administratif est le fait de critères particuliers.

Paragraphe 1 : Les critères du contrat administratif

Comme les contrats de droit privé, le contrat administratif met en exergue un régime contractuel fondé sur l'accord des parties : c'est le principe du consensualisme. Le contrat administratif est donc une conjonction des volontés des parties.

L'administration dans son activité peut ainsi agir, par la voie contractuelle. Le contrat de l'administration, à la différence de la décision administrative, est bilatéral. Ceci signifie qu'il est le résultat de l'œuvre de volonté non d'une, mais plutôt de plusieurs parties. La différence ici est que l'on passe d'un point unique d'émission de volonté (unilatéral), à plusieurs points. Le consensualisme est alors une expression de la volonté de l'administration, associée à la volonté d'une autre partie dans un lien contractuel.

Ces volontés exprimées ont à elles seules le pouvoir de créer des obligations entre les parties. Que la volonté administrative soit diluée comme c'est le cas dans le consensualisme ou que cette volonté soit amplement exprimée à travers l'unilatéralité, la présence de la volonté administrative permet à l'acte émis d'être qualifié de juridique ; c'est-à-dire d'acte qui pose des normes juridiques.

Le contrat peut lier deux personnes comme il peut en lier plus. L'administration passerait des contrats de droit privé, tout comme elle conclut des contrats administratifs.

Il s'y distingue les contrats administratifs par détermination de la loi, des contrats administratifs par détermination jurisprudentielle.

---

[134] V. CEC, Ass., 29 janvier 1954, Institution Notre-Dame du Kreisker ; CE ; Sect. 18 décembre 2002, Mme Duvigneres.

A. Les contrats administratifs par détermination de la loi

Certains contrats sont dits administratifs parce que la loi a elle-même explicitement eu à les qualifier comme tels. Trois (03) types de contrats sont concernés.

Sont qualifiés de contrats administratifs en France :

- les contrats relatifs à l'exécution de travaux publics (loi du 28 pluviôse an VIII, art. 4) ;
- les contrats comportant occupation du domaine public (décret-loi du 17 juin 1938, art. 1er) ;
- les marchés soumis au code des marchés publics (loi Murcef du 11 décembre 2001, art. 2).

Le cas camerounais révèle que la législation et la règlementation ne reconnaissent qu'un seul type de contrat administratif, celui relatif aux marchés publics. Il faut tout de même signaler que les textes déterminant le rattachement du contrat administratif au seul marché public sont une suite logique d'une vieille jurisprudence[135]. Cette position du juge datant de la période de l'État sous emprise française correspondait en fait à l'état de la question dans l'ancienne métropole.

Lorsqu'un contrat ne peut subir de qualification quant à son caractère administratif, parce que non déterminé par la loi, il faut aller chercher dans les critères alternatifs pour être édifié.

B. Les critères alternatifs ou jurisprudentiels

Le juge a déterminé que la réalisation du service public comme fin du contrat, ainsi que la présence de la clause exorbitante de droit commun, confère un caractère administratif au contrat[136].

Dans la théorie et le droit positif, les contrats de l'administration sont soit des contrats administratifs, soit des contrats de droit privé. Ce n'est pas le statut des personnes mises en jeu qui est à considérer. Un contrat peut bien être administratif alors qu'il lie une personne morale de droit public à une personne privée, tout comme deux personnes morales de droit public peuvent se lier par un contrat de droit privé.

---

[135] CCA, arrêt n° 83 du 22 déc. 1951, Renucci contre Administration du territoire ; CCA, arrêt n° 327 du 10 décembre 1954, CFAO contre Administration du territoire ; CCA, arrêt n° 364 du 03 septembre 1955, Ebongon Philippe contre Administration du territoire.

[136] CS/CA, Jugement n° 27 du 28 nov. 2002, Pemité Jean-Calixte contre Communauté urbaine de Douala ; CS/CA, jugement n° 147/ADD du 31 août 2005, Um Ntjam François contre État du Cameroun.

En fait, l'on peut dire que le contrat administratif est celui visant un intérêt général et dans lequel le cocontractant participe à l'exécution du service public, l'administration y disposant de pouvoirs exorbitants.

A contrario, le contrat de droit privé des personnes publiques deviendrait celui qui (malgré l'existence des critères évoqués) est conclu dans un cadre autre. Ce qui est pour le moins difficile à imaginer pour l'administration.

Ainsi, par détermination de la loi, de la jurisprudence et de la doctrine, il faut intégrer dans les critères du contrat administratif l'élément organique, celui du service public et le pouvoir exorbitant.

À propos du pouvoir exorbitant, le contrat administratif est celui où la personne morale de droit public se trouve dans une position dominante. Il s'apparente ainsi au contrat d'adhésion où en réalité de bilatéralité, c'est l'administration qui a la maîtrise du contrat. Ainsi, les clauses du contrat ne sont en général pas débattues et en réalité, hormis le prix, le cocontractant se contente davantage d'adhérer au contrat. Les prérogatives administratives se déploient aussi dans l'exécution du contrat[137]. Enfin, la résiliation unilatérale du contrat peut être décidée par l'administration.

Les contrats de droit privé sont, pour leur part, régis par les articles 1134 et s. du Code civil. Aussi, malgré la présence de l'administration dans ces contrats, c'est le juge judiciaire qui serait compétent[138] pour en connaître, en cas de contentieux.

Quel que soit le type de contrat concerné, il tient lieu de loi pour les parties. L'administration ne devrait pas, sur la base de ses prérogatives exorbitantes de droit commun, se dégager librement de ses engagements, sans que cela mette en jeu sa responsabilité (hormis les conditions exonératoires généralement assorties de la sujétion de réparer pécuniairement le non-respect de ses engagements).

L'administration doit considérer le contrat comme étant un élément de légalité le liant, et doit agir en conformité avec ce qui y est stipulé comme « *règles de conduite* ». De surcroît, comme l'acte individuel, le contrat, pour être respecté, doit être juridiquement valide. Cette validité lui est conférée par sa conformité aux normes régissant l'activité administrative et spécifiquement les contrats administratifs. En exemple, dans le cas d'un appel d'offres national restreint, ce ne serait pas soumission à la légalité pour l'administration que de retenir et de contracter avec un soumissionnaire étranger.

---

[137] CE 31 juillet 1912, Société des granits porphyroïdes des Vosges, Concl. Blum. Les prérogatives de l'administration sont : le pouvoir de direction, de contrôle, de sanction, de modification unilatérale. Cette dernière prérogative s'exerce sous réserve du respect de l'équilibre financier du contrat qui, s'il est atteint, devra être réparé par l'administration.

[138] Infra.

Ainsi, dans les critères du contrat administratif, se trouve en premier l'élément organique. Il concerne la qualité des personnes contractantes. Il énonce qu'il faut que l'un des contractants soit une personne publique. Les contrats conclus par les personnes privées sont normalement des contrats privés. Mais, il faut dire ici que la jurisprudence y apporte quelques démentis dans certains cas où l'objet du contrat est le service public (TC, 8 juillet 1963, Sté entreprise Peyrot)[139].

L'autre critère est celui de la présence de clauses exorbitantes du droit commun et de la participation à l'exécution même du service public. Ceci veut simplement dire que : « *un contrat est administratif– selon l'analyse du professeur Morand-Deviller–soit à raison de ses clauses, soit à raison de son objet* ». Elle poursuit en disant qu'« *après avoir hésité sur le point de savoir si ces deux critères étaient cumulatifs ou alternatifs, la jurisprudence s'est prononcée en faveur de la seconde solution* ». Ce qu'il faut en dire est que le contrat peut contenir des clauses qui rompent l'égalité en donnant plus de pouvoir à l'administration : on parle de clauses exorbitantes du droit commun.

La participation à l'exécution même d'un service public est quant à elle la part contributive du cocontractant de l'administration à l'exécution du service public[140].

Au final, le contrat administratif, quand il n'est pas directement déterminé par la loi est celui dans lequel se trouvent soit des clauses exorbitantes au profit de l'administration qui peut en être partie, soit la participation même du cocontractant à la réalisation du service public.

Paragraphe 2 : Le régime juridique des contrats administratifs

Par régime juridique, il faut entendre l'ensemble des règles applicables. Pour le contrat administratif, c'est l'ensemble des règles qui régissent l'établissement, l'exécution et la résiliation dudit contrat. La marque de ce régime juridique est celle de l'exorbitance, c'est-à-dire de la position dominante de l'administration perceptible à partir des pouvoirs qu'elle détient.

A. Le consensualisme déséquilibré

L'acte contractuel est celui qui résulte de la volonté de deux parties au moins. Cet acte juridique pose un ensemble de règles qui tiennent réciproquement lieu de lois des parties. La particularité en est donc que les parties règlent elles-mêmes, la nature des obligations qui les lient. Ainsi, les

---

[139] TC, 8 juillet 1963, Société Entreprise Peyrot, p. 787, AJ 1963, p. 463, chron. M. Gentôt et J-Fourré. Dans cette espèce, le tribunal des conflits a retenu le caractère administratif du contrat, parce que celui-ci visait un travail public, même s'il n'y avait pas de personne publique partie au contrat. Le contrat ayant été conclu « pour le compte » d'une personne publique.

[140] CE 20 avril 1956, *« Époux Bertin »*.

parties fixent l'objet du contrat, les moyens de sa mise en œuvre et les obligations pesant sur chacune d'elles[141].

À l'évidence, les contrats de l'administration sont des actes juridiques. Leur particularité étant qu'ils sont des actes juridiques formés sur la base du consensualisme. Seulement, la réalité qui prévaut montre un certain déséquilibre entre les volontés. La volonté de l'administration contractante reste toujours dominante. C'est ainsi que les contrats de l'administration présentent un contenu fréquemment et entièrement déterminé par elle. Le consentement de l'autre partie réside alors uniquement en son accord à être lié.

Un contrat de l'administration peut viser la participation à l'exécution d'un service public, mais le fait que la loi pourrait le qualifier comme étant un contrat privé, ce qui rompt son attraction à un éventuel rapport avec le contrat administratif. C'est notamment le cas au Cameroun des contrats passés entre l'administration et les contractuels d'administration[142]. Les contrats conclus entre ces derniers et l'administration sont des contrats privés par détermination de la loi[143]. C'est donc devant le juge judiciaire que les litiges y afférents seront présentés. Il statuera suivant les règles de droit privé, et en particulier en référence au Code du travail.

Les contrats de l'administration, actes de plusieurs volontés, créent un ensemble d'obligations entre les parties. Ils ne sont pour autant pas des actes initiaux, ce qui fait qu'ils sont des actes qui ne doivent pas contredire les actes supérieurs qui les règlent. C'est ainsi qu'un contrat visant l'exécution d'un marché public ne devra être passé que sous la forme et la procédure que le code des marchés publics, acte supérieur, pose. Ainsi, le contrat est la norme des parties ; norme soumise aux prescriptions de la loi.

B. L'établissement du contrat administratif

La conclusion du contrat administratif se fait sur la base du consensualisme. Il s'agit de l'accord de deux parties au contrat marqué par leurs parafes. La position dominante de l'administration est visible au niveau du choix du cocontractant et de l'élaboration des clauses du contrat.

L'administration contractante qui dispose des fois de la liberté de choisir son cocontractant peut être obligée de passer par certaines procédures particulières. Le cas des marchés publics est ici fort illustratif, avec l'appel d'offres qui en est la procédure de principe. Elle consiste à mettre les soumissionnaires en concurrence pour choisir celui qui fait l'offre la plus avantageuse. Et même quand le choix du cocontractant s'est fait de façon

---

141 Jugement n° 50/CS/CA du 1er fév. 1985, Tameghi Boniface (Amsecom – Amseconcom).

142 Jugement n° 64/CS/CA du 30 août 1984, Kebe Paul contre État du Cameroun.

143 Art. 131 de la loi n° 92-007 du 14 août 1992 portant code du travail.

négociée (gré à gré), il reste que l'accord de cette partie est plus une adhésion. En effet, le cocontractant trouve généralement le contrat déjà prêt, écrit, élaboré : il ne lui reste qu'à y adhérer ou à le refuser. Ce qui conforte encore la position prégnante de l'administration, plus visible dans la phase d'exécution.

C. L'exécution et la résiliation du contrat administratif

Les prérogatives de l'administration contractante sont au nombre de quatre dans l'exécution dudit contrat. Les pouvoirs de direction, de contrôle, de modification unilatérale et de sanction sont les quatre prérogatives exorbitantes reconnues à l'administration contractante dans l'exécution du contrat administratif :

- Le pouvoir de direction et de contrôle : l'administration donne des ordres de services pour l'exécution du contrat et, à tout moment, a le pouvoir de contrôler l'exécution dont le cocontractant a la charge.
- Le pouvoir de modification unilatérale : contrairement au contrat de droit privé, celui administratif présente l'administration comme fondée à modifier unilatéralement les clauses du contrat. Cependant, si ces modifications entraînent un déséquilibre en ajoutant des charges supplémentaires au cocontractant, ce dernier aura droit à une compensation financière visant à rétablir l'équilibre charges-avantages.
- Le pouvoir de sanction : le cocontractant qui ne remplit pas ses engagements peut se voir sanctionner par l'administration. Ces sanctions vont de celles pécuniaires consistant en des amendes, en passant par celles coercitives (mise en régie), jusqu'à celles résolutoires qui consistent à résilier le contrat. C'est dans ce cadre que le respect des délais est impératif. Dans l'affaire CS/CA jugement n° 50 du 1er février 1985, Tameghi Boniface (Amsecom-Amseconcom) contre État du Cameroun, le juge s'est prononcé ainsi : « *La résiliation du marché est intervenue par le fait de l'administration* ». En fait, un entrepreneur bénéficiaire d'un contrat de prestations avec l'administration devait avoir terminé la réalisation de sa tâche en six (06) mois. Au préalable, le génie militaire devait exécuter des travaux préparatoires, nécessaires au commencement du travail du cocontractant. Or, l'administration n'a pas exécuté les travaux préparatoires, mais a résilié le contrat parce qu'elle estimait que son cocontractant ne s'était pas exécuté. Le fait qu'il n'ait pas exécuté son contrat dans le temps a été imputé à l'administration. Néanmoins, cette affaire révèle le pouvoir de l'administration contractante de résilier unilatéralement le contrat administratif.

L'administration a également le pouvoir de mettre fin au contrat avant son terme. À la différence de la résiliation-sanction qui vient d'être présentée, cette résiliation elle, ne sanctionne pas le cocontractant : elle intervient juste dans l'intérêt du service, tout simplement parce que l'exécution du marché n'est plus possible ou n'est plus utile : on parle de résiliation-remède

Paragraphe 3 : les exemples de contrats administratifs

A. Le contrat d'affermage

La gestion du service public varie suivant qu'elle est faite par une personne privée ou une personne publique, et selon le régime juridique de l'exploitation. Par un organisme de droit public, la gestion est faite en régie ou par le mode de l'établissement public. Dans ces cas, il est de tradition que la voie de l'acte unilatéral soit employée. Seulement, l'établissement public peut être un concessionnaire[144]. L'octroi de la gestion s'effectue alors en général par voie contractuelle. Cette représentation est exceptionnelle dans la concession, dont la vocation est davantage de confier la gestion à un organisme de droit privé : c'est une délégation de service public.

Par délégation de service public, il faut entendre « *la délégation de la gestion d'un service public à un tiers dont la rémunération est substantiellement liée au résultat de l'exploitation du service* »[145]. Cette description générique correspond à toutes les formes de la délégation de service public. Il faut distinguer la concession, l'affermage, la régie intéressée et la gérance.

- La régie intéressée est le procédé par lequel le contrat est établi avec un organisme qui va simplement gérer et se rémunérer des économies réalisées.
- La gérance se particularise par son aspect commercial, car c'est un fonds de commerce qui, confié à la gestion d'un exploitant, a pour contrepartie le versement d'un loyer[146].
- La concession est le mode de délégation de services publics le plus connu. Elle intervient lorsque s'établit une relation contractuelle et réglementaire entre une personne morale de droit public et une autre entité, comportant : le droit d'exploitation, la rémunération sur le service, le versement d'une redevance, l'obligation d'investissement[147]...
- L'affermage consiste à mettre sur pied une ferme qui est une relation contractuelle entre une collectivité publique et une personne privée (très

[144] Infra.
[145] Art. 5(1-C) du décret n° 2004/275 du 24 septembre 2004 portant code des marchés publics.
[146] CS/CA, jugement n° 93 du 29 juin 1995, Établissements Moutaka Locko contre État du Cameroun.
[147] MBONO (M), « Les sources comptables de la fiscalité des concessions de services publics marchands au Cameroun », R.A.S.J, UYII, FSYP, vol. 6, n° 1, 2009, p. 416.

souvent), par laquelle le fermier (l'exploitant) est chargé de gérer un service public qu'il a trouvé installé. La personne publique concernée reçoit en contrepartie des versements prélevés sur les ressources provenant de l'exploitation[148].

Les contrats d'affermage sont une catégorie de la délégation de services publics au Cameroun. Incrusté dans le code des marchés publics, l'affermage est sous le régime de la spécificité par son objet et le traitement différencié dont il fait l'objet dans ledit code. Ce qui en fait à tort « un marché public spécifique ».

1. La nature du contentieux des contrats d'affermage

L'intérêt est porté ici sur l'insertion de l'affermage parmi les contrats administratifs, et donc à la compétence du juge administratif. Cette opération impose une identification dans le détail du contrat d'affermage pour établir ses critères de détermination.

a. Le contenu du contrat d'affermage

Le contrat de concession peut lier une personne morale de droit public à une autre[149], mais sa vocation première est d'être une association, personne publique/personne privée. Au contraire, l'affermage n'admet pas[150] que le fermier, c'est-à-dire le bénéficiaire de l'affermage chargé de l'exécution du service public, soit une personne morale de droit public. Cet élément permet donc d'entamer une distinction entre concession et affermage. Les termes de l'exploitation et notamment la rémunération sont encore d'éléments contribuant à l'identification de l'affermage.

- **L'exploitation**

Comme pour la concession, l'affermage est le moyen pour l'autorité publique de confier à une personne privée le soin de gérer un service public. De ce fait, ces deux techniques relèvent de la délégation de service public avec pourtant des points de différence.

- **Les ouvrages nécessaires à l'exploitation du service**

Dans la concession, en principe la totalité des exigences de l'exploitation relève du concessionnaire, dont les investissements sur les équipements, que par ailleurs il peut ne pas avoir trouvé existants. Cependant, il arrive que le concessionnaire soit chargé d'assurer un service public qui était déjà fonctionnel, mais dont le mode de gestion change. De ce fait, il trouve des

---

148 RAYMUNDIE (O), *Gestion déléguée des services publics en France et en Europe*, Le moniteur, coll actualités juridiques 1995, p. 37.

149 CHAPUS (R), *Droit administratif général*, tome 1, 15e ed, Montchrestien, Paris 2001, p. 209.

150 Du moins dans la généralité

équipements existants, mais il devra toujours investir en améliorant les infrastructures trouvées[151].

Pour l'affermage, il est clairement disposé que les « dépenses de premier établissement » incombent à la collectivité publique. Ainsi, les dépenses de premier établissement sont effectuées par l'autorité publique qui établit l'affermage[152]. Le fermier bénéficie donc d'un outil prêt à l'emploi. Par contre, il lui revient d'entretenir et de gérer les équipements à lui confiés pour l'exploitation du service public. Les renforcements et extensions des équipements nécessaires au service incombent normalement à la collectivité publique affermante. Mais, le cahier des charges ou l'avenant peut obliger le fermier à contribuer auxdits investissements. Aussi, la construction des ouvrages nécessaires revient à la personne publique affermante. Bien évidemment, les infrastructures trouvées et ceux construits font normalement partie de la propriété de la personne publique délégante.

- Au-delà de l'obligation faite à la personne affermante de fournir les équipements et de ce que les équipements confiés et ceux acquis sont des biens de retour (sauf cas de l'hypothèque)[153], la charge des risques de l'exploitation revient au fermier, qui est lié aux usagers par un rapport juridique de droit privé. Le fermier supporte les risques d'exploitation, bénéficie d'ouvrages à exploiter qu'il reçoit au début du contrat. Ces ouvrages qui sont des biens de retour doivent être entretenus par lui.

- **La rémunération**

Un autre pan important de l'affermage est la rémunération. En tant que délégation de services publics, c'est à partir de l'exploitation du service que la rémunération est effectuée.

- S'agissant du fermier, sa rémunération est tirée des résultats de l'exploitation. Le contrat fixe le mode de calcul de la rémunération en tenant compte des charges prévisibles d'exploitation du service. Le fermier se rémunère directement auprès de l'usager et ceci, par un prix convenu à l'avance dans le contrat d'affermage. Ce prix est révisable selon une formule de variation incluse dans le contrat.

Le fermier prend également en charge les aléas de l'exploitation. Dans le cadre de la concession, « *le risque est partagé* ». Pour l'affermage, les risques

[151] C'est le cas de la Camrail qui bénéficie d'une concession ferroviaire accordée au groupe Bolloré Africa Logistics. Les investissements à sa charge sont la régénération du matériel roulant. Cf. www.bolloré-africa-logistics.com

[152] Dans le contexte français, V. CE, 29 avril 1987, Cne Elancourt ; jurisdata n° 1987-001317 ; rec, CE 1987, p. 152.

[153] www.finances.gov.ma

sont normalement à la charge du fermier, mais le contrat peut bien répartir la charge des risques.

- S'agissant de l'autorité affermante, sa rémunération est également organisée par le contrat d'affermage. Dans la concession, l'exploitant en règle générale conserve une grande partie des redevances payées par les usagers, ce qui n'est pas le cas du fermier. Ce dernier doit verser à l'autorité affermante une redevance forfaitaire d'utilisation des équipements (surtaxe) et/ou d'exploitation (ristourne). Ainsi, à l'avance, le contrat d'affermage prévoit le prix ou tarif de l'élément exploité et le montant devant être reversé à la collectivité affermante.

b. Le contentieux des contrats d'affermage comme contentieux administratif

Pour que le contentieux des contrats d'affermage soit de la compétence du juge administratif, il est nécessaire que cette catégorie d'acte bilatéral soit reconnue comme étant un contrat administratif. Les critères du contrat administratif sont ainsi requis.

Le contrat administratif est celui qui n'est pas, même implicitement, sous l'empire du droit privé. La qualification jurisprudentielle fait recours à trois critères : organique, matériel et finaliste.

Le critère organique exige la présence d'une personne morale de droit public au contrat. Celle-ci doit être partie intégrante au contrat. Il peut s'agir de l'État ou de toute autre personne morale de droit public[154]. Dans le cadre du contrat d'affermage, le délégant est toujours une personne publique. Le fermier par contre est normalement une personne privée. Pour autant, en vertu du principe de liberté du commerce et de l'industrie, il est tout à fait admissible que dans les conditions d'octroi du marché, un candidat, personne morale de droit public et particulièrement un établissement public, soit sélectionné comme fermier[155].

Le critère matériel est fortement lié à la présence de clauses exorbitantes dans la relation contractuelle[156]. Elles concernent le pouvoir de direction, de contrôle, de résiliation unilatérale. Le contrat d'affermage contient de telles clauses. Il est ainsi disposé que « *toute collectivité territoriale ayant affermé un service public peut procéder à la révision du contrat d'affermage…* »[157].

Le critère finaliste met en exergue l'objet du contrat. Il doit être établi aux fins d'intérêt général. Aussi, un contrat visant l'organisation ou l'exécution

---

[154] À l'exemple de la collectivité territoriale décentralisée, cf. art. 58 et 61 de la loi n° 2004/17 du 22 juillet 2004 d'orientation de la décentralisation.
[155] Davignon (J.F), *Affermage*, fasc 666, JCN administratif, 2008, p. 3.
[156] CCA, Arrêt n° 83 du 22 décembre 1951, Renucci contre administration du territoire.
[157] Art. 61 de la loi n° 2004/017, op.cit.

d'un service public apparaît comme étant un contrat administratif[158]. Or, le contrat d'affermage vise l'exploitation d'une activité de service public, ce qui en fait un contrat administratif. L'interprétation de la loi y concourt également.

Le contrat d'affermage est un contrat administratif qui relève de la compétence du juge administratif, car « le contentieux administratif comprend… les litiges concernant les contrats administratifs »[159].

2. La compétence du juge administratif dans le contentieux des contrats d'affermage

Plusieurs critères cumulatifs conditionnent l'affermage : une gestion confiée par contrat, la gestion d'un service public, les risques et profits, le versement d'une redevance… L'implémentation de ces éléments peut donner lieu à contentieux ressortissant de la compétence du « juge compétent » : le juge administratif. L'intervention du juge s'y effectue suivant un découpage dual, à savoir le contentieux de la formation et le contentieux de l'exécution du contrat d'affermage.

Pour ne s'intéresser qu'à la formation du contrat, le juge administratif peut être saisi au titre de contestations relatives au choix du fermier.

L'octroi du marché d'affermage est le fait d'une décision administrative. Aussi, quand il en naît un contentieux, c'est par le recours pour excès de pouvoir que le juge est saisi.

Toujours dans le recours pour excès de pouvoir, il faut évoquer le contentieux des pratiques anticoncurrentielles, car les actes par lesquels sont attribués les marchés publics sont des actes administratifs et ils doivent être effectués après mise en concurrence. Pour les contrats d'affermage, les textes sont muets sur leur mode de passation. Ce qui ne fonderait pas le juge à intervenir en cas de réclamation sur l'établissement non concurrentiel du contrat d'affermage, sauf si l'acte dont le contrat procédé indiquait cette procédure.

Pour autant, les contrats d'affermage doivent respecter le traitement égalitaire des potentiels fermiers par une procédure de mise en concurrence. Le mutisme des textes réglementaires délie le juge qui a le pouvoir d'aller dans ce sens.

D'ailleurs, dans la pratique, l'affermage n'est constitué qu'après mise en concurrence et les cas recensés tendent à le prouver. C'est ainsi que l'article 26 du contrat d'affermage du secteur d'exploitation de l'eau dispose que « *l'affermage pourra être renouvelé d'accord-parties pour une période*

---

[158] CE, 20 avril 1956 Époux Bertin.

[159] Art. 2(2-C) de la loi n° 2006/022 du 29 décembre 2006 fixant l'organisation et le fonctionnement des tribunaux administratifs.

de cinq (05) années. Dans tous les autres cas d'expiration du contrat d'affermage, quelle qu'en soit la cause, l'autorité affermante devra procéder au lancement d'un appel d'offres pour recruter un nouveau délégataire de gestion du service public de l'eau potable en milieu urbain et périurbain »[160].

B. L'exemple du contrat de concession

La gestion du service public est souvent déléguée par voie contractuelle. Pour appréhender la notion de service public, il faut se référer à trois critères : le premier est finaliste et permet d'indiquer que le service public se reconnaît par sa mission qui est l'intérêt général ; le deuxième critère est organique et se situe dans l'identification de la personne morale qui en a la charge. Ici, la vocation traditionnelle est que le service public soit rattaché à une personne publique ; le troisième critère est dit matériel. Il formule que le service public se particularise par la soumission à un régime juridique particulier[161]. Le service public est au centre de l'État, car il est considéré comme sa raison d'être, de sorte que certains auteurs conçoivent que « *l'État est un organisme social constitué essentiellement par un ensemble de services publics* »[162].

Dans sa systématisation du service public, le doyen Duguit indiquait que « *l'État n'est pas une puissance qui commande une souveraineté ; il est une coopération de services publics organisés et contrôlés par des gouvernants* ». Cette conceptualisation qui détermine clairement sa position dans l'appréhension du service public a ceci de particulier qu'elle postule que le service public est organisé et contrôlé par les gouvernants. Si par organisation, il faut entendre l'adoption d'une technique de gestion, c'est que cette vision est encore totalement actuelle. Par contre, s'il est plutôt question d'une intervention dans le détail, il faut reconnaître que les choses sont différentes dans la réalité.

En effet, autant le service public demeure sous le contrôle étatique, autant sa gestion s'incarne par la juxtaposition de plusieurs techniques. Parmi elles, la gestion par des organismes de droit public demeure la variante des modes de gestion dont l'organisation totale reste entre les mains de l'État. Ce sont la régie et l'établissement public.

Par contre, il existe d'autres modes de gestion dans lesquels l'organisation n'est que partiellement sous maîtrise étatique, les interventions opérationnelles et stratégiques relevant d'un organisme souvent privé. Ce mode est principalement incarné par la concession.

---

160 Contrat d'affermage du service public de l'alimentation en eau potable des centres urbains et périurbains du Cameroun approuvé par le décret du PR du 08 avril 2009.

161 V. MORAND-DEVILLER (J), *Cours de droit administratif*, Montchrestien, 9e ed, Paris, 2005, p. 485s.

162 Roger Bonnard, cité par Morand-Deviller, Ibid, p. 483.

La concession de service public est le contrat par lequel une collectivité publique confie à une personne publique ou privée la charge d'assurer, pendant une durée déterminée, l'exécution du service public ; la rémunération du cocontractant de l'administration étant liée aux résultats de l'exploitation du service[163]. Ainsi, la concession est en réalité une délégation de service public, car la collectivité opte par elle à une gestion indirecte. La base de la délégation est le contrat établi entre l'autorité concédante et le concessionnaire, le but étant l'exécution du service public.

À l'occasion de la passation comme dans l'exécution du contrat de concession du service public, certains litiges peuvent naître entre les parties au contrat. Quel est alors le régime applicable à ces contentieux ? Pour s'y édifier, il est question de catégoriser le contentieux de ces contrats suivant sa nature.

1. La nature du contrat de concession

Le contrat de concession est de nature administrative du fait de son objet.

a. L'objet du contrat de concession

L'objet de la concession est la gestion du service public. Par le critère de la finalité qui est le service public, substantiellement, le contrat de concession rentre dans les catégories du contrat administratif.

- **Les spécificités**

Les spécificités du contrat de concession font ressortir déjà qu'il s'agit d'une convention dont l'objet est l'exécution du service public, que l'acte est contractuel et surtout que, parmi les parties en présence, se trouve l'administration qui a son juge.

De manière générale, la concession met en face deux personnes : une personne publique ou privée[164] (concessionnaire) et une personne publique (concédant). Pour désigner l'administration partie au contrat, les textes parlent d'autorité publique, de personne publique ou encore de collectivités publiques. Toutes ces formulations reflètent que la qualité de personne publique concédante permet de dire qu'il y a concession avec effet sur la nature du contrat.

À titre d'exception, il est admis qu'une personne publique soit concessionnaire. Il en est ainsi de la CAMWATER, qui est la personne publique bénéficiaire d'une concession de production, de transport et désormais de commercialisation de l'eau au Cameroun.

---

[163] LIET-VEAUX(G), *Identification de la concession de service public*, rev.adm, 1968, p. 715

[164] Le concessionnaire peut être une personne morale de droit public, mais les cas sont rares parce que cela pose quelques difficultés au regard de la liberté de commerce et d'entreprise.

Ainsi, une pléthore d'acteurs publics est concernée. L'ancien code des marchés publics camerounais posait les bases générales des concessions [165]et énumérait les personnes publiques susceptibles de passer un contrat de concession de service public. Ce sont l'État, les collectivités territoriales décentralisées, les établissements publics ou entreprises du secteur public ou para public. Ces personnes ont pour charge d'assurer le (un) service public et elles peuvent en confier la gestion à une tierce personne. La nature des concessions varie suivant la mission du concessionnaire et le secteur d'intervention de l'autorité concédante.

b. Les variétés

Les concessions de service public comprennent trois sous-catégories dont la plus en vue est la concession de service public, les autres étant la concession domaniale et la concession d'ouvrages publics.

-La concession d'ouvrages publics, encore dite de travaux publics, est le mode de réalisation d'un travail public ou de construction d'un ouvrage public par lequel le concessionnaire doit se rémunérer par l'exploitation à titre onéreux de l'ouvrage pendant une durée déterminée (le cas des bacs et du péage)[166].

- La concession domaniale est un contrat administratif par lequel l'autorité publique concédante permet à une personne privée d'occuper le domaine public, et éventuellement, d'y exercer une activité lucrative sur une longue durée contre versement d'une redevance. C'est le cas de l'occupation du domaine public routier pour l'établissement de stations-service, restaurants, panneaux publicitaires, concession de stationnement…
- La concession de service public est pour sa part le contrat par lequel la personne privée ou publique est chargée de l'exploitation d'un service public, avec un cahier de charges annexé au contrat. L'exploitation est temporaire et la concessionnaire se rémunère à charge des usagers. La concession de service public se distingue du marché de service public[167], car le marché de service correspond à la fourniture d'un service contre paiement par l'administration bénéficiaire.

Dans une approche synthétique, les concessions des services publics englobent ces trois sous-catégories pour lesquelles, du fait de leur nature, la compétence du juge administratif est ouverte.

---

[165] Art. 41 s du décret n° 2004/275 du 24 septembre 2004 portant code des marchés publics

[166] CAA de Paris, 13 juin 2006, commune d'Asniers-Sur-Seine.

[167] Art. 1er du cahier des clauses administratives générales applicables aux marchés publics de services et de prestations intellectuelles.

2. La nature par l'intégration au contentieux administratif

La détermination de la nature des contrats de concession des services publics procède de la qualification du lien juridique entre l'administration et le concessionnaire.

a. La concession comme contrat administratif

Par sa définition, la concession de service public correspond à un contrat passé entre une personne publique et une personne de droit privé[168] ; le concessionnaire devant assurer un service public et se rémunérer de son exploitation. En fait, la concession n'est pas que cela, car le concessionnaire peut être une personne publique[169] et le lien est également réglementaire[170].

Pour autant, l'aspect contractuel dominant, il faut rechercher s'il correspond au contrat administratif.

L'acte administratif unilatéral est un acte pris par une autorité administrative dans le cadre d'un pouvoir administratif qui crée des droits et des obligations pour ses destinataires[171]. Il s'agit du mode d'action classique de l'administration. A côté de ce mode unilatéral, existe un autre qui est dit bilatéral : c'est le contrat administratif.

La concession de service public est une convention qui lie une collectivité publique à une autre personne (privée ou publique) ; le critère organique est ici présent. Quelle que soit sa variété (domaniale, de service, de travaux publics), l'objet de l'accord est toujours lié à la participation du cocontractant à l'exécution même du service public. Dans l'établissement du contrat, son exécution et sa résiliation, il apparaît que l'administration dispose d'une large marge de manœuvre conférée par des stipulations exorbitantes le mettant au-dessus du cocontractant. Ces éléments matérialisent bien la nature du contrat de concession qui est un contrat administratif.

b. L'octroi au juge administratif

Les textes souvent muets sur la nature des contrats qui procèdent d'eux ont la particularité de généralement formuler une disposition laconique d'après laquelle les différends sont portés « *devant la juridiction compétente* »[172]. Le principe retenu implique que le caractère administratif reconnu, le contrat de concession va s'intégrer dans la catégorie des contrats administratifs qui relèvent donc de la compétence du juge administratif.

---

[168] GUILLIEN (R), VINCENT (J) et autres, *Lexique des termes juridiques*, 13e ed, Dalloz 2001, p. 127, V. Concession.
[169] Cas de la Camwater au Cameroun.
[170] Infra.
[171] CFJ/AP, Arrêt n° 20 du 18 avril 1968, Ngongang Njankeu contre Etat du Cameroun.
[172] Ex. : art 79(3) CCAP.

Quand la convention de concession ne désigne pas expressément le juge administratif, il faut se référer aux textes fondant la compétence dudit juge. Suivant l'article 2 (3) de la loi de 2006[173], le contentieux administratif comprend… « *les litiges concernant les contrats (à l'exception de ceux conclus même implicitement sous l'empire du droit privé) ou les concessions de services publics* ».

Section 3 : Les contrats de l'administration conclus sous le régime de droit privé

La liberté contractuelle est limitée par les besoins d'ordre public, mais surtout, les parties ne peuvent déroger au droit en vigueur par des stipulations contractuelles, sinon ces clauses seront réputées non écrites. Pour l'administration, il y a eu une grande montée en puissance du contrat dans les mutations de la gestion du service public. Aussi, après la régie qui est le mode normal de gestion, les autorités administratives ont entamé une gestion par la voie du contrat pour déresponsabiliser l'administration, transférer les risques et rendre plus efficace la gestion des services publics. Le passage de l'État gendarme à l'État providence a par ailleurs accentué cette montée en puissance du contrat dans le secteur public.

Pour autant, le droit positif, mais également la pratique et le bon sens imposent de ne pas accepter le mode contractuel dans la gestion du domaine régalien. Les interventions publiques qui relèvent des fonctions régaliennes ne sont en principe ni « *délégables* », ni « contratualisables », sauf pour l'approvisionnement, l'exécution étant toujours effectuée par l'administration elle-même. C'est ainsi que la défense, la sécurité, la diplomatie, les finances et même la justice n'intègrent pas les champs du contrat. Par ailleurs, la théorie générale reconnaît pour l'essentiel, l'existence de deux catégories de contrats : le contrat administratif et le contrat de droit privé.

La qualification d'un contrat d'administratif dépend de ''l'administrativité'' de ce contrat. Augurer qu'un contrat conclu par l'administration serait sous un régime de droit privé, c'est lui renier une quelconque ''administrativité''.

Le droit positif postule alors et relaie par la doctrine dominante qu'une personne publique peut conclure un contrat de droit privé. La nature du contrat en question interpelle, parce que cela sous-entend que l'administration se comporterait comme une personne privée dans une relation de droit.

À l'image de n'importe quel contrat de droit privé, la finalité de ce contrat de droit privé conclu par l'administration pourrait avoir d'autre but que la

---

173 Art. 2(3) – C de la loi n° 2006/022 du 29 décembre 2006 fixant l'organisation et le fonctionnement des tribunaux administratifs.

satisfaction de l'intérêt général. Les parties à ce contrat, à savoir l'administration et son cocontractant, sont au même pied d'égalité, chose difficilement concevable. Si la théorie et le droit retiennent des contrats réputés conclus sous le régime de droit privé, il est possible d'effectuer un dépassement de telles opinions et positions.

Paragraphe 1 : L'identification des contrats de l'administration réputés conclus sous le régime de droit privé

À la lecture de la loi n° 2006/022 du 29 décembre 2006 fixant l'organisation et le fonctionnement des tribunaux administratifs, le contentieux administratif comprend notamment les litiges relatifs aux contrats, « *à l'exception de ceux conclus même implicitement sous l'empire du droit privé...* »[174]. Cette disposition consacre dans l'ordonnancement juridique camerounais, les contrats de droit privé conclus par l'administration publique. Cependant, leur identification et critères ne sont pas clairs. Toutefois, il peut être avancé que cet ordre juridique reconnaît le contrat de droit privé de l'administration dans une détermination jurisprudentielle par prétérition, et dans une détermination par la loi.

A. Le contrat de droit privé de l'administration par détermination de la loi

La qualification d'un contrat peut provenir de sa détermination comme tel par la loi. Au Cameroun, seuls les contrats de marchés publics et de partenariat sont administratifs du fait de la loi. De même, des contrats de droit privé le sont par détermination de la loi. Il s'agit essentiellement du contrat de travail des agents publics et des contrats de nature commerciale.

1. Le contrat de travail des agents publics

Les agents publics sont de divers ordres. Ceux régis exclusivement par le contrat sont principalement : les contractuels de l'administration et les auxiliaires de l'administration. Ces agents sont réputés relever d'un contrat conclu sous le régime de droit privé. La détermination légale provient de la loi n° 92/007 du 14 août 1992 portant code du travail au Cameroun. Son article 1(2)[175] considère que : « *Est considéré comme « travailleur » au sens de la présente loi, quels que soient son sexe, sa nationalité, toute personne qui s'est engagée à mettre son activité professionnelle moyennant rémunération, sous la direction et l'autorité d'une personne physique ou morale, publique ou privée, celle-ci étant considérée comme « employeur ». Pour la*

---

[174] Loi n° 2006/022 du 29 décembre 2006 *fixant l'organisation et le fonctionnement des tribunaux administratifs*, art. 3c.

[175] Loi n° 92/007 du 14 août 1992, *portant Code du travail au Cameroun*, art 1(2).

détermination de la qualité de travailleur, il ne doit être tenu compte ni du statut juridique de l'employeur, ni de celui de l'employé ». À travers cette disposition, il se comprend que la nature juridique des personnes contractantes importe peu.

L'alinéa 3 du même article exclut du champ d'application du code du travail, les personnels régis par le statut général de la fonction publique, les statuts de la magistrature, des militaires, de la sûreté nationale, de l'administration pénitentiaire. La conséquence en est que les agents publics contractuels ne sont pas des fonctionnaires. Étant donné que le code ne régit que les rapports de droit privé, il devrait donc être déduit que les contrats de ces agents publics sont sous un régime de droit privé.

La jurisprudence accorde à cette disposition de la loi une place de choix. Le juge administratif, on le voit, se déclare incompétent lorsque le contentieux est relatif au personnel contractuel de l'administration. Dans l'affaire CS/CA jugement n° 57 du 28 avril 1953, Yeyap Njoya Marie c/ État du Cameroun, le juge s'est déclaré incompétent à connaître des litiges de travail des contractuels d'administration contre l'État du Cameroun sur la base de la loi du 27 novembre 1974 portant code du travail, indiquant que ces contentieux relèvent des tribunaux judiciaires.

Il en a été également ainsi dans les affaires CS/CA jugement n° 59 du 28 avril 1983 Nji Moluh Nsangou Ayouba c/ État du Cameroun ; CS/CA jugement n° 64 du 30 août 1984, Kebe Paul c/ État du Cameroun. Dans ce dernier cas, le sieur Kebe, assistant à l'université, a vu son contrat non renouvelé pour insuffisance académique et comportement non conforme à la déontologie universitaire[176]. Le juge administratif s'y est déclaré incompétent, argument pris de ce que cette relation est établie sur la base de la loi portant code du travail. Ceci imposerait d'admettre que tous les agents publics sous contrat sont dans un régime de droit privé, ce qui constitue la première catégorie de contrats de droit privé de l'administration publique.

2. Les contrats de nature commerciale

L'administration est chargée d'exécuter une mission de service public. C'est ainsi qu'il lui revient de pourvoir aux besoins d'intérêt général. Au-delà des activités dites régaliennes, il lui est possible d'intervenir dans les domaines sociaux, notamment la santé, l'éducation, la promotion de la famille. L'activité administrative détermine le pouvoir administratif en ce sens

[176] « Attendu qu'il est de règle qu'au Cameroun, les contrats liant les personnes publiques à leurs agents contractuels sont toujours des contrats de droit privé par détermination de la loi, quelle que soit la nature de la tâche confiée à l'agent ;
Que par suite, les litiges ou ceux engagés au sujet de leur situation relèvent du juge judiciaire. (CS/CA arrêts n° 24 mars 1983 TOKO Antonin c/ RNCF (Régie nationale des chemins de fer), n°18/A du 18 juin 1984 NGO MPOUTH Marie c/ Commune rurale d'ESEKA…) »

qu'elle permet de rendre compte du champ et des sphères de l'action administrative.

L'administration, appelée à davantage intervenir, s'est progressivement transformée, de sorte qu'elle effectue une gestion publique et une gestion privée. La gestion publique se fixe sur son pouvoir administratif, alors que la gestion privée amène l'administration à se comporter comme toute personne privée. Cette dimension a été consacrée en 1921 par le Tribunal des conflits dans l'affaire Société commerciale de l'ouest africain c/ Colonie de Côte d'Ivoire, encore connue sous l'appellation affaire du bac d'Eloka. Ainsi, l'administration peut donner à voir qu'il n'y a pas que le pouvoir administratif dans sa sphère d'intervention.

En effet, comme dans l'affaire du bac d'Eloka, elle peut se comporter identiquement à tout opérateur économique. C'est dans ce cadre que l'administration conclurait des contrats de droit privé. Il faut dire que l'administration n'est pas supposée faire des affaires. Le libéralisme économique suggère qu'elle soit davantage confinée à réguler l'activité économique. Ceci signifie qu'elle organise, veille au respect des lois et règlements, sanctionne, sans elle-même mener de telles activités. Une administration qui mènerait des activités économiques est susceptible de rompre l'égalité devant le service public, parce qu'elle sera plus forte que les opérateurs privés.

Cependant, il est des cas où l'administration intervient dans le domaine productif, sous sa forme ordinaire ou sous la forme des sociétés à capitaux publics et sociétés d'économie mixte qui sont des personnes morales de droit privé, mais aussi sous la forme des Groupements d'intérêts publics (GIP). En effectuant des affaires, l'administration peut passer des contrats qui sont réputés relever du droit privé. Peuvent être cités ici : les contrats de cautionnement, le contrat de garantie et le contrat d'assurance.

Le contrat de cautionnement est une sûreté personnelle à travers laquelle une personne nommée « la caution » s'engage à l'égard d'une troisième personne, « le bénéficiaire », à payer la dette du débiteur principal dite la personne cautionnée, au cas où cette dernière serait défaillante. Ce contrat est encore appelé cautionnement. Il est régi par l'Acte uniforme OHADA portant organisation des sûretés et adopté le 15 décembre 2010 à Lomé. Il y est défini à l'article 13 que : *« Le cautionnement est un contrat par lequel, la caution s'engage envers le créancier qui accepte, à exécuter une obligation présente ou future contactée par le débiteur, si celui-ci n'y satisfait pas lui-même »*. Cet engagement peut être contracté sans l'autorisation du débiteur.

Le contrat de garantie quant à lui est défini par le même acte en son article 39, qui distingue : garantie autonome et contre-garantie. Il faut en retenir que c'est un engagement par lequel le garant ou le contre-garant est engagé à payer une somme déterminée au bénéficiaire.

La définition de ces deux contrats par le droit OHADA amène à admettre l'existence de contrats régis par le droit privé conclu par l'administration. Il s'avère donc que ces contrats qui sont l'émanation de textes de droit privé et qui peuvent concerner l'administration ont une qualification qui les fait rentrer dans la catégorie des contrats de droit privé par détermination de la loi.

Enfin, l'administration peut conclure des contrats d'assurance. C'est un contrat par lequel l'assureur, moyennant une prime ou une cotisation, s'oblige à verser au preneur ou à un tiers une prestation dans le cas où un risque couvert par une assurance se réalise. Sans être exhaustif, il faut dire que ce dernier contrat permet de voir une relation contractuelle entre l'administration publique et les agents économiques, le contrat étant lui-même prévu et organisé par un texte réglant les rapports de droit privé. Enfin, et au-delà de la détermination du contrat par la loi, il existe des contrats de droit privé de l'administration par détermination jurisprudentielle négative.

B. Le contrat de droit privé de l'administration par détermination jurisprudentielle négative

La définition du contrat administratif se fait à partir de critères qui sont organiques et matériels. Le critère organique permet de voir que le contrat administratif est celui dans lequel l'une des parties contractantes est l'administration. La dérogation étant que deux personnes privées, dont l'une habilitée par la personne publique, concluront un contrat administratif pour l'exécution même du service public (Société Entreprise Peyrot).

Le critère matériel est fondamentalement jurisprudentiel, les parties au contrat étant ignorées. Le premier des critères ici est la présence de clauses exorbitantes. Ces clauses donnent plus de pouvoir à l'administration dans le contrat (Société des granits porphyroïdes des Vosges). Le second critère renvoie à l'exécution même du service public (arrêt Terrier dit affaire des chasseurs de vipères).

Du point de vue jurisprudentiel, le juge camerounais a suivi le même chemin en déterminant les critères du contrat administratif dans l'affaire Um Ntjam François c/ État du Cameroun[177]. Ces critères déterminent ''l'administrativité'' d'un contrat. Leur absence signifie normalement que le contrat est non administratif.

---

[177] CS/CA, jugement n° 147 du 31 août 2005.

1. La non-administrativité du fait de la présence d'une personne publique

L'article 1er du code du travail postule que la relation contractuelle de droit privé concerne le travailleur et l'employeur. Il s'avère qu'en dehors des catégories d'agents publics clairement désignés et relevant du statut général de la fonction publique ou des statuts spéciaux, tous les autres agents sont réputés être dans des liens contractuels de droit privé. Aussi, la nature de ce contrat n'est pas déterminée en fonction des parties au contrat, car il s'avère que cette catégorie de contrats lie une personne physique à une personne morale de droit public. Nonobstant sa qualité de personne publique, cette partie au contrat ne va pas donner un caractère administratif audit contrat.

À partir de l'affaire Société Entreprise Peyrot où deux personnes privées ont pu conclure un contrat administratif, il peut être dit que la nature des parties n'influencerait pas véritablement la qualification du contrat. Il est à constater plus encore que même les personnes publiques concluent entre elles des contrats de droit privé, à l'exemple des actes de gestion du domaine privé. Le doyen Duguit a d'ailleurs formulé une théorie de l'échelle de domanialité indiquant que le domaine privé connaît simultanément des actes de gestion publique et des actes de gestion privée.

Plus un acte s'apparente à ceux de la gestion privée, plus on descend de l'échelle pour se retrouver dans le droit privé appliqué par l'administration publique. Les actes de vente, d'échanges ou encore de don de dépendances du domaine privé seraient donc des contrats de droit privé. Ceci conduit à dire que le contrat de droit privé se déterminerait comme tel, même en présence d'une personne morale de droit public, cette partie ne changeant pas la nature de droit privé du contrat. L'absence des critères jurisprudentiels dans la relation contractuelle renforce la conviction.

2. L'absence de critères jurisprudentiels dans le contrat concerné

Le premier des critères jurisprudentiels est la présence de clauses exorbitantes. Il s'agit d'y voir un ensemble de stipulations donnant une marge d'action privilégiée à l'administration. Aussi, si l'administration ne peut pas librement choisir son cocontractant, elle peut contrôler l'exécution du contrat, le modifier unilatéralement sous réserve de réajustements financiers, sanctionner le cocontractant, voire résilier le contrat. Le second critère dit d'exécution même du service public confère ''l'administrativité'' à un contrat de l'administration, qui a pour finalité la satisfaction avérée de l'intérêt général.

L'absence de ces critères jurisprudentiels fonderait la non-administrativité du contrat conclu par l'administration.

En France, il est donc nécessaire que les deux critères jurisprudentiels soient absents du contrat. En effet, la jurisprudence en fait des critères alternatifs, pour dire que seule la présence de l'un suffit à qualifier le contrat d'administratif. Au Cameroun, l'administrativité dudit contrat est refusée du fait de l'absence de l'un des deux critères. La raison en est que ces critères sont cumulatifs, de sorte que la présence d'un seul de ces critères est insuffisante à conférer l'administrativité à un contrat.

La lecture inversée des critères jurisprudentiels oblige ainsi à voir que le contrat conclu par l'administration sous le régime de droit privé n'a aucune administrativité, parce que les critères de détermination sont absents. Ce contrat est dit de droit privé en France, parce que indifféremment de la présence d'une partie, personne publique, il n'y est retrouvé ni l'exécution même du service public, ni la clause exorbitante, la présence d'un seul de ces critères étant susceptible d'en faire un contrat administratif.

Le contrat conclu sous un régime de droit privé l'est également au Cameroun lorsque l'administration, partie contractante, n'y introduit aucune clause exorbitante, et plus encore, le service public n'en est pas la finalité même, les deux critères étant obligatoires.

Au regard de ces régimes qui sont indifférents quant à la présence d'une personne publique, partie au contrat, mais surtout le postulat à partir duquel l'administration conclurait des contrats en dehors de l'accomplissement d'une mission de service public ou encore que ce contrat serait dépourvu de clauses exorbitantes, on se retrouve interpellé. Cette réalité est bien difficile à concevoir et impose un dépassement de l'existence de contrats de l'administration conclus sous un régime de droit privé.

Paragraphe 2 : Le dépassement de l'existence de contrats de l'administration conclus sous un régime de droit privé

Dans la théorie générale du droit administratif, il est déjà exceptionnel d'accepter que l'administration transige ou encore négocie. Il est plus étrange d'imaginer que l'acte qu'elle pose soit dans le champ du droit privé. Ainsi, il est cohérent de voir en tout acte de l'administration publique des actes attirés par le droit public, car le droit applicable suit les personnes, et surtout la personne dominante.

Au-delà de la doctrine dominante, des textes et des positions jurisprudentielles, il est donc possible de voir dans les contrats de l'administration prétendument qualifiés de contrat de droit privé, de véritables contrats administratifs. L'administrativité proviendrait alors d'une analyse des textes législatifs et d'une minutieuse lecture jurisprudentielle.

A. Leur administrativité à partir de l'analyse de la loi et des actes uniformes OHADA

Il faut se porter sur la catégorie des contrats conclus sous un régime de droit privé, et qui sont désignés comme tel par détermination de la loi. Divers contrats conclus par l'administration sont ainsi réputés de droit privé au Cameroun par détermination de la loi et des actes uniformes OHADA. Le contrat de commerce, d'assurance, de garantie, de cautionnement et les contrats des personnels de l'administration en constituent l'ensemble.

Pour les contrats par détermination des actes OHADA, c'est un texte d'harmonisation qui les régit et seuls les critères jurisprudentiels peuvent conduire à soupçonner leur administrativité, quoique le juge n'ait pas le pouvoir d'enjamber un texte communautaire ou d'harmonisation des droits en vigueur dans des Etats liés par un traité. Par contre, pour les contrats des personnels de l'État, il est plus possible d'envisager leur caractère administratif. C'est le cas en France, cela pourrait l'être aussi au Cameroun.

1. Le cas camerounais des contrats des personnels de l'État

La reconnaissance de l'administrativité du contrat de l'agent public est rendue difficile parce que le Code du travail, loi-écran, défend d'envisager autre chose que la nature [droit] privé de ce contrat. La code du travail, en son article 1er, dispose très clairement qu'il s'applique dans les rapports de travail entre employeur et travailleur. Surtout, son alinéa 2 indique que la qualité de travailleur ou encore la personnalité juridique de son employeur n'est pas rédhibitoire à la reconnaissance de sa vocation à encadrer leurs rapports, que l'employeur soit une personne physique ou morale (de droit public ou de droit privé). Le Code du travail est donc la loi de leur contrat.

Seuls en sont exclus les personnels régis par le statut général de la fonction publique et les statuts spéciaux. Il est également précisé que les dispositions particulières applicables aux auxiliaires d'administration dérogent au Code du travail. Étant donné que ce code a choisi d'énumérer les différents agents insusceptibles de se voir appliquer la loi du travail, il faut donc convenir que tous les autres agents publics relèvent du Code du travail et que leurs contrats sont sous le régime de droit privé.

La question à se poser est de savoir si cette énumération est exhaustive. Il s'avère que cet article 1er ne cite pas certains agents publics, dont notamment les chercheurs, les enseignants d'université et personnels des greffes. On peut donc imaginer que ces derniers ne sont pas exclus du champ du Code du travail, qu'ils ont des contrats et sont régis par le droit privé. Ceci est inexact, car cette énumération peut être un oubli pour la simple raison que ces trois corps, comme ceux cités, bénéficient de statuts spéciaux faisant qu'ils sont bien des fonctionnaires.

Le Code du travail n'a pas tout prévu. Il s'agit d'une omission qui donne à penser que ses dispositions qualifiant tous les agents non exclus comme dotés de contrats de droit privé seraient inexactes en partie. Il est difficile de rester figé à ce texte de 1992 portant statut de l'agent public, quelle que soit la nature de ses relations avec l'administration.

2. Le cas français

Le régime juridique des agents publics français sous contrat a connu une évolution, avec une rupture de leur situation juridique à partir de 1996. Avant cette date, le juge administratif qui avait déterminé la nature juridique de leurs liens avec l'administration. La décision significative est : CE., Section du 04 juin 1954, Vingtain et Affortit[178]. Cette jurisprudence établissait une distinction entre les agents sous contrat à partir de leurs apports au fonctionnement de l'administration. La différence provenait du lien administratif distinct du lien non administratif.

Le lien administratif ou non administratif est déterminé à partir de la fonction qu'exerce cet agent dans son administration. La jurisprudence Vingtain et Affortit évoque alors la participation directe ou exécution même. Par participation directe ou exécution même, il faut entendre le rôle déterminant que joue le contractuel dans son administration. Il faut que cet agent soit essentiel, c'est-à-dire qu'il soit spécialisé dans l'exécution d'une fonction haute ou technique. C'est alors que l'agent relevant du contrat administratif est celui qui occupe des fonctions supérieures ou effectue un travail technique rattaché à la mission de ladite administration.

Le lien non administratif est le contraire parce qu'il n'a pas de participation directe ou d'exécution même du service public. Il s'agit des fonctions secondaires et accessoires qui font que l'agent sous contrat ne paraisse pas essentiel pour l'administration. C'est ainsi que dans l'affaire Lauthier[179], le concierge chargé de surveiller un immeuble HLM a vu son contrat qualifié de contrat de droit privé par le juge.

Le revirement jurisprudentiel intervient en 1996 dans l'affaire TC du 25 mars 1996 Berkani c/ Crous de Lyon – St Etienne, le juge a statué que : *« les personnels non statutaires travaillant pour le compte d'un service public à caractère administratif sont des agents contractuels de droit public quelque soit leur emploi »*. Le changement est donc radical parce que cette jurisprudence formule le statut d'agent contractuel de droit public, qui est suffisamment constitué par le seul fait d'être lié à l'administration dans le cadre de l'accomplissement d'un travail. Le lien est donc professionnel et la

---

178 Il était établi pour le contrat des agents participants *« aux besoins du service »* (CE., Section du 20 mars 1959).

179 CE., 4 juin 1954, Affortit et Vingtain ; CE., 20 mars 1959, Lauthier.

base contractuelle, et surtout l'emploi, quel qu'il soit, n'influence en rien la nature administrative de ce contrat.

Au Cameroun, le juge dans l'affaire Kebe Paul décide que de tels contrats : « *(...) sont toujours des contrats de droit privé, quelle que soit la nature des tâches confiées à l'agent (...)* ». Il n'y a donc pas de distinction entre les contrats des personnels de l'administration publique. Pourtant, avec le juge français, il faut envisager un dépassement de cette considération, surtout que les critères jurisprudentiels confirment l'administrativité de ces contrats.

B. Leur administrativité par les critères jurisprudentiels

La dualité des critères ci-dessus est de voir en le contrat administratif, celui lié à l'exécution même d'un service public et/ou celui comportant une exorbitance.

1. La constance du critère de l'exécution même du service public

Le contrat administratif est notamment celui dans lequel l'objet est l'accomplissement d'une mission de service public. L'objet du contrat est donc essentiel parce que l'administration n'est pas un acteur privé. Aussi, son pouvoir dit administratif ne peut se déployer que si son action rentre dans son champ de compétence. L'acte contractuel, quel qu'il soit, ne peut avoir d'autres finalités pour l'administration que l'accomplissement d'une mission de service public.

Il est indiqué que toute action tournée vers une satisfaction de l'intérêt privé est interdite à l'administration. C'est d'ailleurs dans ce cadre qu'est consacré le détournement de pouvoir. Ce cas d'ouverture du recours pour excès de pouvoir s'applique à l'ensemble des actes de l'administration, faisant constater de l'illégalité dans tout acte qui aurait une fin autre que l'intérêt général. Il est donc juridiquement et logiquement peu admissible de voir l'administration conclure un contrat pour la satisfaction de besoins privés, parce que ce n'est pas la raison d'être de l'administration.

Au-delà de la pure présomption, tout contrat conclu par l'administration est réputé viser l'intérêt général, avec l'exécution même du service public comme finalité. Aussi, s'il existe des contrats de droit privé de l'administration, ceci signifierait qu'il pourrait y avoir des contrats liant l'administration et dont la finalité est l'exécution du service privé. La jurisprudence française paraît évolutive sur la question. Ainsi, un contrat de mise en œuvre des procédés de gestion publique est sous un régime de droit public[180]. De plus, les contrats des agents publics ont à nouveau été considérés

[180] CE., Section du 19 janvier 1973, Société d'exploitation électronique de la rivière du centre.

comme des contrats administratifs[181]. Par ailleurs, les contrats passés par l'administration présentent le critère de l'exorbitance, quels qu'ils soient.

2. La présence du critère de l'exorbitance

L'administration dispose de prérogatives exorbitantes ; elles lui sont consubstantielles. Ce qui fait qu'il est difficilement envisageable de voir l'administration traiter d'égal à égal avec l'usager ou son cocontractant. En droit privé, il est également de nombreux contrats qui montrent et révèlent des rapports de force inégaux entre les parties. Les exemples des contrats de bail et de travail illustrent ce fait. Dans le premier cas, le bailleur met à la disposition du locataire un bien immeuble, mais il peut modifier le montant du loyer et restreindre la liberté d'utilisation du local. Il peut même unilatéralement mettre fin à la relation contractuelle. Dans le second cas, l'employeur choisit son employé, il peut décider de son affectation, de sa gestion de carrière. Il peut modifier le salaire et décider du licenciement, même si le droit encadre toutes ces procédures.

Ainsi, s'il est de règle que certains contrats de droit privé laissent prévaloir la domination d'une partie sur une autre, il est de mise que l'administration, personne naturellement dotée de puissance, va conclure des contrats par lesquels sa nature et son caractère vont implicitement ou explicitement être observés.

La base de sa position supérieure est la clause exorbitante, parce que dans le contrat, des privilèges en plus sont accordés à la partie administrative. Ce qui induit que des privilèges en moins limitent le cocontractant. S'il est difficile d'imaginer un contrat dit de droit privé de l'administration publique dépourvu de clauses exorbitantes, il est constant que le pouvoir exorbitant s'y retrouve toujours.

Plus encore, le droit français consacre la notion de pouvoir exorbitant. Dans l'affaire CE, 02 février 1983, Union des transports publics régionaux et urbains, il est précisé que ce pouvoir existe sans texte, octroyant à l'administration, même si cela n'est pas stipulé, des prérogatives lui donnant plus de force que son cocontractant. Il est ainsi visible que le pouvoir exorbitant reste intrinsèque à l'administration, et donc que dans ses contrats, il y a de l'exorbitance stipulée ou dissimulée. Le contrat de droit privé de l'administration publique ne devrait pas déroger à cet état du droit, avec pour conséquence la remise en question de sa nature juridique.

Les contrats de l'administration doivent donc être pour la plupart confinés à la catégorie de contrats administratifs. Hormis les exceptionnelles hypothèses de contrats administratifs conclus par deux personnes privées, le

---

[181] CE., Section du 25 juillet 2008, Institut européen d'archéologie sous-marine ; CE., du 14 avril 2010 VANDER HOVEN.

critère permanent, à savoir celui organique, pourrait suffire pour qu'un contrat, prétendument de droit privé de l'administration, soit qualifié d'administratif ou pas. Au surplus, il s'avère évident que ces contrats de l'administration ont toujours une finalité d'intérêt général et que l'objet est l'exécution (même du service public). Il faut rajouter que la supériorité juridique de l'administration sur son cocontractant de droit privé demeure dans de tels contrats. Il s'agit également de simplifier le contentieux en ne recherchant l'administrativité que pour les contrats conclus par les personnes privées sous un régime de mandat, le juge administratif devenant compétent pour tous les contrats conclus par l'administration publique. Le critère premier, à savoir la présence d'une personne morale de droit public, devient dès lors le critère dernier.

TITRE II :

L'ACTIVITÉ ADMINISTRATIVE ET SON ENCADREMENT

L'administration publique est dotée de pouvoirs exorbitants. Les autorités administratives qui sont chargées de l'exercice de tels pouvoirs doivent les mettre en œuvre avec modération. Dans le cas contraire, elles poseraient des actes illégaux susceptibles d'être censurés par le juge. L'administration jouit ainsi de prérogatives supérieures qui ne sont nullement des sauf-conduits accordant le pouvoir de poser des actes qui contreviennent au droit en vigueur. L'exigence de légalité entoure donc l'administration, qui ne peut s'en soustraire, de sorte que l'exercice du pouvoir administratif se départit de toute forme d'arbitraire. C'est le sens du principe de légalité (chapitre 1) qui s'étend à l'ensemble de l'activité administrative (chapitre 2).

CHAPITRE 1 :

LE PRINCIPE DE LÉGALITÉ

L'administration ne peut agir de façon arbitraire. Elle est régie par un principe : celui de légalité. Ce principe s'interprète comme étant l'obligation de soumission de l'administration au droit. Il est dès lors uniquement admis que tous les actes que l'administration pose soient conformes au droit. C'est sa portée (section 1). Par droit, il faut entendre l'ensemble des règles régissant l'activité administrative. On parle encore des sources du droit administratif. Ainsi, l'acte de l'administration ne saurait être contraire à la Constitution, à la norme internationale, à la loi, à la jurisprudence, aux principes généraux du droit et aux règles édictées par elle-même que sont les actes administratifs unilatéraux (actes réglementaires et actes individuels) et les contrats. Il reste que la portée de ce principe connaît quelques limites (section 2) constituées par les actes qui ne sont pas justiciables devant le juge de l'administration.

Section 1 : La portée du principe

La soumission de l'administration aux règles juridiques est un impératif catégorique dont la garantie est le recours au contrôle du juge. Ce recours intervient si l'administration viole la règle de droit à laquelle elle est assujettie. Il faut alors présenter les règles de l'obligation de conformité (1) qui constituent avec les figures de cette obligation (2) la portée fondamentale du principe de légalité.

Paragraphe 1 : L'obligation de conformité

Elle se décline en une obligation de conformité à la légalité. Les règles édictées obligent l'administration qui doit les respecter tant par la conformité aux formes permises (procédures-instrumentum), que par le fond admis (contenus de l'acte-négotium).

A. La légalité externe

Elle s'attache aux modalités de l'édiction de l'acte administratif unilatéral.

1. L'incompétence

Ce moyen énonce que l'auteur de l'acte doit être investi du pouvoir de le poser.

Une autorité est compétente quand elle est habilitée à accomplir un acte. La compétence vient donc de la légalité, c'est-à-dire des normes juridiques. Elle s'opère par l'habilitation faite à une autorité de poser des actes. L'acte créant la compétence est la référence à laquelle l'autorité administrative doit se conformer. On ne saurait considérer son agissement comme conforme si l'autorité qui l'a accompli n'est pas légalement investie. Il s'agit de **la** « compétence personnelle » (rationae personae) ; compétence qui reconnaît au titulaire d'une fonction le pouvoir d'agir pour le compte de l'administration.

La compétence est aussi matérielle : il s'agit de l'ensemble de prérogatives reconnues à une autorité administrative. Elle est postérieurement déterminée par l'adéquation entre le pouvoir exercé dans un acte administratif pris et le pouvoir conféré par l'acte juridique dont il procède.

Toutefois, la compétence matérielle n'est point celle d'une personne, mais bien l'étendue de l'action rattachée à une fonction administrative, indifféremment du titulaire du poste. L'accomplissement de l'intérêt général est incompatible avec l'évanescence du fonctionnement administratif. Il va donc sans dire que cette raison est de nature à valider la sphère impersonnelle de la compétence matérielle.

De surcroît, l'anonymat fonctionnel et structurel de l'administration, illustré au Cameroun par l'excroissance de la responsabilité de l'administration qui se substitue systématiquement à celle de ses agents[182], révèle bien l'impersonnalité de la fonction administrative. Au demeurant, l'action personnelle engage son auteur. Or, l'action de l'autorité administrative dans le cadre de l'exercice de sa fonction engage plutôt l'administration [183]et non cette autorité (c'est le cas de la faute du service).

Au-delà de cette indication impersonnelle de la sphère matérielle de la compétence qui est l'étendue de l'habilitation à agir des potentiels titulaires de la fonction, se trouve la désignation desdits titulaires. Le procédé est que de manière initiale, il s'agit d'indiquer les actions possibles. Par la suite, un référent qui sera un acte individuel va nommément désigner celui qui va exercer la charge : c'est le niveau *intuitu personae* de la compétence.

---

[182] OWONA (J), *Droit administratif spécial de la République du Cameroun*, op.cit, pp. 228-223. Cf. CFJ/CAY, arrêt n° 13 du 16 mars 1967, Amougou Philippe, Dame Nkoa Martin contre Etat du Cameroun oriental. Dans cette affaire, il y a constatation de la faute exclusive de l'agent. L'État a pourtant endossé la responsabilité de cet agent sans qu'il n'y ait d'action récursoire. V. aussi CFJ/CAY, arrêt n° 10 du 16 mars 1967, Mme Kwedi Eyoum Augustine contre État du Cameroun. Et CFJ/AP, arrêt n° 10 du 17 oct. 1968, Max Keller contre Etat du Cameroun. Dans ces deux cas, bien que des voies de fait aient été constatées sur la base d'actes tellement irréguliers qu'ils perdent leur caractère administratif, le juge a attribué une part de responsabilité à l'administration sur la base de l'art. 1384. c.civ.

[183] La terminologie usuelle parle plus précisément de l'exercice d'un pouvoir administratif : CFJ/CAY, arrêt n° 20 du 20 mars 1968, Ngongang Njanke Martin contre Etat du Cameroun.

Par ailleurs, l'acte administratif unilatéral peut être réglé par avance par une norme supérieure qui aura déterminé son cadre géographique de validité, tout comme elle lui aura accordé un temps de validité. Ce sont les compétences territoriale et temporelle.

La compétence territoriale renvoie à l'espace dans lequel la norme est valable, et *a contrario*, à l'espace à partir duquel elle perd son emprise. Pour aller dans le même sens que Kelsen, qui indique que le domaine de validité peut être soit limité soit illimité, il peut être dit que la compétence territoriale suit la même voie.

De façon illimitée, on se situe dans l'opérationnalité de l'acte sur l'ensemble du territoire. De façon limitée, la norme ne sera valide que dans une portion du territoire. Cette délimitation géographique signifie que l'autorité administrative est compétente pour prendre des actes dans un cadre spatial déterminé : c'est la compétence ratione territorae ou encore rationae loci. Les règles de répartition des compétences territoriales sont telles que le président et les membres du gouvernement peuvent, en leur qualité d'autorités administratives centrales, prendre des actes juridiques qui s'appliqueront sur l'ensemble du territoire. C'est le contraire pour les autorités locales. Une autorité locale est celle-là qui n'est compétente que pour édicter des normes pour une localité bien précise.

Les autorités déconcentrées, tout comme celles décentralisées, ont une compétence spatiale limitée à des parties bien précises du territoire[184]. Quand le texte qui établit la compétence n'est pas clair, c'est dans l'interprétation que pourra être déterminé l'espace de compétence. Le principe est donc que par la compétence territoriale, l'acte administratif unilatéral ne peut être valide que dans l'espace préétabli et pas au-delà.

La compétence temporelle est quant à elle le temps durant lequel l'autorité habilitée peut prendre des actes administratifs valides. Il s'agit de déterminer pour elle le moment à partir duquel elle peut agir, le temps durant lequel elle le peut et le moment à partir duquel elle est désinvestie.

La compétence temporelle est donc la reconnaissance à une autorité du pouvoir de prendre des actes à partir du moment de son investiture. Cette autorité ne saurait ordinairement prendre des actes qui auraient des effets sur les situations survenues avant son entrée en fonction. Elle prend des actes qui peuvent bien déborder la date à laquelle elle ne sera plus titulaire du pouvoir de règlementation, mais elle ne peut les prendre après sa désinvestiture. L'une des rares exceptions est le cas de la liquidation des affaires courantes qui peut

[184] Art. 67(2) de la loi n° 2004-17 portant loi d'orientation de la décentralisation, art. 2 et 3(1) de la loi n° 2004-18 fixant les règles applicables aux communes.

être nécessaire pour certains actes et qui vise à remédier à la carence de l'administration.

La préhension de la compétence permet d'écarter de l'application conforme l'acte pris par une autorité autre que celle qui en a légalement le pouvoir. De même, des règles permettent à la norme d'être tantôt édictée, tantôt abrogée seulement par la même autorité, conformément au principe du parallélisme des formes [185]qui a pour vocation de protéger les actes administratifs contre les violations des règles de compétence et de forme. Ainsi, un acte ne peut en principe être abrogé que par l'autorité qui l'a prise[186]. L'autorité inférieure est dans ce cas incompétente (sauf délégation). La règle du "*qui peut le plus peut le moins*" perd par ce principe sa vitalité[187]. Pour cette dernière, seule l'existence d'une règle de compétence préexistante accorde au supérieur la possibilité de prendre l'acte en remplacement de son subordonné. Ainsi, « *la compétence juridique ne se présume pas ; elle doit être prévue par un acte juridique* », sauf dans le cas de l'exercice du pouvoir hiérarchique.

Aussi, l'acte juridique en question est le référent de l'application. Cet acte confère une habilitation et est antérieur à la prise de l'acte d'application. Il en est l'aiguillon parce qu'il détermine l'une des conditions de validité qui veut que l'acte soit l'œuvre d'une autorité bien établie.

Le principe est donc que la détermination de la compétence, qui d'ailleurs est d'ordre public, est préalablement faite par les lois et les règlements (exemple : décret n° 2008/377 du 12 nov. 2008 fixant les attributions des chefs de circonscriptions administratives et portant organisation et fonctionnement de leurs services).

Par exemple, en 2005 est ouvert un concours visant à recruter des fonctionnaires à l'ENAM. Les résultats de ce concours doivent être publiés par arrêté du ministre de la Fonction publique. Ce dernier refuse alors de publier le procès-verbal d'admission que lui envoie le directeur général de L'ENAM, sur le motif que les règles encadrant ledit concours ont été violées. Sans qu'aucune règle dérogatoire à la compétence exclusive du ministre de publier les résultats existe, le directeur général de l'ENAM prend sur lui de publier les admissions définitives par voie de communiqué. Cet acte du directeur général est revêtu d'incompétence[188].

---

[185] CE, 10 avril 1959, Fourre – Cormeray. D. 1959-210 ; Concl Hermann.

[186] CFJ/SCAY, arrêt ADD n° 55 du 25 mars 1969, Emini tina Étienne contre État fédéral du Cameroun oriental.

[187] CS/CA, jugement n° 63 du 27 juil. 2000, ÉTS le paysan contre État du Cameroun. Le ministre de l'Éducation n'était pas compétent pour intervenir dans un marché public de moins de 200 millions de francs. La compétence revenait au gouverneur de choisir dans ce marché qui allait construire des salles de classe.

[188] V. communiqué n° 00189/DG/ENAM du 06 janvier 2006 proclamant les résultats du concours des 10 et 11 octobre 2005 pour le recrutement de 180 élèves au cycle « B » des

L'incompétence consiste pour l'autorité à poser des actes qui, matériellement, lui échappent[189] des actes pour lesquels elle n'est plus compétente ou pas encore habilitée à prendre, ou encore des actes dont l'application dans certaines parties du territoire ne lui revient pas. Ce dernier cas est celui d'un préfet qui ne peut prendre que des actes ayant valeur dans son département. Il est incompétent pour décider dans les circonscriptions administratives qui ne sont pas rattachées à son département. Le moyen tiré de l'incompétence est d'ordre public [190]et doit être soulevée d'office par le juge.

L'incompétence peut être couverte par l'existence d'une délégation, encore faudrait-il que la délégation soit légale. Pour ce faire, elle doit être écrite, publique et précise. Elle ne doit pas également être totale[191]. Le non-respect de l'une de ces conditions de la délégation rend l'acte pris inexistant.

a. Le cas du fonctionnaire de fait

La notion de fonctionnaire de fait permet de remédier à la carence de l'administration, en ce sens qu'elle n'est opératoire que s'il y a défaut dans le fonctionnement normal de l'administration[192]. Les actes que des particuliers prendront en lieu et place de l'administration, dans les situations de carence administrative et d'urgence, devront être considérés comme étant des actes administratifs unilatéraux.

Dans certaines hypothèses, il est admis que l'acte de l'administration puisse être valide même s'il n'est pas l'œuvre de l'autorité indiquée. Ce cas est visible dans les règles de substitution et de délégation.

b. Les règles de substitution et de délégation de compétence

Le principe admis est que la compétence initiale de poser un acte appartient à une autorité bien prédéterminée. La lecture de ce principe permet de réaliser qu'il peut arriver que l'autorité habilitée à agir soit dans l'impossibilité de le faire. Au regard de l'exigence de la continuité érigée, comme l'un des principes du service public, il n'est pas envisageable de paralyser l'administration du fait de l'indisponibilité d'un individu. Des règles de substitution et de délégation opèrent donc pour éviter les inactions de

divisions administratives et des régies financières ; V. aussi, Décision n° 00235/D/MFPRA/Cab du 13 fév. 2006 portant annulation du communiqué n° 00189/DG/ENAM du 06 janvier 2006.

189 CS/CA, jugement n° 63 du 27 juil. 2002, ÉTS le paysan contre État du Cameroun ; CS/CA, jugement n° 02 du 30 oct. 1997, SCDM contre État du Cameroun

190 CCA, arrêt n° 678 du 27 déc. 1957, Sieur Ndjock Paul contre Etat du Cameroun ; CCA, arrêt n° 367 du 3 sept 1955, Minyem contre territoire du Cameroun.

191 CS/CA, jugement n° 36 du 6 mai 1982, Oyic Tsogo Joseph contre État du Cameroun.

192 CFJ/AP, arrêt n° 4 du 04 nov. 1965, affaire Dame Kieffer Marguerite contre État du Cameroun.

l'autorité et rendre efficace l'action administrative en allégeant la charge d'une autorité.

Ces règles rendent légales les substitutions et délégations, et les encadrent. L'autorité de substitution ou déléguée est compétente du moment que les textes ont au préalable soit déterminé clairement le jeu du remplacement, soit que les textes ont tout simplement admis cette éventualité en laissant l'appréciation de sa mise en œuvre à l'autorité titulaire de la compétence.

Une hypothèse où le texte a expressément disposé dessus peut être tirée du décret portant organisation administrative qui, explicitement, substitue de plein droit au préfet et à ses adjoints non encore nommés, le secrétaire général des services du gouverneur [193]jusqu'à la nomination d'un préfet intérimaire ou titulaire.

Les textes peuvent dans un autre cas admettre l'éventualité du remplacement, mais laisser la gestion de sa mise en œuvre par les autorités concernées : c'est l'hypothèse de la délégation. Il y a deux formes de délégation : la délégation de pouvoir et la délégation de signature. La délégation consiste, pour l'autorité compétente, à déléguer, à transférer des attributions qui lui reviennent à une autre autorité administrative.

Dans un tout autre cadre, le pouvoir de substitution donne aussi l'occasion à l'autorité de contrôle de se substituer à l'autorité sous contrôle pour accomplir une tâche qui est de la compétence de ce subordonné. Ce pouvoir s'exerce dans la tutelle administrative. Il se traduit par la possibilité pour l'autorité de tutelle, après mise en demeure restée sans suite, d'agir en lieu et place de l'autorité sous tutelle.

Le juge se prononce en permanence contre l'exercice du pouvoir de substitution sans texte dans le contrôle hiérarchique. Dans une espèce, un délégué du personnel avait été licencié après autorisation de l'inspecteur du travail du ressort. Cette formalité répondant aux prescriptions du Code du travail n'avait pas empêché le ministre de tutelle d'annuler ce licenciement. Il a été considéré que le ministre du Travail, en annulant l'acte pour lequel son subordonné s'était prononcé, avait fait acte de substitution en dépassant ses compétences[194].

De même, dans l'affaire Établissement le Paysan, cette société s'était vue accorder un marché public de construction de salles de classe pour un montant de treize millions par un gouverneur. L'intervention du ministre de l'Éducation pour attribuer ce marché à un autre entrepreneur a été annulée par

---

[193] Décret n° 2008/377 du 12 novembre 2008 fixant les attributions des chefs des circonscriptions administratives et portant organisation et fonctionnement de leurs services (article 63).

[194] CS/CA, jugement n° 02 du 30 oct. 1997, Société camerounaise de métallurgie (S.C.D.M) contre État du Cameroun.

le juge, car les textes donnent compétence aux gouverneurs d'attribuer les marchés de moins de 200 millions, et aussi parce que le ministre ne devait pas se substituer au gouverneur[195]. La règle de l'interdiction de substitution implique que « *s'il arrive que le subordonné ne prenne pas certaines décisions, il appartient au supérieur de lui donner instruction de les prendre* » en premier lieu, et non pas de se substituer à lui d'office, sauf défaillance constatée après mise en demeure restée sans suite.

La délégation de pouvoir se particularise par la désignation de façon abstraite du délégataire. Elle est dite « ès qualité ». La délégation de pouvoir est faite au profit du titulaire d'une fonction, quel qu'il soit. Cette délégation prend fin par l'acte d'abrogation pris par l'autorité délégante.

La délégation de signature est personnelle parce qu'elle est faite au profit d'une autorité nommément désignée. La délégation de signature qui n'est donc accordée qu'intuitu personae se caractérise par le fait que la disparition ou le remplacement du délégataire entraîne d'office la fin de la délégation[196].

Pour les conditions de la délégation :

- elle doit être prévue par un texte qui en constitue la base ;
- elle doit être explicite, c'est-à-dire le plus précis possible. Ceci vise à éviter de conférer des attributions au délégataire alors que le délégant lui-même comptait les exercer ;
- elle doit être partielle[197]. Une autorité qui déléguerait toutes ses attributions commettrait une illégalité. L'explication en est que lui-même reçoit ce pouvoir d'un texte qui ne l'a pas accordé au délégataire, mais à lui. Une délégation totale mettrait hors-jeu le texte fondateur de la compétence, ce qui n'est pas de la compétence de l'autorité investie du pouvoir de déléguer ;
- elle doit être publique, c'est-à-dire portée à la connaissance des administrés si nécessaire et de l'administration, en vertu de la règle de la publicité comme facteur d'opposabilité ;
- la délégation de signature doit émaner du titulaire des pouvoirs, alors que la délégation de pouvoir provient d'un texte supérieur.

L'exigence de la compétence dans la validité d'un acte administratif est complétée par les règles de forme et de procédure.

---

[195] CS/CA, jugement n° 63 du 27 juillet 2000, Les établissements Le Paysan contre État du Cameroun. V. aussi CE, 5 février 1961, Alfred-Joseph.

[196] CHAPUS (R), *Droit administratif général*, tome 1, op.cit, pp. 1102-1103.

[197] C'est dans cette condition que se lit celle de la précision de la délégation puisqu'elle permet d'éviter les chevauchements. CS/CA, jugement n° 36 du 06 mai 1962, Oyie Tsogo Joseph contre État du Cameroun.

2. Les exigences de forme et de procédure

Les actes administratifs unilatéraux doivent, au-delà de la condition de compétence de l'autorité, répondre aux exigences de forme et de procédure. La forme renvoie aux éléments constituant la présentation extérieure de l'acte et la procédure fait appel au processus d'élaboration de l'acte.

Les éléments de forme et de procédure seront simultanément présentés suivant qu'ils constituent ou non une exigence fondamentale, c'est-à-dire substantielle.

a. Les éléments fondamentaux ou substantiels

Sont qualifiés d'éléments fondamentaux ou substantiels[198], ceux dont la présence dans la formation de l'acte est considérée comme étant essentielle. Certains de ces éléments substantiels le sont, quel que soit l'acte en question, tandis que d'autres le sont à partir de l'objet de l'acte.

Il peut s'agir d'irrégularités concernant la motivation, la signature, la date, la publicité, les consultations (facultatives, obligatoires, conformes).

i. La signature

La signature est une exigence de forme. C'est un paraphe manuscrit qui est apposé sur l'acte par son auteur. Elle manifeste le consentement de l'auteur, sa volonté de prendre l'acte et permet aussi de l'identifier. Étant donné que l'acte juridique est un acte de volonté et considérant que la signature est prise comme symbole de la marque de volonté de l'administration, celle-ci ne peut être considérée comme non substantielle. « La signature est l'acte qui matérialise la décision, puisqu'elle la rend désormais effective »[199]. Il y a donc aussi l'idée d'effectivité par la signature.

D'ailleurs, la signature permet d'authentifier la décision tout en la rattachant à son auteur. De surcroit, la signature qui détermine l'engagement de l'autorité n'est valable que si l'autorité est compétente. Ainsi, la signature de l'acte par une autorité incompétente[200] entache l'acte d'irrégularité.

ii. La motivation

Elle est l'ensemble des raisons de droit et de faits ayant fondé la décision. Étant une catégorie d'exigence de forme, elle est obligatoire suivant l'objet de l'acte. En règle générale, les actes administratifs n'ont pas à être motivés parce

---

198 MORAND-DEVILLER (J), *Cours de droit administratif*, 9e éd., Montchrestien, Paris 2005, p. 715, « *Le critère de reconnaissance est le suivant : l'omission de la formalité a-t-elle eu une incidence sur la décision à prendre et sur les garanties dont bénéficient les destinataires de cette décision ? Si oui, la formalité est substantielle* ».

199 BINYOUM (J), *Droit administratif*, op.cit, p. 111.

200 CS/CA, jugement n° 44 du 15 juin 1987, Nkoulou Thadée contre État du Cameroun. Sur la forme de la signature, CE 12 décembre 1990, Torras, p. 669.

que l'administration est censée agir dans l'intérêt général et aussi parce qu'il ne faudrait pas trop alourdir sa tâche.

Il est admis pour la protection contre l'arbitraire administratif que les actes négatifs doivent toujours être motivés. De surcroît, la motivation de l'acte négatif doit être suffisante et légalement fondée. Concernant la motivation insuffisante, le juge camerounais a eu l'occasion de se prononcer dessus :

« – *Attendu que ces griefs sont en réalité la reproduction intégrale de la plupart des irrégularités énumérées à l'art. 6 de la loi n° 74/18 du 05 décembre 1974 relative au contrôle des ordonnateurs – gestionnaires et gérants de crédits publics et des entreprises d'État ;*

- Qu'en se contentant d'une telle reproduction, sans relever les faits caractérisant chacune des irrégularités retenues, la décision entreprise est insuffisamment motivée »[201].

La motivation d'un acte peut également être faite à partir de l'avis d'une commission qui devait être consultée aux fins d'édiction dudit acte.

iii. La publicité

Selon la maxime « Nul n'est censé ignorer la loi », l'opposabilité de la loi tient de ce qu'elle est connue. Pour faire simple, une personne ne doit être tenue que des actes dont les conséquences sont par elle connues. La publicité est donc un élément de procédure substantiel, parce qu'elle permet à toute personne concernée d'agir en connaissance de cause (ou plutôt en connaissance de la loi).

La publicité entraîne l'opposabilité de la loi « *en ce sens que l'assujetti ne peut échapper à l'effet juridique produit par elle à son endroit en évoquant l'ignorance dans lequel il était de l'ordre émis par le législateur* »[202]. De façon classique, la publicité se fait en la forme écrite qui est rendue publique. Avec la modernité, au-delà des moyens classiques, la tendance est à l'usage d'instruments tels que la radio, la télévision, l'internet et les réseaux sociaux pour atteindre le plus grand nombre de personnes.

La publicité présente deux principales formes : la publication et la notification. Pour les actes réglementaires, c'est la publication qui est requise.

---

[201] CS/CA, jugement n° 42 du 30 mars 2000, Wabo Rigobert contre État du Cameroun.
V. Aussi CS/CA, jugement n° 15 du 26 mars 1998, Noucti Tchokwago contre État du Cameroun et CCIM. L'IGERA a infligé des sanctions au sieur Noucti, ancien président du CCIM. Le juge a estimé que l'acte sanctionnateur ne fait que mentionner les infractions qui sont imputables à Noucti comme à tout gestionnaire public sans en donner les faits, ni les preuves. V. aussi jugement n° 07/CS/CA du 26 février 1998, Dame Takote Megne Madeleine épouse Tignokpa contre État du Cameroun.

[202] CS/CA, jugement n° 98 du 29 sept 1983, Ndjoumi Maurice contre État du Cameroun ; CS/CA, jugement n° 84 du 24 avril 2003, Omam Florence contre État du Cameroun.

La publication normale se fait par insertion au Journal officiel de la République du Cameroun, celle d'urgence par voie d'affichage et de communiqué radiodiffusé. Pour les actes non réglementaires, la publicité se fait par notification qui est « *la remise à l'intéressé de la copie in extenso de la pièce à notifier ou, tout au moins d'un écrit contenant tous les éléments nécessaires pour lui permettre de se faire un compte exact de la mesure prise à son égard ainsi que des motifs pour lesquels elle a été prise* »[203].

Si l'opposabilité de l'acte tient à sa publicité pour les administrés, elle peut être invoquée dès sa signature[204] pour celui qui en a connaissance.

À propos des formes de publicité, une innovation a voulu être apportée à partir d'une théorie de la connaissance acquise. Mais, ni la jurisprudence ni les textes n'ont à ce jour corroboré cette interprétation[205]. Une autre innovation en ce qui concerne les formes de publicité est celle que certaines collectivités territoriales décentralisées pratiquent. Elle consiste dans les opérations de déguerpissement à apposer des croix de saint André sur les cases à démolir dans les cas d'atteintes à la propriété foncière et domaniale de l'État. Celles-ci valent mise en demeure.

iv. L'entrée en vigueur

Il ne peut être considéré que l'administration a produit une norme juridique que dans la mesure où cet acte entre en vigueur. L'entrée en vigueur d'un acte tient à son opposabilité ; c'est-à-dire que l'acte devient opposable aux administrés et donc invocable par eux.

Pour qu'un acte soit opposable, il faut qu'il ait rempli le formalisme qui y est afférent. Concernant les contrats, certains entrent en vigueur dès leur signature, d'autres contrats n'entrent en vigueur qu'après la survenance d'un acte unilatéral d'approbation en plus de la signature. S'agissant de l'acte administratif unilatéral, son entrée en vigueur est subordonnée à la publicité.

L'opposabilité d'un acte administratif peut être établie avant la publicité, mais après la signature. En effet, si « *l'existence d'un acte législatif ou administratif n'est pas conditionné par sa publication* »[206], le fait est que

---

[203] CCA, arrêt n° 636 du 10 août 1957 ; sieur Ndjock Jean contre État du Cameroun.

[204] CFJ/SCAY, arrêt n° 90 du 30 septembre 1969, Messomo Atenen Pierre contre Etat Fédéral du Cameroun.

[205] CFJ/SCAY, arrêt n° 51 du 25 mars 1969, Dame Ngué André contre commune de plein exercice de Mbalmayo.

« *Considérant par ailleurs que le sieur Ngue André, époux de la requérante, a en sa qualité de conseiller municipal, participé à l'élaboration du plan d'urbanisme de la ville de Mbalmayo ; Que la Dame Ngué devait donc savoir par lui qu'une rue allait passer à l'endroit où elle fit creuser sa fosse et planter du mais...* ». Cependant, le juge n'a pas donné suite à ce moyen.

[206] CE Sect. 27 janvier 1961, Dannizeau, p. 57, AJ 1961, p. 75 Chron. J-M. Galabert et M. Gentot ; CE 27 mars

l'acte non publié ne devrait pas être utilisé par l'administration contre l'administré, mais pourrait l'être par le second contre le premier[207]. Reste qu'il faudrait au préalable que le destinataire de l'acte soit au courant de l'existence d'un acte le concernant déjà signé, mais pas encore publié.

Cette exceptionnelle évocation d'un acte tout juste signé par l'administration demeure principalement liée à l'acte individuel, car l'absence de mesures d'application d'un règlement reste un obstacle à l'opposabilité des dispositions de ce règlement [208]sur la base de la simple signature. À la limite peut-on encore espérer la reconnaissance par le droit camerounais de la faculté du juge d'enjoindre l'administration de prendre les mesures d'application d'un règlement ou d'une loi.

Enfin, le contournement de la formalité de publicité reste un obstacle à l'effectivité de la norme administrative. Dans ce sens, le juge camerounais n'admet pas la connaissance acquise[209] qui serait le fait d'avoir, par des moyens officieux, connaissance de l'existence d'un acte non publié.

v. Entrée en vigueur et rétroactivité de l'acte administratif unilatéral

Concernant l'entrée en vigueur, le principe admis est que l'acte administratif n'a pas d'effet rétroactif, il ne dispose que pour l'avenir. C'est dire qu'un tel acte ne saurait produire d'effet à une date antérieure à celle de son édiction[210]. Comme le présente Binyoum, cette règle n'est pas absolue. Il établit que la rétroactivité est admise :

« – *lorsque la loi le prévoit ;*

- *lorsque la décision tend à tirer les conséquences d'une annulation pour excès de pouvoir ;*

- *lorsqu'il s'agit d'une mesure de régularisation ou d'une décision prise en cours d'année ou de campagne qui doit nécessairement prendre effet au début de l'année ou de la campagne ;*

1914, Laroche, S1914.3.97, note M. Hauriou.

[207] Arrêt n° 90/CFJ/CAY du 30 sept. 1969, Messomo Atenen Pierre contre État fédéral du Cameroun.

« *Considérant qu'il serait dangereux de poser en principe que l'administration est en droit de méconnaître, voire de violer le nouvel ordre juridique établi par elle-même, au seul motif qu'elle ne l'a pas encore officiellement porté à la connaissance du public ; que l'administration pourrait en effet, si tel était son intérêt, retarder indéfiniment la publication de sa décision, et partant son entrée en vigueur* ».

[208] Affaire Boudombo Moudio, supra, p. 286.

[209] BINYOUM (J), *Droit administratif*, op.cit, p. 99. Cf. arrêt n° 51/CFJ/SY du 25 mars 1969, Dame Ngué André contre CPE de Mbalmayo p. 359.

[210] CE, 25 juin 1948, société du journal L'Aurore.

- *lorsqu'il s'agit de l'acte d'approbation émanant de l'autorité de tutelle, qui rétroagit à la date d'effet de la décision approuvée* »[211].

L'entrée en vigueur immédiate au moment de la publication est également édulcorée par le recours aux entrées en vigueur différées. Ce renvoi de l'entrée en vigueur à une date postérieure est souvent tributaire de l'impossibilité structurelle de mettre en œuvre la nouvelle norme[212]. Il faut donc admettre que le principe de l'entrée en vigueur dès publicité connaît des limites.

b. Les autres éléments de procédure

Ce sont des éléments dont la non-observation des règles les régissant vicie l'acte. Il s'agit du contradictoire, des droits de la défense et des avis.

Les droits de la défense sont implicitement reconnus dans le préambule de la loi constitutionnelle de 1996, qui dispose que « *la loi assure à tous les hommes le droit de se faire rendre justice* ». L'interprétation en est que quiconque se trouve (ou risque de se retrouver) lésé dans une situation doit pouvoir se défendre ou se faire défendre. La loi et les règlements doivent disposer dans ce sens.

Ce pouvoir de se défendre est notamment donné dans les actes administratifs pris à l'encontre des administrés. Il permet par la procédure contradictoire de faire valoir des moyens de défense préétablis. La possibilité de se défendre se rencontre principalement en matière de sanction administrative [213]et se déploie tant pour la sanction que subit un particulier simple administré que pour la sanction qui s'appliquerait à l'agent de l'administration. Dans le second cas, les droits de la défense pour le fonctionnaire interviennent dans la procédure disciplinaire par son droit d'accès à son dossier disciplinaire, le droit de communication du dossier[214], le droit de présenter ses moyens de défense devant le conseil de discipline de la fonction publique et la possibilité de s'y faire représenter par un avocat.

---

[211] BINYOUM (J), *Droit administratif*, op.cit, p. 113.

[212] ONDOA (M), « *La constitution duale : recherches sur les dispositions constitutionnelles transitoires au Cameroun* », R.A.S.J 2000, vol 1 n° 2, p.45. V Aussi SIETCHOUA DJUITCHOKO (C), « *Perspectives ouvertes à la juridiction administrative du Cameroun par la loi n° 96/06 du 18 janvier 1996 portant révision de la constitution du 02 juin 1972* », Université de Dschang, Annales de la FSJP, tome 1, vol. 1, 1997 Aes-sa – p. 172.
Au titre de dispositions reportant l'entrée de vigueur :
- Art. 67 (1) de la loi constitutionnelle de 1996.
- Art. 747 du code de procédure pénale « *la présente loi, qui entrera en vigueur le premier jour du treizième mois suivant celui de sa promulgation...* »

[213] CCA, arrêt n° 655 du 25 oct. 1957, Ebongué Jean Adalbert contre Etat du Cameroun.

[214] CS/CA, jugement n° 58 du 28 février 1985, Mbong Nicolas contre État du Cameroun, V. aussi CS/CA, jugement n° 2 du 2 nov. 1978, So'o Georges contre État du Cameroun. Plus récemment, CS/CA, jugement n° 58 du 27 mars 1997, Doba jean Calvin contre État du Cameroun.

Le contradictoire est le droit de contredire les arguments de « l'accusation ».

En ce qui concerne les avis, ils sont le résultat de consultations faites par l'administration. Le principe est que ces consultations ont rarement un caractère obligatoire. On parle alors d'avis facultatifs. Ici, l'avis est facultatif, c'est-à-dire non obligatoire pour l'autorité, pour la simple raison que la consultation est elle-même facultative.

Les hypothèses qui nous intéressent sont celles de l'avis qui lie l'administration. Il s'agit d'abord de l'avis obligatoire, qui est simplement celui où la consultation est une condition substantielle, mais l'avis émis n'oblige pas l'autorité de décision[215]. C'est le sort des avis du conseil de discipline de la fonction publique. L'autre catégorie est celle de l'avis conforme. C'est un avis que l'autorité est tenue de solliciter et de respecter[216]. Si l'autorité est défavorable à l'avis conforme, elle ne devrait que pouvoir s'abstenir de décider[217].

Une pratique camerounaise consiste à mettre sur pied une commission consultative et pour par la suite, ne pas tenir compte de l'avis émis par celle-ci. En toute logique, si vous achetez un instrument, c'est pour l'utiliser. Dans le même sens, si vous mettez sur pied une commission, c'est pour tout au moins requérir son avis. Dans un cas qui pourrait être qualifiée d'affaire Otto Pfistter, le ministre des Sports et de l'Éducation physique met sur pied une commission en vue de présenter une liste de potentiels sélectionneurs de l'équipe nationale de football. La « short-list » est établie par ladite commission, mais le ministère nomme un sélectionneur qui n'y faisait pas partie.

Le bon sens voudrait que le ministre se soit lui-même lié à l'avis de cette commission et devait désigner une personne figurant sur ladite liste. Le juge administratif camerounais a, comme le ministre, refusé de pencher vers le sens de cette opinion[218].

Comme second élément de légalité externe, nous avons le respect de la forme qui impose d'observer des formalités dans la confection de l'acte. Elle concerne plus la présentation extérieure de l'acte. Cette exigence de formalisme se révèle substantielle pour certains éléments et accessoire pour d'autres.

---

[215] CS/CA, Jugement n° 7 du 30 septembre 1982, Ekono Eya'ane Edmond contre État du Cameroun ; CS/CA, jugement n° 67 du 14 mars 1985, Atangana Ntonga Sylvestre contre État du Cameroun.

[216] CS/CA, jugement n° 50 du 7 avril 1983, Akoa Dominique contre Université de Yaoundé.

[217] V. CE, 22 février 1957, Soc. Corp. De reconstruction de Rouen.

[218] V. CS/CA, jugement n° 63 du 31 mars 2004 ; Ngasso Robert contre État du Cameroun.

La signature qui marque l'engagement formel de l'administration dans l'acte est substantielle[219], ce qui fait que son absence vicie l'acte, tout comme l'absence de motivation pour les actes négatifs de l'administration[220]. D'autres éléments tels que la date et les visas restent plutôt accessoires.

Le respect de la forme concerne aussi les modalités d'édiction de l'acte et peut donc être considéré comme s'étendant à la procédure. L'acte doit être pris suivant une procédure précise. Hormis le cas de la consultation facultative où l'avis consultatif est accessoire[221], en général, dès que la consultation est reconnue obligatoire, le recours à elle devient substantiel[222]. Il en est de même du respect des droits de la défense[223] qui impose à l'administration de se conformer à certaines règles visant notamment à rendre possible le contradictoire. Entrent également dans le respect de la procédure, le respect du parallélisme et l'exigence de publicité qui, d'ailleurs, sont substantiels.

Au demeurant, le non-respect de la procédure entraîne le détournement de procédure que le juge camerounais a consacré[224] et qui concerne l'utilisation par l'autorité administrative d'une procédure autre que celle censée être employée.

La légalité interne doit également être respectée pour que l'acte administratif soit valide.

c. Les éléments non substantiels

Ces éléments ne sont pas obligatoires parce que leur absence n'a en principe pas d'influence sur la décision prise. Tout de même, le caractère non substantiel de ces règles n'enlève pour autant pas l'importance que représentent certaines d'entre elles.

---

[219] CS/CA, jugement n° 44 du 25 juin 1987, Nkoulou Thadée contre État du Cameroun.

[220] CS/AP, arrêt n° 04 du 25 fév. 1999, Fouda Gothard contre État du Cameroun, CS/CA, jugement n° 52 du 23 fév. 2005, Engamba Evoundou Gaston contre État du Cameroun.

[221] CS/CA, jugement n° 63 du 31 mars 2004, Ngasso Robert contre État du Cameroun.

[222] CS/AP, arrêt n° 01 du 25 fév. 1999, Guiffo Jean Philippe contre Etat du Cameroun ; CS/CA, jugement n° 56 du 31 juil. 1980, Ambassa Biayi Jean-Marie contre État du Cameroun.

[223] CS/CA, jugement n° 58 du 27 mars 1997, Doba Jean Calvin contre État du Cameroun.

[224] CS/CA, jugement n° 07 du 26 fév. 1998, Dame Takote Megne Madeleine épouse Tignokpa contre État du Cameroun. Le couple Tignokpa a obtenu un droit de propriété sur le domaine privé de l'État. Le ministère de l'Urbanisme est revenu sur sa décision en annulant la vente qui, pourtant, était déjà parfaite. Cet acte était plus une expropriation que le juge a considérée comme étant arbitraire du fait du détournement de procédure.

i. La présentation de l'acte

Même si classiquement l'acte de l'administration est par essence écrit[225], cet acte peut se présenter sous la forme orale ou verbale[226]. Il peut consister en un silence[227] ou en un acte gestuel.

Pour l'acte écrit, sa présentation extérieure ou *instrumentum* se fait généralement sous la forme d'articles. Il n'est cependant pas inadmissible qu'un acte ne présente pas cette articulation, la plupart des actes infra arrêtaux revêtant d'ailleurs une structuration simplement linéaire.

ii. La date

La spécificité de la date est qu'elle est importante, mais non substantielle. Son importance vient du rôle qu'elle joue. En fait, la date permet d'avoir une maîtrise des délais. Dans la déchéance quadriennale par exemple, c'est la date du jour du dommage causé ou de sa connaissance qui est le point de départ des quatre ans accordés à la victime pour pouvoir réclamer réparation[228]. La date est donc importante. Elle peut figurer sur l'entête de l'acte, mais c'est beaucoup plus le cachet-date ou dateur qui indique la date sur l'acte de l'administration.

La date n'est pas une formalité substantielle, et dans la mesure où la nécessité se fait sentir, elle sera toujours déterminable. Par ailleurs, la date de prise d'un acte est presque inconditionnelle, puisque le fonctionnement continu du service public en particulier, et l'intérêt général de façon plus large, autorise l'autorité administrative à prendre des actes normateurs tous les jours de la semaine[229].

iii. Les visas

Le visa est la mention des textes supérieurs dont celui qui est pris en est l'application. C'est une forme d'allégeance donnée aux textes supérieurs. Le visa se présente généralement sous le « vu ». Seulement, son absence n'enlève à l'acte aucune substance.

---

[225] Il en va de la clarté et donc de la limitation de l'arbitraire de l'acte juridique. Cf. CRISTAU (A), « L'exigence de sécurité juridique », recueil Dalloz, 2001, Chron. p. 2818, n° 23.

[226] CE. 09 jan. 1931, Cadel ; S. 1932.3.41 ; CS/CA, jugement n° 8 du 19 décembre 1975, Tonkam Pierre contre État du Cameroun.

[227] CS/CA, jugement n° 83 du 30 juin 1983, Sikam Adolphe contre État du Cameroun.

[228] Jugement n° 84/CS/CA du 24 avril 2003, Oman Florence contre État du Cameroun.

[229] Contrairement à l'autorité judiciaire qui par exemple ne peut sauf exception décider de proroger une garde à vue le week-end et les jours fériés. Cf. art. 119 (4) de la loi n° 2005/007 du 27 juillet 2005 portant code de procédure pénale.

iv. Le titre

Il n'est pas également substantiel. Il est l'ensemble de l'intitulé de l'acte qui, généralement, est un composé de mots et de chiffres. Le titre indique très souvent si l'acte est un décret, un arrêté ou un acte inférieur, et son objet.

Quelques fois, il faut être circonspect quant au titre d'un acte, car celui-ci peut être mal libellé et si on s'en tient à lui, l'acte peut subir déclassement ou surclassement erroné dans la hiérarchie des normes. C'est notamment l'hypothèse d'un acte identifié comme étant un avis alors qu'en réalité c'est un arrêté[230].

Ces formalités sont donc estimées substantielles ou non, selon que leur absence est susceptible de porter atteinte aux droits de leurs destinataires. À titre de synthèse, la motivation n'est substantielle que si l'acte est négatif. La signature est toujours substantielle, la date et les motifs sont non substantiels. Les consultations, lorsqu'elles sont prescrites, doivent être effectuées, d'où leur aspect substantiel.

B. La légalité interne

Elle est relative au fond de l'acte. Sont ici concernés le but de l'acte et sa conformité à la loi.

1. Le but de l'acte/le détournement de pouvoir

L'acte administratif unilatéral doit avoir pour but unique de satisfaire l'intérêt général. Le détournement de pouvoir est constitué quand le but de l'acte est « travesti ». Il se fait que l'acte dont il est fait application donne un but à l'acte qui doit être pris. Aussi, l'acte d'application ne doit réaliser que le but qui lui est prescrit ou qu'il se prescrit lui-même[231]. Ainsi, l'acte concerné a un but et il doit être accompli seulement pour ledit but[232].

Le détournement de pouvoir peut d'abord concerner l'accomplissement d'un acte pour des fins particulières ou privées. Le but d'un acte doit rester l'accomplissement de l'intérêt général, et ce n'est que dans l'intérêt général que peuvent s'exprimer les intérêts privés.

---

230 Avis n° 21/35/22/MINSANTE/MINFOPRA du 06 janvier 2007 portant ouverture d'un test de sélection pour le recrutement sur fonds PPTE de mille cinq cents personnels au ministère de la Santé. Cet acte interministériel lance un concours (et devrait donc, comme cela est d'usage, être considéré comme un arrêté).

231 Pour le second cas, chaque autorité administrative est liée par ses propres règlements. C'est la règle « *tu patere legem quam fecisti* », qui veut fidèlement dire : respecte la loi que tu as faite. Dans la jurisprudence française, V. CE, 17 mai 1907, Philharmonique de Fumay, « *…un maire ne peut déroger à son propre règlement de police lorsqu'il est amené à en faire l'application* ».

232 CE 26 nov. 1875, Paris et, rec. 934.

En second lieu, le détournement de pouvoir est constitué quand l'acte est accompli dans un but d'intérêt général autre[233]. Le but de l'acte est spécifié, ce qui fait que s'il poursuit un but autre, il aura dénaturé la spécialité du but réel et initial de l'acte. C'est souvent dans les expropriations[234] que cette forme de détournement se voit. Il arrive très souvent que la destination d'une expropriation soit modifiée, créant alors une illégalité. En exemple, quand l'expropriation est faite parce que l'administration veut réaliser des travaux de construction d'un hôpital, le détournement de pouvoir peut-être constitué si par la suite, les terrains récupérés sont utilisés à d'autres fins comme l'aménagement immobilier[235].

Un autre cas de figure du détournement de pouvoir intervient quand l'acte réalisé outrepasse le but qui lui est assigné. Il faut que l'acte réalise – *rien que le but et seulement le but* –. Cette limitation vise à évacuer l'arbitraire. Une affaire allant dans ce sens est le jugement Ono Ngafor[236]. Dans le cas d'espèce, le préfet de la Mezam, dans l'arbitrage d'un litige foncier, s'est prononcé défavorablement à la requête du sieur Ngafor. Le sous-préfet en exécution de cet acte préfectoral, a réquisitionné des éléments des forces de l'ordre et quelques prisonniers qui, en sa compagnie vont démolir la clôture du collège Macho appartenant au requérant, puis détruire des objets appartenant aux élèves. Le détournement de pouvoir a été constitué suivant le juge par l'accomplissement d'actes étrangers à tout intérêt public. Il a considéré que le sous-préfet, dans le cadre de l'exécution de la décision du préfet, a outrepassé l'objectif.

2. La violation de la loi

Elle s'interprète comme étant une méconnaissance des règles juridiques et de leur hiérarchie dans l'édiction d'actes par l'administration.

Le respect de la loi fait également partie des exigences de fond de l'acte administratif unilatéral. L'article 2 de la loi de n° 2006/022 sur les tribunaux administratifs met dans la catégorie de loi, les dispositions législatives et les dispositions réglementaires. L'autorité administrative doit se conformer tant aux prescriptions des actes qui lui sont supérieurs qu'aux actes qu'elle édicte elle-même.

---

[233] CS/CA, Arrêt n° 160 du 8 juin 1979, Fouda Mballa Maurice contre État fédéral du Cameroun oriental, in MBOUYOM (F-X), *Recueil des grands arrêts de la jurisprudence administrative de la cour suprême*, 1970-1975, éd Kenkosoms, 1975, pp. 329-334. Dans le même sens, voir l'avis du Conseil d'État du 11 mai 1963.

[234] CS/AP, arrêt n° 09 du 26 déc. 1996, État du Cameroun contre société Renault Cameroun.

[235] CS/CA, Jugement n° 80 du 14 juin 2006, MAETUR contre État du Cameroun et Belibi François (Int. Vol).

[236] CS/AP, Arrêt du 16 août 1990, Albert Ono Ngafor contre État du Cameroun in recueil Penant, n° 812, 1993, pp. 245 et 250, note Keutcha Tchapnga, in Juridis périodique n° 46, juin 2001, pp. 39-45.

Il faut signaler dans les catégories d'actes administratifs unilatéraux, le règlement autonome. Ce dernier, sans être pris à la suite d'une loi, est néanmoins susceptible de tomber sous le coup de la violation de loi. En effet, autant le règlement autonome ne tire pas sa validité de la loi, autant il serait comme les autres actes sous le contrôle de la violation de la loi, parce qu'il tire son fondement de la Constitution. Cette position vient de ce que le législateur, malgré l'écriture parfois approximative du texte en question a, en énonçant la violation de la loi, entendu appréhender la loi au sens matériel.

La violation de la loi comprend l'erreur de droit et l'erreur de fait. L'erreur de droit est soit l'application d'un texte autre que celui qui devrait être appliqué, soit l'application erronée (mauvaise interprétation) du texte[237]. L'erreur de fait s'entend comme l'inexactitude des faits motivant la décision. C'est d'ailleurs la position adoptée dans l'affaire Mvondo[238], dans laquelle le juge déclare :

« *Qu'ainsi chaque fois que l'auteur de l'acte administratif a allégué comme fondant sa décision un motif qui se révèle matériellement inexact ou implique une erreur de droit, cette circonstance suffit à elle seule pour que la décision soit viciée et de ce fait sanctionnée pour excès de pouvoir...* ».

L'erreur de droit s'entend aussi comme l'inexactitude dans la qualification juridique des faits[239]. Effectivement, l'administration doit correctement qualifier la situation de fait par rapport aux règles régissant son action, sous peine de commettre une erreur.

C. L'obligation pour l'administration de respecter les contrats et les actes individuels

Cette obligation de soumission est consacrée du point de vue textuel et jurisprudentiel, le juge intervenant pour en sanctionner l'inobservation.

1. Du point de vue textuel

L'autorité administrative, en prenant une décision individuelle, est tenue par le bloc de légalité dont procède la décision individuelle en question. Elle est astreinte à ne faire que ce qu'elle doit faire et à faire ce qui doit être fait. Dans la seconde proposition, « faire ce qui doit être fait », l'obligation de légalité se manifeste par une invitation à l'initiative révélatrice d'une obligation d'action. Dans la première proposition : « est astreint à ne faire que ce qu'elle doit faire », l'obligation de légalité est conçue de façon négative. L'acte pris par l'administration ne peut être valide s'il s'étend à un domaine

[237] CS/CA, jugement n° 42 du 26 juin 1980, Ngankeu Pierre contre État du Cameroun.
[238] CS/CA, jugement n° 18 du 25 jan 1990, Mvondo Daniel contre État du Cameroun.
[239] CE, 4 avril 1914, Gomel, Rec. 488. S. 1917.3.25, note Hauriou.

proscrit. En prenant l'exemple des contrats administratifs, ceux-ci ne peuvent pas être conclus dans un domaine qui relève de la gestion en régie.

L'acte non contractuel et individuel doit en toute logique être relié à celui qui le fonde. Dans ce cadre, un acte réglementaire, une loi, la convention ou encore la Constitution peuvent constituer leur fondement de validité.

2. Du point de vue jurisprudentiel

La jurisprudence consacre régulièrement la subordination de l'administration aux règles et autorités qui lui sont supérieures. L'édiction d'un acte réglementaire, individuel ou la conclusion d'un contrat comme (forcément) application d'un acte juridique supérieur se fait ainsi dans le respect du canevas y afférent. C'est dans l'acte conforme, c'est-à-dire légal, que se déploie la matérialité de l'ordre juridique, parce que l'administration s'est soumise aux règles qui encadrent son action.

En cas d'imprécisions textuelles, le juge peut procéder a posteriori à la détermination des règles applicables et aux qualifications. Ceci s'est notamment vu en matière de contrat administratif[240]. Le juge intervient pour protéger des droits légalement reconnus tant aux administrés qu'à l'administration elle-même[241]. Il apparaît donc d'abord illégal que l'administration, en application des actes de portée générale (Constitution, lois, règlements), prenne d'autres actes individuels ou établisse des contrats qui contreviendront aux prescriptions qui s'imposent à elle.

Il apparaît par la suite que le juge étant considéré comme le garant de la légalité, il assure le respect du droit par l'administration[242].

---

[240] KOUBI (G) et GUGLIELMI (G), *Droit du service public*, Montchrestien Domat, paris 2000, n° 107, MORAND DEVILLER (J), *Cours de droit administratif*, op.cit, p. 404.

[241] CS/CA, jugement n° 62 du 29 juin 1995, Big Brothers Trading Company (BBTC) contre État du Cameroun ; CS/CA, jugement n° 50 du 1er fév. 1985, Tameghi Boniface (Amsecom / Amseconcom) contre État du Cameroun ; TC, arrêt UAP, 21 mars 1983 ; TC, 8 juillet 1983, Société entreprise Peyrot ; CE, 31 juillet 1912, Société des granits porphyroïdes des Vosges.

[242] Sur la publicité (notification) : CFJ/SCAY, arrêt n° 90 du 30 septembre 1969, Messomo Atenen Pierre contre Etat fédéral du Cameroun ; CCA, arrêt n° 636 du 10 août 1957, sieur Ndjock contre Etat du Cameroun.

- Droits acquis : CFJ/SCAY, arrêt n° 55 du 25 mars 1969, sieur Emini Tina Etienne contre Etat fédéral du Cameroun. V. Aussi, CE, 3 novembre 1922, Dame Cachet.
- Principe d'égalité, et Droit acquis : CFJ/CAY, Arrêt n° 215/A du 18 août 1972, Ndougsa Bernard contre République fédérale du Cameroun.
- Intangibilité des effets des actes administratifs individuels : CS/CA, jugement n° 22 du 25 janvier 1990, Zangue Pius contre État du Cameroun.
- Qualification juridique : CCA, arrêt n° 83 du 22 décembre 1951, Renucci contre administration du territoire.

Paragraphe 2 : Les figures de l'obligation de légalité

L'obligation de légalité est assortie de la sanction à l'illégalité. Elle va de la rectification de l'illégalité à l'annulation même de l'acte querellé. Le contrôle du respect de la légalité se fait par l'administration elle-même et par le juge. S'agissant de l'administration, elle se présente de façon hiérarchisée et dans cette pyramide, le supérieur hiérarchique a toujours le pouvoir de contrôler les actes que ses subordonnés ont posés. En fait, le contrôle se fait par l'auteur de l'acte et par ses supérieurs hiérarchiques. L'administration a ainsi le pouvoir d'abroger les actes qu'elle a elle-même pris en respectant les règles de délais et de parallélisme.

La sanction à l'illégalité peut aussi intervenir par le juge qui a le pouvoir, en cas de recours, d'annuler les actes de l'administration qui sont illégaux. Ce pouvoir du juge dépend fortement de l'obligation de légalité qui pèse sur l'administration.

L'acte que pose l'administration est conditionné soit dans un cadre de compétence liée, soit dans celui du pouvoir discrétionnaire. Il y a selon ces cadres une variation du niveau de l'exigence de légalité.

A. L'obligation de légalité dans la compétence liée

Il y a compétence liée alternativement ou cumulativement lorsque l'administration est tenue d'agir et que le sens de l'acte à prendre est bien déterminé. La compétence liée est donc la situation dans laquelle l'administration se trouve, quand le texte qui lui donne une compétence est précis sur l'attitude qu'elle doit avoir, dans son action à mener. Ce lien qui résulte des textes fait que l'administration n'est pas libre, contrairement à sa posture dans le pouvoir discrétionnaire.

L'acte de l'administration est alors fortement conditionné. La contrainte d'agir qui pèse sur l'administration varie néanmoins suivant les visages de l'obligation de légalité en rapport avec le degré de la compétence liée.

1. Le conditionnement de l'acte

Comme pour le pouvoir discrétionnaire, ce conditionnement concerne l'opportunité de l'action et les choix dans l'action. La particularité dans la compétence liée étant que l'administration est tenue d'agir dans un sens déterminé.

a. L'obligation d'agir

L'obligation d'agir est la contrainte que subit l'administration pour agir. Ce n'est pas tant l'intervention de la sanction pour inexécution qui confère un caractère obligatoire à l'initiative de l'action. Ce serait mettre la fin (sanction) comme déterminant le début (l'action). Cette vision ne serait d'ailleurs pas opérationnelle dans notre contexte où formellement, le juge ne dispose point du pouvoir d'enjoindre l'administration. L'obligation d'agir provient de la règle elle-même et de la logique du droit.

Par exemple, pour l'obligation de faire entrer la Constitution en vigueur, le doyen Magloire Ondoa expose que :

« *L'absence de délais ne délie pas les autorités de l'obligation de mise en œuvre d'une Constitution nouvellement promulguée. Résultant de la structure pyramidale du système juridique, cette obligation repose sur le fait que les autorités inférieures sont tenues d'édicter les règles prévues par les normes supérieures ou de les mettre en harmonie avec ces dernières. En conséquence, il existe une ''obligation de légiférer'' qui trouve son fondement juridique dans la Constitution elle-même. En renvoyant certaines matières à la loi, celle-ci adresse au législateur une injonction de légiférer conformément aux orientations générales qu'elle trace et à compter de sa promulgation* »[243].

Dès lors, ce n'est pas comme déjà dit, la sanction, et encore moins les délais qui sont les supports de l'obligation d'agir, c'est une obligation qui se tient de l'enchevêtrement du système juridique.

En prenant la sanction et les délais qui sont les instruments de l'obligation d'agir, le Conseil d'État français a condamné l'État français pour le refus du Premier ministre de prendre des décrets d'application[244]. Au Cameroun, c'est en vertu de la Constitution où il est disposé que le président de la République veille au respect de la Constitution[245], et que le gouvernement est chargé de l'exécution des lois[246] que s'interprète au plus haut niveau l'obligation d'agir.

La compétence liée tenant à l'obligation d'agir se trouve aussi à des niveaux infra constitutionnels. Par exemple, dans la gestion de la carrière du fonctionnaire, sa mise à la retraite se fait d'office, c'est-à-dire que dès que le fonctionnaire a atteint la limite d'âge réglementaire dans son cadre, l'autorité investie du pouvoir de nomination doit d'office le mettre en retraite. L'autorité administrative a également compétence liée pour révoquer d'office un fonctionnaire qui a perdu la nationalité camerounaise ou qui est « *frappée d'une condamnation assortie de la déchéance prévue à l'article 30 du Code pénal* ».

En sortant quelque peu de ce cadre, il faut dire que le juge a reconnu maintes fois l'existence d'une obligation d'agir dont le défaut a constamment créé des préjudices à ceux qui devaient bénéficier de l'acte non édicté[247].

---

243 ONDOA (M), « *La constitution duale…* », précité p. 52.

244 CE, 28 juillet 2000, Association France nature environnement.

245 Art. 5(2) loi constitutionnelle de 1996.

246 Art. 12(2), Idem.

247 Arrêt n° 21/A du 16 mars 1967, État du Cameroun contre Atangana Adalbert, jugement n° 37/CS/CA du 27 juillet 2005, Kanga Kanga Mbock contre État du Cameroun ; arrêt n° 200/CFJ/CAY du18 août 1972, Dame Mackongo Agnès Flore ; V. aussi Affaire Tameghi

Par ailleurs, à travers le pouvoir hiérarchique de l'administration le subordonné a une obligation d'obéir aux ordres de ses supérieurs. Le subordonné est donc obligé d'exécuter, c'est-à-dire d'agir quand il reçoit un ordre. Ici, l'obligation d'agir reste interne à l'administration. L'atténuation à cette obligation d'obéissance du subordonné est que les ordres ne doivent pas être manifestement illégaux et insusceptibles de se rattacher à un intérêt public. Le subordonné est tenu de ne pas agir quand un ordre est manifestement illégal[248]. Dans le cas contraire, il doit agir, et ce, dans le sens de l'ordre qui lui est donné.

b. L'obligation d'agir dans un sens déterminé

L'autre face de la compétence liée est qu'au-delà de se traduire par une obligation d'action, elle est également le plus souvent assortie d'absence de choix. À la différence de l'acte discrétionnaire, celui tiré de la compétence liée établit un lien étroit entre l'application et son acte supérieur. L'acte dont il est fait application peut alors ne pas faire l'énumération de ce qui peut être décidé, mais il désignera toujours clairement ce que l'administration est tenue de faire.

Pour autant, quand l'acte dont procède l'action est largement prédictif, il y aura absence de choix d'agir, absence de choix de moyens, absence de choix du résultat.

L'absence de choix de moyens désigne le fait que les procédés et techniques que l'administration doit utiliser sont connus et que pour chaque situation d'espèce, il y a un seul moyen qui est prévu. Ce qui enlève à l'administration la possibilité d'effectuer un quelconque choix. C'est le cas pour la rectification d'erreur sur le titre foncier. La loi dispose clairement que la rectification est autorisée par décret si elle porte atteinte aux droits des tiers. Elle ne peut donc intervenir par d'autres moyens tels que l'arrêté[249].

Concernant l'absence de résultat, l'administration doit agir dans le sens prescrit en atteignant le résultat préétabli. Le fait que l'administration soit liée et que le résultat attendu est clairement identifié évite que l'autorité administrative ne commette un détournement de pouvoir, qui traduit un détournement du résultat escompté[250].

La compétence liée met l'administration face à une légalité pleine, car l'acte dont il est fait application n'a besoin que d'être simplement mis en

---

(Amsecom – Amseconcom) Supra. Dans les textes, Cf. art. 5(1) (3) du décret n° 90/060 du 12 janvier 1990 instituant la carte de presse. V. aussi, art. 19(2) de l'ordonnance de 1981 relative à l'État des personnes.

[248] CS/CA, jugement n° 20 du 25 janvier 1990, Ella Ondoua Engelbert contre État du Cameroun.

[249] Jugement n° 39/CS/CA du 31 mai 1990, Essono Michel et autres contre État du Cameroun et Bikono Olivier.

[250] Sur la question : CHAPUS (R), *Droit administratif général*, op.cit, p. 1048

œuvre. L'obligation de légalité revêt cependant des visages variables en fonction du niveau de contrainte imposé à l'autorité administrative, dans la compétence liée.

2. L'inclusion du moment dans l'obligation d'agir

Il s'agit de la question des délais dans la phase d'exécution.

a. Le délai d'action

Le délai est le temps imparti pour qu'une action soit accomplie. Il indique à quel moment doit commencer l'exécution. Dans ce sens, l'exécution est circonscrite dans le temps pour justement éviter l'arbitraire. Loin de se limiter à l'indication du commencement de l'action, le délai d'action peut même enfermer dans le temps toute l'opération attendue. La présence de délais pour l'exécution constitue une référence pour la mise en œuvre de l'acte à appliquer.

b. Les conséquences du non-respect des délais sur les actes et sur la procédure : la caducité et la déchéance

Le non-respect des délais de l'exécution peut rendre l'acte de l'administration caduc. Ceci est avéré lorsque son caractère opératoire se retrouve vidé de sa substance. En guise d'illustration, un institut est créé par un acte administratif pour prendre en charge les lépreux. Cette structure doit débuter son activité dans les trois mois. Avant le terme de ce délai, il se trouve qu'il n'y a plus de lépreux. L'acte constitutif devient caduc. Ce serait d'ailleurs le même régime si après le délai, la structure n'est pas encore opérationnelle et que survient la disparition de la lèpre.

La caducité qu'encourt l'agissement de l'administration est de nature à constituer une obligation pour l'autorité administrative de prendre ses décisions et de les exécuter dans le temps qui lui est imparti. La caducité fait perdre à l'acte ses effets.

Sont par exemple frappés de caducité (pour les administrés) : les permis de construire dont la construction autorisée n'a pas été entreprise dans un délai d'un an[251], ou encore les arrêtés d'expropriation (pour l'administration) dont les exécutions n'ont pas été entreprises au bout de deux ans[252]. Les textes évoquent l'expropriation effective pour dire que les terrains expropriés doivent recevoir la destination prévue. La non-utilisation des terrains conduit

---

[251] TIENTCHEU NJIAKO (A), *Droits fonciers urbains,* op.cit, pp. 343-344. La règlementation française accorde un délai de deux ans. V. art. R 421-32 du code de l'urbanisme résultant du décret du 12 août 1981, art. 3.

[252] Art. 13 du décret n° 87/1872 du 16 décembre 1987 portant application de la loi n° 85/9 du 4 juillet 1985 relative à l'expropriation pour cause d'utilité publique.

à la caducité. Ceci peut d'ailleurs donner lieu à la restitution des terrains aux propriétaires qui ont été expropriés[253].

Les délais d'action non respectés peuvent conduire à la perte de droits pour l'administration. En matière fiscale, il peut s'agir de la perte pour l'État de son droit de percevoir un impôt par prescription quadriennale[254]. La déchéance peut aussi être établie dans la procédure disciplinaire[255], où l'absence de prise d'une décision disciplinaire dans les délais impartis fait perdre à l'État son droit d'agir.

Le refus d'une autorité de prendre un acte qu'elle est tenue de prendre peut conduire à la sanction du juge. Une illustration peut être faite à partir de l'affaire Keuzeta[256]. Dans cette espèce, *« le requérant propriétaire d'un terrain à Oyom-Abang a déposé auprès de la mairie de Yaoundé une demande d'un permis de bâtir. Après avoir obtenu les avis favorables des services techniques compétents aussi bien du ministère de l'Urbanisme et de l'Habitat que de la mairie elle-même, ce dernier se voit opposer le refus du délégué du gouvernement de lui signer ledit permis de bâtir. De ce fait, le crédit de 9,5 millions obtenu à la Société camerounaise des banques ne peut être débloqué faute de permis de bâtir ».*

Estimant que ce refus lui cause un préjudice qu'il évalue à 8 millions de francs, lequel doit être réparé sous astreinte de 10 000 francs par jour de résistance à compter de la notification du jugement, il assigne le délégué du gouvernement devant le TGI de Yaoundé. Dans sa défense, le délégué du gouvernement soutient des positions aussi bien incohérentes qu'inopérantes qui, de l'avis du juge, ne relèvent que d'un esprit de chicane. En particulier, le délégué estime qu'il n'est pas tenu de signer le permis de bâtir une fois que la procédure technique n'était pas achevée, étant donné qu'il n'est écrit nulle part que la commune est tenue de signer le permis de bâtir une fois que les avis techniques sont réunis. Pour lui, selon un principe bien établi de droit administratif, les cas de compétence liée doivent être expressément prévus par les textes. Le juge a alors estimé que le délégué du gouvernement n'a pas daigné préciser ce qu'il y avait lieu de faire en plus des avis techniques pour

---

253 CS/CA, jugement n° 544 du 9 novembre 1994, société Renault Cameroun contre État du Cameroun, in Juridis Périodique n° 32, décembre 1997, Obs. ABA'A OYONO J-C, pp. 29-38 ; CS/AP, arrêt n° 09 du 26 décembre 1996, État du Cameroun contre société Renault Cameroun.

254 L'administration perd son droit de percevoir l'impôt quand, au bout de quatre ans, elle ne l'a pas fait. Cf. CS/CA, arrêt n° 38 du 30 avril 1992, État du Cameroun contre Mbialeu Jean-Louis.

255 Jugement n° 85/CS/CA du 24 nov. 2003, Adamou Paul contre État du Cameroun. Dans l'espèce, le sieur Adamou est expulsé du corps de la gendarmerie quatre ans après les faits qui lui sont reprochés. Or, la punition est prescrite un an après la faute commise. D'où l'annulation de cette « expulsion » par le juge.

256 Cette primauté rivaliserait avec celle de la Constitution. Cf. AGOSTINO (C), « *De la constitution matérielle* », in *L'architecture du droit*, op.cit., p. 246.

obtenir le permis de bâtir, et qu'au regard de ce qui précède, le refus du délégué du gouvernement de délivrer au sieur Keuzeta le permis de bâtir sollicité alors que tous les avis techniques sont favorables ne peut s'analyser autrement que comme relevant de l'arbitraire ; qu'on est donc dans un cas de refus d'une autorité d'accomplir un acte qu'elle est tenue d'accomplir en vertu de la loi.

« Qu'en l'espèce, le délégué du gouvernement en refusant de délivrer au demandeur le permis de bâtir sur un terrain objet d'un titre foncier a privé ce dernier de la jouissance et la disposition voire la possibilité de faire fructifier sa propriété, que de ce fait il lui a causé un préjudice qui nécessite réparation »[257]. L'obligation d'agir conduit ainsi à confiner la liberté de l'administration, qui évolue dès lors dans un cadre de compétence liée.

c. L'indisponibilité de l'initiative de l'exécution à partir de l'obligation d'agir

L'indisponibilité de l'initiative d'agir est lisible dans les prescriptions du référent. Il s'agit de la prescription d'agir. Dans l'affaire Keuzeta par exemple, le juge a lu cette prescription de délivrer le permis de bâtir, non parce qu'une disposition expresse de la loi était évocable comme le souhaitait le délégué du gouvernement, mais par la réunion de tous les prérequis à la délivrance du permis de bâtir. Il s'agit donc de se rendre compte que du moment que toutes les circonstances « positives » pour la mise en exécution d'un acte sont réunies, l'administration ne saurait se dérober de l'exécution dont elle est tenue. Le caractère obligatoire de l'action est exprimé par la norme référentielle [258]soit par une formulation normative, soit par la reconnaissance de l'impératif d'agir fondé sur l'accomplissement des formalités préalables.

In fine, la perception de la compétence liée situe l'administration dans des hypothèses où elle n'a pas le choix ni d'agir parce que les textes l'y obligent, ni d'apprécier ce qu'elle a à faire parce que les textes ont préalablement bien indiqué ce qu'elle doit décider et comment elle doit décider dans cette hypothèse.

Ainsi, lorsque le texte que l'administration applique est précis, l'auteur de la décision n'est pas libre : c'est notamment le cas de la mise à la retraite, de la délivrance d'un diplôme, d'un permis de conduire, d'un permis de bâtir. Il faut néanmoins signaler que même pour la compétence liée, il peut arriver que le texte permette des fois à l'autorité de choisir le moyen (cas des mesures de police) ; elle doit agir, mais dispose des moyens : il s'agit de la compétence

---

[257] Lire BILONG (S), *Responsabilité de la puissance publique et compétence du juge en droit camerounais*, thèse de doctorat en droit public, op.cit, pp. 40-41.

[258] COMANDUCCI (P), « *Quelques problèmes conceptuels concernant l'application du droit* », in *L'architecture du droit*, op.cit., p. 323.

partiellement liée qui se rapproche du pouvoir discrétionnaire et qui se distingue de la compétence totalement liée.

L'administration est ligotée dans la compétence liée, car ses possibilités d'action sont prédéterminées. Le niveau de prédétermination permet de lire la compétence liée dans ses deux vitesses : celle de la compétence totalement liée et celle de la compétence partiellement liée.

3. La compétence totalement liée

C'est le cas de figure où la loi et/ou les règlements sont suffisamment précis, c'est-à-dire que l'autorité administrative ne trouve aucun élément non préréglé. Elle doit alors simplement ajuster son opération à la norme indiquée. Aussi, pour l'édiction, la personne compétente pour prendre l'acte est désignée. C'est une désignation impersonnelle parce que c'est la fonction qui est mise en cause et non nominativement son titulaire.

Un texte dont procède l'application va donc désigner l'auteur de l'acte. Toujours dans l'édiction, la compétence totalement liée l'est parce que des procédures sont précisées et doivent, sous peine de nullité, être suivies. Le principe du contradictoire dans la procédure disciplinaire [259]en est l'illustration. De même, l'acte doit obéir aux formes prescrites.

L'administration est tenue de se référer aux moyens qui lui sont imposés pour parvenir à une fin préétablie. Par rapport aux moyens, l'autorité investie doit recourir uniquement à ceux qui sont à employer dans l'espèce. Par exemple, quand il doit y avoir recrutement de fonctionnaires, s'il est disposé que le recrutement doit se faire par voie de concours, l'autorité compétente ne pourrait valablement faire de recrutement par voie de titre. Quant au résultat, l'administration ne peut en usant des moyens offerts que parvenir au résultat qui lui est indiqué.

Dans la compétence totalement liée, l'administration doit simplement recenser les éléments que la législation a *préréglés*, puis les appliquer mutatis mutandis. En résumé, dans la compétence totalement liée, l'autorité administrative est d'une part tenue d'agir et d'autre part, tenue d'agir dans un sens déterminé.

4. La compétence partiellement liée

La compétence partiellement liée est celle où le lien qui résulte des textes laisse un aspect de la décision à prendre à l'appréciation de l'autorité. L'élément qui est lié est généralement le résultat, le reste pouvant être en partie laissé à l'appréciation de l'administration. Ce qui est lié d'office c'est

---

[259] CS/CA, jugement n° 39 du 31 mai 1990, Essono Michel et autres contre État du Cameroun et Bikono Olivier. En l'espèce, l'administration a violé l'article 39 du décret n° 76/165 du 27 av 1976, car ledit article prescrit que « *la rectification est autorisée par décret, si elle porte atteinte aux droits des tiers* ». Or, dans l'espèce, la rectification a été autorisée par arrêté.

donc le résultat. Ce qui ne l'est pas totalement c'est soit l'initiative, soit les moyens ou les deux de façon cumulative.

Ainsi, les moyens peuvent ne pas être entièrement ordonnés. Le choix des moyens sera donné, sauf qu'il ne le sera pas totalement. Il ne le sera pas en totalité parce que l'administration aura à en choisir un dans une liste de moyens proposés[260]. Il ne le sera pas aussi en totalité parce que les moyens choisis devront paraître proportionnés[261] au résultat à atteindre.

Dans la compétence partiellement liée, certains aspects de l'action de l'administration sont soumis à une forme de relâchement, parce que l'autorité a la possibilité d'effectuer des choix. Il n'en demeure pas moins que le pouvoir discrétionnaire d'une part, et plus encore la compétence liée d'autre part, ne peuvent être valides que s'il y a conformité à la légalité.

B. Le pouvoir discrétionnaire

L'hypothèse du pouvoir discrétionnaire est celle dans laquelle l'administration dispose d'une certaine liberté d'action. Elle a le choix d'agir ou de ne pas agir, et encore plus, elle a la latitude de choisir la solution de son acte (choix du moyen et du but). L'administration est investie du pouvoir discrétionnaire du fait des textes. Soit un texte l'a expressément prévu, soit les textes sont muets, laconiques ou très généraux, si bien que le pouvoir de l'administration en sort agrandi.

« *S'il fallait donner en quelques mots une définition du droit administratif, je dirais, laissant de côté la partie purement descriptive d'institutions... qu'il est essentiellement l'étude du pouvoir discrétionnaire des autorités administratives et de sa limitation* »[262]. En d'autres termes, le droit administratif est une étude fortement portée sur le pouvoir discrétionnaire et sa limitation qui est la compétence liée.

Il revient alors de procéder à la détermination des exigences de conformité dans ces aménagements des pouvoirs de l'administration, avec d'une part la réduction de cette exigence dans le pouvoir discrétionnaire, et d'autre part son augmentation dans la compétence liée.

Le pouvoir discrétionnaire peut ainsi être défini comme la compétence donnée à l'administration pour prendre des règles de droit sans être trop contrainte. Il faut s'intéresser aux conditions d'existence de cette considérable

---

[260] Art. 8 al. 1er de la loi n° 85/009 du 04 juillet 1985 « *l'indemnité est pécuniaire, toutefois, en ce qui concerne les terrains, la personne morale bénéficiaire de l'expropriation peut substituer une compensation de même valeur que l'indemnité pécuniaire* ». C'est-à-dire que l'indemnisation peut se faire uniquement en argent ou par l'octroi d'une propriété immobilière (compensation de même nature).

[261] TC, 1902, société immobilière de saint Just, Rec.713, concl. Romieu.

[262] WALINE (M), cité par MORAND-DEVILLER, *Cours de droit administratif*, op.cit., p. 277-278.

marge de liberté accordée à l'administration, puis relever dans ce cadre l'étendue du pouvoir d'appréciation dont est investie l'administration.

1. Les conditions d'existence du pouvoir discrétionnaire

En limitant les possibilités administratives uniquement à ce qui était codifié, on ligotait l'administration. Cette robotisation aurait été préjudiciable pour les administrés quand ils se prévaudraient de droits qui, légalement, n'étaient point codifiés et qui, par conséquent, échappaient à la compétence administrative. Cet argument qui se met résolument dans la promotion du pouvoir discrétionnaire et qui est certainement discutable[263] défend le pouvoir discrétionnaire qui se traduit dans la production normative par les textes qui confient expressément un pouvoir d'appréciation à l'administration et par les textes d'affichage ou peu expressifs.

- **Les situations de textes d'affichage**

En rappel, une loi au sens matériel est un commandement donné à la conduite humaine. Il se lit sous la plume de Portalis que « *la loi ordonne, permet ou interdit* ». L'essence de cet énoncé est que la norme est obligatoire. Elle prescrit et impose des règles.

En rapport avec ce développement, un texte d'affichage est celui qui peut bien obéir aux conditions de forme de la norme, mais qui se présente explicitement et même implicitement comme dépourvu de force contraignante. Ainsi, l'absence de termes mettant en jeu l'obligation pour l'administration de s'exécuter dans un sens prédéterminé confère un pouvoir discrétionnaire à l'administration.

Il en est ainsi des textes et dispositions textuelles qui formulent des vœux se déclinant comme des lignes de référence et des objectifs. Cette caractéristique fait de ces textes des *lois-programmes* [264]dont l'imposition à l'administration ne va relever que de l'acquiescement de cette dernière.

---

[263] NLEP pense à ce propos que « *la limite entre le pouvoir discrétionnaire et l'arbitraire administratif est difficile à tracer* ». Cf. NLEP (R.), *L'administration publique camerounaise,* « *Contribution à l'étude des systèmes africains d'administration publique* ». LGDJ, paris 1986, p. 210.

[264] CHEVALLIER (J), *L'État de droit,* op.cit, p. 39, « *Certains domaines ont toujours été propices à ces formulations d'objectifs – les libertés publiques, l'éducation nationale, l'urbanisme. À cet égard, la loi sur l'éducation du 10 juillet 1989, dont tout l'article 1er (49 lignes) n'est qu'un long exposé des motifs dont chaque chapitre comporte de nouveau une formulation d'objectifs tant généreux que généraux, s'inscrit dans le droit de la loi de 1968 sur l'enseignement supérieur ou de la loi de 1975 sur l'éducation. De même, le titre 1er de la loi sur la ville du 13 juillet 1991 qui consacre, entre autres, un droit à la ville n'est- il pas beaucoup moins normatif que les articles 1 et 2 de la loi du 27 décembre 1973 sur le commerce et l'artisanat, qui s'efforcent de caractériser la liberté d'entreprendre, ou que la loi du 31 mai 1990 visant à la mise en œuvre d'un droit au logement. On relève, cependant que, dans tous les cas précités, il s'agissait de lois d'orientation, dont on pourrait admettre que comme*

Ces dispositions laissent le pouvoir d'appréciation à l'administration, de telle sorte qu'elle peut alors disposer de la possibilité de s'exécuter à son gré, et souvent de la faculté de choisir les formes de l'exécution.

- **Les situations de textes peu expressifs**

Il arrive que des textes présentent en leur sein des dispositions équivoques. Les dispositions d'un texte de loi ne devraient pourtant pas donner lieu à réflexion[265]. C'est malheureusement l'équivoque qui se présente quand il y a imprécision dans le texte.

Le pouvoir discrétionnaire de l'administration s'exerce quand le texte contient des zones d'ombre[266] dont la précision doit être faite. L'administrateur – interprète – a de ce fait un pouvoir de détermination et d'orientation du texte dont il fait application.

La généralité ou le silence d'un texte va permettre à l'administration de - stratégiquement – faire et défaire la règle de droit. Un texte de loi silencieux est un texte qui évite de donner de façon précise le droit sur des évènements susceptibles de survenir. Il revient à l'administration de déterminer les tenants dudit texte. En conséquence, l'absence de clarté porte atteinte à la prévisibilité de l'acte qui sera mis en œuvre, avec un avantage pour l'administration qui dispose de possibilités d'action considérables dans le cadre de son pouvoir discrétionnaire.

2. Les possibilités de l'administration dans le pouvoir discrétionnaire

La marge d'exercice du pouvoir administratif est large quand son pouvoir est discrétionnaire. Cette liberté se traduit en liberté d'action et en liberté de choix dans l'action.

a. La liberté d'action

Cette liberté se situe au début de l'acte de l'administration. Il s'agit de la liberté que possède l'administration d'enclencher ou non une action. Cette liberté d'entreprendre confère à l'administration dans un premier sens la faculté d'apprécier si oui ou non elle doit agir, et dans un second sens la disponibilité du moment d'agir.

Dans le premier sens, le pouvoir d'initiative appartient à l'administration, du moment où l'acte dont procède l'action administrative dispose qu'elle peut agir. Il est ainsi reconnu en matière disciplinaire que l'autorité administrative

---

les lois-programmes, elles se rapprochent davantage du discours politique que du droit positif».

[265] Civ, 22 nov. 1932, 2.

[266] Cf. GENY (F), *Méthodes d'interprétation et sources en droit privé positif*, op.cit n° 83 et s. V. CS/CA, jugement n° 39 du 29 mai 1980, Mboma richard contre État du Cameroun.

dispose du pouvoir discrétionnaire quant au déclenchement de l'action disciplinaire.

Du reste, il existe une limite du contrôle juridictionnel de l'opportunité du déclenchement de la sanction administrative[267]. Dans un autre cadre, le privilège du préalable, qui est une faculté reconnue à l'administration, lui permet d'agir quand elle le juge utile dans certaines circonstances déterminées[268]. Il s'agit d'un aménagement qui se justifie par les impératifs de fonctionnement du service public et donc de garantie de l'intérêt général. C'est le cas de la réquisition [269]qui, fondée sur des besoins d'utilité publique, autorise l'autorité administrative à être juge de l'utilité publique, à être juge de l'opportunité.

Dans le second sens de la liberté d'action se trouve la liberté du moment d'agir. L'administration jouit ici normalement du temps de l'action, c'est-à-dire du moment où il faut agir.

L'acte dont il est fait exécution peut imposer l'action. Dans ce cas, l'administration n'a plus le choix sur l'opportunité d'agir. Mais, cas de silence dudit acte, l'administration dispose du moment où elle doit déclencher l'action.

Il n'est pas moins vrai que le bon sens exige qu'il y ait un délai raisonnable pour agir. En effet, quand une loi ou un texte réglementaire est édicté, c'est bien parce qu'il y a nécessité. En retardant longtemps son entrée en vigueur (cas de la non-prise de mesures d'application), c'est bien l'opportunité du texte qui est remise en question.

Pour notamment éviter de léser les justiciables des abusives lenteurs et inactions administratives, le législateur français, contrairement à celui camerounais, a franchi le rubicond en accordant au juge le pouvoir d'enjoindre l'administration[270]. C'est ainsi qu'un administré peut faire considérer au juge que l'administration a débordé le délai raisonnable imparti pour la prise d'une décision[271]. Le juge est allé plus loin en considérant que la carence du gouvernement à prendre des mesures nécessaires à l'exécution de la loi nouvelle cause des préjudices aux ayants droit. Ce défaut d'agir ou ce défaut d'agir dans les temps a amené le juge à se passer du gouvernement et à « *réglementer* » à sa place dans l'affaire « Madame Barbier »[272].

---

[267] CS/CA, jugement n° 101 du 6 juin 1985, Ngomna Mamadou contre État du Cameroun.

[268] TC, 2 déc. 1902, société immobilière de saint-Just, Rec.713, Concl Romieu.

[269] Art. 1, 2 et 8 de la loi n° 68-LF-4 du 11 juin 1968 portant organisation du régime des réquisitions.

[270] Loi du 8 février 1995.

[271] CE, Ass. 27 novembre 1964, Vve Renard, p. 590, concl. Y. Galmot, AJ 1964, p. 678.

[272] CE, Sect. du 25 février 2005, Madame Barbier (requis 253593, RFD adm. 2005. 753, concl D. Chauvaux, AJDA 2005.1002, chron. C. landais et F. Lenica in, DE BECHILLON (D), « *Le*

Sans que le juge camerounais fasse preuve d'autant d'audace, il existe tout de même au Cameroun des situations où le délai d'action prospère. L'obligation de promulguer une loi dans les quinze jours peut être considérée comme un délai d'action, mais elle ne peut être évoquée devant le juge parce qu'elle relève de ce qu'on qualifie d'« acte de gouvernement ». En matière d'expropriation, la règlementation[273] indique aux fins d'exécution « *une durée impérative non susceptible de prorogation* »[274]. Cette durée est de deux ans. Passé ce délai, le décret d'expropriation devient caduc.

En bref, hormis ce cas, le juge camerounais a reconnu l'existence de délais d'action dans des situations relatives :

- au délai d'entrée en vigueur[275] ;

- au délai de sortie de vigueur[276] ;

- à la prescription quadriennale[277].

b. La liberté de choix dans l'action

L'autre manifestation du pouvoir discrétionnaire est la latitude de choix qui peut être accordée à l'autorité administrative. Ce choix peut porter cumulativement comme séparément sur le moyen et le résultat.

L'administration peut se retrouver en situation de choisir le moyen qui lui permet d'atteindre un résultat. Dans un premier temps, le résultat peut être posé, mais sans être accompagné de propositions de moyens. L'administration va alors, sans contrainte, déterminer les moyens d'atteinte de ce résultat. C'est notamment le cas pour la règlementation portant sur la préservation de l'ordre public. Il revient dans les troubles de l'ordre public à l'autorité de déterminer les moyens pour l'enrayer. Il pourra augmenter les contrôles de police, instaurer un couvre-feu, restreindre la liberté de circulation[278]...

Une autre configuration est celle où les moyens sont prédéterminés, l'administration devant choisir entre ces moyens mis à sa disposition.

La liberté de choix de moyens n'est pas l'arbitraire. L'administration ne peut pas faire tout ce qu'elle veut parce qu'elle dispose du choix des

---

juge et son œuvre, un an de fabrication du droit administratif dans la jurisprudence du conseil d'État », *L'architecture du droit*, Mélanges précité, p. 361.

[273] Art. 13 de la loi du 4 juillet 1985 relative à l'expropriation pour cause d'utilité publique ; art. 13 du décret n° 87/1892 du 16 décembre 1987 portant décret d'application de la loi susvisée.

[274] CS/CA, jugement n° 80 du 14 oct. 2004, Maetur contre État du Cameroun et Belibi François (Int. Vol).

[275] CS/CA, jugement n° 85 du 24 avril 2003, Adamou Paul contre État du Cameroun.

[276] CS/CA, jugement n° 83 du 30 janvier 1986, Ewane Lobe Francis contre État du Cameroun.

[277] CS/CA, jugement n° 38 du 30 janvier 1986, État du Cameroun contre Mbialeu Jean-Louis.

[278] CFJ/CAY, arrêt n° 98 du 27 janvier 1970, Obame Eteme Joseph contre République fédérale.

moyens[279]. Quand les moyens sont prescrits, l'autorité administrative n'est pas libre d'en choisir d'autres. Il ne doit pas y avoir arbitraire dans le choix des moyens et les moyens doivent être proportionnés et adaptés au contexte et au résultat. À la limite, le choix des moyens se convertit même en une obligation de choix des moyens, c'est-à-dire que tout en disposant du choix, il y a quand même obligation de n'en choisir que parmi ceux qui sont proposés[280]. Le choix des moyens intervient dans l'atteinte du résultat qui est le but de l'action entreprise.

S'agissant justement du résultat, il est rare qu'il soit entièrement laissé à la discrétion de l'administration. La délégation que l'acte supérieur fait à l'acte inférieur l'est généralement pour l'atteinte d'un but. D'ailleurs, rien qu'à l'intitulé, on peut déjà extraire le résultat attendu de l'acte à poser. Dans les décrets, lois ou arrêtés portant sur un objet, c'est dans leurs titres que se peaufine alors l'objet, qui détermine a priori le résultat escompté par l'acte et assigné aux autorités administratives chargées de son exécution.

Il y a choix du résultat quand le but à atteindre peut l'être dans diverses postures. Ainsi, dans la procédure disciplinaire, un fonctionnaire dont la faute est retenue devrait être sanctionné. Dans cette hypothèse, le résultat est la sanction. Le choix du résultat résidera juste dans le choix d'une sanction dans la nomenclature des sanctions disciplinaires qu'offre le statut de la fonction publique. Au final, il faut constater que par le pouvoir discrétionnaire, il y a bien présence de l'obligation de légalité. Mais elle s'y retrouve un peu édulcorée.

En tout état de cause, le pouvoir discrétionnaire n'est pas synonyme d'arbitraire, d'abord parce que l'acte de l'administration doit être légalement admissible, et ensuite parce que le juge peut y contrôler toute erreur (manifeste) d'appréciation, dans le cadre du contrôle d'opportunité.

Paragraphe 3 : Le contrôle d'opportunité

Pour ne pas se retrouver en présence d'une administration automate qui peut soit ne pas agir, soit ne pas adapter ses activités à des situations non prévues par les textes, il s'est agi de lui donner des sphères de liberté. Cette liberté se manifeste dans le pouvoir discrétionnaire. Il faut pour autant éviter que le pouvoir discrétionnaire ne se transforme en arbitraire, d'où la nécessité de l'existence d'un contrôle exercé par le juge en vue de sanctionner les actes inopportuns.

---

279 CE, 19 mai 1933, Benjamin, Rec. 341.

280 Arrêt n° 14 nov. 1965, Société industrielle et commerciale africaine (Sincoa) contre État du Cameroun.

A. L'exclusion de l'arbitraire dans le pouvoir discrétionnaire

L'administration ne peut, sous le prétexte qu'elle est dans l'exercice d'un pouvoir discrétionnaire, poser n'importe quel acte. Il y a tout d'abord la survivance de l'exigence de régularité, puis un plausible contrôle de la liberté d'action de l'administration.

1. Les exigences de régularité dans le pouvoir discrétionnaire

Que l'acte discrétionnaire le soit totalement, ou que cet acte ne soit que partiellement discrétionnaire, il n'en demeure pas moins que celui-ci demeure un acte administratif unilatéral.

Tout acte administratif unilatéral est tout au moins soumis au contrôle de l'excès de pouvoir[281]. Ainsi, un acte administratif relevant du pouvoir discrétionnaire n'échappera pas au contrôle de légalité.

Les éléments concernés par le contrôle de légalité sont ceux dont la liberté n'est pas donnée. Le pouvoir discrétionnaire n'est pas un agissement de génération spontanée. L'acte qui en émane tire sa substance d'un autre acte juridique qui lui est supérieur. Ce dernier établit (impose) pour le moins le but de l'acte discrétionnaire[282], tout comme il est supposé, même de manière implicite déterminer l'autorité compétente pour agir.

Étant donné que l'excès de pouvoir est constitué quand une illégalité externe ou interne est posée, il va s'agir pour le juge de contrôler si les règles de compétence et de forme ont été respectées, puis s'il n'y a pas eu détournement de pouvoir ou violation de la loi. Ceci montre que l'exercice du pouvoir discrétionnaire s'exerce au milieu de règles liées, dont l'administration ne peut faire fi, au prétexte qu'elle se trouve dans l'exercice d'un pouvoir discrétionnaire.

De plus, l'administration peut elle-même se limiter. En effet, il arrive que l'administration détermine son champ d'action dans l'exercice d'un pouvoir discrétionnaire : c'est la théorie des directives qui se réfère au pouvoir d'instruction de l'administration[283]. Ce pouvoir appartient aux supérieurs hiérarchiques, en effet, « ... *le chef de service, s'il a lui-même à décider... peut se donner sa doctrine* »[284].

La théorie des directives met en exergue le fait que l'administration peut effectivement déterminer elle-même la façon dont elle procèdera, et le contenu

---

281 CS/CA, jugement n° 40 du 29 mai 1980, Monkam Tientcheu David contre État du Cameroun

282 CFJ/CAY, arrêt n° 120 du 08 déc. 1970, Biloa Jean contre Etat du Cameroun oriental.

283 ROUAULT (M-C), DUTRIEUX (D), HEDIN (B), LECLERCQ (F), *Droit administratif*, op.cit, p. 48.

284 CHAPUS (R), *Droit administratif général*, tome 1, op.cit, p. 519.

des actes qu'elle prendra, dans l'hypothèse où ces éléments ne sont pas prédéterminés par les textes à appliquer.

Cette théorie relaie une autodétermination de l'action administrative. Quand l'administration auto limite l'exercice de son pouvoir discrétionnaire, elle devient comptable en vertu de cette autolimitation devant le juge, qui s'en servira comme source de l'action administrative[285]. Ainsi, l'administration ne peut prendre un acte au mépris de ses propres décisions, c'est la traduction de l'adage : *tu patere legem quam fecisti.*

2. L'existence d'un contrôle minimum

Le contrôle minimum est un contrôle sur le bien-fondé de l'acte administratif unilatéral. La question qui se pose est celle de savoir si l'acte posé par l'administration est opportun.

Le juge camerounais évite très souvent d'étendre sa juridiction au contrôle d'opportunité[286]. Une brèche est entrouverte au niveau du contrôle du motif d'utilité publique, contrôle que le juge camerounais a admis. Cette plausible admission du contrôle d'opportunité peut être démontrée à travers les moyens de contrôle.

B. Les moyens du contrôle

A l'occasion d'un procès portant sur la légalité d'un acte de l'administration, le juge peut se retrouver en train de contrôler l'opportunité de cet acte posé par l'administration. Ce contrôle portera sur l'erreur et la proportionnalité.

1. Le contrôle sur l'erreur

Il consiste à vérifier si l'administration a décidé de façon erronée. Le pouvoir discrétionnaire confère un pouvoir d'appréciation de la décision à prendre. Cette appréciation libre n'est pas pour autant une ouverture à l'arbitraire. Elle ne doit pas aller à l'encontre du bon sens. C'est donc sous couvert de la légalité que la justice de l'acte sera recherchée.

Même si l'administration dispose du pouvoir discrétionnaire, elle doit l'orienter dans le sens de l'intérêt général, en évitant de commettre des erreurs d'appréciation, sous peine d'être sanctionnée par le juge[287].

L'erreur d'appréciation a prospéré en France[288] et est introduite au Cameroun à l'occasion des litiges portant sur les expropriations.

---

[285] CCA, arrêt n° 678 du 27 déc. 1957, sieur NDJOCK Paul contre Etat du Cameroun.

[286] CFJ/CAY, arrêt n° 195 du 25 mai 1972, Kameni Marcellin contre organisation camerounaise de la banane ; CS/CA, jugement n° 06 du 28 Nov. 1991, Mfomban Abdou contre État du Cameroun.

[287] CFJ/CAY, arrêt n° 40 du 30 av 1968, Baba Youssoufa contre Etat du Cameroun oriental.

[288] CE, 9 juin 1978, Lebon.

Effectivement, au motif de contrôler le détournement de pouvoir, le juge vérifie si l'administration n'a pas commis d'erreur en déclarant une expropriation d'utilité publique[289].

« *Considérant que sont d'utilité publique les opérations destinées aux besoins de l'ensemble de la population d'une collectivité territoriale ou tendant à réaliser un objet d'utilité générale.*

Mais considérant en l'espèce que la cité, le club et le terrain de sports en projet de construction tendant à servir l'intérêt de quelques particuliers (personnel de l'EDC) à l'exclusion de l'ensemble de la population de Yaoundé ; que dès lors, ces travaux ne présentent pas le caractère d'utilité générale pouvant justifier une déclaration d'utilité publique... ».

Ces considérations posées dans l'affaire Fouda Mballa[290] montrent le procédé de raisonnement du juge dans la recherche du détournement de pouvoir, qui n'est rien d'autre ici que le contrôle sur l'erreur d'appréciation du but d'utilité publique de l'expropriation.

Dans une autre affaire, le juge administratif est saisi pour se prononcer sur l'irrégularité de la procédure d'expropriation et sur le détournement de pouvoir, constitué par une déclaration d'utilité publique qui visait l'aménagement et la sécurisation de l'itinéraire présidentiel sur 2697 m^2 au quartier Ntougou (Bastos). Pour autant, le juge est resté muet sur le second moyen et a privilégié le premier pour déclarer cette expropriation irrégulière[291].

En contrôlant si l'opération d'utilité publique est réellement d'utilité publique, il y a insidieusement un contrôle sur l'opportunité que détient l'administration de déclarer une opération d'utilité publique. Toutefois, pour ne pas entraver la liberté que le législateur a concédée à l'administration, le juge déjà réticent à effectuer un contrôle d'opportunité est également très souvent réservé à sanctionner l'erreur. Il faut donc que l'erreur d'appréciation soit grossière et qu'il devienne inadmissible de ne pas la sanctionner pour observer une intervention du juge[292]. Cette exigence d'erreur manifeste d'appréciation, qui d'ailleurs a été implicitement reprise par le juge camerounais[293], permet pour le moins de limiter les recours excessifs devant le juge administratif, susceptibles de le transformer en juge qui gouverne.

---

289 TIENTCHEU NJIAKO (A), *Droits fonciers urbains au Cameroun*, p. 401.

290 CFJ/CAY, arrêt n° 160 du 8 juin 1971, Fouda Mballa Maurice contre Etat fédéré du Cameroun oriental.

291 CS/CA, jugement n° 85 du 14 juin 2006, Effa Paul Marcel contre État du Cameroun.

292 VEDEL (G) et DELVOLVE (P), *Droit administratif*, tome 2, 11e éd, PUF, Paris 1990, p. 330 et p. 337.

293 CS/CA, jugement n° 07, Dame Takote Megne.

2. Le contrôle de proportionnalité

Cette forme de contrôle qui porte toujours sur l'opportunité de la décision administrative consiste à déterminer si l'opération envisagée ou déjà posée procure des avantages estimables. C'est donc une opération qui porte sur la rentabilité de l'action administrative, rentabilité qui ne se calcule pas exclusivement en termes économiques.

Comme pour l'erreur manifeste d'appréciation, c'est dans l'expropriation que ce contrôle a pris pied. Il n'est plus question de voir si l'administration a commis une erreur d'appréciation, mais plutôt si l'acte présente des avantages substantiels, de nature à faire occulter les désagréments qui en sortiront. Dans le cas donc de l'expropriation, il est question de voir si l'envergure, l'objet et la localisation sont proportionnés aux inconvénients.

L'arrêt « ville nouvelle-Est » est la jurisprudence de référence de la proportionnalité. Le gouvernement français, dans une opération d'urbanisme, décida d'implanter à l'est de la ville de Lille un complexe universitaire devant accueillir plus de trente mille étudiants et d'y implanter également une ville nouvelle de vingt-cinq mille habitants. Le projet affectait cinq cents hectares et comportait l'expropriation de deux cent cinquante maisons d'habitation. Il y a été décidé que :

« *Compte tenu de l'importance de l'ensemble du projet, la circonstance que… disparaissent une centaine de maisons d'habitation n'est pas de nature à retirer à l'opération son caractère d'utilité publique* »[294].

La technique de contrôle de proportionnalité est le bilan. Elle consiste à poser d'un côté de la balance les avantages de l'acte et de l'autre ses inconvénients. L'inconvénient peut être le préjudice subi par le propriétaire du terrain, ou celui subi par les riverains, dans le cas de l'expropriation. Ainsi, les inconvénients ne doivent pas être excessifs. À la limite, les inconvénients doivent égaler les avantages, sinon être inférieurs aux avantages[295].

Il ne serait pas surprenant que ce type d'intervention du juge soit de plus en plus sollicité, au regard des expropriations observables au Cameroun. Dans ces hypothèses, le juge devra, comme le dit Braibant dans ses conclusions sur l'affaire Ville nouvelle, « *mettre en balance ses inconvénients avec ses avantages, son coût avec son rendement, ou, comme diraient les économistes, sa désutilité avec son utilité* ». Le contrôle juridictionnel se solde par l'exonération ou la reconnaissance de la responsabilité de l'administration.

---

[294] CE., Ass. 28 mai 1971, ministère de l'Équipement et du Logement contre Fédération de défense des personnes concernées par le projet actuellement « ville nouvelle est ». Rec.409, concl. Braibant.

[295] CE Ass. 20 oct. 1972, Société civile sainte Marie de l'assomption ; CE., Ass. 28 mars 1997, Association contre le projet de l'autoroute transchablaisienne, Rec., 121 ; RFDA 1997.140, concl. Denis Linton, note Rouvillois.

Dans cette seconde hypothèse, le juge va mettre en jeu son pouvoir de sanction.

Le pouvoir discrétionnaire accorde donc à l'administration la latitude de choisir. Par exemple, dans une opération d'expropriation d'une part, l'administration est quasiment libre de déterminer les opérations d'utilité publique à entreprendre. D'autre part, le régime de l'indemnisation peut être celui de la compensation financière ou celui de l'indemnisation en nature, suivant la volonté de l'administration. Aussi, elle est libre d'agir sans toutefois commettre d'illégalité. Cette position a notamment été relevée dans l'affaire Kameni Marcellin[296] :

« *Que le décret attaqué n'est entaché d'aucune irrégularité susceptible d'entraîner son annulation ; qu'en effet, le décret en cause est un acte discrétionnaire du gouvernement dont la prise et le retrait relèvent du même pouvoir discrétionnaire, même s'il n'y a pas eu de reproches formels contre la gestion de Kameni, le gouvernement seul juge de l'opportunité de ses actes pouvait valablement décider de relever l'intéressé en raison des soupçons qui pesaient sur lui...* ».

À la vérité, l'exigence de légalité s'accompagne du contrôle du juge qui effectue un contrôle normal pour la compétence liée, et un contrôle restreint pour le pouvoir discrétionnaire. Le contrôle restreint ne concerne que la procédure de l'acte et non le fond (opportunité), même s'il est étendu à l'erreur d'appréciation. Le principe de légalité connaît ainsi une application dans l'activité de l'administration. Reste à relever qu'il s'applique de manière modulée selon les actes.

Section 2 : La limite à l'obligation de légalité

Les autorités administratives doivent rendre compte. Le problème est qu'il y a des circonstances et des domaines pour lesquels cette règle est difficilement applicable. Il s'agit en fait de limiter le contrôle du juge dans des hypothèses où l'administration pose des actes délicats, acte qu'elle doit pourtant prendre.

Paragraphe 1 : Les limites suivant les circonstances

Dans certaines circonstances, le principe de légalité peut se retrouver considérablement diminué. Après avoir présenté les circonstances, il faut nécessairement voir le sort qui y est réservé à la légalité.

[296] Arrêt n° 195/A/CFJ/CAY du 25 mai 1972, Kameni Marcellin contre organisation camerounaise de la banane.

A. La théorie des circonstances exceptionnelles

Dans le chapitre 19 de *L'esprit des lois*, Montesquieu énonçait qu'*« il y a des cas où il faut mettre, pour un moment, un voile sur la liberté... »*. L'auteur posait ainsi les prémisses de la théorie des circonstances exceptionnelles dont la survenue perturbe l'exigence de légalité. L'article 9 de la loi constitutionnelle de 1996 énonce que le président peut, lorsque les circonstances l'exigent, proclamer par décret l'État d'urgence et l'état d'exception.

L'État d'exception ou de siège est conçu comme toute menace que connaissent l'Etat et ses composantes du fait d'un évènement extérieur à l'État. L'État d'urgence est pour sa part constitué par une menace intérieure à l'État. Il peut s'agir de guerre civile, d'insécurité, de calamités publiques, de périls imminents...

Dans ces cas, les autorités administratives se retrouvent, au regard de la situation, investies de pouvoirs plus exorbitants, marqués par une restriction importante des droits et libertés des administrés. La légalité y est donc fortement réduite.

B. Une légalité réduite

Étant donné que les pouvoirs des autorités administratives sont, autant qu'il le faut étendus, il ne peut qu'y avoir réduction de l'obligation de légalité : *en droit, l'urgence justifie la diminution de la légalité.*

Qu'à cela ne tienne, le juge vérifie si les mesures prises l'ont été pour répondre à des circonstances réellement exceptionnelles. Il y a donc vérification du caractère exceptionnel des circonstances. Il vérifie ensuite si l'administration a agi en outrepassant la légalité, parce qu'elle ne pouvait faire autrement.

Hormis cette faible garantie, il faut savoir que l'administration se trouve fondée à empiéter dans le domaine du législateur, et à gravement restreindre les droits et libertés. Ces circonstances permettent même aux administrés de se substituer à l'administration si celle-ci est défaillante[297]. Ce qu'il faut ajouter à cette limitation de la légalité est qu'elle n'est pas seulement de l'ordre des circonstances, mais qu'elle s'applique aussi à certains domaines de l'activité des autorités administratives (B) dans des circonstances normales.

[297] C'est la théorie des fonctionnaires de fait : voir affaire Dame Kieffer Marguerite c/État du Cameroun.

Paragraphe 2 : Les limites suivant les domaines

Il existe des actes pris par l'administration qui sont normalement soustraits de l'emprise de la légalité. Ces actes dits inattaquables sont tout de même pour certains de leurs aspects soumis à l'examen du juge de l'excès de pouvoir.

A. Les actes inattaquables

Les actes réputés insusceptibles de recours sont de divers ordres. Les actes de gouvernement en font partie. Ceux-ci ont souvent un caractère politique, mais plus encore ils sont inattaquables, l'administration (le président de la République) les ayant pris dans le cadre de la garantie de ses missions régaliennes. L'article 9 de l'ordonnance n° 72/06 du 26 août 1972 fixant l'organisation de la Cour suprême dispose qu'elle ne peut connaître des actes de gouvernement. Les actes ayant trait à la répression du terrorisme sont également insusceptibles d'entraîner la responsabilité de l'administration à la lecture de l'article 1er de la loi n° 64/16 du 26 juin 1964. Dans le même ordre d'idées, les actes portant désignation des chefs traditionnels ne sont pas contestables devant le juge administratif[298].

Une seconde catégorie est constituée des actes non décisoires. Il s'agit des mesures d'ordre intérieur qui ne créent normalement pas de droits et devoirs pour les administrés, puisqu'ils sont plutôt adressés aux collaborateurs de celui qui a émis ledit acte.

B. Le contrôle du juge

Des deux catégories d'actes qui viennent d'être présentées, la première attire l'attention dans la mesure où, d'une façon certes congrue, mais bien existante, le juge administratif peut y exercer un contrôle particulier.

Le contrôle indiqué peut s'appuyer sur le critère de la détachabilité. Plus encore, le juge camerounais a eu l'occasion de déterminer son pouvoir d'intervention dans une espèce. Dans l'affaire Monkam Tientcheu David c/État du Cameroun[299]. Le juge a consacré le principe général du droit selon lequel le recours pour excès de pouvoir (recours en légalité) est ouvert même sans texte. Ce qui veut dire que le juge administratif reste juge des actes de gouvernement et surtout de désignation des chefs traditionnels, même si sa compétence, il faut le constater, ne s'arrête que sur les questions de formes et de procédure.

[298] CS/AP, arrêt n° 17 du 19 mars 1981, État du Cameroun C/ enfants Banka.
[299] CS/CA, jugement n° 40 du 29 mai 1980.

CHAPITRE 2 :

L'ACTIVITÉ ADMINISTRATIVE

L'activité de l'administration est marquée par les actes qu'elle pose. Ces derniers font l'objet d'une catégorisation en deux segments. Le premier est celui du service public, et le second celui de la police administrative. Certains auteurs tels que le professeur Chapus ne perçoivent pas les choses de la même manière. Pour lui, l'activité administrative n'est que le fait du service public et la police administrative en est une composante. Seulement, la majorité de la doctrine en fait deux activités bien distinctes. Pour parvenir à en voir les différences, il sied donc de les présenter en commençant par l'activité de service public (section 1), qui n'est point contestée, et en achevant par celle de police administrative (section 2) que le professeur Chapus ne conçoit pas comme étant une activité à part entière.

Section 1 : Le service public

Si le service public est l'un des critères théoriques du droit administratif, c'est bien que le doyen Duguit le fondait comme étant la raison d'être de l'administration. Il s'agit alors de mieux cerner cette notion avant d'en montrer le régime juridique.

Paragraphe 1 : La notion de service public

Hormis la controverse soulevée par le professeur Chapus, il faut admettre que la notion de service public est largement complexe. Cette complexité apparaît notamment au niveau des variétés de services publics dont le critère fédérateur reste débattu.

A. Le critère du service public

La notion de service public a été consacrée comme attachée à l'administration publique par plusieurs décisions de justice. Le commissaire du gouvernement Romieu, dans ses conclusions sur l'arrêt Terrier de 1903, exprimait que : « *Tout ce qui concerne l'organisation et le fonctionnement des services publics proprement dits, généraux ou locaux, soit que l'administration agisse par voie de contrat, soit qu'elle procède par voie d'autorité, constitue une opération administrative qui est, par sa nature, de la compétence administrative* ».

Roger Bonnard affirmait que « *l'État est un organisme social constitué essentiellement par un ensemble de services publics* ».

Sans clairement paraître, les appréhensions générales du service public si cher à DUGUIT sont dans ces opinions de Romieu et Bonnard. Pour les deux, les services publics sont des organismes, des corps constitués. Aussi, un ministère est un service public. Mais, la notion de service public est moins organique que matérielle. En effet, et ceci apparaît plus chez le second, le service public est une mission, car Bonnard parle d'organisme social. En fait, l'État est un corps constitué d'individus s'étant agrégés pour pouvoir atteindre des objectifs ; ceux de leurs intérêts individuels et surtout collectifs : il s'agit de l'intérêt général.

Ainsi, le critère du service public est celui des fins, le bien commun, l'intérêt, l'utilité pour le plus grand nombre : telle est la mission de l'administration. La mission d'intérêt général a évolué avec le temps. Elle est passée des activités régaliennes (État gendarme) à celles non traditionnelles (État providence), marquées par la pénétration de l'État dans le secteur économique.

Le critère du service public est ainsi principalement celui finaliste basé sur la mission d'intérêt général. Cette identification s'accompagne d'un critère organique qui est celui de la personne (publique ou privée) qui l'assure, et d'un critère matériel qui concerne le droit applicable. Ces deux derniers critères permettent de faire une classification des services publics.

B. La typologie des services publics

Suivant les indices jurisprudentiels[300], quand l'intention des autorités publiques d'ériger un secteur d'activité en service public n'apparaît pas clairement, il faut rechercher si une mission d'intérêt général est présente, s'il y a des prérogatives de puissance publique et un droit de regard de l'administration sur les modalités d'exécution de la mission.

En fait, il faut distinguer le service public administratif (SPA) du service public industriel et commercial (SPIC). La différenciation majeure est que le SPA est largement sous l'emprise du droit public, qu'il est non marchand et qu'il a toujours la personnalité morale de droit public. Par contre, le SPIC est moins sous l'emprise du droit public, et l'entité concernée peut même avoir une personnalité morale de droit privé. Au niveau des missions, si le SPA accomplit les tâches traditionnelles (naturelles) de l'État, le SPIC a la particularité d'avoir pour champ d'activité le secteur économique (exemple de Camtel au Cameroun). Une identification peut également être faite à partir

---

[300] CE, 28 juin 1963, Narcy.

des ressources, car le SPA a des ressources publiques et le SPIC, qui est subventionné, fonctionne aussi sur fonds propres et privés.

Paragraphe 2 : Le régime juridique du service public

L'ensemble des règles auxquelles est assujetti le service public sont celles de sa création, de sa gestion et de son fonctionnement.

A. La création et la gestion du service public

Au Cameroun, le constituant de 1996 ne s'est pas expressément prononcé sur la création des services publics. Mais, au regard du domaine de la loi, il est envisageable que la création des services publics nationaux soit de la compétence du législateur. Il faut préciser qu'il peut exister des services publics locaux. Ils sont créés et supprimés par les organes délibérants (conseil municipal, conseil régional).

La gestion du service public peut se faire par un organisme public ou par un organisme privé. S'agissant de la gestion par une personne privée, on a l'exemple de la concession de service public. Il y a concession lorsqu'une personne publique (autorité concédante) confie par contrat la charge d'assurer, pendant une durée déterminée, l'exécution du service à une personne privée (ou publique) librement choisie (concessionnaire). Ce dernier assure la gestion du service à ses frais et risques, il se rémunère sur le prix que les usagers payent, verse une redevance et est assujetti au contrôle du concédant. L'affermage, la régie intéressée et les contrats de partenariat font partie de ces modes privés de gestion du service public.

L'autre mode de gestion du service public est celui qui est exécuté par une personne morale de droit public. Il se décline en la régie et en l'établissement public. La régie est l'exploitation directe du service par l'administration elle-même avec ses biens et son personnel : c'est le mode de gestion traditionnel.

L'établissement public est pour sa part un service public spécialisé. Il s'agit d'attribuer la personnalité morale de droit public à l'entité gestionnaire et de l'autonomiser avec l'existence de conseils d'administration et une personnalité juridique propre, tout ceci sous le contrôle de tutelle (décentralisation fonctionnelle) de l'administration centrale.

B. Les lois du service public

La notion de service public suppose en principe que l'activité administrative soit d'une part dirigée par une personne publique et d'autre part, qu'elle soit orientée vers la satisfaction des besoins d'intérêt général. Malgré les controverses qu'elle a pu susciter, il reste qu'elle s'est imposée comme la pierre angulaire de la définition du droit administratif.

Le service public est donc au cœur de l'activité administrative. Or, pour des considérations liées à l'efficacité de l'administration, certains principes ont progressivement été dégagés et imposés au fil du temps comme principes de base des activités de service public. Il en est ainsi d'un côté des principes traditionnels d'égalité, de continuité et de mutabilité communément appelés *"loi de Rolland"* et de l'autre côté, des principes nouveaux, au premier rang desquels la gratuité, l'accessibilité, transparence, la neutralité, la confiance et la fiabilité.

1. Les principes traditionnels du service public ou *"lois de Rolland"*

Le service public est soumis au respect de trois principes classiques fondamentaux. Ces principes dont Louis Rolland a mis l'existence en exergue en 1930, d'où le nom de "lois de Rolland" qui leur est souvent donné, sont les principes d'égalité, de continuité et de mutabilité.

Quel que soit le service public concerné, il obéit dans son fonctionnement à trois (03) lois ou principes juridiquement consacrés. Ces lois, tout incorporées dans le principe de légalité, sont le principe de mutabilité, de continuité et d'égalité.

a. Le principe d'adaptabilité ou de mutabilité

Le principe de mutabilité ou d'adaptabilité signifie que les règles du service public doivent pouvoir être modifiées suivant les nécessités. Il est question de permettre au service public d'évoluer en se réorganisant en permanence pour survivre et toujours mieux satisfaire les usagers.

Le principe de mutabilité repose sur l'idée que l'intérêt général n'est pas une donnée figée, immuable. Il varie dans le temps, ainsi que les méthodes et les moyens destinés à le satisfaire. L'adaptation est nécessaire pour ajuster les technologies aux besoins, tous deux en évolution rapide. Lorsque les exigences de l'intérêt général évoluent, le service doit s'adapter à ces évolutions. Ce principe, à la différence des principes d'égalité et de continuité, n'accède pas encore à la dignité de principe général de droit.

Se fondant sur les évolutions (voire mutations) technologiques, économiques et sociales, ce principe a du mal à trouver sa traduction en droit, où il prend le plus souvent la forme de questions relatives à la création ou suppression d'un service. Pour autant, il peut signifier une obligation pour ce dernier de se plier aux modifications que suppose l'adaptation du service aux évolutions de l'intérêt général, laquelle évolution, d'ailleurs, n'est pas sans lien avec des principes nouveaux.

b. Le principe de continuité

Le principe de continuité est celui qui impose au service public de fonctionner de façon continue. Il faut éviter d'interrompre la conduite des affaires collectives. Le commissaire Gazier parle du rejet de l'État à éclipse[301].

D'après Jacqueline Morand-Devillier, *« parce qu'il correspond à un besoin public reconnu, le service ne peut être exercé de manière arythmique et les usagers peuvent exiger son fonctionnement continu. Il ne saurait y avoir administration par saccades et intermittences »*. Ainsi, ne dira-t-on jamais trop l'importance du principe de continuité des services publics. La continuité des services publics est la concrétisation de celle de l'État et elle peut également être considérée comme un corollaire de celui d'égalité. Car, l'interruption du service en un lieu pourrait introduire une discrimination entre ceux qui en bénéficient et ceux qui en sont privés.

La continuité est de l'essence même du service public. Elle exige la permanence des services essentiels pour la vie sociale comme les services de sécurité (police, pompiers, armée), les services de santé (hôpitaux), les services de communication, certains services techniques (électricité, gaz, eau), etc. Elle implique que tous les autres services doivent fonctionner de manière régulière, sans interruptions autres que celles prévues par la règlementation en vigueur et en fonction des besoins et des attentes des usagers.

Mais, ce serait étriqué que de considérer ce principe comme absolu. Il semble au contraire nécessaire de constater aux côtés de celui-ci l'existence du droit de grève. En effet, la principale controverse à laquelle donne lieu l'application du principe de continuité est celle de sa compatibilité avec le droit de grève dans les services publics, expression de la conflictualité sociale. Le principe de continuité a d'abord constitué un obstacle absolu au droit de grève[302], mais la reconnaissance de ce droit par le préambule de la Constitution française de 1946 a porté de rudes coups à la continuité.

Malgré cette inflexion, le principe de continuité a été revalorisé lorsque le Conseil constitutionnel en a fait un principe de valeur constitutionnel (décision de 1979 et 1994) en le plaçant au même niveau que le droit de grève. Le Conseil d'État quant à lui en a fait un principe fondamental[303] et a fixé les règles de conciliation avec le droit de grève dans l'arrêt de principe Dehaene[304].

Ce principe qui a longtemps interdit le droit de grève a fini par s'y accommoder à la condition qu'il y ait en cas de grève un service minimum

---

[301] CE, 7 juillet 1950, Dehaene.
[302] CE, 7 juillet 1909, *Winkell.*
[303] CE, 13 juin 1980, *Bonjean.*
[304] CE, 7 juillet 1950, *Dehaene.*

autant qu'un conditionnement de cette dernière (loi française du 31 juillet 1963).

Que dire in fine du principe de continuité, si ce n'est qu'il suppose aussi dans son acceptation actuelle, la présence de services publics rénovés et polyvalents dans les zones rurales et dans les quartiers urbains en difficulté. Dans une période de rapide transformation des technologies et des besoins, la continuité suppose donc des aménagements et rejoint le principe d'adaptabilité des services.

c. Le principe d'égalité

Le principe d'égalité découle de l'égalité devant la loi, consacrée par la Déclaration de 1789 (article 1er et 6). Ce principe énonce l'égalité devant le service public. Il s'applique tant aux agents qu'aux usagers. Les agents ont tous droit au même traitement. De même que les usagers ne doivent pas être traités de façon différente. Il s'agit de l'égalité de traitement qui exclut toute discrimination. À part l'égalité de traitement, il y a aussi l'égalité d'accès qui signifie que tous ceux qui veulent concourir pour devenir agent public ou qui sollicitent des prestations du service public soient traités de la même façon.[305] Le principe d'égalité est incompatible avec toutes formes de discrimination, sauf si celle-ci est positive.

Le principe d'égalité devant le service public est un principe de valeur constitutionnelle[306]. Il est en même temps érigé par le Conseil d'État en principe général de droit.[307]

Le principe d'égalité implique d'une part qu'aucune distinction ne soit faite entre usagers quant à l'accès au service public comme au service rendu lui-même. Chacun doit être à même de bénéficier des prestations du service public sans se trouver en position d'infériorité en raison de son origine, de sa condition sociale, de son handicap, de sa résidence, ou de tout autre motif tenant à sa situation personnelle ou à celle du groupe social dont il fait partie.

Ce principe suppose d'autre part qu'aucune distinction ne soit faite entre agents publics ou entre personnes désirant intégrer un service public. D'où l'exigence relative à l'égal accès des nationaux aux emplois publics[308] ; ou encore celles liées à l'égalité de traitement des fonctionnaires membres du même corps : dès l'entrée et dans le déroulement de la carrière[309] ; à l'égalité de sexe dans l'accès à la fonction publique[310] ; à l'égalité entre candidatures à

---

[305] Arrêt Barel.
[306] CC, 12 juillet 1979, affaire des *"ponts à péage"*.
[307] CE, 9 mars 1951, *"Société des concerts du Conservatoire"*.
[308] CE, 16 décembre 1988, *Bleton*.
[309] CC, 15 juillet 1976).
[310] CE, 1936, *Demoiselle Bobard*.

un examen[311] ; et à l'égalité des citoyens pour l'accès à la fonction publique sans distinction d'origines, d'opinions et de croyances[312].

Mais égalité des droits ne veut pas dire uniformité de la prestation. Le principe d'égalité d'accès et de traitement n'interdit pas de différencier les modes d'action du service public afin de lutter contre les inégalités économiques et sociales. Les réponses aux besoins peuvent être différenciées dans l'espace et dans le temps et doivent l'être en fonction de la *diversité des situations des usagers* ou encore en fonction d'une nécessité d'intérêt général en rapport avec les conditions d'exploitation du service ou même en fonction de la conséquence d'une loi ; d'où les discriminations positives.

2. Les principes nouveaux du service public

Le fonctionnement des services publics recense aux côtés des principes anciens, des principes nouveaux tels que : la gratuité, l'accessibilité, la neutralité et la transparence.

a. Le principe de gratuité

La gratuité du service n'est certainement pas au nombre des lois du service public. Elle traduit l'idée selon laquelle l'usage d'un service ne saurait être assujetti au paiement des taxes ou redevances. On est amené à dire que ce principe a une portée moins importante et qu'il n'est pas généralisé dans tous les services publics. Ainsi peut-on distinguer les services publics comme celui de la justice où la gratuité est largement convoquée, des services publics à caractère industriel et commercial, les services routiers (péages) ou encore ceux de l'enseignement (droits d'inscription) où elle est édulcorée.

Dans le service public de la justice, la gratuité renvoie au fait que les parties ne payent pas directement leur juge, les frais de justice étant couverts par l'impôt. De même, certains mécanismes comme l'assistance judiciaire permettent de recourir à un avocat commis d'office, quand bien même les moyens financiers du justiciable ne seraient pas suffisants.

D'une manière générale, le principe de gratuité est peut-être celui qui comporte le plus de limites. Ce d'autant que le management est de plus en plus érigé en modèle de gestion au sein de l'administration. En effet, l'activité administrative, en plus de sa mission traditionnelle de satisfaction des besoins d'intérêt général, est plus que jamais tournée vers la recherche de l'efficacité et du profit. Ne serait-ce que pour cette raison, l'existence d'un principe général de gratuité est relativisée. Que dire du principe d'accessibilité ?

---

[311] CE, 1970, *Dame Vigan.*

[312] CE, Ass, 28 mai 1954, *Barel ou affaire des candidatures communistes à l'ENA.*

b. Le principe d'accessibilité

L'accessibilité et la simplicité sont les conditions d'un service tourné vers les usagers. La complexité des règles administratives et l'inflation des textes législatifs et réglementaires sont à juste titre dénoncées et l'opacité de certaines règles ne peut que susciter l'incompréhension entre les services publics et l'usager. Il s'agit ici de l'amélioration de la relation des services publics avec leurs usagers.

Les services publics doivent donc s'attacher à lutter contre l'inflation des normes de toutes sortes. Ils doivent aussi en permanence rechercher les moyens d'un allègement des démarches et formalités que l'usager doit accomplir pour bénéficier d'un service ou d'une prestation.

Les services publics doivent enfin être accessibles en termes d'implantation géographique. Ainsi en est-il de la présence administrative sur l'ensemble du territoire.

c. Le principe de neutralité

Corollaire du principe d'égalité, la neutralité garantit le libre accès de tous aux services publics sans discrimination. Principe intimement lié à celui d'égalité et à la nature de l'État républicain, la neutralité doit s'inscrire dans l'activité quotidienne des services publics. « *Elle implique la laïcité de l'État, l'impartialité des agents publics et l'interdiction de toute discrimination fondée sur les convictions politiques, philosophiques, religieuses, syndicales ou tenant à l'origine sociale, au sexe, à l'état de santé, au handicap ou à l'origine ethnique* ». Il s'agit d'une exigence à laquelle la transparence constitue un complément.

d. Le principe de transparence

Le principe de transparence implique que tout usager dispose d'un droit à l'information sur l'action des services publics et ceux-ci ont l'obligation d'informer les usagers de manière systématique (médias, presse, brochures, guides). La transparence doit être conçue comme une condition du dialogue et de la concertation, mais également comme un instrument du contrôle de l'action des services publics par les usagers. L'action de l'administration doit respecter certaines procédures (enquêtes publiques, procédures consultatives, motivation des décisions).

De même, tout usager peut obtenir communication de documents administratifs dans les limites de la législation en vigueur. Cela implique une plus grande confiance entre l'usager et l'administration.

Section 2 : La police administrative

Dès le départ, il faut préciser que l'activité de police administrative n'est pas la police. Ce n'est pas le corps de la police, mais il s'agit de l'activité de l'administration qui a pour objet le maintien de l'ordre public dans différents secteurs de la vie sociale.

Paragraphe1 : Le pouvoir de police

Pour bien appréhender la notion de police administrative, il faut présenter les fins de cette activité et les autorités qui y interviennent. Ceci permettrait d'ailleurs de mieux la distinguer de la notion de service public.

A. Les finalités de la police administrative

« L'activité de police administrative est celle qui tend à assurer le maintien de l'ordre public ». L'ordre public est traditionnellement trilogique parce qu'elle regroupe la tranquillité, la sécurité et la salubrité publiques. De plus en plus, la doctrine insiste sur la reconnaissance d'un ordre public esthétique et économique.

L'activité de police administrative consiste alors à édicter des règles de conduite pour éviter qu'il y ait des atteintes à l'ordre public et dont le non-respect est administrativement et pénalement sanctionné. Ceci révèle bien le caractère préventif de la police administrative.

B. Les autorités de police administrative

Il ne s'agit pas ici du policier, mais de l'administrateur qui a le pouvoir d'édicter des règles juridiques (ordonnances, décrets, arrêtés…). Ainsi, si le policier peut s'y retrouver (ex. : acte gestuel), il faut y intégrer toutes les autorités qui ont un pouvoir de police administrative. On distingue les autorités de police générale des autorités de police spéciale. Les premières ont une compétence nationale ou locale. Ce sont : le PR, le PM, le préfet, sous-préfet, maire… ces autorités jouissent du pouvoir réglementaire.

Les autorités de police spéciale elles, interviennent pour certaines activités spécifiques (jeux, chasse, affichage, construction), dans certains lieux (gares…) ou à l'égard de certaines personnes (étrangers…).

Il faut préciser que l'activité de police administrative se distingue de celle de police judiciaire, car la première vise principalement à prévenir en édictant des normes, tandis que la seconde vise à réprimer, même si quelquefois toutes les deux sont exercées par la même autorité administrative.

Paragraphe 2 : Les limites du pouvoir de police

Le pouvoir de police accorde à l'autorité administrative de nombreuses prérogatives qui sont quand même soumises à l'obligation de légalité.

A. La subordination à la légalité

Il faut que la mesure de police émane de l'autorité compétente et qu'elle ait été prise suivant les formes et procédures prescrites. A part l'évitement de l'illégalité externe, il y a aussi celui de l'illégalité interne, parce que la mesure prise doit au fond viser le maintien de l'ordre public, elle ne peut satisfaire un intérêt autre (détournement de pouvoir).

Le juge exerce un contrôle normal sur les moyens, les buts et les motifs de l'acte pris par l'autorité de police. La sanction de police doit être proportionnée à l'acte prohibé, elle doit au maximum éviter les interdictions générales et absolues, et surtout ne pas arbitrairement restreindre les libertés. C'est pour cela que la doctrine parle de nécessité de la mesure de police.

B. Police administrative et circonstances exceptionnelles

Les circonstances exceptionnelles sont des périodes de crise durant lesquelles il y a diminution des libertés et de la légalité ordinaire. Dans le souci de concilier durant ces périodes le respect des libertés et la sauvegarde de l'ordre public, il y a exceptionnellement élargissement du pouvoir de police. Aussi, l'autorité de police aura nécessairement plus de pouvoir parce que l'ordre est plus difficile à maintenir. C'est ainsi que les interdictions générales et permanentes sont admises, de même que certaines pratiques telles que celle du couvre-feu.

DEUXIÈME PARTIE :

LA DÉCENTRALISATION TERRITORIALE

L'histoire de la décentralisation est des plus anciennes. Elle a pris sa forme moderne sous la Révolution française de 1789, avec l'opposition entre jacobins et girondins. Ces deux groupes politiques, fortement constitués de députés, avaient deux opinions différentes sur la façon dont devait être administré l'État français. Les jacobins proclamaient que la République est une et indivisible, ce qui faisait d'eux des partisans de la politique centralisatrice de l'ancien régime. Les girondins étaient pour leur part partisans de la décentralisation, qu'ils voyaient même penchée vers le fédéralisme.

La décentralisation est une technique de gestion de l'État qui s'appréhende d'abord par rapport aux notions voisines, pour ensuite déterminer son essence propre. Ses notions voisines sont la centralisation, la déconcentration et même le fédéralisme.

- La **centralisation** est l'action de rassembler en un centre unique. Il s'agit d'un système d'administration dans lequel les décisions sont soumises médiatement ou immédiatement à l'autorité centrale, au gouvernement. Les ministères et la présidence de la République sont des administrations centrales. La centralisation revêt deux formes : la déconcentration et la concentration. Sa forme la plus poussée qu'est la concentration consiste à remettre tout le pouvoir de décision au gouvernement, les autorités subordonnées n'étant à la limite que de purs exécutants. Cette organisation est à plus d'un point irréalisable. Lamennais jugeait d'ailleurs à cet effet que « *la centralisation c'est l'apoplexie au centre et la paralysie aux extrémités* ». D'où le recours à la déconcentration.
- La déconcentration est un système d'administration de la centralisation. Mais à la différence de la concentration irréalisable, la déconcentration est de loin plus praticable. Elle consiste à faire que certaines décisions soient désormais prises par des services de l'État répartis dans les localités. Ainsi, le pouvoir de décision est toujours détenu par les autorités les plus élevées, mais elles délèguent une partie de leur compétence aux autorités locales, qui agissent toujours pour le compte de l'État central. On est donc fondé à dire que « *c'est le même marteau qui frappe, mais on a raccourci le manche* ».

La déconcentration est formalisée au Cameroun par l'existence de régions (anciennes provinces), départements et arrondissements. À ces circonscriptions déconcentrées, ont été soustraits les districts, qui ont été appelés à être tous érigés en arrondissements, au terme de l'article 17(1) du Décret n° 2008/376 du 12 novembre 2008 portant organisation administrative de la République du Cameroun.

À la tête des circonscriptions administratives que sont les régions, les départements et les arrondissements, se trouvent des représentants du pouvoir central. Le gouverneur dans la région, le préfet dans le département et le sous-préfet dans l'arrondissement. Ces représentants sont ainsi des prolongements du pouvoir central auquel ils sont tenus d'obéir sous le prisme du pouvoir ou du contrôle hiérarchique.

De manière synthétique, le pouvoir hiérarchique est l'autorité du supérieur qui est exercée sur ses subordonnés. Il se décline en pouvoir d'instruction, de réformation et de sanction. Le contrôle hiérarchique implique d'une part un contrôle sur les subordonnés (aspect personnel), et d'autre part un contrôle sur les actes des subordonnés (aspect matériel). Dans son aspect personnel, le supérieur hiérarchique peut nommer, noter et sanctionner le subordonné, qui est tenu à l'obéissance. Quant à son aspect matériel, le pouvoir d'instruction est l'ordre donné par le supérieur sur l'objet, les procédures et les formes que doivent avoir les actes des subordonnés. Le pouvoir de réformation fonde le supérieur à modifier les décisions de ses subordonnés. Le pouvoir de sanction n'a pas seulement un aspect personnel, il peut aussi être matériel, avec ce pouvoir du supérieur d'annuler tout acte irrégulier pris par une autorité inférieure.

Le pouvoir hiérarchique est détenu de plein droit, il est réparti dans toute forme d'organisation où il y a une unité de la personnalité juridique fondant l'autorité des supérieurs sur les subordonnés. Ainsi, un agent de bureau est sous l'autorité hiérarchique du chef de bureau, ils sont ensemble sous l'autorité du chef de service, du sous-directeur, du directeur, du secrétaire général, du ministre.

La déconcentration est d'abord territoriale. Son visage dominant est cette segmentation du territoire national, avec l'attribution de chaque segment à une autorité de commandement placée sous l'autorité directe du ministre en charge de l'Administration territoriale. Ainsi, les gouverneurs, préfets et sous-préfets sont d'abord placés sous l'autorité hiérarchique dudit ministre, et ils sont dans les localités les représentants du chef de l'État (sauf le sous-préfet). Ensuite, ils doivent se soumettre à l'autorité des autres membres du gouvernement qui interviennent chacun dans son domaine de compétence. L'aspect étagé du pouvoir hiérarchique ici est que le sous-préfet, subordonné du préfet peut recevoir de lui, du gouverneur, du ministre de l'Administration du territoire (intérieur) ou d'un autre ministre un ordre.

La déconcentration est ensuite technique ou par service. Elle consiste à représenter certains services de l'État et non plus l'État pris de façon générale dans les circonscriptions administratives. Le moyen utilisé est la mise sur pied de délégations régionales, départementales, voire d'arrondissement. Ces délégations sont sous le pouvoir hiérarchique du « *représentant général de l'État* » (gouverneur, préfet et sous-préfet selon les cas), puis du ministère auquel elles appartiennent.

Quand une autorité déconcentrée agit, c'est l'Etat qui se trouve engagé, car d'une part, il y a unité de la personnalité juridique de l'Etat, mais en plus, cette autorité agit au nom et pour le compte de l'État.

- Le fédéralisme est une technique d'organisation de l'État qui consiste à conférer aux États fédérés une forte marge d'autonomie. Ces États internes à l'État fédéral ont alors leur exécutif, leur législatif, et parfois leur pouvoir judiciaire, tout ceci régi par une Constitution élaborée par l'État fédéré. Aussi, autant d'États fédérés, autant de Constitutions, toutes devant néanmoins être conformes à la Constitution fédérale, encore que les institutions des États fédérés sont également soumises à celle de l'État fédéral. Cet excès d'autonomie est un cran au-dessus de celle dont jouissent les collectivités décentralisées.
- La décentralisation est pour sa part le mouvement inverse de la centralisation. Au lieu que tout soit concentré au centre, que les autorités périphériques ne soient que de simples exécutants, la décentralisation vise à faire que tout ne soit plus seulement décidé par un pouvoir central unique qui en supporte l'entière responsabilité. Il y a décentralisation lorsqu'il y a transfert de compétences à des personnes morales de droit public infra étatiques autonomes qui agissent sous le contrôle de l'État.

La décentralisation est donc cette technique par laquelle l'État cède en partie ou en totalité certaines de ses attributions administratives (le service public et/ou la police administrative) à des collectivités publiques qui existent dans l'État et sont autonomes. Ce dernier aspect est matérialisé par le fait que les collectivités décentralisées se détachent de l'État parce qu'elles ont chacune leur propre personnalité juridique qui leur confère la possibilité d'agir en leur nom propre. Seulement, l'État reste garant de l'ordre normatif et contrôle donc les agissements des collectivités décentralisées par le moyen du pouvoir de tutelle qui diffère du contrôle hiérarchique.

La décentralisation a deux formes : la forme territoriale qui nous intéresse et la forme technique. La décentralisation technique, dite aussi décentralisation fonctionnelle ou par service, est celle qui consiste à créer des structures chargées d'assurer la gestion des affaires correspondant à un segment spécial du service public. Il s'agit alors d'estimer l'importance d'un secteur de prestation publique normalement dévolu à l'État et de juger de la nécessité stratégique de lui donner plus d'importance en le décentralisant, ce qui confère à l'établissement décentralisé une marge d'autonomie et d'action non négligeable. La décentralisation technique aboutit à la création des établissements publics dont les plus visibles sont les services publics administratifs (S.P.A) et les services publics industriels et commerciaux (S.P.I.C). Les SPA sont chargés d'assurer des activités non marchandes du service public. Les universités d'État en font partie. Elles ont pour mission d'assurer la formation et l'enseignement supérieur. Sous la direction d'un recteur qui est l'autorité exécutive, une université d'État est pourvue d'un conseil d'administration qui en est l'organe délibérant. Créées sous l'initiative de l'État, ces universités sont dites autonomes parce qu'elles ont une large marge de manœuvre dans leurs gestions courantes, et qu'elles ont une autonomie financière même si le ministère de l'Enseignement supérieur y exerce un contrôle de tutelle. D'autres entités telles que le Fonds national de l'emploi ou le FEICOM sont également des services publics administratifs.

Les services publics industriels et commerciaux sont des organismes publics dotés de la personnalité morale de droit privé, et qui ont pour charge d'intervenir dans le secteur économique. Leur but premier est de générer des bénéfices, tout en servant les intérêts publics. La CAMTEL, la SONARA, CAMWATER et ENEO en sont des exemples.

Les collectivités de la décentralisation technique et celles de la décentralisation territoriale se ressemblent parce qu'elles procèdent toutes de la même technique : celle de la décentralisation. Ceci fait qu'elles sont toutes autonomes, qu'elles ont toutes des personnalités juridiques distinctes de celles de l'État et qu'elles sont administrées sous un contrôle de tutelle. Ainsi, de nombreux éléments du régime juridique de la décentralisation territoriale sont transposables aux SPA et aux SPIC.

Probablement que l'une des grandes différences est que la structure fonctionnellement décentralisée gère un secteur technique, unique et bien précis, tandis que collectivité territorialement décentralisée gère le service public général telle une reproduction de l'activité générale de l'État au niveau local. L'autre grande différence réside en ceci que la collectivité territorialement décentralisée détient une compétence qui s'étend géographiquement : c'est la compétence ratione territoriae qui consiste à prendre des actes juridiques devant être appliqués dans la seule étendue géographique de cette collectivité (ex. : heure de fermeture des débits de boissons situés dans le territoire de compétence de ladite collectivité). Par contre, les structures relevant de la décentralisation technique ont des compétences sur des actes, mais pas sur une étendue géographique.

« La République du Cameroun est un État unitaire décentralisé ». Cette disposition de l'article premier alinéa deux de la loi constitutionnelle de 1996 fait une démarcation claire avec l'état du droit antérieur à ladite Constitution. La Constitution de 1972 et ses modificatifs ne portaient pas de dispositions semblables. À l'observation, la décentralisation est ancienne au Cameroun, mais sa constitutionnalisation est récente. Avant 1996, la décentralisation était déjà positivement reconnue. L'indépendance est même survenue à un moment où il existait des communes au Cameroun. La loi n° 74/23 du 5 décembre 1974 portant organisation communale demeure pour autant le texte le plus élevé qui régissait la décentralisation territoriale.

Avec sa constitutionnalisation en 1996, la décentralisation acquiert une tout autre envergure. Non seulement elle est incorporée à la forme de l'État, mais par voie de conséquence, elle est désormais consacrée par la Constitution, et sa garantie relève dorénavant du juge constitutionnel (à l'illustration, le président de l'exécutif régional peut saisir le Conseil constitutionnel lorsque les intérêts de sa région sont en cause)[313] et l'exécutif, comme le pouvoir législatif, s'en trouve limité.

Pour son appréhension, la décentralisation est *« le système d'administration consistant à permettre à une collectivité humaine ou à un service de s'administrer eux-mêmes sous le contrôle de l'État, en les dotant de la personnalité juridique, d'autorités propres et de ressources »*. Plus simplement, il s'agit de déporter une prérogative qui était exercée par l'État pour la confier à une personne morale infra étatique : c'est donc le transfert de compétence présenté comme défaisant l'État de certaines prérogatives au profit des collectivités décentralisées.

La dévolution des compétences est encadrée. Des principes juridiques sont mis à contribution. En l'occurrence, l'autonomie, la participation et la subsidiarité. C'est dans ce sens que le législateur énonce aussi que le transfert et la répartition des compétences obéissent aux principes de subsidiarité, de progressivité et de complémentarité[314].

Ces principes ont des conséquences sur le transfert opéré, car une compétence confiée à une collectivité décentralisée lui confère en règle générale l'autonomie de l'exercer. À travers ces principes, il est maintenu un contrôle étatique.

Dans la décentralisation et par le pouvoir de tutelle, mais aussi l'allocation de moyens pour exercer les compétences confiées, l'État maintient son contrôle sur les collectivités publiques décentralisées. À ce propos, le principe général est que tout transfert de compétence s'accompagne du transfert de moyens pour y pourvoir, à la collectivité bénéficiaire. En plus, les finances des collectivités décentralisées sont des finances publiques et le Constituant a disposé que les propositions de loi ou amendements qui auraient pour effet, s'ils sont adoptés, soit une diminution des ressources publiques, soit l'aggravation des charges publiques sans réduction à due concurrence d'autres dépenses ou création de recettes nouvelles d'égale importance sont irrecevables[315]. Ce qui confère plus de pouvoir à l'exécutif et moins au

---

[313] Art. 47(2) loi constitutionnelle de 1996.

[314] Art. 9 de la loi de 2004 d'orientation de la décentralisation.

[315] Art. 18(a) loi constitutionnelle de 1996).

parlement dans les allocations financières déterminées par la loi et attribuées aux structures et collectivités décentralisées.

Cette disposition restreint le champ d'action des parlementaires et est effectivement avantageuse pour l'exécutif. Néanmoins, le législateur a énoncé que tout transfert de compétence s'accompagne du transfert des ressources et moyens nécessaires à l'exercice normal de la compétence transférée[316]. Ainsi, la Constitution pour le parlement et la loi pour l'exécutif posent des cadres du transfert des compétences qui est obligatoirement assorti de moyens permettant son exercice.

La décentralisation a donc deux variantes : la décentralisation technique ou par service et la décentralisation territoriale. Si ces deux variantes obéissent aux mêmes principes, il demeure que leurs visages sont différents. La première forme est dite spécialisée et ne concerne pas les collectivités humaines, à la différence de la seconde dont le déploiement est géographique.

La décentralisation territoriale qu'il reste à appréhender est fondée sur un certain nombre de facteurs qui justifient le transfert de compétences de l'État aux collectivités publiques décentralisées. Dans la décentralisation territoriale, ces collectivités sont appelées collectivités territoriales décentralisées (CTD) pour toutes les entités concernées, ou collectivité locale (cas unique de la commune). Ces collectivités sont « *les entités de droit public correspondant à des groupements humains géographiquement localisés sur une portion déterminée du territoire national, auxquels l'État a conféré la personnalité juridique et le pouvoir de s'administrer* » elles-mêmes.

Elles sont constituées par les règles de droit. Aussi, la formation et les techniques d'organisation de la décentralisation sont à présenter (titre I), avant d'effectuer une étude plus assise au Cameroun avec la matérialisation de la décentralisation territoriale camerounaise (titre II), afin de parvenir à indiquer le régime budgétaire et comptable de cette décentralisation territoriale (titre II).

[316] Art. 7 loi n° 2004 d'orientation de la décentralisation.

TITRE I :

LA FORMATION ET LES TECHNIQUES D'ORGANISATION DES CTD[317]

[317] Les développements du présent titre sont fondés sur les écrits de Raymond Muzelcc, et en particulier son monumental ouvrage sur les finances publiques. Ces écrits sont ici analysés et renforcés à l'aune de la législation camerounaise.

CHAPITRE 1 :

LA FORMATION DES COLLECTIVITÉS TERRITORIALES DÉCENTRALISÉES

Les collectivités territoriales décentralisées ne sont pas constituées sui generis. Elles sont l'émanation de la volonté créatrice des autorités publiques au plus haut niveau (section 2). Cependant, ces autorités ne décentralisent pas fortuitement. Un certain nombre de mobiles, dont les uns proviennent d'elles et les autres des particularités des localités, tiennent lieu de fondement (section 1) à l'initiative de décentraliser.

Section 1 : Le fondement de la décentralisation territoriale

La décentralisation technique est fondée sur la recherche d'une meilleure gestion du service public, notamment par la segmentation et l'autonomisation des pans entiers du service public. La meilleure gestion administrative en est donc le fondement. Il est vrai que quelques aspects dits administratifs sont à l'origine de la décentralisation territoriale. Il demeure que la marque principale de ce mode de décentralisation est sa justification politique à double sens vertical, avec d'une part le mobile du pouvoir central (paragraphe 1), et d'autre part la prise en compte des spécificités locales (paragraphe 2).

Paragraphe 1 : Le mobile du pouvoir central

À double sens vertical, la justification de la décentralisation procède cumulativement ou alternativement de la volonté du pouvoir central de décentraliser, et de la revendication des communautés d'être autonomes. C'est la volonté du pouvoir central qui est ici prise en compte et dont les aspects souvent les plus relevés sont la consolidation de l'Etat et la meilleure administration.

A. La consolidation de l'État

Le pouvoir central peut être mis sous pression ou tout simplement anticiper en décentralisant. La cause principale est la nécessité de garder le plus de contrôle sur la gestion des affaires publiques. Le point de départ de la consolidation de l'État est la règle de l'unité et de l'indivisibilité de l'État qui est consacrée par la Constitution. Cette règle impose au pouvoir central de conserver l'État soudé et de prendre des initiatives pour parer à toute tentative de désunion de cet État.

Les niveaux progressifs et croissants qui peuvent amener un État à voler en éclat vont de la déconcentration, au fédéralisme et à la naissance de nouveaux États. Or, le fédéralisme qui donne aux États fédérés une autonomie qui pourrait tendre vers l'indépendance fait qu'il est plus facile dans cette forme, quand les divisions sont fortes, et les esprits mal éclairés, de voir les États fédérés réclamer leur indépendance. La décentralisation apparaît donc comme un stade de l'autonomisation dans lequel la collectivité décentralisée n'atteint pas la sophistication institutionnelle lui permettant de naturellement réclamer sa séparation de l'État.

Le souci majeur est donc ici l'évitement de la partition de l'État, qui pourrait se disloquer. Le point de tension reste les revendications identitaires qui font qu'à un moment, certaines communautés d'un État se sentent différentes des autres, parce que leurs langues, leurs cultures et bien d'autres facteurs les en distinguent. Aussi, à partir de ces particularismes, elles estiment devoir être séparées des autres. Parfois, la raison est économique. Ce dernier cas a été à l'origine de la décentralisation italienne et la régionalisation en Espagne, parce que des contrées économiquement riches ont réclamé le droit de gérer elles-mêmes leurs richesses, et d'en jouir en dehors de toute solidarité nationale.

Au Cameroun, la décentralisation telle qu'elle est conçue en 1996 provient des revendications identitaires des régions anglophones en particulier. Celles-ci, dans un mouvement quasiment sécessionniste, réclament leur indépendance et donc, leur séparation d'avec le Cameroun, où à défaut, le fédéralisme. Ces exigences sont prises en compte par la tripartite qui finit par leur concéder une décentralisation poussée, avec la création des régions pour éviter de fragiliser l'unité de l'État. Dans le même sens, et par rapport aux revendications de la zone corse et des iles françaises, le président Mitterrand avait eu à affirmer que « *la France a eu besoin d'un pouvoir fort et centralisé pour se faire. Elle a aujourd'hui besoin d'un pouvoir décentralisé pour ne pas se défaire* ».

B. La meilleure administration

Le pouvoir central qui, à l'origine, a la charge de la gestion du service public, oriente cette gestion vers son rendement optimal. Il s'agit d'améliorer la gestion des affaires publiques. L'option choisie est technique. Elle consiste à rapprocher l'administration des administrés. Ainsi, en décentralisant, l'autorité centrale octroie certaines compétences administratives aux collectivités afin que les populations n'aient plus à seulement regarder du côté de l'Etat central. Cette option s'accompagne donc d'une déresponsabilisation de l'État avec pour point de mire, une gestion administrative plus efficace.

La quête de l'amélioration de la gestion du service public s'accompagne de la nécessaire participation des populations à la gestion des affaires locales.

C'est la démocratie locale. En effet, la décentralisation est un acte de confiance en les populations locales à se gérer elles-mêmes. Alexis de Tocqueville écrivait que « *c'est dans la commune que réside la force des peuples libres. Les institutions communales sont à la liberté ce que les écoles primaires sont à la science : elles la mettent à la portée du peuple* », comme pour indiquer que la décentralisation permet aux populations locales de mieux participer à la gestion des affaires publiques, donc de facilement exprimer leurs doléances et de sanctionner les actes d'administration qui ne leur conviennent pas.

L'objectif fondant la décentralisation est ainsi normalement perçu comme la recherche d'une plus grande proximité des compétences et des responsabilités permettant aux collectivités de s'assumer et d'améliorer la gestion des affaires locales.

Paragraphe 2 : Les spécificités locales

Il y a revendication identitaire parce que les populations d'un espace du territoire national estiment qu'elles ont des particularismes qui les distinguent des autres. Celles-ci sont culturelles, géographiques... Elles constituent les spécificités locales. Hormis cela, il est question pour ces collectivités d'administrer les affaires locales dont les contours sont à appréhender.

A. La notion d'affaires locales : ambigüité

Il est admis que la réalisation de la décentralisation est subordonnée à certaines conditions, dont celle de l'existence d'affaires locales. Cette notion est ambigüe, dans la mesure où elle implique qu'il existe des préoccupations attachées à une collectivité et qui ne relèveraient que d'elle. Ces affaires ne concernent pas les autres collectivités pour certaines, car spécifiquement rattachées à une seule collectivité ; ou encore, ces affaires ne concernent que les collectivités et pas l'État.

Jacques Baguenard explique que cette notion renverrait à une sphère de compétences spécifiques au bénéfice des collectivités locales. Pour lui, cet ensemble qualifié d'« *affaires locales* » n'existe que si l'on peut durablement isoler parmi les interventions multiformes de l'État, un secteur suffisamment homogène et intrinsèquement spécifique, attribué à la seule responsabilité des collectivités internes. Il conclut alors que la notion d'affaires locales, comparativement à celle d'affaires nationales, est insaisissable.

Nous devons ajouter que ce qui est encore plus délicat est le fait que la majeure partie des activités des collectivités s'effectue en partenariat avec l'État, et la formule souvent adoptée est la suivante : « *Ils concourent avec l'État à...* ». Cette formule montre que les activités sont partagées et donc, que cette notion d'affaires locales n'est certainement pas le fait d'une sphère d'action naturelle de la collectivité qui ne relèverait de toute manière que d'elle.

Également, il faut dire que les collectivités locales sont largement des accompagnatrices du pouvoir central, parce que leurs missions rentrent dans le cadre de la continuation de la charge de l'intérêt général qui pèse sur l'administration d'État. La notion d'"affaires locales" n'est donc pas un ensemble d'activités et de préoccupations naturellement et isolément rattachées à une collectivité territoriale décentralisée, elle correspond davantage à une simple détermination normative décidée par les autorités politiques.

B. La notion d'affaires locales : éclaircie

L'appréhension de la notion d'affaires locales, sans véritables critères, peut néanmoins être établie à partir d'un double raisonnement. Le premier est fondé sur la déduction que les collectivités humaines n'ont pas toutes les mêmes préoccupations, et que leurs méthodes de détermination des solutions à des préoccupations identiques sont souvent distinctes. À l'illustration, on peut établir qu'une collectivité établie dans le Nord-Cameroun n'a pas logiquement les mêmes préoccupations que celles qui se trouvent à l'Est du pays. Un cas : la ressource forestière les distingue. Ainsi, pendant que la collectivité de l'Est aura dans son panier d'affaires locales la gestion des forêts, celle du Nord aura par contre en préoccupation la lutte contre la désertification.

Le second élément irréfragable du raisonnement est la détermination des affaires locales par la règle de droit. La technique de l'énumération est souvent employée. Elle consiste non pas à attribuer à une seule collectivité, mais plutôt à leur ensemble un bon nombre de compétences. Aussi, la règle de droit va procéder à une énumération des domaines de compétence qui relèvent des collectivités, et des domaines de compétence qui sont attribués à l'État.

Au Cameroun, l'option est la détermination des affaires locales par répartition des compétences par la loi. Elle indique avec une précision recherchée ce qui relève des collectivités territoriales décentralisées de ce qui relève de l'État, en faisant ainsi une opposition entre affaires locales et affaires nationales.

Considération prise de l'existence des spécificités locales et de la nécessité de modifier la technique d'administration du territoire pour consolider l'État, les autorités centrales sont alors conduites à mettre sur pied la décentralisation territoriale par la création de collectivités territoriales décentralisées (section 2).

Section 2 : La création des collectivités territoriales décentralisées

Les collectivités territoriales décentralisées existent par la reconnaissance que les textes en font (paragraphe 1). Leur mise en place dépend par la suite des pouvoirs publics (autorités politiques) (paragraphe 2) qui détiennent un pouvoir plutôt considérable en matière de création des collectivités territoriales décentralisées, mais aussi de délimitation de celles-ci.

Paragraphe 1 : La reconnaissance par les textes

L'exécutif ne crée des collectivités territorialement décentralisées que parce que les textes ont préalablement fait acte de reconnaissance de la décentralisation territoriale et des catégories de collectivités concernées. Ainsi, les textes juridiques consacrent le mode d'organisation administrative qu'est la décentralisation et les autorités compétentes les mettent juste en œuvre.

A. La consécration constitutionnelle

La décentralisation est une forme d'organisation de l'État. Elle est mentionnée par le texte qui détermine la configuration juridique de l'État : sa Constitution. La reconnaissance du caractère décentralisé de l'État est faite à l'intérieur du texte constitutionnel qui peut explicitement déclarer la forme décentralisée de l'État comme c'est le cas au Cameroun, ou tout simplement énumérer les catégories de collectivités décentralisées en procédant ainsi à une reconnaissance de la décentralisation sans la rattacher directement à la forme de l'État. Cette dernière modalité est l'option française, allemande ou encore italienne… Il faut aussi préciser que les États fédéraux ont d'emblée une forme d'organisation ne leur permettant pas d'inclure la décentralisation dans la forme de l'État, mais plutôt de reconnaître son existence dans une partie du texte constitutionnel. C'est notamment le cas des États-Unis et de l'Allemagne.

En consacrant la décentralisation dans l'État par le texte constitutionnel, cette forme d'organisation administrative se retrouve surprotégée, en ce sens qu'elle n'est pas seulement garantie par le juge ordinaire, mais aussi par le juge constitutionnel appelé à sanctionner toute initiative législative ou toute intervention de l'exécutif ayant pour objectif d'entraver le processus de décentralisation.

Un autre apport du texte constitutionnel est que dans la majorité des cas, les catégories de collectivités territoriales décentralisées sont énumérées par la Constitution. Ceci a l'avantage de limiter les manœuvres de l'exécutif, même si, telle la loi fondamentale camerounaise, certaines Constitutions reconnaissent le pouvoir de création d'autres types de collectivités territoriales décentralisées à la loi. Ce facteur accroit considérablement les pouvoirs de l'exécutif et du parlement en matière de décentralisation.

B. Les fondements infra constitutionnels

Le texte constitutionnel à vocation générale ne peut aller dans le détail déterminer tout ce qui tourne autour de la décentralisation. En France, le titre XII de la Constitution du 04 octobre 1958 traite de la décentralisation de manière générale, et il est laissé à la loi la possibilité de créer les catégories de collectivités autres que celles prévues par la Constitution. L'article 55(1) de la loi constitutionnelle camerounaise du 18 janvier 1996 procède de la même sorte.

En guise de fondements infra constitutionnels, il s'agit des dispositions des lois et règlements en matière de décentralisation.

Concernant les lois, si la Constitution a déjà consacré la décentralisation et qu'elle a énuméré les catégories de collectivités décentralisées, il revient à la loi de compléter lesdites catégories. Les villes nouvelles sont des collectivités créées en France par la loi du 10 juillet 1970. Les communautés urbaines, pour le cas du Cameroun, ne sont pas créées dans le texte constitutionnel, elles sont créées par une loi. Le parlement jouit ainsi de la faculté de créer des collectivités décentralisées par le biais de la loi. Par le même moyen, les règles de l'organisation et du fonctionnement des collectivités décentralisées sont largement légiférées. Au Cameroun, ce mode de codification a récemment été employé en 2004, où trois textes de loi portant sur la décentralisation ont été promulgués.

Un autre fondement est celui dit réglementaire, qui est le pouvoir normateur attribué à l'exécutif et consistant pour lui à prendre des règlements (décrets et arrêtés) en matière de décentralisation. Le pouvoir de création de catégories de collectivités décentralisées ne relève pas de l'exécutif, mais la création ou désignation de ces collectivités dans les catégories fixées dans la Constitution et les lois relève de l'exécutif. Pour autant, la décentralisation est fortement encadrée par l'exécutif à travers notamment l'édiction d'actes administratifs comportant des dispositions sur la tutelle administrative. C'est le cas de l'article 12 du décret n° 2008/377 du 12 novembre 2008 dans lequel il est rappelé que le gouverneur exerce la tutelle de l'État sur la région. Sans avoir le pouvoir de créer les catégories de collectivités décentralisées, l'exécutif dispose du pouvoir de mettre en œuvre les textes sur la décentralisation (paragraphe 2) et donc, de créer ces collectivités préalablement prévues par les textes supra décrétaux.

Paragraphe 2 : La matérialisation ou la mise en œuvre

La Constitution et les lois se chargent de prévoir la forme d'organisation décentralisée de l'État. Elles déterminent aussi les catégories de collectivités territoriales décentralisées, même si cela est souvent fait de façon non limitative. Puis, elles réglementent l'organisation et le fonctionnement des collectivités concernées et leurs rapports avec l'État. La matérialisation de cet ensemble de règles de la décentralisation revient alors au pouvoir exécutif.

A. L'autorité de mise en œuvre

La mise en œuvre de la décentralisation revient à la plus haute autorité exécutive : le président de la République. Au Cameroun, la loi constitutionnelle du 18 janvier 1996 énumère les régions constituées, mais attribue au président de la République le pouvoir d'en créer d'autres. Ce qui fait que cette disposition constitutionnelle lui accorde un grand pouvoir.

La commune et les autres collectivités territoriales décentralisées sont également créées par le président de la République. Ce dernier ne peut créer les collectivités territoriales décentralisées que parce que la Constitution et les lois ont prévu l'existence de ces catégories. Son rôle créatif est donc davantage une simple mise en œuvre.

Le pouvoir de création des collectivités territoriales décentralisées est dans tout État unitaire l'œuvre de l'autorité qui incarne le pouvoir exécutif. En France, cela relève du président de la République. D'autres modalités peuvent être aménagées en vue de la création d'une collectivité territoriale décentralisée : c'est le cas de l'organisation d'un referendum en vue de requérir l'avis des populations sur le projet concerné.

Ainsi, il convient de distinguer la création des catégories de collectivités territoriales décentralisées et la création ou mise en œuvre des collectivités territoriales décentralisées dans les catégories prédéterminées. Le premier pouvoir incombe au constituant, qui peut en déléguer la compétence au parlement. Le second pouvoir relève de l'exécutif.

Le pouvoir de créer les collectivités territoriales décentralisées, ou plutôt de les désigner, s'accompagne pour celui qui en est le titulaire de nombreuses autres prérogatives qui rentrent dans le cadre de la matérialisation de la décentralisation.

B. Les pouvoirs dans la mise en œuvre

Faisant abstraction du rôle important de l'exécutif dans la création des catégories nouvelles de collectivités territoriales décentralisées par le truchement de sa participation au processus législatif, et surtout en contexte de fait majoritaire, il faut reconnaître que ses pouvoirs propres ne sont pas moindres.

Suivant les textes, il est très souvent attribué à cette autorité (le PR, le PM…) le pouvoir de modifier les dénominations et les délimitations géographiques des collectivités territoriales décentralisées qui ont fait l'objet d'une énumération par le texte. Ce pouvoir peut l'amener à territorialement agrandir une collectivité au détriment d'une autre, faisant ainsi que celle diminuée soit si petite, qu'elle doive à un moment disparaître. Cette interprétation vicieuse et excessive n'est pas impossible et signifie que malgré que le texte ait énuméré, comme c'est le cas au Cameroun dix régions, le président de la République pourrait par ce pouvoir de modification des délimitations géographiques, diminuer le nombre de régions. Il reste que le Conseil constitutionnel, garant de la Constitution, devrait invalider de telles mesures.

Il est également attribué à l'autorité de création des collectivités territoriales décentralisées un pouvoir d'en créer d'autres en plus de celles déjà énumérées. L'exemple camerounais établi dans l'article 61 de la loi constitutionnelle de 1996, que le président de la République, en dehors des dix régions déjà énumérées, peut « *créer d'autres régions. Dans ce cas, il leur attribue une dénomination et fixe leurs délimitations géographiques* ». Ce pouvoir est utilisé de façon identique pour les communautés urbaines et les communes.

Dans la mise en œuvre de la décentralisation, le président de la République dispose d'un pouvoir de création, mais aussi d'organisation des collectivités territoriales décentralisées et de détermination des rapports entre elles et l'État. Hormis le pouvoir de créer, celui d'organiser est exercé conjointement avec le Premier ministre, et avec le ministre de l'Administration territoriale et les autres ministres. Ce dernier ministre, ainsi que les autres ministres, n'interviennent qu'au titre de la délégation de pouvoirs qu'ils ont reçue du président de la République pour agir, à sa place. Par ailleurs, l'organisation décentralisée de l'État n'est pas seulement constituée par la création des collectivités territoriales décentralisées, mais également par la mise sur pied d'un régime d'organisation particulier attaché à la décentralisation.

CHAPITRE 2 :

LE RÉGIME D'ORGANISATION DE LA DÉCENTRALISATION TERRITORIALE

La décentralisation est un transfert des compétences de l'État à des collectivités publiques décentralisées. Elle se formalise par l'existence de ces collectivités publiques décentralisées. Pour celles qui sont des collectivités territoriales, il s'agit d'une part de leur donner une étendue géographique au sein de laquelle leur compétence territoriale est affirmée. Ces étendues géographiques coïncident au Cameroun avec le découpage territorial des circonscriptions administratives liées elles, à la déconcentration. La décentralisation ne s'autorégule pas, sauf pour quelques aspects. Il est question d'édicter un ensemble de règles et principes organisant non seulement le fonctionnement des collectivités décentralisées, mais aussi leurs rapports avec notamment l'État. L'organisation de la décentralisation (section 1) tient compte de ces deux aspects, tandis que les rapports avec l'État relèvent davantage de la tutelle de l'État sur les collectivités territoriales décentralisées (section 2).

Section 1 : L'organisation de la décentralisation

Un certain nombre de règles établissent la décentralisation en déterminant les éléments généraux au travers desquels sont édifiées les collectivités territoriales décentralisées. Il s'agit des principes organisateurs (paragraphe 1) qui, par ailleurs, sont également employés pour appréhender le fonctionnement des collectivités territoriales décentralisées (paragraphe 2), à travers notamment la répartition des compétences.

Paragraphe 1 : Les principes organisateurs

Les conditions d'accomplissement de la décentralisation peuvent être regroupées à partir des trois lois de la décentralisation qui sont les principes organisateurs, à savoir : l'autonomie, la participation et la subsidiarité.

A. Le principe d'autonomie

Il a été vu que la déconcentration est une technique d'administration par laquelle les autorités déconcentrées sont tenues par celles centrales, auxquelles elles obéissent. Il n'y a pas d'autonomie dans la déconcentration. À travers la formule d'Odilon Barrot *« c'est le même marteau qui frappe, mais on en a raccourci le manche »*, on se rend compte qu'il y a unité : « le même marteau » et donc, impossibilité de parler d'autonomie, contrairement à ce qu'entraîne la décentralisation.

Dans la technique de la décentralisation territoriale, il est question de permettre aux populations locales de se gérer elles-mêmes. Pour ce faire, elles ont à choisir elles-mêmes leurs autorités locales. À la différence des autorités déconcentrées, tel le gouverneur, le préfet, les délégués régionaux, etc. qui sont nommés par les autorités centrales, les autorités des collectivités décentralisées sont plutôt désignées par les populations locales au travers de l'élection. Ce principe ne connaît presque pas d'exceptions et entraîne pour ces populations, l'obligation d'assumer les conséquences de leurs choix, et de déterminer les priorités parmi les besoins de la localité à travers les programmes politiques des différents candidats à l'élection.

Le principe d'autonomie implique celui de la libre administration qui se présente comme la faculté donnée à la collectivité de choisir librement ses options de développement, sa politique économique et sociale, sans préjudicier aux objectifs et impératifs nationaux. Charles Eisenmann conçoit ainsi pour ces collectivités un pouvoir de poser des règles juridiques dans le cadre de la liberté que leur laisse la législation.

L'autonomie de la collectivité décentralisée est symbolisée par le fait qu'elle est titulaire d'une personnalité juridique propre. Ainsi, elle a la personnalité morale de droit public qui lui octroie un ensemble de droits et d'obligations, mais aussi une existence légale détachée de celle de l'État. La circonscription administrative, fruit de la déconcentration, est rattachée à l'État, la collectivité territoriale décentralisée, elle, est détachée de l'État. Ce n'est plus le même marteau qui frappe.

La décentralisation s'appréhende à travers le principe d'autonomie, qui signifie aussi que les collectivités territoriales décentralisées sont gérées ou administrées par les populations qui y vivent, par le truchement des représentants ou organes délibérants, qu'elles ont elles-mêmes désignés librement par des élections et que ces collectivités s'administrent librement. Le principe d'autonomie est accompagné des principes de participation et de subsidiarité.

B. Les principes de participation et de subsidiarité

Même si au sein de l'État existent des collectivités publiques autonomes de l'administration centrale, cela n'implique pas que la solidarité nationale et l'unité de l'État soient en péril. Dans la technique de la décentralisation, le principe de participation tend à rappeler que les populations locales sont aussi des citoyens de l'État, et que la collectivité territoriale décentralisée fait partie intégrante de l'État.

Ainsi, il y a obligation de participer au fonctionnement général de l'État, notamment par l'imposition qui consiste à effectuer des prélèvements fiscaux dans les localités au bénéfice de l'État tout entier. La participation n'est pas seulement une obligation, mais aussi un droit de défendre ses intérêts au niveau national. À cet effet, il est toujours aménagé une tribune pour les collectivités territoriales décentralisées pour pouvoir formuler leurs requêtes et défendre leurs intérêts politiques ou techniques. Concernant les intérêts techniques, les structures y relatives prennent l'aspect d'observatoires de programmes ou d'agences. Concernant les intérêts politiques, il s'agit en général d'une chambre au parlement dont la formation et la vocation sont liées aux intérêts des collectivités décentralisées. L'article 20 de la loi constitutionnelle de 1996 dispose ainsi que : *« Le Sénat représente les collectivités territoriales décentralisées. Chaque région est représentée par dix sénateurs dont sept sont élus au suffrage universel indirect sur la base régionale et trois nommés par le président de la République. »*

Le principe de subsidiarité, pour sa part, est un moyen répartiteur de compétences. Il est employé dans divers cadres dont celui de l'union d'États, de la fédération et de la déconcentration. Il signifie que les interventions étatiques ou celles des collectivités dépendent de la dimension ou des effets de l'action envisagée. L'action doit être réalisée par le niveau d'administration le plus adapté. En droit français, il est confié à l'administration centrale les seules missions qui présentent un caractère national, le reste relevant des interventions des collectivités décentralisées.

L'ensemble des lois de la décentralisation que sont les principes d'autonomie, de participation et de subsidiarité conduisent à l'appréhension de l'effectivité de la décentralisation et au fonctionnement des collectivités territoriales décentralisées (B).

Paragraphe 2 : Le fonctionnement général des collectivités territoriales décentralisées

Les aspects économiques et financiers sont volontairement laissés ici parce que devant être examinés ultérieurement. Il s'agit néanmoins de s'édifier sur la répartition des compétences et le cadre institutionnel d'encrage et de fonctionnement des collectivités territoriales décentralisées.

A. La répartition des compétences

Elle obéit au principe de subsidiarité qui intervient pour déterminer l'autorité compétente ou plus exactement l'administration compétente, parfois au cas où la loi n'a pas expressément disposé sur l'espèce. Pour autant, la législation essaye au maximum d'établir et de répartir les domaines de compétence en déterminant clairement ce qui revient à l'administration centrale et ce qui incombe aux collectivités. Les compétences sont généralement d'attribution pour ces collectivités. Elle peut néanmoins juste indiquer ce qui relève de la compétence de l'une de ces administrations, impliquant donc par prétérition que les matières non attribuées sont de la compétence de l'autre.

La répartition des compétences convoque la notion d'affaires locales par rapport à celle d'affaires nationales. Elle s'opère à travers un acte volontaire qui établit une répartition nécessairement relative. Certaines affaires relèvent exclusivement d'une seule administration. C'est le cas des activités régaliennes qui sont conservées par l'État, tandis que celles de police administrative locale sont confiées aux collectivités territoriales décentralisées. D'autres affaires sont mixtes, faisant pour le même domaine, concomitamment intervenir l'administration d'État et celle décentralisée. La répartition des compétences s'opère dans ce cadre par une précision du domaine d'intervention de chacune d'entre elles dans ce champ mixte, et la subsidiarité sera encore utilisée à ce niveau.

B. Le cadre institutionnel

Le fonctionnement des collectivités territoriales décentralisées est garanti par certains organes.

La décentralisation se présente du point de vue organique comme étant une reproduction à échelle réduite des institutions étatiques. Hormis l'existence d'une autorité judiciaire, les deux autres structures majeures de l'État semblent représentées. Toute entité décentralisée est gérée par deux organes. Elle dispose toujours d'un organe exécutif et d'un organe délibérant.

L'organe délibérant est généralement constitué par le regroupement de personnes élues pour siéger et présider aux destinées de la collectivité territoriale décentralisée. L'organe délibérant a pour fonction de valider les politiques de développement et les projets y relatifs dans la collectivité. Cet organe contrôle l'action de l'exécutif de la collectivité et vote le budget qui est réparti en recettes et dépenses. Dans certains systèmes comme celui camerounais, c'est l'organe délibérant qui désigne l'exécutif de la collectivité.

L'organe exécutif est confié à un individu chargé de représenter la collectivité, à la différence de l'organe délibérant qui est pluri personnel. Il est constitué du chef de l'exécutif de la collectivité et de ses adjoints. L'appellation du chef de cet organe diffère selon la collectivité concernée. En France, on parle du président du Conseil général pour le département ou encore bourgmestre pour la commune en Belgique. Le chef de l'exécutif de la collectivité décentralisée est le représentant de sa collectivité devant les instances nationales et internationales. Il est celui qui peut juridiquement l'engager en paraphant tout document officiel. La politique de gestion et de développement de la collectivité est conçue par lui, il élabore le budget et en est l'ordonnateur.

L'action de la collectivité territoriale décentralisée est conduite suivant une règle dite de libre administration. Cette règle ne signifie néanmoins pas que les autorités décentralisées ont totalement les mains libres, il existe un contrôle de tutelle (section 2) afin d'éviter certains travers.

Section 2 : Le contrôle de tutelle

La collectivité territoriale décentralisée est une composante sociologique de l'État. Elle est libre, mais certainement pas indépendante. Ses actions doivent être orientées dans un sens qui ne contrevient pas aux intérêts nationaux et à celui même de ses administrés. C'est ainsi que l'autonomie accordée est une marge d'action surveillée par un encadrement vigilant qui incombe à l'administration centrale (paragraphe 1). L'exercice de cet encadrement est également conditionné (paragraphe 2) pour que ce contrôle ne vise pas à une limitation parfois gratuite et exagérée des marges légales de dévolution des compétences reconnues aux collectivités.

Paragraphe 1 : L'encadrement de la tutelle

Le contrôle de tutelle est lourd de sens, parce qu'il peut être le moyen de porter atteinte à l'autonomie que la gestion décentralisée a conférée aux collectivités publiques créées. Il est nécessaire que l'encadrement de l'action de la collectivité territoriale décentralisée soit lui-même encadré. Il s'agit d'indiquer l'autorité qui a le pouvoir de tutelle et donc celle qui ne l'a pas et de prévoir ses pouvoirs dans cette action de veille et de sanction.

A. L'interdiction générale de tutelle entre collectivités décentralisées

Malgré que les collectivités n'aient ni les mêmes compétences, ni la même étendue géographique, ou encore le même niveau administratif, il est de règle qu'elles soient toutes égales. Cette égalité entre collectivités implique l'absence d'autorité d'une collectivité sur une autre. Si elles collaborent, aucune n'a le pouvoir d'imposer des règles à l'autre contre sa volonté.

Les différents textes existants ont toujours rappelé que l'État assure la tutelle sur toutes les collectivités territoriales décentralisées. Cette disposition intervient comme pour dire qu'il n'est pas possible qu'une tutelle autre que celle prévue soit exercée sur les collectivités et donc, qu'une collectivité telle que la région ne peut avoir d'autorité sur une autre telle que la commune. L'encadrement de la tutelle est aussi le fait des textes qui la prévoient.

B. L'impérative détermination de la tutelle par les textes

L'adage révélé ici est qu'il n'y a pas de tutelle sans texte. Aussi, la prescription juridique reste à l'origine de la reconnaissance de l'existence de la tutelle. Dès lors, la tutelle doit être prévue et elle doit préalablement exister avant son exercice. Le procédé consiste alors à inscrire le contrôle de tutelle dans un texte et à l'attribuer à une autorité bien précise. Suivant les textes, ce contrôle incombe à l'État et d'emblée aux autorités de l'administration centrale. Celles-ci délèguent ce contrôle à des autorités déconcentrées qui sont géographiquement plus proches des collectivités.

De même, conditionner la tutelle dans les textes revient à déterminer l'étendue de son exercice par ces textes. La Constitution peut-être, mais surtout les lois, règlements et la jurisprudence sont alors des instruments qui donnent la mesure des pouvoirs des autorités de tutelle. Il s'agit d'éviter l'arbitraire en déterminant le champ d'action du contrôle, la technique du contrôle, les pouvoirs de contrôle et le moment du contrôle.

L'exigence de la prévision textuelle de la tutelle différencie le contrôle de tutelle du contrôle hiérarchique. Dans le cadre du contrôle hiérarchique qui est relatif à la déconcentration, le pouvoir de contrôle est exercé de plein droit. Ceci signifie que le seul fait d'être le supérieur hiérarchique d'un subordonné vous donne le pouvoir hiérarchique sur ce dernier avec toutes les conséquences de droit et ce, sans qu'un texte formalise votre autorité sur lui. Néanmoins, les actes du pouvoir hiérarchique sont généralement prévus par les textes. Par contre, le contrôle de tutelle ne s'exerce pas de plein droit ; il doit être expressément prévu par un texte et les modalités de son exercice doivent également être prédéterminées.

Paragraphe 2 : L'exercice de la tutelle

La tutelle permet à l'administration centrale d'agir directement ou indirectement sur les collectivités par le moyen d'un contrôle. Le contenu du contrôle de tutelle est bien prédéterminé, de même que sa modalité consistant en l'action directe ou en l'action indirecte.

A. L'étendue du contrôle de tutelle

La décentralisation en France est née dans un pays de longue tradition centralisatrice. La libre administration des collectivités ne pouvait donc qu'être admise sous la condition du maintien d'un droit de regard de l'État dont la tutelle est le moyen. Le contrôle de tutelle est perçu comme étant un contrôle de légalité. Néanmoins, il peut être admis que l'administration centrale exerce quand même un contrôle d'opportunité sur les actes de la collectivité. C'est ainsi que certains actes de la collectivité peuvent bien être légaux, mais avoir tellement d'inconvénients que l'autorité de tutelle ne peut rester indifférente.

Le contrôle de légalité concerne les actes pris par la collectivité. Ils doivent être conformes aux exigences de l'ordonnancement juridique national et surtout, ne pas contrevenir ni aux valeurs de l'État, ni à l'unité et à l'indivisibilité : on parle d'actes conformes à la légalité républicaine.

L'exercice de la tutelle est principalement un contrôle sur les actes de la collectivité publique décentralisée. À l'occasion dudit contrôle, l'autorité de tutelle dispose de pouvoirs non négligeables sur les actes contrôlés et sur les auteurs des actes contrôlés.

S'agissant des actes, l'autorité de tutelle, à la différence de celle du pouvoir hiérarchique, ne dispose ni du pouvoir d'instruction, ni du pouvoir de réformation. Par contre, elle a le pouvoir d'approbation de certains actes qui ne peuvent entrer en vigueur sans cet accord favorable. Elle détient aussi le pouvoir d'annulation des actes manifestement illégaux de la collectivité territoriale décentralisée. Par ce pouvoir, elle fait disparaître rétroactivement les décisions annulées. L'autorité de tutelle peut également suspendre l'application d'un acte, tout comme elle dispose du pouvoir de substitution d'action. Il s'agit pour ce dernier cas d'une intervention de l'autorité de tutelle qui, après mise en demeure, lui permet de poser des actes à la place de l'autorité sous tutelle quand celle-ci est défaillante et dans des cas strictement limités[318].

Sur les personnes, l'autorité de tutelle dispose d'un pouvoir, tant sur les élus locaux pris de façon collective (c'est le cas de l'assemblée délibérante) que sur la personne qui tient lieu de chef de l'exécutif de la collectivité. Il s'agit de la suspension de fonction pour les deux, de la révocation pour le chef de l'exécutif de la collectivité, et de la dissolution pour l'assemblée délibérante. Il est à préciser que ces pouvoirs sur les actes et les personnes sont différents en France, car le contrôle y incombe davantage au juge administratif sur saisine du préfet. Au Cameroun, l'intervention du juge est également prévue, mais pour des cas qui imposent à l'autorité de tutelle de le saisir.

B. Pouvoirs directs de l'autorité de tutelle et recours au juge

L'autorité de tutelle exerce son contrôle *a priori* pour les cas d'approbation et d'autorisation des actes de la collectivité territoriale décentralisée. Elle l'exerce aussi *a posteriori* par les moyens de la suspension et de l'annulation. Ces pouvoirs de contrôle qui s'exercent sur les actes, de même que ceux sur les personnes sont, suivant les législations, alternativement ou cumulativement exercés de manière directe ou indirecte.

Le pouvoir de contrôle direct est celui dans lequel l'administration détient en personne la possibilité d'agir en validant ou en sanctionnant elle-même les actes des autorités sous tutelle. Nul besoin d'un intermédiaire : l'administration d'État agit en personne. Quand l'autorité de tutelle délocalisée ne peut prendre certaines mesures et doit en référer à sa hiérarchie,

[318] V. MORAND DEVILLER (J), *Cours de droit administratif*, Op.cit., p. 155.

le contrôle de tutelle demeure direct, parce que c'est toujours l'administration d'État qui agira au titre du contrôle de tutelle.

Ce modèle de contrôle jugé peu favorable à la décentralisation et liberticide a été révisé en France en faveur d'un contrôle dit indirect. Dans ce cas de figure, l'autorité de tutelle a seulement la possibilité de déclencher le contrôle qu'une autre autorité exercera[319]. Cette autre autorité est le juge administratif. Il est saisi dans le cadre d'un recours en légalité visant à faire prononcer des sanctions contre les autorités sous tutelle ou contre leurs actes.

[319] CHAPUS (R), *Droit administratif général*, tome 1, Op.cit., p. 411.

TITRE II :

LA MATÉRIALISATION
DE LA DÉCENTRALISATION TERRITORIALE
CAMEROUNAISE

CHAPITRE 1 :

LES COLLECTIVITÉS TERRITORIALES DÉCENTRALISÉES AU CAMEROUN

La décentralisation est très ancienne au Cameroun. Son visage moderne lui a été donné pour la première fois par la loi n° 74/23 du 5 décembre 1974 portant organisation communale. Celle-ci prévoyait une catégorie de droit commun des collectivités décentralisées et une autre dite d'exception. Les avancées démocratiques de la transition entre les années 80 et les années 90 ont, avec les pressions en particulier sécessionnistes, amené la tripartite à opter pour un approfondissement, un élargissement et à constitutionnaliser la décentralisation. L'approfondissement s'est fait par l'augmentation de la marge de manœuvre des collectivités territoriales décentralisées. L'élargissement a pour sa part consisté à ajouter une nouvelle catégorie de collectivité territoriale décentralisée, tandis que la constitutionnalisation s'est marquée par la consécration dans la loi constitutionnelle de la décentralisation, avec pour énonciation phare dans la loi constitutionnelle de 1996, article 1er (2) que *« la République du Cameroun est un État unitaire décentralisé »*. La consécration constitutionnelle s'est accompagnée de l'énumération de deux catégories de collectivités territoriales décentralisées que sont la commune et la région (section 1). Il est assorti la possibilité de créer par la loi d'autres catégories de collectivités territoriales décentralisées ; d'où la communauté urbaine (section 2). On peut joindre à ces ensembles la formation de la coopération décentralisée qui n'est pas une catégorie de collectivités territoriales décentralisées, mais un regroupement de celles-ci.

Section 1 : La commune et la région

Sans hésitation, il peut être affirmé que la commune et la région sont les catégories de collectivités territoriales décentralisées de droit commun, dans la mesure où elles sont les seules que mentionne explicitement le texte constitutionnel. Son article 55 (1) dispose en effet que : *« les collectivités territoriales décentralisées de la république sont les régions et les communes »*. Obéissant aux mêmes règles de fonctionnement, ces deux catégories se marquent par le caractère davantage local et spontané de la commune (paragraphe 1) par rapport à celui parfois artificiel de la région (paragraphe 2).

Paragraphe 1 : La commune

Les communes, catégorie de collectivités territoriales décentralisées, existent bien avant la loi constitutionnelle de 1996. Mais, c'est au profit de cette loi qu'elles ont connu une consécration et une garantie constitutionnelles. Il s'agit alors de présenter l'institution communale, puis son mode de fonctionnement.

A. L'institution communale

La commune est une institution administrative en ce sens qu'elle a une existence légale, qu'elle dispose de droits et d'obligations, et que par ailleurs, il est clairement disposé par le constituant de 1996 que la commune est une personne morale de droit public. Ce même texte normatif met en opposition l'intérêt régional et l'intérêt local, comme pour signifier que la commune tient lieu de collectivité locale.

Une collectivité locale est, au sens strict, différente d'une collectivité territoriale. Elle peut ou non être décentralisée, c'est-à-dire jouir ou non d'une organisation et d'un statut d'entité décentralisée. La commune est une collectivité locale, parce qu'elle est quasiment naturellement constituée et spontanément formée. La base de la collectivité locale est le lien profond qui unit ses populations, à savoir les langues (locales), le lien de sang, la culture, le culte... L'autre spécificité est que son aire géographique est relativement confinée.

Les textes font une assimilation entre la commune et la communauté urbaine, comme étant toutes dans la catégorie de communes. Le régime spécial de la communauté urbaine, ultérieurement présenté, est quand même, pour certains éléments, différent des dispositions qui concernent la commune.

Au demeurant, il est disposé qu'il y a la commune et la communauté d'arrondissement. Il faut convenir que l'absence de différences fait d'elles une seule et même catégorie, à savoir celle de la commune. Avec les lois de 2004, on peut convenir que la distinction commune urbaine/commune rurale n'est plus opératoire. Il n'y a plus que la commune, parfois appelée commune d'arrondissement quand elle est insérée dans une communauté urbaine.

La commune tient également son aspect local de sa localisation. Si la commune est la collectivité territoriale de base et que son ressort territorial est fixé par son acte de création, il faut constater que la commune épouse fidèlement le contour territorial de l'arrondissement.

La commune est créée par décret du président de la République. Le même décret fixe la dénomination, le ressort territorial et le chef-lieu de la commune. Ces éléments peuvent toujours être postérieurement modifiés par un autre décret du président de la République.

B. Institution et fonctionnement de la commune

Une commune peut, après autorisation du conseil régional, être habilitée à gérer le domaine public, tout comme elle peut se constituer un domaine privé propre. Les organes de la commune sont le conseil municipal et l'exécutif communal.

Le conseil municipal est composé de personnes élues par les populations locales. Ces élus locaux sont appelés conseillers municipaux. Leur nombre varie de 25 à 61 conseillers suivant le nombre d'habitants de la municipalité. Le conseil municipal est l'organe délibérant de la commune. Il siège en session extraordinaire ou ordinaire, à raison d'une session ordinaire par trimestre.

L'exécutif communal est constitué du maire et de ses adjoints. Ils sont à l'origine de simples conseillers municipaux. Ils sont élus lors de la première session du conseil municipal convoquée le deuxième mardi suivant la date de proclamation des résultats de l'élection des conseillers municipaux. Ils sont donc élus par les autres conseillers municipaux. Le maire et ses adjoints résident dans la commune. Le nombre d'adjoints va de deux à six, suivant le nombre de conseillers municipaux. Les fonctions de maire sont incompatibles avec celles d'autorité administrative, député ou sénateur, membre du gouvernement, ambassadeur, président des cours et des tribunaux, directeur général…

Les élus locaux ont droit au paiement d'une indemnité de session ou au remboursement des frais que nécessite l'exécution des mandats électoraux. Le maire et les adjoints bénéficient également d'une rémunération et des indemnités fixées par voie réglementaire. Toute désinvestiture du maire ou de l'un de ses adjoints donne droit à l'élection d'un nouveau maire. L'intérim est prévu pour une période de soixante jours précédant le remplacement.

Le maire représente la commune dans les actes de la vie civile en justice. Le maire est l'autorité qui convoque le conseil municipal. Il prépare le budget qu'il propose au conseil municipal, il est l'ordonnateur du budget. Il peut déléguer une partie de ses attributions à ses adjoints. Il recrute, suspend et licencie le personnel régi par le Code du travail. Il est, avec ses adjoints, officier d'état civil. L'exécutif communal est assisté d'un secrétaire général de mairie nommé par le ministre chargé de la Décentralisation. Le maire assure la police municipale.

Paragraphe 2 : La région

L'innovation majeure de la décentralisation constitutionnelle issue de la réforme de 1996 a été l'introduction de la région parmi les collectivités territoriales décentralisées. La région est expressément prévue à l'article 55 de la loi constitutionnelle à côté de la commune, ce qui lui assure une garantie juridique notable. La transformation des provinces, au niveau de la décentralisation, en régions en 2008, augure l'impérieuse mise en place de ces collectivités.

A. Constitution institutionnelle de la région

Il y a d'une part la région dirigée par le gouverneur et considérée comme circonscription administrative dans la déconcentration. Il y a d'autre part la région conçue comme une collectivité territoriale décentralisée.

La loi constitutionnelle de 1996 s'est longtemps attardée sur les régions dans ses articles 55, 56 et suivants. La région est ainsi, comme la commune, une personne morale de droit public chargée de gérer les intérêts régionaux, par opposition aux intérêts locaux. Le même texte procède à une énumération des régions en leur faisant épouser fidèlement les contours des anciennes provinces. Ainsi, la région circonscription administrative et celle collectivité décentralisée s'imbriquent géographiquement. Cette collectivité territoriale semble plus artificielle au regard de son étendue géographique, de son imposition normative et de la mixité des populations qui la composent.

Le président de la République a le pouvoir de créer d'autres régions et de modifier celles désignées par le constituant de 1996.

Les organes de la région sont le conseil régional et le président du conseil régional. L'organe délibérant de la région est le conseil régional dont le mandat est de cinq ans. Étant donné que la région est composée de plusieurs départements, le conseil régional est lui-même constitué de délégués des départements élus au suffrage universel indirect ; il comprend aussi les représentants du commandement traditionnel élus par leurs pairs. Il est dit que le conseil régional doit refléter les différentes composantes sociologiques de la région.

L'exécutif de la région est le président du conseil régional. Il est assisté par un bureau régional élu en même temps que lui, composé de vice-présidents, de questeurs et de secrétaires. Le président du conseil régional est une personnalité autochtone. Il est élu par le conseil, de même que son bureau. Le fonctionnement institutionnel de la région est à plus d'un point pareil à celui de la commune.

B. Le fonctionnement de la région

À la lecture des textes, constat veut que la région soit pourvue d'un organe délibérant : le conseil régional et d'un organe exécutif : le président du conseil régional. Les travaux du conseil régional connaissent la participation des parlementaires de la région avec voix consultative. Les organes de la région sont issus d'élections et ont la charge de défendre les intérêts régionaux. Le conseil régional contrôle l'action de son président, il se prononce sur la politique de développement élaborée par le président du conseil régional. Il tient une session ordinaire par trimestre dont celle budgétaire dans laquelle il vote le budget proposé par le chef de l'exécutif régional. Le conseil régional dispose de quatre (04) commissaires statutaires. Les conseillers régionaux ont droit aux indemnités et au remboursement des frais liés à l'exécution de leur mandat. Comme pour le conseil municipal, la présence d'un représentant de l'État est de droit durant les sessions du conseil régional.

Le président du conseil régional est sur le coup des mêmes incompatibilités que le maire, et même qu'il est rajouté qu'il ne puisse être maire ou délégué du gouvernement, directeur de l'administration centrale, membre des forces de l'ordre, agent et employé de la région, et agent des administrations financières appelées à connaître de la comptabilité et des finances de la région. Il doit résider dans la région ; il est l'ordonnateur du budget. Le chef de l'exécutif régional est assisté par un secrétaire général nommé par le président de la République (à la différence du secrétaire général des communes qui est nommé par le ministre chargé de la Décentralisation).

À la commune et la région, il faut ajouter dans les catégories de collectivités territoriales décentralisées, le cas spécifique des communautés urbaines. Cette catégorie de collectivité bénéficie d'un régime, à plus d'un point, particulier.

Section 2 : La communauté urbaine et la coopération décentralisée

Si la loi constitutionnelle de 1996 n'a énuméré que la commune et la région comme catégories de collectivités territoriales décentralisées, elle s'est également aménagé une porte de sortie en prévoyant que : *« Tout autre type de collectivité territoriale décentralisée est créée par la loi »*. C'est dans ce cadre que s'est constituée la communauté urbaine au statut législatif (paragraphe 1). La législation prévoit également les cas de coopérations décentralisées (paragraphe 2) qui, cela est vrai, ne constituent pas des catégories de collectivités, mais forment des cadres de *« supra communauté »* où s'expriment également la décentralisation territoriale.

Paragraphe 1 : La communauté urbaine

De nombreuses transformations successives ont sans nul doute été fondatrices de la communauté urbaine. À ce moment, on démontrait l'existence de communes à régime spécial et de communes de plein exercice. Cette tendance à isoler dans la catégorie des communes celles considérées comme n'étant pas ordinaires, a influencé la mise sur pied des communautés urbaines dont les spécificités les démarquent des communes dites ordinaires.

A. Spécificités des communautés urbaines

Les communautés urbaines sont bien des collectivités territoriales décentralisées, même si elles sont à certains points différentes des autres. La commune et la région sont des catégories créées par la Constitution, tandis que la communauté urbaine est créée par la loi. Le niveau de création et de garantie fait que la catégorie de la communauté urbaine peut plus aisément être instrumentalisée et même éliminée que celle des régions et des communes.

Du point de vue géographique, il faut constater que la région est un ensemble de départements, tandis que la commune est davantage étalée dans un arrondissement, alors que la communauté urbaine se déploie dans un département. Créée par décret présidentiel, la communauté urbaine a pour siège et ressort territorial, le département chef-lieu de la région. Quelques rares exceptions tenant des fois au contexte historique, politique ou économique fait qu'il y ait des cas différents, telle la communauté urbaine de Nkongsamba, qui n'est donc pas localisée dans le chef-lieu de région. Déjà à l'origine, les communes urbaines à régime spécial, mères des communautés urbaines, n'avaient été créées par la loi n° 74/23 du 05 décembre 1974 portant organisation communale, qu'à Yaoundé, Douala et Nkongsamba.

Autre particularité, à la différence des exécutifs locaux des autres collectivités territoriales décentralisées qui sont élus, l'exécutif de la communauté urbaine est plutôt désigné par le président de la République. Ce qui fait dire au professeur Guimdo Dongmo qu'il s'agit d'une décentralisation autoritaire. Au demeurant, il faut constater que le nombre de communautés urbaines s'est accru en s'étendant sur l'ensemble des grandes métropoles camerounaises, mais aussi que la désignation du chef de l'exécutif de la communauté semble répondre à des exigences de qualifications, au vu des profils des personnalités nommées et des liens sociologiques, puisque ces personnalités sont toujours des autorités originaires de la communauté en question.

B. Organisation et fonctionnement

Les collectivités territoriales décentralisées fonctionnent et sont toutes organisées de la même manière. La communauté urbaine n'y déroge pas. La communauté urbaine est une personne morale de droit public. Elle est constituée d'au moins deux communes portant la dénomination de communes d'arrondissement. Les organes de la communauté urbaine sont le conseil de la communauté urbaine et le délégué du gouvernement auprès de la communauté urbaine.

Le conseil de la communauté urbaine est composé des maires des communes d'arrondissement et de cinq (05) membres désignés par commune d'arrondissement choisis par voie élective parmi les conseillers municipaux.

Le délégué du gouvernement est nommé par décret du président de la République. Il est assisté d'adjoints nommés par arrêté du président de la République.

Le conseil de communauté et le délégué du gouvernement sont respectivement l'organe délibérant et l'exécutif municipal au sein de la communauté urbaine. Leur fonctionnement et prérogatives sont identiques à ceux des autres collectivités territoriales décentralisées. Le délégué du gouvernement exerce de plein droit des attributions dévolues aux maires. D'ailleurs, les maires des communes d'arrondissement sont tenus de communiquer les délibérations du conseil de communauté urbaine à leurs conseils municipaux.

Paragraphe 2 : La coopération décentralisée

Les collectivités territoriales décentralisées peuvent se regrouper entre elles dans le cadre de la coopération décentralisée. Cette coopération peut être internationale. Dans ce cadre, on parle de jumelage et cette coopération peut tenir sous la coupole d'une organisation internationale de villes ou relever d'un accord entre collectivités territoriales décentralisées. Cette coopération peut être nationale et donc, concerner les communes ou les régions.

A. La coopération communale

Il apparaît que la coopération décentralisée nationale ne se fait qu'entre les collectivités territoriales de même catégorie. Ainsi, les communes s'unissent à d'autres communes. Elles se mettent ensemble et établissent une convention par laquelle elles décident de mettre en commun divers moyens pour réaliser des objectifs communs[320]. À la différence de la convention de coopération internationale, celle-ci n'est pas assujettie à l'approbation préalable du ministre en charge des collectivités territoriales.

La coopération communale vise donc la réalisation de certains projets communs par l'association de moyens. Tous les projets ne sont pas mis en commun, mais juste quelques objectifs et les moyens réunis sont exclusivement ceux affectés auxdits projets. C'est dire que la coopération communale n'entraîne que la mise en commun de certains pans et non pas l'ensemble des fonctions des communes. Il ne s'agit donc pas d'une catégorie de collectivités décentralisées, mais juste d'une association d'intérêts agissant pour quelques causes bien déterminées.

La coopération communale peut se décliner en syndicat de communes. C'est la réunion des communes du même département ou de la même région. Pour ce faire, chaque conseil municipal doit se prononcer à la majorité d'au moins deux tiers. Ce qui autorise les maires des communes concernées à

[320] Article 131 de la loi n° 2004/18.

signer une convention portant création dudit syndicat. *« Le syndicat des communes est un établissement public intercommunal, doté de la personnalité juridique et de l'autonomie administrative et financière »* (art. 134). Il est chargé de réaliser des opérations d'intérêt communal et est constitué d'un conseil syndical (les maires et deux conseillers municipaux par commune) et d'un président du syndicat (élu parmi les membres du conseil syndical). Les règles de fonctionnement du syndicat des communes sont les mêmes que celles des communes.

B. La coopération régionale

Comme les communes, les régions ont la latitude d'adhérer à des organisations internationales des régions. Cette adhésion est également soumise à l'approbation préalable du ministre compétent.

Par contre, elles peuvent librement établir une collaboration dans le cadre de la décentralisation avec des régions étrangères. Au niveau national, il leur est possible de collaborer avec d'autres régions dans le cadre d'une convention par laquelle elles décident de mettre en commun des moyens en vue de réaliser des objectifs communs. Les textes ne sont pas plus clairs là-dessus, et il faut observer qu'il n'est pas prévu que les régions établissent une coopération décentralisée entre elles par la création d'un syndicat de régions. L'explication est peut-être que l'union des régions en entité unique peut représenter une menace à l'unité nationale, ceci justifiant alors cela.

CHAPITRE 2 :

LA GESTION DÉCENTRALISÉE AU CAMEROUN

Au-delà de la partition des collectivités territoriales décentralisées, il faut se demander comment elles fonctionnent. Cette entreprise fait recours au régime juridique spécialement dévolu à la gestion décentralisée au Cameroun. Celui-ci peut être subdivisé en aspects strictement juridiques (section 1) qui concernent prioritairement l'allocation des pouvoirs et des compétences, et en aspects économiques et financiers (section 2) qui s'attardent sur la constitution et l'utilisation des ressources financières dans le cadre de la décentralisation territoriale au Cameroun.

Section 1 : Les aspects juridiques

D'une part, il y a les rapports liés au contrôle de tutelle (paragraphe 1) et d'autre part, ceux qui établissent la répartition des compétences (paragraphe 2) dans la décentralisation territoriale.

Paragraphe 1 : La répartition des compétences

La question est qui fait quoi ? Elle n'est pas facile à dissoudre, car il y a à côté de la présomption de l'existence d'affaires locales propres aux collectivités, la difficulté de savoir à quelle collectivité une affaire doit être reconnue. Au principe de subsidiarité, doit être associé la technique positive de l'énumération des matières par les textes et de leur rattachement à une collectivité précise. L'opération s'effectue entre les collectivités prises individuellement et l'État.

A. La répartition entre collectivités territoriales décentralisées

Il existe trois catégories de collectivités territoriales décentralisées qui sont : la région, la commune et la communauté urbaine. En faisant usage des textes, la loi constitutionnelle attribue à la région la gestion des intérêts régionaux dont les domaines sont : l'éducation, le développement économique, le social, le sanitaire, la culture et le sport. Il s'avère que, d'une manière ou d'une autre, ces matières rentrent aussi dans le domaine de compétence de la commune.

La tentative d'établissement des compétences effectuées par le législateur est alors de spécifier le rôle de chaque collectivité dans ces domaines de compétence qu'elles ont en partage.

En matière de tourisme par exemple, la commune aménage les sites touristiques et la région se charge de promouvoir le tourisme. En outre, la commune organise les activités agropastorales, artisanales et piscicoles dans la commune et la région dans la région. La commune a en charge les marchés, gares routières et abattoirs de façon exclusive. La région organise les foires et les salons et la commune organise les expositions commerciales locales. On constate à ce niveau que quand la différence n'est pas faite par le type d'intervention, elle réside dans le niveau géographique de la compétence. Cette méthode est la même employée pour les autres matières. Un champ intéressant est celui de l'éducation. Les communes ont la charge de gérer, créer, équiper et entretenir les écoles maternelles, primaires et préscolaires de la commune. Elles prennent en charge le personnel d'appoint desdites écoles. La seule intervention de la région est faite à titre de soutien. En matière d'éducation, la région se charge spécifiquement des lycées (enseignement secondaire).

La communauté urbaine s'occupe de l'intérêt communautaire. Il est spécifié que le délégué du gouvernement exerce la plénitude des fonctions et des attributions dévolues au maire. Au constat, la subsidiarité joue ici, mais aussi, il existe des domaines où il y a exercice concomitant de compétences entre la commune et la communauté urbaine. Étant donné que la communauté urbaine jouit des compétences de la commune, il ne saurait à loisir avoir de concurrence entre elle et la région. Les principes de la répartition concernent également les collectivités territoriales décentralisées et l'État.

B. La répartition entre collectivités territoriales décentralisées et l'État

La décentralisation est un transfert des compétences étatiques aux collectivités infra étatiques. Pour autant, dans la décentralisation, tout n'est pas transféré. Il existe des domaines et compétences intransférables, qui sont donc maintenus sous la gestion étatique. Il s'agit des activités régaliennes, de l'exercice de l'activité législative ou de pouvoir constituant ; du pouvoir judiciaire ou des compétences de souveraineté telle la capacité d'engager l'État à l'extérieur, ou encore le pouvoir militaire.

Dans ce cadre, il est procédé à une répartition par division rigide en séparant clairement les compétences étatiques de celles des collectivités territoriales décentralisées. Cette séparation est également le fait de la nature même de l'intervention dans un champ prédéterminé : par exemple, nous avons des répartitions des routes avec notamment les routes nationales et les routes communales. Les répartitions de compétence sont ici claires au niveau de l'entretien, quoique la construction des routes incombe à l'État.

Des difficultés se présentent lorsque, pour la même matière, il est reconnu une dualité de compétences. Quand le texte ne fait pas de précision là-dessus, il revient de déterminer les compétences à partir de la subsidiarité. Néanmoins, les textes essayent tant bien que mal d'indiquer et de préciser les rôles spécifiques de chacun dans ces domaines mixtes. L'exemple de l'éducation est illustratif. Les collectivités territoriales décentralisées se chargent de créer les écoles (communes) et les lycées (communauté urbaine) de les gérer, d'assurer la fourniture du matériel et de rémunérer le personnel d'appoint, tandis que l'État va intervenir pour l'établissement des programmes d'enseignement et s'occupe seul de recruter, former, affecter et rémunérer les enseignants et les cadres administratifs. Cette mixité est parfois voulue par l'exigence du contrôle de tutelle.

Paragraphe 2 : Le contrôle de tutelle

La reconnaissance du pouvoir de s'administrer librement est toujours accompagnée pour les collectivités territoriales décentralisées, d'un contrôle de tutelle. Au Cameroun, la tutelle emprunte largement une forme administrative, quoiqu'il existe quelques voies d'exercice de la tutelle par recours au juge administratif.

A. La forme administrative de la tutelle

Il n'y a pas de tutelle d'une collectivité territoriale décentralisée sur une autre. Les articles 10 et 60 de la loi d'orientation du 22 juillet 2004 indiquent clairement que « *l'État assure la tutelle sur les collectivités territoriales* ». L'alinéa 2 de l'article 60 précise que les pouvoirs de tutelle sont exercés, sous l'autorité du président de la République, par le ministre en charge des collectivités territoriales et par le représentant de l'État dans la collectivité territoriale décentralisée. Cette énumération non limitative fait apparaître l'existence de trois niveaux de la forme administrative de la tutelle, constitués par les trois types d'autorités :

- le représentant de l'État est le gouverneur pour la région et le préfet pour la commune. Ils peuvent se faire représenter. Ils doivent impérativement recevoir transmission des actes pris par l'organe délibérant de la collectivité territoriale pour que ces actes soient exécutoires : c'est le contrôle a priori. Le représentant de l'État peut en demander une seconde lecture. Pour autant, les actes pris par l'exécutif de la collectivité sont immédiatement exécutoires et ne sont contrôlés qu'a posteriori. Tous les actes mettant en jeu les finances de la collectivité (budget, emprunts, marchés publics...) sont soumis à l'approbation préalable dudit représentant, tout comme la validation des plans de développement. À part le pouvoir d'approbation, le représentant de l'État a le pouvoir d'annuler les actes manifestement illégaux de la collectivité territoriale décentralisée ;

- le ministre en charge des collectivités territoriales a le pouvoir de suspendre le conseil municipal pour une période ne pouvant excéder deux mois[321]. Il peut également suspendre l'exécutif municipal pour une période n'excédant pas trois mois, tout ceci par voie d'arrêté ministériel ;
- le président de la République peut, par décret, dissoudre le conseil municipal (art. 46) et révoquer un maire (art. 94). Pour la région, le président de la République peut suspendre le conseil régional et/ou le président et le bureau du conseil régional. La suspension n'excède pas deux mois. Il peut, après avis du Conseil constitutionnel, dissoudre un conseil régional ou destituer un exécutif régional. En cas de suspension ou de dissolution de l'organe délibérant de la collectivité territoriale décentralisée, il est constitué par décret présidentiel une délégation spéciale organisée par le président de la République pour la région et par le ministre en charge des collectivités pour les communes. La délégation spéciale ne gère que les affaires courantes. Elle disparaît dès que la situation revient à la normale.

B. Les résiduels recours au juge

Contrairement au cas français où la tutelle sur les actes consiste plus à saisir le juge administratif, le droit camerounais maintient une tutelle forte. Le gouverneur et le préfet, selon les cas, sont chargés de constater les illégalités et de déférer ces actes illégaux des collectivités territoriales décentralisées au juge. L'autorité de tutelle effectue donc la constatation administrative et soumet la question au juge. Néanmoins, elle dispose encore du pouvoir d'annuler certains actes, dont ceux manifestement illégaux et ceux impliquant une urgence à agir.

Au Cameroun, le représentant de l'État est fondé à directement annuler les actes manifestement illégaux, notamment en cas de voie de fait. Dans le cas contraire, il doit saisir le juge administratif quand il estime qu'un acte est illégal, dans un délai d'un mois, à compter de la réception de l'acte querellé. Le juge a lui-même un mois pour se prononcer sur la question. Toutefois, la juridiction administrative peut accorder un sursis à exécution de l'acte attaqué dans les quarante-huit heures quand cet acte est de nature à compromettre l'exercice d'une liberté publique ou individuelle (art 71 s).

À ces aspects juridiques de la décentralisation, il faut ajouter la sphère des compétences économiques et financières (section 2) pour avoir une vue d'ensemble sur la gestion décentralisée au Cameroun.

[321] Art. 46 loi commune de 2004.

Section 2 : Les aspects économiques et financiers

Le principe d'autonomie dans la décentralisation s'étend au domaine financier. Les collectivités territoriales décentralisées ont un fonctionnement et des actions qui présentent un coût. D'où l'élaboration d'un budget propre par ces collectivités publiques décentralisées en vue de faire face à leurs obligations. Les dépenses sont ordonnées par le chef de l'exécutif de la collectivité territoriale décentralisée, tandis que le budget est voté par l'assemblée délibérante. Ce budget est alimenté par le transfert des ressources par l'État (paragraphe 1) et par la production de financements propres dans la collectivité territoriale décentralisée (paragraphe 2).

Paragraphe 1 : Le transfert des ressources par l'État

Les collectivités territoriales décentralisées sont des démembrements de l'État. Situées dans l'État, il incombe à ce dernier de pourvoir à certains besoins de ces collectivités, encore que les populations locales sont partie intégrante de la population nationale. Le reproche qui peut être fait à ce mode de constitution de ressources des collectivités territoriales décentralisées est qu'il accorde un droit de regard à l'État et diminue l'autonomie du bénéficiaire des fonds. Ce transfert de ressources reste organisé par un principe directeur pour des ressources particulières.

A. Le principe directeur

Il est repris par l'article 7 de la loi d'orientation de la décentralisation de 2004 : « *Tout transfert de compétence à une collectivité territoriale s'accompagne du transfert, par l'État à celle-ci, des ressources et moyens nécessaires à l'exercice normal de la compétence transférée* ».

Ce principe tient compte de ce qu'à l'origine, lesdites compétences étaient exercées par l'administration d'État et que cette dernière a toujours perçu les fonds nécessaires à leur exercice. Dès lors, il serait irresponsable et inconcevable de transférer une compétence à une autre collectivité sans lui donner les moyens de l'assurer. Ainsi, chaque compétence transférée doit l'être avec les crédits, mais aussi les services correspondant à son exercice. De même, s'il advenait que les interventions de la collectivité dans la matière transférée venaient à être augmentées, il faudrait à due concurrence augmenter les ressources y afférentes.

Le transfert des ressources ne s'effectue donc pas de manière hasardeuse. Les ressources transférées sont prédéterminées et transférées à partir de la dotation budgétaire globale, et sur la base des ressources attachées à la compétence ministérielle transférée.

B. Les ressources transférées

La constitution des finances locales par transfert des ressources est complexe à appréhender. Il s'agit de déterminer l'assiette des prélèvements, le mode de transfert et l'irrévocabilité de ce dernier.

Les collectivités territoriales décentralisées bénéficient d'une dotation budgétaire de la part de l'État. Ce concours financier relevant d'une dotation générale de fonctionnement et d'une dotation générale d'équipement est versé au FEICOM, pour tenir lieu de subventions de l'État aux activités des collectivités territoriales décentralisées. Des prélèvements spécifiques sont également constitués au titre des centimes additionnels communaux. Ces prélèvements sont notamment les contributions des patentes (payées suivant le chiffre d'affaires et concernent davantage les commerces aux chiffres d'affaires supérieurs à 15 millions), les contributions des licences (pour les débits de boisson) et la taxe foncière. Ces centimes additionnels communaux sont perçus sur le territoire de la commune en priorité par l'administration fiscale d'État qui doit les reverser au FEICOM. Ce dernier doit à son tour les mettre à la disposition de la collectivité concernée. D'autres ressources sont directement prélevées par les collectivités territoriales décentralisées.

Paragraphe 2 : Les ressources propres

Deux catégories de ressources sont ici indiquées. On a d'une part les impôts locaux, et d'autre part ce qui peut être appelé fonds reçus, dont les montants ne sont pas de moindre importance.

A. Les impôts locaux

Il est possible au conseil municipal et au conseil régional de créer par délibération des impôts. La typologie de ces impôts est préalablement déterminée par la loi. Il peut s'agir du produit de l'exploitation du domaine et des services communaux, de l'impôt libératoire versé par les commerçants. Il s'agit aussi de redevances forfaitaires pouvant englober : la taxe d'eau et la taxe d'électricité, où la collectivité supporte la charge de leur fourniture, et la taxe d'hygiène qui concerne prioritairement l'enlèvement d'ordures ménagères.

D'autres impôts pouvant être prélevés par les services existants : notamment la taxe d'abattage, les droits de fourrière, la taxe d'inspection sanitaire, les droits de place dans les marchés, la taxe de stationnement, les droits sur les permis de bâtir, les droits de timbre, la taxe sur la publicité, les droits de stade, la taxe sur les spectacles, les droits d'occupation temporaire de la voie publique, les droits d'occupation des parcs de stationnement. Au constat, les impositions locales peuvent ne pas être les mêmes pour toutes les collectivités dépendant ainsi des spécificités qu'elles présentent. C'est le cas de la redevance forestière qui n'est créée et perçue que pour les collectivités disposant de forêts exploitables.

B. Les fonds reçus

D'autres ressources sont directement perçues par les collectivités territoriales décentralisées. Des accords de partenariat internationaux peuvent contenir des volets financiers. Les collectivités territoriales décentralisées sont libres d'y consentir, sauf s'il est question d'un emprunt, qui lui, est assujetti à l'approbation préalable de l'autorité de tutelle.

Les collectivités territoriales décentralisées tirent également leurs ressources des dons et legs qui sont effectués à leur profit. La seule condition est que le bénéfice de ces dons et legs nationaux et internationaux ne fasse pas peser sur la collectivité une charge insupportable ou qu'ils soient assortis de conditions inacceptables. Les dons et les legs sont acceptés par délibération de l'assemblée délibérante de la collectivité territoriale décentralisée.

À titre de précision terminale, il faut dire que les deniers des collectivités territoriales décentralisées sont des deniers publics. Cela impose un contrôle financier exercé par l'État. Par ailleurs, la comptabilité des communes est tenue à la disposition des organismes de contrôle de l'État.

TITRE III :

LE RÉGIME BUDGÉTAIRE ET COMPTABLE DES COLLECTIVITÉS TERRITORIALES DÉCENTRALISÉES

Dans la décentralisation territoriale, le constituant camerounais a consacré deux catégories de collectivités territoriales décentralisées, à savoir la région et la commune. Ces deux collectivités territoriales décentralisées bénéficient du transfert de compétences étatiques et donc de moyens y relatifs. Les moyens ici sont matériels, humains et financiers. Les implications à ce niveau sont profondes quant à l'autonomie financière des collectivités territoriales, car elle est fortement marquée par le droit de regard de l'État et même la dépendance aux ressources étatiques. Cette influence concerne le budget et la comptabilité desdites collectivités.

Le budget est l'ensemble des comptes décrivant les ressources et charges de l'État, des collectivités ou établissements publics. La comptabilité est pour sa part décrite comme la technique de mesure de l'activité d'un agent économique ou encore l'ensemble des comptes d'un agent économique. En fait, quand il s'agit de personnes publiques, on parle de comptabilité publique pour désigner la comptabilité que tiennent ces personnes pour enregistrer leurs recettes et leurs dépenses. Le lien est insoluble entre le budget des personnes publiques et leurs comptabilités, parce qu'autant le budget permet la constitution des ressources et leurs allocations, autant la comptabilité conduit à l'enregistrement et au système d'exécution du budget. Il y a aussi une connexité d'acteurs et de règles entre le budget et la comptabilité publique.

Des entités publiques sujettes aux règles publiques budgétaires et comptables, il faut compter l'Etat et les entités décentralisées dont les collectivités territoriales décentralisées.

S'agissant des collectivités territoriales décentralisées, leurs budgets et leurs comptabilités s'inscrivent dans le cadre des finances locales.

Le principe d'autonomie, propre à la décentralisation, s'étend au secteur budgétaire et comptable. Il signifie le transfert de ressources devant accompagner le transfert de compétences, la constitution de ressources propres et surtout la liberté de leur gestion.

À titre d'observation, les finances locales demeurent fortement centralisées. Cette centralisation se manifeste par :

- le poids des concours financiers de l'État ;
- l'existence de contraintes législatives et réglementaires importantes ;
- l'intervention directe de l'État fort significative.

L'ensemble de ces constatations relèvent non seulement de l'observation, mais aussi de l'analyse des textes juridiques régissant les questions budgétaires et comptables des collectivités territoriales décentralisées dans la République du Cameroun. Pour les textes, il s'agit des textes généraux que sont la Constitution et les lois de 2004 sur la décentralisation. Spécifiquement, il faut s'intéresser à la législation financière de l'Etat et à celle concernant directement les collectivités territoriales décentralisées.

La législation financière de l'Etat s'impose à tous les sujets de droit de l'Etat et donc à l'Etat lui-même, comme aux autres collectivités publiques. Elle indique ou exclut ce qui est de la compétence étatique, ou détermine les interventions de l'État au bénéfice des collectivités territoriales décentralisées. Ce sont surtout les lois de finances, les décrets y relatifs et la loi n° 2007/006 du 26 décembre 2007 portant régime financier de l'État qui sont ici concernées. La législation financière des collectivités est du reste des plus riches. Elle relève de textes spécifiques ou généraux dont des dispositions ont la particularité de porter formulation de dispositions budgétaires et comptables pour les régions et les communes. La plus représentative est la loi n° 2009/011 du 10 juillet 2009 portant régime financier des collectivités territoriales décentralisées. Il faut y joindre le décret de 2000 portant réorganisation du FEICOM et le décret de 2009 portant sur les modalités d'évaluation et de répartition de la dotation générale de la décentralisation.

L'appréhension du budget et de la comptabilité des collectivités territoriales décentralisées relève donc de la combinaison des textes en vigueur et de leur analyse. Leur lecture laisse entrevoir la formulation de principes budgétaires et comptables des collectivités territoriales décentralisées (chapitre I), la formation budgétaire et comptable (chapitre II) dont la complexité est avérée par la persistance de la dépendance à l'État. Et enfin, la garantie du respect des obligations comptables et des principes budgétaires par l'aménagement juridique d'un contrôle financier (chapitre III) aux aspects variés.

CHAPITRE 1 :

LES PRINCIPES BUDGÉTAIRES ET COMPTABLES DES COLLECTIVITÉS TERRITORIALES

Le principe est une loi générale régissant une matière ou un domaine. En droit budgétaire et comptable public, il existe plusieurs lois générales ou principes. La particularité première réside dans leur formulation parce qu'en général, ils sont d'origine législative, quoique certains soient rattachés à la Constitution, voire aux traités et à l'office du juge. La seconde particularité est l'imbrication, car liée aux finances publiques, les principes budgétaires irriguent la comptabilité publique.

Pour les finances locales, les fondements constitutionnels et jurisprudentiels des principes en vigueur sont discutables parce qu'ils sont largement d'origine législative. Par contre, leur transversalité liant l'élément budgétaire à celui comptable demeure. Ainsi, certains principes sont fondamentalement budgétaires (section 1) tandis que d'autres sont fortement comptables (section 2).

Section 1 : Les principes budgétaires

La Constitution camerounaise comporte une seule disposition tenant lieu de principe budgétaire. Il s'agit de son article 18(a) repris par l'article 23(a). Cette disposition traite de l'équilibre entre les charges et les ressources, dans le souci d'équilibrer le budget. Pour le reste des principes, ils émanent du traité et de la loi. Ces principes déjà consacrés pour l'État et dont les uns sont classiques (paragraphe 1), alors que les autres sont identifiés comme étant plutôt modernes (paragraphe 2), ont été intégralement repris au niveau des collectivités territoriales décentralisées.

Paragraphe 1 : Les principes classiques

Sont considérés comme classiques les principes qui sont apparus en premier lieu et ont traditionnellement fondé le contrôle sur l'élaboration et l'exécution du budget. C'est ainsi que certains principes sont relatifs à la présentation du budget (A) et d'autres sont attachés au contenu du budget (B).

A. Les principes liés à la forme

Le budget est un document juridique et financier. En tant que tel, il est un document prévisionnel, car il s'agit d'y concevoir et inscrire les chiffres attendus qui ne sont pas encore réalisés. L'assise du budget est donc la projection économique. Ce qui est à retenir est qu'il est un document et ce fait conduit aux exigences de forme dont les principes sont : l'unité, l'annualité et la spécialité.

1. Le principe d'unité

En France, l'ordonnance de 1959 disposait dans son article 18 que « *toutes les dépenses et recettes sont imputées à un compte unique intitulé budget général* ». La règle a été reprise et appliquée pour le budget de l'État et pour celui des collectivités territoriales décentralisées. Le principe d'unité budgétaire signifie que l'ensemble des dépenses et des recettes doit être regroupé dans un document unique. Il s'agit d'établir un document synthétique indiquant les recettes et les dépenses, plutôt que de les disséminer dans divers documents. Ce principe facilite le contrôle, permet de mieux vérifier l'équilibre budgétaire et d'effectuer le rapprochement entre exécution et prévision.

Il n'y a pas de consécration expresse du principe d'unité budgétaire pour les collectivités territoriales décentralisées. Mais l'interprétation des articles 4, 6 et 7 de la loi portant régime financier des collectivités territoriales décentralisées de 2009 y autorise. L'article 4 dispose que ce document présente l'ensemble des programmes. Il serait donc unique. L'article 6 rend applicable à ces collectivités le régime financier de l'État et donc, notamment le principe d'unité consacré pour l'État. L'article 7 énonce que le budget comprend deux parties : les recettes et les dépenses, il n'y a donc pas deux documents (voir aussi article 33).

À titre d'édulcoration, il faut, à partir de la législation, distinguer le budget principal et les budgets annexes. « *Des budgets annexes sont établis pour les services publics régionaux ou communaux dotés de l'autonomie financière, mais sans personnalité morale* » (art. 51(1)). Ces budgets retracent les opérations des activités de production de biens ou de prestations de services donnant lieu à paiement d'un prix. Aussi, le budget principal concerne les opérations administratives alors que les budgets annexes sont voués aux opérations industrielles et commerciales.

2. Le principe d'annualité

Il signifie que le budget est voté chaque année et uniquement pour une année. L'année budgétaire est de douze (12) mois et à son terme, un bilan est dressé. Ce qui permet une régularité du contrôle pour une échéance d'exécution temporellement contenue. Pour les collectivités territoriales décentralisées, l'annualité est consacrée à l'article 3 de la loi portant sur leur régime financier : « *l'exercice budgétaire couvre une année civile* ».

Des exceptions existent. Le principe d'annualité est atteint par la pluri annualité qui est fondée sur le pilotage global et étalé de certains projets locaux. C'est le cas des financements par les contrats de désendettement pour le développement (C2D) et des contrats de villes porteurs de projets de développement réalisés sur plus d'une année civile.

Par ailleurs, la loi accorde une période complémentaire allant du 1er au 31 janvier de l'année suivante aux collectivités pour clôturer l'exercice précédent ce qui est un rajout d'un mois.

3. Le principe de spécialité

Le budget est un document dont les écrits sont organisés en rubrique. Ainsi, l'autorisation de dépenser n'est pas globale, elle est segmentée. Le principe est que le budget est voté par chapitre et cette option permet de fractionner le budget, mais de l'intérieur, en spécifiant les objets de l'autorisation. Le corollaire de la spécialité est la règle de la non-affectation des recettes. Aussi l'article 34(3) dispose qu'aucune recette précise ne peut être affectée à une dépense particulière, sauf en ce qui concerne certaines ressources affectées dès leur origine. Par la spécialité, tout crédit voté pour une dépense déterminée ne peut être utilisé que pour les besoins y correspondant (art. 37). Ainsi, la liberté des ordonnateurs se retrouve restreinte.

Pour autant, il existe deux dérogations : le virement de crédits opéré de chapitre à chapitre et le virement de crédit d'article à article ou de paragraphe à paragraphe. Quand la modification s'opère entre chapitres, le chef de l'exécutif doit obtenir l'avis favorable de l'organe délibérant par délibération et l'approbation de l'autorité de tutelle compétente. Pour les autres virements, il les effectue de manière discrétionnaire.

Toutefois, les virements de crédits de la section ''investissement'' à la section ''fonctionnement'' sont interdits, et le montant cumulé des crédits ayant fait l'objet de virements ne doit pas dépasser 5 % des crédits votés.

B. Les principes liés au fond

Les principes budgétaires classiques concernés ont trait au contenu du budget. Ces principes s'appliquent au caractère du budget, puis à l'universalité et à l'équilibre budgétaire.

1. Relativement au caractère, le budget doit être neutre. Comme celui de l'Etat, le budget des collectivités est objectivement obligé pour ne pas porter préjudice au principe d'égalité. La neutralité fait aussi recours au budget non interventionniste, même si la tendance à l'instrumentalisation du budget se répand de plus en plus. De même, le budget est improductif, car les collectivités territoriales décentralisées ne doivent pas se comporter comme des agents économiques.

2. Le principe d'universalité est formulé à l'article 34 de la loi sur le régime financier des collectivités territoriales décentralisées. Il signifie que le budget est un tout et donc, qu'il doit retracer l'ensemble des recettes et des dépenses, même celles qui paraissent être des détails. Aussi, le montant intégral des recettes prévues et des dépenses à effectuer doit être inscrit au budget. Pour ses déclinaisons, l'universalité s'attache comme la spécialité, à la non-affectation des recettes. Elle s'attache par ailleurs à la non-contraction, qui interdit les synthèses pour ne pas obstruer le contrôle.

3. Le principe d'équilibre budgétaire est également lié au fond. Il est sous-tendu par le principe de dualité suivant lequel le budget se présente en recettes et en dépenses. Les sections et les chapitres sont organisés de la sorte. Seulement, il n'y a pas d'arbitraire dans leur répartition, les recettes et les dépenses devant s'équilibrer : c'est le principe d'équilibre budgétaire. Ce principe proscrit d'une part le déficit budgétaire et d'autre part l'excédent budgétaire. Les atteintes à l'équilibre du budget des collectivités sont à ce jour peu recensées.

Les principes budgétaires classiques se sont vus associer à d'autres qui marquent l'accroissement de l'exigence de légalité en matière d'élaboration et d'exécution du budget (paragraphe 2).

Paragraphe 2 : les principes modernes

Des principes nouveaux ont été formellement introduits dans le droit public financier. En matière budgétaire, celui en partage entre l'État et les collectivités territoriales décentralisées est la sincérité budgétaire (A). Un autre, propre aux collectivités, est le réalisme budgétaire (B).

A. Le principe de sincérité

Il a la même signification que pour l'État, avec des variations dans les implications. L'article 4 (8) de la loi du 11 juillet 2018 portant régime financier de l'État dispose que « *les budgets des administrations publiques présentent de façon sincère l'ensemble de leurs recettes et dépenses. Leur sincérité s'apprécie compte tenu des informations disponibles au moment de leur élaboration et des révisions qui peuvent raisonnablement en découler* ». Ce principe induit l'information vraie et la non-dissimulation de données pouvant conduire, en cours d'exercice, à faire modifier le budget.

L'article 38 de la loi portant régime financier des collectivités territoriales décentralisées énonce l'obligation de sincérité sans en donner le contenu. Cela conduit à y transposer le contenu de ce principe tel que présenté pour le budget de l'État. Aussi, il y a une obligation de détail total des informations données, de l'inscription des recettes et dépenses entièrement envisagées, et de la prise en compte des paramètres conjoncturels. Au niveau national, cette obligation incombe à l'exécutif vis-à-vis du parlement. Au niveau local, la sincérité budgétaire incombe au chef de l'exécutif. Ce principe permet le contrôle de l'organe délibérant, de l'autorité de tutelle et des organes nationaux de contrôle.

B. Le principe de réalisme

Ce principe n'est applicable qu'au niveau des collectivités territoriales décentralisées. Comme la sincérité, le réalisme budgétaire s'applique au stade de l'élaboration du budget. Il s'agit de discipliner les budgets, car si les collectivités peuvent concevoir des budgets ambitieux, il est toujours impératif d'avoir en vue les ressources disponibles et les charges grevant le budget.

La menace est le budget gadget, ou encore l'effritement de l'équilibre et de la spécialité. Pour ce faire, le législateur a émis le principe de réalisme dont le fondement est l'application des ratios. À la lecture de l'article 39 de la loi sur leur régime financier :

1. les prévisions des dépenses d'investissement doivent être fixées à un taux minimum de 40 % des dépenses totales ;
2. les prévisions des dépenses de fonctionnement ne doivent pas excéder le taux de 60 % des dépenses totales ;
3. les dépenses de personnel ne doivent pas excéder 35 % des dépenses de fonctionnement.

En cas de budget déséquilibré ou non réaliste, l'autorité de tutelle peut d'office modifier le budget. Cette surveillance administrative est également renforcée dans les principes comptables (section 2).

Section 2 : Les principes comptables

La proximité entre le droit budgétaire et le droit de la comptabilité publique est affirmée par leur incrustation simultanée dans les finances publiques. Il se fait que les deux domaines et cadres d'intervention ont trait à la manipulation des fonds publics. Leur rattachement est perceptible dans la présentation de leur principe, car les obligations faites en matière budgétaire sont applicables pour la comptabilité. Il en est ainsi, que la collectivité concernée soit l'Etat ou une collectivité publique infra étatique. C'est le cas des collectivités territoriales décentralisées. Toutefois, il existe deux principes qui se greffent davantage à la gestion comptable, à savoir le principe de séparation des ordonnateurs et des comptables (paragraphe 1) et le principe d'unité de caisse (paragraphe 2) dont la portée n'est pas des moindres dans l'appréhension de l'autonomie financière des collectivités.

Paragraphe 1 : Le principe de séparation des ordonnateurs et des comptables

Le lien avec la matière budgétaire est que ce principe concerne la phase d'exécution du budget arrêté. L'exécution dont il est question est le fait d'autorités publiques. Ce principe a alors pour objet de réguler les rapports entre ces différentes autorités pour garantir la bonne exécution du budget. Le principe de séparation est ainsi inscrit dans la comptabilité publique parce qu'il est institué pour assurer l'exécution correcte des dépenses et des recettes (A). Il procède à la mise en exergue de l'identification des fonctions pour déterminer clairement les rôles et les responsabilités (B).

A. Le contenu du principe

Le principe de la séparation des ordonnateurs et des comptables est un principe de distinction des fonctions. La segmentation est faite entre la phase de la décision de dépenser ou de percevoir une recette qui revient à l'ordonnateur et la phase d'exécution de la dépense ou la phase de recouvrement de la recette qui incombe au comptable.

Il y a donc par la séparation des autorités, séparation de leurs fonctions avec d'une part la phase administrative de prise de décision, et d'autre part, la phase comptable de l'exécution de la décision. Ainsi, ces deux activités se différencient, de même que leurs autorités. Il est indiqué de dire que l'ordonnateur jouit d'une compétence d'opportunité alors que le comptable est restreint à la régularité.

Ce principe signifie aussi que les fonctions d'ordonnateur sont incompatibles avec celles de comptable. « *Une autorité ne peut pas à la fois être ordonnateur et comptable, parce que d'abord, il s'agit d'accomplir des tâches divisées et ensuite, que cette réunion mettrait à mal le contrôle* ».

L'interprétation à en faire est que le principe de séparation des ordonnateurs et des comptables

- fait une distinction des fonctions dans l'exécution du budget ;
- donne des prérogatives distinctes aux autorités concernées ;
- rend incompatible le cumul des fonctions d'ordonnateur et de comptable ;
- implique le contrôle.

Le contrôle est davantage effectué par le comptable public, dont la fonction induit la vérification de la régularité, qui est la conformité des décisions de l'ordonnateur aux lois et règlements. En définitive, ce principe de séparation vise la distinction des fonctions, la mise en jeu des responsabilités et la transparence dans l'exécution du budget.

À titre d'exception à la séparation, pour les dépenses, le comptable peut en effectuer sans avoir reçu au préalable d'ordre direct de l'ordonnateur. L'exemple du paiement sur présentation de titres de créance peut ici être repris. Pour les recettes, il y a des assouplissements à la séparation en matière d'impôts indirects, à côté de la possibilité pour le comptable de recouvrer des recettes modiques sans ordonnancement.

Le principe de séparation est actuellement applicable aux collectivités territoriales décentralisées en vertu de la combinaison des articles 55, 60 et 65 de la loi portant sur leur régime financier. L'article 65 procède à la distinction de la phase administrative incombant à l'ordonnateur de la phase comptable relevant du comptable. Ce texte permet aussi d'identifier les autorités concernées (B).

B. Les autorités concernées

Par le principe de séparation, deux sortes d'autorités publiques sont interpellées : l'ordonnateur et le comptable.

L'ordonnateur est l'autorité gestionnaire des crédits publics, et donc en l'occurrence, celle chargée de faire exécuter le budget. En conformité avec les lois de 2004 sur la décentralisation, la loi sur le régime financier de 2009 désigne expressément les ordonnateurs suivant la nature de la collectivité territoriale décentralisée. Ce sont le maire (commune), le président du conseil régional (région), le délégué du gouvernement (communauté urbaine) et le président du syndicat des communes.

Ces autorités ont pour points communs qu'elles sont d'une part les chefs des exécutifs de ces collectivités et d'autre part, qu'elles en sont les plus hautes autorités. Il s'agit donc d'ordonnateurs principaux définis comme l'autorité la plus haute habilitée à représenter et à engager financièrement une collectivité.

Pour les collectivités territoriales décentralisées, il n'y a pas d'ordonnateurs secondaires (autorité déconcentrée ayant reçu délégation pour réaliser des opérations budgétaires). Mais il est possible de recourir aux ordonnateurs spéciaux et délégués. L'ordonnateur délégué est l'autorité qui a reçu délégation pour effectuer des opérations budgétaires. Il s'agit d'un adjoint au chef de l'exécutif ou d'un membre de l'organe délibérant. L'ordonnateur spécial est celui appelé à remplacer l'ordonnateur principal. Il s'agit de la délégation spéciale ou de l'intérim en cas de décès, démission ou révocation de l'ordonnateur principal. Ce dernier dispose de pouvoirs retreints.

Le comptable est l'autorité qui perçoit et paye les dettes de la collectivité publique. Les collectivités sont dotées de postes comptables autonomes créés par arrêté du ministre des Finances (art 56 (1)). Cette donnée modifie le décret de 1994[322] qui confiait cette responsabilité au ministre de l'Administration territoriale. Cette évolution tend vers la spécialisation de la fonction, mais maintient l'atteinte à l'autonomie même si la tutelle le justifie, car ces agents sont à des postes « autonomes » de l'emprise des autorités locales.

Le comptable est dénommé ''receveur'' (municipal ou régional). À la différence du texte de 1994 qui faisait la part belle aux personnels de l'État, désormais, le receveur est prioritairement nommé parmi les personnels des collectivités territoriales décentralisées et seulement par défaut, sont nommés les personnels civils et financiers de l'État (art 58). La nomination est conjointement effectuée par les ministres chargés des collectivités territoriales et des finances. Les comptables des collectivités sont des agents publics régulièrement préposés aux comptes et/ou chargés de la garde et du maniement des fonds et valeurs (art 97). Étant donné qu'il s'agit de fonds publics, les comptables sont assermentés et doivent annuellement rendre compte de leur gestion. Des autres principes de la comptabilité publique, il faut s'appesantir sur celui d'unité de caisse (paragraphe 2).

Paragraphe 2 : Le principe d'unité de caisse

D'autres principes s'appliquent à la comptabilité des collectivités territoriales décentralisées. C'est le cas de l'annualité et de la sincérité dont le contenu se greffe à celui présenté dans les principes budgétaires. Par contre le principe d'unité ou d'unicité de caisse est propre à la comptabilité. Il s'agit de l'appréhender (A) et ensuite, de voir les règles y relatives (B).

A. La signification

Le principe d'unité de caisse ou de trésorerie tel que présenté par le professeur Raymond Muzellec, revient d'une part au dépôt des fonds disponibles dans la caisse de l'État et d'autre part, à la gratuité de ce dépôt.

Il explique que les collectivités doivent remettre tous leurs fonds à un compte ouvert auprès du Trésor. Les fonds déposés ne produisent aucun intérêt et l'État ne perçoit aucune rémunération pour cette opération.

C'est un décret de 1862 qui a introduit ce principe en France. Il a été repris par l'ordonnance de 1959 dont l'article 15 dispose que *« toutes les dépenses et recettes sont imputées à un compte unique intitulé budget général »*. Cela est applicable pour l'État comme pour toutes les autres personnes morales publiques telles les collectivités territoriales décentralisées. La formulation de l'unité de caisse est l'œuvre actuelle de la loi portant régime financier de l'État de 2018. Son article 79(1) dispose que « *les ressources publiques sont toutes, quels qu'en soient la nature et l'attributaire, encaissées et gérées par des*

[322] Décret n° 94/232 du 05 décembre 1994 précisant le statut et les attributions des receveurs municipaux.

comptables publics. Elles sont versées et conservées dans un compte unique ouvert au nom du Trésor à la banque des États de l'Afrique centrale » et aucune dérogation, sous peine de nullité, n'est admise. Cette option s'accompagne de certaines règles spécifiques (B).

B. Les règles applicables

Le principe d'unité de caisse oblige tous les comptables publics. Il procède à une centralisation des opérations comptables (encaissement, décaissement) dans un compte unique à la banque centrale par le circuit du Trésor public (art 79). L'une des particularités pour les collectivités est le mutisme des textes les régissant, et c'est dans le régime financier de l'État que cette règle est exposée. Le problème qui est à relever a trait à l'atténuation réelle de l'autonomie financière, parce que l'autonomie budgétaire est fortement compromise quoique la tutelle soit renforcée et que l'implémentation de la solidarité nationale est plus opératoire grâce à ce principe.

La rigidité de ce principe s'étend à l'interdiction pour les collectivités territoriales décentralisées d'ouvrir un compte bancaire ou postal, ou de faire des prêts ou des avances à une autre collectivité publique. L'État par le FEICOM peut toujours répondre à de telles demandes[323], tout comme la tutelle de fait d'une collectivité sur une autre est par là neutralisée.

En guise de précision, la comptabilité générale de l'État se fonde sur la constatation des droits et obligations conformément au plan comptable général. « *Les opérations sont prises en compte au titre de l'exercice auquel elles se rattachent, indépendamment de leur date de paiement ou d'encaissement* ». Ce système est intégralement repris pour les collectivités territoriales décentralisées[324]. La comptabilité générale des collectivités est tenue selon le système de la partie double, qui est une technique consistant en un double enregistrement. Toute transaction est enregistrée au moins sur deux comptes dont l'un est la contrepartie de l'autre avec comme règle l'égalité des ressources et des emplois, le total des débits devant équivaloir au total des crédits.

À la comptabilité générale sont jointes la comptabilité budgétaire et celle analytique. La comptabilité générale relève du comptable, la comptabilité analytique de l'ordonnateur, tandis que la comptabilité budgétaire des recettes et dépenses est tenue par l'ordonnateur et par le comptable. Ce formalisme répond au principe de transparence, sincérité et régularité exposé à l'article 85 de la loi portant régime financier des collectivités. Ce même texte contient des dispositions applicables à la formation budgétaire et comptable (chapitre 2).

---

[323] Art. 4 décret FEICOM 2000.

[324] Art. 86 régime financier des collectivités territoriales décentralisées.

CHAPITRE 2 :

LA FORMATION BUDGÉTAIRE ET COMPTABLE DES COLLECTIVITÉS TERRITORIALES DÉCENTRALISÉES

La réception des compétences transférées par l'État n'est opératoire que du moment où la collectivité territoriale décentralisée bénéficie de ressources pour faire face à cette charge. Les ressources sont constituées par le moyen du budget qui est un document juridique et financier prévisionnel contenant l'ensemble des recettes et dépenses des collectivités. Sa formation relève de son élaboration, mais également de l'encadrement de sa mise en œuvre, c'est-à-dire de son exécution. Il revient donc de présenter la constitution du budget (section 1), qui est la phase de montage et d'adoption de ce document, et l'exécution du budget (section 2), qui est sa phase d'application, avec dans ce second cadre, l'intervention des éléments liés à la comptabilité publique.

Section 1 : La constitution du budget

Au préalable, il faut avoir une double vision. Celle du budget comme document et celle du budget comme instrument financier. En tant que document, l'intérêt est porté au formalisme, c'est-à-dire aux exigences formelles de sa constitution incarnées par la procédure budgétaire (paragraphe 1). Quant à la prise en compte du budget comme instrument financier, l'attrait est celui de sa constitution matérielle, c'est-à-dire des ressources (paragraphe 2) qui lui donnent une consistance.

Paragraphe 1 : La procédure budgétaire

Au niveau étatique, la procédure budgétaire fait intervenir l'exécutif et le parlement. Le premier a la charge de le concevoir suivant le prisme qu'il est à l'origine des projets et de la réalisation des objectifs d'intérêt général. Aussi, il est le mieux à même d'exprimer ses besoins. Le président de la République prend une circulaire d'orientation à ce sujet. Le Premier ministre, le ministère des Finances et celui de l'Économie doivent en garantir le respect. Tous les ministères sont concernés et, par la suite, le projet de loi qui en sort est déposé aux bureaux de l'Assemblée nationale et du Sénat. Ces chambres doivent voter le budget qu'elles peuvent amender. Pour le budget de la collectivité, la procédure est plus simplifiée (A).

A. Le vote du budget

L'élaboration du budget de la collectivité territoriale décentralisée fait intervenir, comme pour le budget de l'État, l'organe exécutif et l'organe délibérant. Le texte qui fixe les conditions d'élaboration du budget des collectivités territoriales décentralisées est la loi portant sur leur régime financier (art. 1er).

En tenant compte des principes budgétaires présentés, le chef de l'exécutif est chargé de préparer le budget (art. 38(1)). À ce stade, la procédure est simplifiée, car si pour l'État, un ensemble d'administrations se mettent en branle, dans les collectivités, il y a concentration du pouvoir de préparation au bénéfice du seul chef de l'exécutif. Il revient à sa discrétion d'y associer ou non ses adjoints et collaborateurs.

Il doit avoir présenté le budget avant le 30 novembre. Sinon, il encourt une suspension n'excédant pas trois mois. Auquel cas, suivant l'ordre de préséance, son remplaçant exerce la plénitude de ses fonctions et doit présenter le budget dans un délai de trente jours (art. 40), soit au plus tard le 30 décembre.

Le texte énonce que l'organe délibérant intervient pour le vote du budget. Son pouvoir d'amendement s'étend à la possibilité de blocage. Il a la prérogative de faire des propositions d'amendements et d'être en désaccord avec l'exécutif. Le chef de l'exécutif ne peut passer outre le blocage et doit se plier ou recourir à l'arbitrage de l'autorité de tutelle.

En situation normale, le budget est voté au plus tard le 15 novembre de chaque année. Ce délai n'est pas cohérent avec celui accordé à l'exécutif, car il aurait dû être postérieur au 30 novembre. Ceci en fait oblige le chef de l'exécutif à déposer le projet de budget avant le 15 novembre, et en réalité, au plus tard le 31 octobre, parce que l'organe délibérant est convoqué au moins quinze jours avant la session budgétaire. En cas d'urgence, la convocation a lieu trois jours après le dépôt (art. 41).

Quand il y a opposition de l'organe délibérant, l'autorité de tutelle assure l'arbitrage. Si l'arbitrage est infructueux, l'organe délibérant peut être suspendu (art. 42) sur proposition motivée de l'autorité de tutelle pour moins de deux mois (art. 42). Au terme de la suspension, l'organe délibérant réhabilité a quinze jours pour voter le budget sous peine d'être dissout. Cependant, durant la suspension ou la dissolution, il est mis sur pied une délégation spéciale et l'autorité de tutelle est amenée à reconduire le budget par douzième. Seule la situation de blocage justifie cette atteinte à l'annualité et à l'autonomie financière.

Quand le budget est adopté, le projet est transmis dans les sept jours à l'autorité de tutelle avec les pièces annexées et le procès-verbal de séance.

Cette dernière a le pouvoir d'approbation du budget par arrêté (art. 46). Toutefois, le contrôle de tutelle y est exercé et cette autorité peut d'office, après mise en demeure restée sans suite modifier le budget voté en déséquilibre, et modifier les crédits inscrits pour couvrir les dépenses obligatoires en cas d'insuffisance de ceux inscrits. Il peut aussi modifier les ratios quand ils ne sont pas conformes aux marges prescrites.

Au projet de budget, sont annexés les pièces justificatives des opérations de recettes et dépenses envisagées, les résultats du dernier compte administratif approuvé et la situation des recettes et dépenses de l'exercice en cours à la date de tenue de la séance. L'approbation du budget par l'autorité de tutelle lui donne un caractère exécutoire. Pour être voté, le budget est assujetti à des obligations de forme (B).

B. La présentation du budget

Le projet de budget comprend des documents justificatifs annexés. Leur absence constitue une cause de non-approbation du projet. De même, dans sa configuration interne, le projet de budget est organisé suivant des exigences prédéterminées. L'exigence fondamentale a trait au principe de la dualité budgétaire. Ce principe signifie que le budget se divise en recettes et en dépenses. Pour les recettes, le budget fait une évaluation de leur montant en indiquant les catégories de prélèvements et de sources de rentrées. Les dépenses doivent être égales aux recettes, leurs montants et affectations sont aussi déterminés dans le budget.

En fait, comme le budget de l'État, celui de la collectivité compte deux parties. La première partie est consacrée aux recettes et la deuxième partie aux dépenses (art. 7(1)). Chacune de ces parties est également divisée en deux sections : fonctionnement et investissement. Les opérations de la section fonctionnement sont annuelles et ont vocation à se renouveler. Les opérations de la section ''investissement'' ont un impact sur le patrimoine de la collectivité et leur caractère est ponctuel.

Un intérêt particulier est porté aux dépenses pour lesquelles le texte requiert leur présentation en chapitre, article et paragraphe (art. 24). De surcroît, il existe des dépenses obligatoires, facultatives et interdites. Les dépenses obligatoires sont indiquées à l'alinéa 1 de l'article 28 de la loi portant régime financier des collectivités territoriales décentralisées. Il y est rajouté pour les communautés urbaines la dotation générale de fonctionnement allouée aux communes d'arrondissement. Les dépenses facultatives sont celles qui, sans être interdites, ne figurent pas sur la liste des dépenses obligatoires.

Par contre, les dépenses interdites énumérées à l'article 30 sont « notamment » :

« - *les prêts consentis par une collectivité territoriale à une personne privée ;*

- *les subventions aux associations non déclarées et autres structures non agréées ;*
- *Les subventions aux associations et aux congrégations religieuses ;*
- *les subventions aux partis politiques* » ;

Un projet de budget comportant de telles dépenses ne peut être approuvé par l'autorité de tutelle. Les restrictions de cette nature ne touchent pas le budget de l'État et le particularisme du budget de la collectivité territoriale décentralisée s'accentue au regard de ses ressources (paragraphe 2).

Paragraphe 2 : Les ressources budgétaires

En sous-titrant leur ouvrage sur « *les finances locales* » : La décentralisation inachevée, messieurs Jossa Edward et Semo Igor exprimaient le caractère réservé de l'autonomie des collectivités territoriales décentralisées, du point de vue financier. Des aspects paralysants, il faut notamment considérer la règle de l'autorisation préalable qui est représentée par l'accord impératif de la tutelle pour l'entrée en vigueur du projet de budget, la surveillance durant et après son exécution et surtout la forte dépendance financière des collectivités vis-à-vis de l'État. En effet, les ressources budgétaires internes (A) et celles extérieures de la collectivité (B) en sont l'image.

A. Les ressources internes : la fiscalité locale

Le principal des ressources internes des collectivités relève des recettes fiscales. Leur organisation est le fait de la loi portant régime financier des collectivités territoriales décentralisées et spécifiquement de la loi n° 2009/019 du 15 décembre 2009 portant fiscalité locale.

Il en ressort un principe de base : pas de prélèvement fiscal non prévu par la loi. De surcroît, cette recette doit être votée par l'organe délibérant et approuvée par l'autorité de tutelle[325]. L'exécutif de la collectivité est donc obligé de l'extérieur par la loi et de l'intérieur par une double autorisation. Les taux de prélèvement sont validés par l'organe délibérant en conformité avec les fourchettes fixées par la loi.

Au recensement, il existe cinq grandes catégories de recettes fiscales (art. 12) :

[325] Art. 11 régime financier/art. 3 loi fiscalité locale.

- Les impôts directs locaux (patentes, licences, impôt libératoire...) prélevés par l'administration fiscale (patente) et la recette municipale (impôt libératoire).
- Les prélèvements effectués sur les recettes fiscales de l'Etat (droit de timbre automobile affecté en totalité au FEICOM pour redistribution intégrale, la redevance forestière : 40 % à la commune concernée/le reliquat aux autres communes (art. 52, fiscalité locale...).
- Les taxes directes et indirectes (taxe foncière sur les propriétés immobilières prélevée par l'État et totalement affectée à la commune, de même pour les droits de mutation d'immeubles et pour la taxe sur les jeux de hasard et de divertissement).
- Les centimes additionnels sur les impôts et taxes de l'État (prélevés sur l'IS, l'IRPP, et la TVA). L'administration fiscale retient 10 % sur les recettes perçues pour le compte des collectivités pour couvrir les frais d'assiette et de recouvrement.

Une partie du produit des centimes additionnels est répartie entre l'État et le FEICOM, ou tout autre organisme chargé de la décentralisation et de la péréquation.

À l'observation, les recettes fiscales propres des collectivités sont davantage formées de prélèvements fiscaux appartenant à l'État et simplement affectés. Il n'y a donc qu'une relative autonomie à ce niveau.

Il est aussi à constater, à la lecture des articles 57 et suivants de la loi sur la fiscalité locale, la variété des taxes communales avec : la taxe de développement local, d'abattage du bétail, d'hygiène et de salubrité... soit 21 types de prélèvements devant rendre substantielle la fiscalité locale.

-Tout autre prélèvement fiscal prévu par la loi engloberait ces catégories et autres à créer.

Au-delà des recettes fiscales, il existe d'autres recettes d'origine interne :

- les revenus des domaines public et privé régionaux et communaux ;
- les revenus tirés des prestations de services ;
- le produit de la vente des biens et de l'aliénation d'immeubles ;
- le produit de la vente des animaux ou matériels mis en fourrière et non réclamés dans les délais réglementaires ;
- les plus-values sur cessions d'éléments d'actifs immobilisés ;
- les restes à recouvrer des exercices précédents jugés recouvrables ;
- la production d'immobilisation par la collectivité territoriale pour elle-même ou en autoéquipement ;
- les dividendes et autres produits sur retour d'investissement...

B. Les ressources extérieures à la collectivité

Dans ce qu'il y a lieu d'appeler la fiscalité locale se trouve un ensemble de ressources dont le titulaire initial et probablement unique est l'État. Seulement, il a choisi d'en faire bénéficier partie ou totalité aux collectivités. Cette catégorie de recettes semble être un acquis, de surcroit fixe pour les collectivités territoriales décentralisées.

Par contre, il existe des ressources encore rattachées au budget de l'État, mais vouées à être versées aux collectivités territoriales décentralisées sur proposition du gouvernement : c'est la dotation à la décentralisation.

Il faut distinguer, au titre des ressources extérieures, celles liées à la dotation des autres.

La dotation et des subventions sont versées par l'État aux collectivités pour l'accomplissement de leurs missions[326]. D'une part, se trouve la dotation générale de fonctionnement, qui est indexée aux recettes de la communauté urbaine pour être allouée aux communes d'arrondissement (dépense obligatoire pour les communautés urbaines). D'autre part se trouve la dotation générale de la décentralisation ressortant d'une fraction des recettes de l'État. Le décret n° 2009/248 du 05 août 2009 s'y rapportant désigne toutes les collectivités et regroupements de collectivités comme éligibles à ce financement. Les critères de répartition sont fixés chaque année par décret du Premier ministre après avis du Conseil national de la décentralisation. Une quote-part du montant de cette dotation est affectée au renforcement des moyens d'action des services déconcentrés de l'Etat qui apportent leur concours ou appui aux collectivités. Le FEICOM, en tant que redistributeur, perçoit trimestriellement les fonds concernés.

Dans le cadre des ressources extérieures, les collectivités territoriales décentralisées peuvent recevoir des subventions d'organismes publics habilités (art. 19), des dons et legs assortis de charges d'investissement et des ressources provenant de la coopération internationale ou décentralisée.

Elles peuvent aussi bénéficier d'emprunts après délibération de l'organe délibérant et approbation de la tutelle. Les emprunts contractés auprès de personnes physiques ou morales ayant un lien direct ou indirect avec la collectivité territoriale (art. 22(2) sont interdits. L'acceptation des dons et legs suit le même formalisme que les emprunts. S'agissant de l'emprunt extérieur, il est garanti par l'État.

Le budget des collectivités territoriales décentralisées est ainsi un ensemble composite de ressources mis à la disposition de la collectivité. Son encadrement se déploie aussi dans la phase d'exécution (section 2).

---

[326] Art. 15 loi portant régime financier des collectivités territoriales décentralisées.

Section 2 : L'exécution du budget

Les collectivités territoriales s'administrent elles-mêmes, mais leur budget n'est pas leur seul office, et encore moins son exécution. La phase d'exécution est marquée par le droit de regard de l'autorité de tutelle compétente et par un enfermement juridique strict. Ceci est perceptible dans les éléments de l'exécution (paragraphe 1) et dans les règles de la comptabilité auxquelles l'exécution est sujette (paragraphe 2).

Paragraphe 1 : Les éléments de l'exécution

L'article 65 de la loi de 2009 portant régime financier des collectivités territoriales s'arrime au principe de dualité budgétaire impliquant dans les conceptions l'existence d'une rubrique sur les dépenses et d'une autre sur les recettes. Il y a maintien dans l'exécution de cette distinction. C'est ainsi qu'il y a l'exécution de la dépense (A) et l'exécution de la recette (B).

A. L'exécution de la dépense

Cette phase est désignée comme étant administrative et comptable. La phase administrative relève de l'ordonnateur et se décline chronologiquement en trois étapes : l'engagement, la liquidation et l'ordonnancement. Au préalable, il lui revient de s'assurer que l'imputation budgétaire de la dépense est correcte, que le montant correspond à la limite des crédits votés, de vérifier les pièces justificatives, le but de la dépense et son adéquation avec le cadre législatif et réglementaire. Au final, il est juge de l'opportunité des dépenses et y engage sa responsabilité. À titre de régularité, il doit observer les trois étapes désignées.

D'abord l'engagement. C'est l'acte par lequel il constitue la collectivité territoriale débitrice et s'oblige à payer les sommes dues : « *Il s'agit d'une obligation de payer qui est née et qui se traduit par une charge sur le budget* ».

Ensuite, la liquidation. Elle a pour objet de vérifier la réalité de la dette et d'arrêter le montant à dépenser. Avec la liquidation, l'ordonnateur consent à rémunérer, à dépenser. C'est durant cette étape que les vérifications liées aux pièces justificatives et surtout à la réunion des conditions pour dépenser sont effectuées. Dès lors, il peut être procédé à la transformation de la promesse de payer en liquidité.

Enfin, l'ordonnancement. Il fait suite à la liquidation qui revient à la vérification et au calcul de la dette de la collectivité. Seulement, le paiement est encore bloqué tant qu'il n'y a pas d'ordonnancement. Il s'agit de « *l'acte administratif donnant, conformément aux résultats de la liquidation, l'ordre au comptable public de payer la dette de la personne publique* ». L'acte d'ordonnancement doit indiquer l'objet de la dépense, son montant et l'imputation budgétaire.

Les trois étapes présentées retracent l'intervention de l'ordonnateur dans la dépense, mais pour autant, les sommes dues ne sont pas encore versées. Il revient au comptable public de s'acquitter du paiement de la dépense : c'est la phase comptable. Le comptable va ici tout d'abord contrôler la régularité du paiement (opération de payeur), puis procéder au versement des sommes dues (opération de caissier). Le paiement se fait par virement, chèque sur le trésor, remise de titres, paiement en numéraire.

B. L'exécution de la recette

Comme pour la dépense, l'exécution de la recette commence chez l'ordonnateur et son achèvement incombe au comptable.

Pour qu'une recette soit effectuée, il est impératif qu'elle fasse partie des catégories de sommes recouvrables pour la collectivité. Ces catégories sont déterminées par loi et se déclinent en majorité en recettes fiscales. Pour ce dernier cas, il est exigé de déterminer l'assiette imposable pour identifier les matières concernées et évaluer les montants à prélever. Le constat des éléments imposables relève du chef de l'exécutif de la collectivité territoriale. Du reste, il lui revient aussi de liquider les droits constatés pour que le recouvrement soit effectué.

Au même titre que l'administration d'État, celle décentralisée jouit du privilège du trésor. L'engagement de la mise en recouvrement est pris par l'ordonnateur. Il le fait par l'émission d'un titre exécutoire. Ce titre habilite le comptable à percevoir les recettes.

Il existe des recettes directement encaissées par le comptable (art 61). La procédure est alors d'émettre des titres exécutoires en régularisation. Le texte reconnaît aussi la prérogative du comptable de demander à l'ordonnateur sur délibération approuvée par l'autorité de tutelle de procéder à l'admission en non-valeur des créances jugées irrécouvrables (art. 62) dans le respect de la règlementation en vigueur.

L'exécution du budget est ainsi subdivisée en phases et organisée. C'est dans cet encadrement qu'il faut tirer les règles comptables (paragraphe 2).

Paragraphe 2 : les règles comptables de l'exécution

La comptabilité rentre dans le processus d'exécution du budget, parce que c'est la phase au cours de laquelle le comptable intervient. À ce niveau, il finalise la dépense et la recette, car c'est à lui qu'il revient d'exécuter le titre exécutoire délivré par l'ordonnateur. Sa fonction est donc d'approvisionner le compte public et d'effectuer les décaissements. L'exécution budgétaire est régie à ce stade par des principes de comptabilité (A), même si des règles dérogatoires ont été posées par le législateur (B).

A. Les exigences d'exécution de la comptabilité des collectivités territoriales

Au rappel, il faut se représenter les principes déjà exposés avant d'aborder les règles prescrites.

À titre de principe, il y a le principe de séparation des ordonnateurs et des comptables. Le principe de l'unité de caisse est aussi à soulever, car il indique l'existence du lieu d'hébergement des fonds budgétaires au trésor. D'autres principes existent, c'est le cas de la dualité, de la sincérité et de la régularité. Il est imposé aux collectivités territoriales décentralisées de tenir trois types de comptabilité (art. 86) : budgétaire des recettes et des dépenses, générale et analytique.

S'agissant de la comptabilité de l'ordonnateur, elle est effectuée pour rendre compte de l'exécution des programmes et projets (art. 90 s). L'ordonnateur produit un compte administratif qui retrace les actes de sa gestion et il présente un rapport de performance sur les programmes et projets (art. 91). Ce compte administratif est adopté par l'organe délibérant au plus tard le 31 mars de l'année qui suit celle du budget concerné et approuvé au plus tard le 30 avril.

Il est interdit que le compte administratif et le budget soient votés au cours de la même session (art. 92(2)). Les membres de l'exécutif local participent au débat et se retirent lors du vote.

Pour le comptable, il tient également une comptabilité qui rend compte annuellement des opérations rattachées à sa gestion. Il produit un compte de gestion soumis à l'organe délibérant, en même temps que le compte administratif, la concordance étant recherchée (art. 98).

Ainsi, la règle de l'exigence de documents comptables reste de mise. Ces documents que sont le compte administratif et le compte de gestion n'entrent ni dans la prévision ou l'autorisation, mais bien dans l'exécution. Ce sont des outils de contrôle de l'exécution du budget. L'ensemble des éléments ainsi présentés constitue la normalité dans le cadre de la comptabilité des collectivités territoriales décentralisées. Il est tout de même érigé des règles dérogatoires qui restent néanmoins peu alternatives aux principes (B).

B. Les règles dérogatoires

Elles concernent pour l'essentiel les prérogatives accordées aux ordonnateurs et aux comptables dans l'exécution du budget.

Déjà, le principe est que l'ordonnateur procède à la liquidation et à l'émission du titre exécutoire pour que le comptable recouvre. Or, il existe quelques recettes directement recouvrables par le comptable, les titres exécutoires intervenant a posteriori (art. 61).

De même, il est introduit une procédure simplifiée de dépenses devant à titre exceptionnel renforcer le pouvoir d'action de l'ordonnateur (art. 68(1)) pour les dépenses, qui n'obéissent pas à la procédure ordinaire. Elle concerne la caisse d'avance.

À côté de la procédure normale existe donc celle de la caisse d'avance qui est un régime dérogatoire à l'application des dispositions du code des marchés publics. L'accord doit en être donné à l'exécutif par délibération approuvée. Cette caisse d'avance couvre le paiement des dépenses courantes et le régisseur d'avance est désigné par l'ordonnateur. Ce qui, dans une certaine mesure, porte délégation de compétences de l'ordonnateur et du comptable en faveur de ce régisseur pour lesdites dépenses.

Les reports de crédits sont aussi une dérogation à l'annualité des opérations comptables. Il s'agit des crédits d'investissement non engagés qui sont dès lors reportés au budget suivant (art. 72(1)), alors que les crédits de fonctionnement non engagés sont réputés annulés.

De même, les dépenses non ordonnancées, mais liquidées sont transmises par l'ordonnateur au comptable pour prise en charge, ce qui édulcore l'annualité.

À l'évidence, il y a un enchevêtrement de règles régissant la formation budgétaire et comptable des collectivités territoriales décentralisées. Cette organisation est assortie de garanties exprimées par les moyens de contrôle existants (chapitre 3).

CHAPITRE 3 :

LE CONTRÔLE DU BUDGET ET DE LA COMPTABILITÉ DES COLLECTIVITÉS TERRITORIALES DÉCENTRALISÉES

On n'est pas loin d'affirmer que le budget des collectivités territoriales décentralisées, ou sous un prisme plus ontologique les finances locales, sont le cadre par lequel les principes de la décentralisation territoriale trouvent leur application, et en même temps une forte atténuation.

À en prendre quelques-uns, la vérification est rendue possible. L'autonomie postulée est formalisée par le budget propre et l'existence donc de ressources et recettes relevant directement de la collectivité. À ce titre, les charges budgétaires correspondant aux niveaux des missions incombant à la collectivité.

C'est dans le principe d'autonomie (financière) qu'il faut admettre l'écrêtement de la règle en faveur de l'exception. De manière générale, la décentralisation qui démocratise dans l'État est atténuée, ou plutôt encadrée par le pouvoir de tutelle. Ce contrôle existe en matière financière et s'intègre dans le cadre général du contrôle administratif (section 1).

Pour protéger les collectivités contre l'arbitraire du contrôle administratif, mais aussi mieux formaliser la protection des deniers publics, il est également érigé un contrôle juridictionnel (section 2).

Section 1 : Le contrôle administratif

Il est celui exercé par des organes dont la nature n'est pas juridictionnelle. Ce contrôle résulte de la combinaison de nombreux textes sectoriels et de textes à vocation plus générale. Le contrôle interne est une variante du contrôle administratif (paragraphe 1), il ne provoque pas l'effacement de la seconde variante, en l'occurrence le contrôle externe (paragraphe 2).

Paragraphe 1 : Le contrôle interne

À l'intérieur de la collectivité territoriale décentralisée, il a été mis sur pied deux mécanismes de contrôle administratif des matières budgétaires et comptables. C'est pour cette raison que ce contrôle est considéré comme étant interne. Il s'exprime par le contrôle de la dépense publique par les organes et autorités de la collectivité territoriale décentralisée. Le jeu du principe de séparation (A) et l'intervention de l'organe délibérant (B) en sont les déclinaisons.

A. Le jeu du principe de séparation

Il y a du contrôle dans le principe de la séparation de l'ordonnateur et du comptable. Son caractère interne est formalisé par le fait que ce principe s'applique à deux agents officiant pour le compte de la collectivité. Toutefois, plus qu'un contrôle organique, il s'agit d'un contrôle entre autorités.

La garantie de son efficacité ne peut être escomptée s'il y a connivence entre ces autorités. Raison pour laquelle il est érigé une règle d'autonomie. L'ordonnateur, chef de l'exécutif, est élu, tandis que le comptable est désigné par nomination. Ce dernier est nommé par arrêté conjoint du ministre chargé des collectivités et de celui des Finances (art 5 du décret relatif aux receveurs) et que ce dernier est dit autonome[327] au sein de la collectivité. Cette posture permet à l'un et à l'autre de ne pas avoir de devoir moral ou d'obligations de reconnaissance vis-à-vis de l'autre.

Le principe de séparation conduit à une distinction des fonctions et permet, par la tenue de comptabilités séparées, de vérifier les opérations de gestion dans leur concordance. De plus, il y a un pouvoir de neutralisation venant davantage du comptable, car il contrôle la régularité de la dépense (art. 69), mais aussi des recettes. Sa protection législative va jusqu'à l'interdiction faite à l'ordonnateur de le contraindre à viser ou à payer des dépenses qu'il juge irrégulières. L'ordonnateur ne peut pour ce cas que saisir l'autorité de tutelle (art. 71).

Le poids qui pèse sur le comptable est considérable parce que son pouvoir de contrôle de la régularité met en évidence sa part de responsabilité dans la gestion. Il est personnellement et pécuniairement responsable à la lecture de l'article 99 :

- des deniers et valeurs dont il a la charge ;
- du recouvrement des titres de perception pris en charge ;
- des paiements effectifs ;
- de l'exactitude de leurs écritures.

À un autre niveau, se trouve le contrôle par l'organe délibérant (B).

B. L'intervention de l'organe délibérant

L'organe délibérant de la collectivité règle par délibération les affaires propres à la collectivité. À la lecture des textes portant sur la décentralisation,

[327] Art. 56(1) régime financier.

la compétence de contrôle de l'organe délibérant n'est qu'implicite[328]. Par contre, les textes régissant les matières financières s'expriment de façon expresse là-dessus. Contrairement au jeu de contrôle institué par le principe de séparation, le contrôle par l'organe délibérant s'effectue a posteriori et a priori.

A priori, le projet de budget est déposé par le chef de l'exécutif devant l'organe délibérant pour validation. Il lui revient de vérifier que le projet de budget est conforme aux lois et règlements. Aussi, il ne va pas valider le projet de budget comportant des dépenses interdites (art. 30) ou des emprunts interdits (art. 22 (2)). Tout budget contrevenant aux principes budgétaires doit être écarté. L'ensemble de ces prérogatives confère à l'organe délibérant un pouvoir de contrôle et de neutralisation du projet de budget que seule l'autorité de tutelle peut lever.

A posteriori, le contrôle par l'organe délibérant consiste à vérifier que le budget a été normalement exécuté. Sa prérogative se déploie vis-à-vis de l'ordonnateur par l'examen du compte administratif (art. 90 s). Il lui revient d'adopter ledit compte qu'il ne peut modifier (art. 94). Par contre, il peut le rejeter en cas d'irrégularité de gestion constatée. Ce qui entraîne la saisine des autorités étatiques pour contrôle. Sa prérogative concerne aussi le contrôle du compte de gestion du comptable pour concordance avec le compte administratif, dans un régime semblable à celui du contrôle de l'ordonnateur (art. 98).

Le contrôle par l'organe délibérant est accentué par son pouvoir de constituer des commissions ad hoc sur des sujets intéressant la gestion financière de la collectivité (art. 105). À ce contrôle interne se juxtapose le contrôle externe (paragraphe 2).

Paragraphe 2 : Le contrôle externe

La matière budgétaire et comptable fait également l'objet de contrôle non juridictionnel exercé par des organes qui sont externes à ceux constituant les structures de gestion de la collectivité. D'un côté, il a le contrôle administratif de la tutelle (A) et de l'autre le contrôle administratif spécialisé (B).

A. Le contrôle administratif de la tutelle

À la différence du contrôle budgétaire et comptable étatique, il existe une modalité propre aux collectivités territoriales décentralisées, à savoir le contrôle de tutelle.

Cette forme de contrôle est la modalité usuelle de garantie de la légalité des actes posés par les collectivités. S'exerçant en plusieurs paliers, le contrôle

[328] Ex : art 41 loi commune.

de tutelle vise à garantir tant les actes d'administration courante que ceux de gestion financière.

Dans ce dernier cadre, les actes des autorités décentralisées et particulièrement ceux de l'exécutif font l'objet d'un contrôle a priori comme a postériori. En réalité, il s'agit du même contrôle qu'effectue l'organe délibérant sur le chef de l'exécutif, avec les mêmes moyens de contrôle de régularité. La différence est que c'est à partir du refus de l'organe délibérant ou de son acception que l'autorité de tutelle intervient.

L'autorité de tutelle approuve ou désapprouve les délibérations. En guise de pouvoirs, elle peut annuler toute délibération portant adoption d'un compte administratif pris en violation des règles d'adoption (art. 93 et 94), donner le caractère exécutoire à un projet de budget, modifier le projet de budget (art. 47(1)) quand les conditions sont réunies sans augmenter les dépenses (art. 47(2). Et surtout, c'est à cette autorité qu'il revient, en cas d'irrégularité de gestion, de saisir les services compétents de l'État (art. 94). Par contre, quand des commissions ad hoc ont été constituées sur des sujets intéressant la gestion financière, l'organe délibérant les ayant formées peut contourner l'autorité de tutelle et directement saisir tout autre service de l'État compétent.

Hormis le contrôle exercé par l'autorité de tutelle, il est à souligner le contrôle du trésorier-payeur général. Son pouvoir consiste en la surveillance des comptables publics relevant de sa compétence territoriale. D'autres contrôles réguliers peuvent être recensés et leur superposition ne s'oppose pas à l'adjonction du contrôle spécialisé (B).

B. Le contrôle spécialisé

C'est à l'article 106 de la loi portant régime financier des collectivités territoriales décentralisées qu'apparaît le contrôle administratif spécialisé. Cet article, il faut le souligner, est malheureusement intitulé du contrôle administratif. Cela laisse entrevoir que son champ d'application s'étend à toutes les formes de contrôle administratif et donc à celles déjà présentées. À la vérité, sa lecture laisse transparaître que ce contrôle administratif désigné est particulier, car il relève des « *services spécialisés de l'Etat* ».

Le contrôle spécialisé vise la régularité et la performance de la gestion des collectivités territoriales et des établissements publics locaux, ainsi que les entités privées ayant reçu une subvention, un aval ou une caution de la collectivité territoriale.

Le contrôle sur les performances est l'examen du rapport de performances présenté en même temps que le compte administratif par le rapporteur. Il concerne les programmes et projets (art. 91) et moins que l'opportunité, il cible la sincérité et le réalisme budgétaires.

Le contrôle de régularité s'applique au compte administratif et de gestion et permet la vérification des comptes et l'exécution du budget conformément aux lois et règlements en vigueur.

S'agissant des organes interpellés, ils sont nombreux. Le plus indexé est le Conseil de discipline budgétaire et financière (CDBF). Ledit contrôle se déroule sous l'autorité du président de la République. Il est rattaché au ministère délégué à la présidence de la République chargé du Contrôle supérieur de l'État (MINCONSUPE). Ce conseil contrôle sur saisine réservée[329]. Les irrégularités et fautes de gestion portent atteinte aux intérêts de la puissance publique. Sa compétence concerne les ordonnateurs et gestionnaires de crédits[330].

D'autres organismes de contrôle spécialisé de l'Etat sont aussi compétents pour effectuer le contrôle budgétaire et comptable. C'est le cas de la CONAC et de l'ANIF. La Commission nationale anticorruption (décret n° 2006/088 du 11 mars 2006) contribue à la lutte contre la corruption (art. 2) et tout acte s'y rapportant dans l'élaboration comme dans l'exécution du budget (tel le contrôle physique de l'exécution des projets, ou l'évaluation des conditions de passation des marchés publics...). Son pouvoir consiste en l'investigation et en l'engagement de poursuites disciplinaires, judiciaires ou spécialisées (art. 22).

L'Agence nationale d'investigation financière[331] a pour principale compétence la lutte contre le financement du terrorisme et le blanchiment de capitaux. Elle doit principalement veiller à ce que le budget ne soit pas instrumentalisé pour servir à de telles fins.

L'ensemble de ces contrôles donne lieu, en cas d'irrégularités, à des sanctions administratives. Ces sanctions ne sont pas incompatibles avec celles dites juridictionnelles (section 2).

Section 2 : Le contrôle juridictionnel

Les fautes de gestion sont susceptibles d'entraîner des poursuites administratives. Leur mise en œuvre peut se faire simultanément avec les poursuites judiciaires. La prise de sanctions issues des différentes poursuites se cumule sans aucun obstacle en droit. Comme pour le contrôle administratif, celui juridictionnel est tantôt spécialisé (paragraphe 1), tantôt soumis à

[329] La saisine incombe aux : P.R, PM, MINCONSUPE, ministres ; toutes autres autorités prévues par les textes en vigueur ex : l'organe délibérant art 105(2)).

[330] Art. 2 du décret n° 2008/02 du 17 janvier 2008 portant organisation et fonctionnement du CDBF.

[331] Décret n° 2005/178 du 31 mai 2005 portant organisation et fonctionnement.

l'appréciation de formations de jugements distinctes du juge spécialisé (paragraphe 2).

Paragraphe 1 : Le contrôle par le juge des comptes

En matière de contrôle des comptes publics, la Constitution de 1996 a consacré le juge des comptes. Il s'agit d'une juridiction qui s'intègre dans la Cour suprême (art. 38) et dont la compétence est le contrôle et la sanction des comptes publics et ceux des entreprises publiques et parapubliques. Sa compétence est dévolue organiquement au tribunal des comptes (A) et à la chambre des comptes de la Cour suprême (B).

A. Le tribunal des comptes

Le constituant de 1996 avait prévu la création de juridictions inférieures des comptes. Ce qui a été formellement organisé par la loi n° 2006/017 du 29 décembre 2006 fixant l'organisation, les attributions et le fonctionnement des tribunaux régionaux des comptes. Il a donc été institué un tribunal régional des comptes par région, même si ''l'interrégionalité'' reste une possibilité (art. 2(3)). Au regard de sa compétence, le tribunal des comptes est le juge de droit commun des comptes des collectivités territoriales décentralisées de son ressort et de leurs établissements publics (art. 9(2)). Il est vrai que ces tribunaux connaissent des comptes qui leur sont attribués par la chambre des comptes et de toute autre matière expressément prévue par la loi, mais leur compétence principale est explicitement le contrôle des comptes locaux.

Le tribunal des comptes juge les comptables patents et les comptables de fait. Pour le comptable patent, quand ses comptes sont en avance, le tribunal sursoit en attendant une régularisation prévue au cours de l'exercice suivant. Quand les comptes sont en débet, le comptable est constitué débiteur et il revient aux autorités administratives de recouvrer les sommes dues[332]. Quand des infractions sont constatées, le procureur général près la cour d'appel transmet le dossier au ministre de la Justice avec information au ministre des Finances. Ce qui vaut plainte au nom de la collectivité territoriale décentralisée ou de l'établissement public concerné (art. 28).

Pour le comptable de fait, sa comptabilité est découverte par les structures du contrôle administratif ou par le tribunal des comptes lui-même (art 29). Quel que soit le cas, la comptabilité de fait déterminée par les organes administratifs ne lie pas le tribunal des comptes. Il apparaît que la saisine incombe au MINCONSUPE. La juridiction peut prononcer le non-lieu comme la condamnation.

---

332 Art. 26(5) loi tribunaux des comptes.

Les comptables patents et de fait peuvent en cas de sanctions juridictionnelles être condamnés à des amendes. Les sanctions sont sujettes à recours, notamment devant la chambre des comptes (B).

B. La chambre des comptes

Sa compétence pour juger des comptes des collectivités territoriales décentralisées et de leurs établissements publics est davantage fondée par l'exercice de voies de recours. Elles sont la révision et le pourvoi (art. 60). Il apparaît que le tribunal des comptes statue en premier et en dernier ressort, ce qui rend inopérant l'appel. La voie de recours ouverte alors devant la chambre des comptes de la Cour suprême est le pourvoi en cassation. Ainsi, cette chambre statue souverainement sur les décisions rendues par les juridictions inférieures des comptes[333]. En cas de cassation, la cour évoque et statue à nouveau (art. 118).

À l'issue du jugement par le juge des comptes, s'il apparaît des faits susceptibles de constituer des infractions, le juge pénal est saisi par le procureur général près la Cour suprême. Il s'agit d'un cas d'intervention du contrôle juridictionnel non spécialisé (paragraphe 2).

Paragraphe 2 : Le contrôle juridictionnel non spécialisé

Ce contrôle est également exercé par des juridictions. Il varie selon que le contentieux est présenté devant le juge administratif (A) ou qu'il relève de la compétence du juge répressif (B).

A. Le contrôle du juge administratif

La règle est que le contentieux financier est dit spécial et donc, que ses organes administratifs et juridictionnels de contrôle sont spécifiques. Pourtant, certains facteurs peuvent ouvrir le contentieux dont il est question devant le juge administratif.

Il y a d'abord le contrôle de tutelle. Ce contrôle exercé par l'autorité administrative s'étend aux matières financières avec une tutelle sur l'élaboration et l'exécution du budget. Le fait est que ce contrôle s'effectue par le moyen d'actes administratifs et que ces derniers peuvent faire l'objet de recours pour excès de pouvoir devant le juge administratif[334]. Ainsi, les actes de l'autorité de tutelle peuvent être déférés devant le juge administratif par la collectivité, tout comme l'illégalité (non manifeste) de l'acte de la collectivité territoriale décentralisée peut être présentée par l'autorité de tutelle au juge administratif[335].

---

[333] Art. 39(b) loi n° 2006/016 Cour suprême.

[334] Art. 2(3) loi 2006/022).

[335] Art. 73 (1) et 71(3) de la loi d'orientation de la décentralisation de 2004.

Hormis cette hypothèse, le second cas d'ouverture de la compétence du juge administratif en matière de contrôle financier ne concerne pas que les collectivités territoriales décentralisées, mais tout gestionnaire. Il s'agit de la contestation de la décision rendue par le Conseil de discipline budgétaire et financière. L'article 16 de son texte de 2008 dispose que ses décisions peuvent faire l'objet de recours en annulation devant la juridiction administrative compétente. Ce recours n'est pas suspensif. Le canevas tracé est alors la saisine du tribunal administratif et en cas d'insatisfaction, le recours est porté devant la chambre administrative de la Cour suprême.

B. Le contrôle du juge répressif

Les mêmes règles que celles applicables aux gestionnaires de crédits de l'État concernent les autorités des collectivités territoriales décentralisées.

À la base, quoique les textes soient parfois laconiques pour l'ordonnateur, les comptables[336] et les ordonnateurs sont personnellement responsables des irrégularités dans leur gestion, car elles sont constitutives d'infractions pénales.

Le juge pénal est interpellé à ce niveau et sa compétence est avérée quand le gestionnaire de crédit tire des avantages illégitimes des actes posés. La corruption est ainsi interdite (art. 134 du Code pénal) ; de même que la prise d'intérêt dans une affaire (art. 135 du Code pénal). Il en est de même de la concussion, du déficit non signalé, de la négligence du gardien (arts. 137 s et 151 du Code pénal), et du détournement de deniers publics (art. 184 du Code pénal).

La culpabilité du gestionnaire établie par la juridiction entraîne l'application de la sanction pénale. Les peines encourues sont le versement d'une amende, voire la condamnation à l'emprisonnement à vie. Cette dureté tient compte de la gravité de l'acte posé qui cause un préjudice grave à la collectivité et qui est considéré comme constituant un crime.

336 Art. 99 de la loi portant régime financier des collectivités territoriales décentralisées.

TROISIÈME PARTIE :

LES BIENS DE L'ADMINISTRATION ET LES TRAVAUX PUBLICS

L'étude du droit fait valoir la distinction droit objectif/droit subjectif. En termes de droit subjectif, il faut entendre la prérogative attribuée à un individu, alors que le droit objectif est l'ensemble des règles visant l'organisation sociale et sanctionnées par la puissance publique. Le droit objectif est lui-même compartimenté avec les règles régissant les rapports entre personnes privées et celles faisant intervenir les personnes publiques.

C'est dans ce dernier cadre que s'identifie le droit public qui comporte en outre le droit administratif des biens et des travaux publics qu'il faut situer (I), avant d'en présenter l'élément central, à savoir la propriété publique (II).

I. La situation du droit administratif des biens et des travaux publics

Le droit administratif des biens et des travaux publics est un prolongement du droit administratif général. Au rappel, cette matière du droit public met en évidence l'ensemble des règles applicables à l'organisation et au fonctionnement de l'administration et des règles qui concernent ses rapports avec les tiers.

En réalité, le droit administratif général s'identifie par un certain nombre de critères :

- il est dit jurisprudentiel : le fait en est que c'est par l'œuvre du juge que cette discipline s'est construite quoique de nos jours, de plus en plus, il subit l'assaut de la codification ;
- il est dit de service public : fondé par Léon Duguit, doyen de la faculté de droit de Bordeaux, ce critère indique qu'il faut identifier le droit administratif, et partant, l'administration par son but. L'administration a pour fin la satisfaction de l'intérêt général ;
- il est dit de puissance publique : provenant d'une école fondée par Maurice Hauriou, doyen de la faculté de droit de Toulouse, il s'agit d'appréhender l'administration par ses moyens. En effet, l'administration bénéficie de prérogatives exorbitantes pour mener ses actions, ce qui fait que le but importe peu, car l'administration se reconnaît par sa seule puissance. D'ailleurs, il est d'usage de l'appeler la puissance publique.

Le droit administratif des biens est le prolongement du droit administratif général parce qu'il suit la même logique. Fortement jurisprudentiel, « *il s'intéresse aux moyens matériels dont dispose l'administration pour remplir les missions qui lui sont confiées* ». À l'examen de ses moyens matériels, il apparaît que l'administration est sous un régime particulier. En effet, la vocation principale des règles qui l'encadrent est de destiner l'action administrative à l'intérêt général, et surtout de permettre à l'administration de jouir de prérogatives exorbitantes. Ces deux paramètres mettent au goût du jour les critères du service public et de puissance publique, qui sont également opératoires en droit administratif des biens.

Quand survient un litige, le droit administratif des biens fait ressortir la compétence contentieuse du juge administratif qui est un juge différent de celui de droit commun, tel qu'énoncé dans l'arrêt Blanco, comme pour confirmer la filiation disciplinaire du droit administratif des biens au droit administratif général. Enfin, le domaine de cette matière est précisément la propriété publique.

II. La notion de propriété publique

Pour appréhender la propriété publique, il est préalable de mettre en relation la propriété et le bien.

Le bien recouvre deux sens : c'est d'abord toute chose ou élément (dont l'utilité justifie l'appropriation). C'est ensuite un droit dont bénéficient les personnes physiques ou morales en rapport avec leurs droits fondamentaux et patrimoniaux. Ce second cadre concerne par exemple le droit de vote (carte électorale), le droit de créance (titre de créance) et le droit de succession (testament).

Dans sa typologie, le bien revêt plusieurs formes : le bien meuble et le bien immeuble :

Cette distinction est issue de l'article 516 du Code civil qui dispose que :

« *Tous les biens sont meubles ou immeubles* ». Ce principe général de distinction est d'ordre physique et oppose les meubles, biens qui peuvent subir un déplacement, des immeubles qui connaissent une situation fixe. Chez les civilistes, l'un des intérêts de cette distinction est l'aliénation (en fait de meuble, possession vaut titre) (hypothèque/gage/saisie) qui est dénuée d'application en droit administratif des biens ;

- le bien corporel et le bien incorporel : la distinction tient à la matérialité du bien. Le bien corporel a une réalité, une matérialité. C'est le cas d'une table, d'une maison, d'un véhicule, l'air. Au contraire le bien incorporel est immatériel et artificiellement crée par des techniques juridiques (ex. : un brevet, valeurs, fonds de commerce…).

D'autres distinctions font état des biens culturels, biens consomptibles, droits réels (à l'endroit de tous), droits personnels (relatifs, entre créanciers et débiteurs)…

L'une des caractéristiques du bien est qu'il est susceptible d'appropriation.

En fait, la propriété permet de jouir d'un droit sur un bien. À ce niveau, l'article 544 du Code civil dispose sur les droits du propriétaire d'un bien : « *la propriété est le droit de jouir et disposer des choses...* ».

En disséquant le droit de propriété, il apparaît que la propriété est constituée de trois droits : le droit d'user de la chose (s'en servir ou choisir de ne pas s'en servir), le droit de jouir de la chose (l'exploiter), et le droit de disposer de la chose (s'en défaire). Tous ces droits sont reconnus au propriétaire privé par les règles de droit privé.

S'agissant des personnes publiques, il existe des différences. La première à relever est la reconnaissance même de la propriété publique. En France, historiquement, la couronne incarnant la personne publique a toujours joui du droit de propriété sur des biens de différentes natures ; d'ailleurs il a fallu une révolution pour que la propriété de la classe « sans titre » commence à être formellement reconnue. En Afrique, la propriété publique existe depuis longtemps. Seulement, dans les sociétés centralisées, elle était la propriété de la chefferie, tandis que dans les sociétés malheureusement désignées comme acéphales, elle était composée par les biens dits collectifs, c'est-à-dire appartenant à la communauté.

L'évolution a conduit à la réception du modèle occidental. Il faut en dire, se référant au Code civil, article 537, que les biens n'appartenant pas aux particuliers sont administrés et aliénés suivant des formes propres, comme pour dire que le régime de droit commun ne leur est pas applicable.

Le droit reconnaît effectivement une propriété publique. Il s'agit d'un patrimoine appartenant plus ou moins aux personnes publiques, et dont les règles applicables font état d'une forte démarcation de celles de droit privé. L'inclination à les destiner à satisfaire l'intérêt général et à autoriser le déploiement de moyens exorbitants confirme la différence juridique posée.

En s'intéressant donc aux moyens matériels dont dispose l'administration, il est à relever que la préhension est dirigée vers ceux qui sont sous l'emprise de la classification des domaines (titre I). À l'examen, ces biens domaniaux sont sous un régime juridique (titre II) qu'il faut présenter pour dégager l'essence propre du régime juridique des biens des personnes publiques.

TITRE I :

LA CLASSIFICATION DES DOMAINES

En France, certes la jurisprudence conserve sa place comme moteur important du droit administratif des biens, mais la codification y a connu un essor considérable, de sorte qu'il y existe un code général de la propriété des personnes publiques (CG3P) depuis 2006. Au Cameroun, les textes demeurent éparpillés et la jurisprudence encore peu dense dans le domaine. Toutefois, à partir des quelques décisions du juge administratif recensées, et surtout de la législation de 1974, il peut être procédé à une classification des biens domaniaux au Cameroun, et donc à la reconnaissance d'un droit de propriété à l'avantage des personnes publiques.

Il existe une division en trois branches qui scinde l'ensemble des biens des personnes publiques et qui emporte conséquence sur leurs régimes juridiques, suivant le rattachement domanial opéré. Il faut ainsi distinguer le domaine national (chapitre 1), le domaine public (chapitre 2), et le domaine privé des personnes publiques (chapitre 3).

CHAPITRE 1 :

LE DOMAINE NATIONAL

Les législations d'Afrique noire francophone présentent quasiment toutes une subdivision des domaines revenant aux personnes publiques en trois, ce qui confirment l'originalité de leurs ordres juridiques par rapport à celui français. En effet, en Hexagone, la législation fait état, à travers le code général de la propriété des personnes publiques, de l'existence exclusive du domaine public et du domaine privé des personnes publiques.

Au Cameroun, en plus des domaines public et privé, il existe un domaine national qui apparaît alors comme une originalité. L'explication de son existence tient à la systématisation des biens vacants et sans maîtres, et de la propriété coutumière par le droit. Organisée à titre principal par l'ordonnance n° 74/1 du 06 juillet 1974 fixant le régime foncier, l'appréhension du domaine national est marquée par sa composition (section 1) et par son mode de gestion (section 2).

Section 1 : La composition du domaine national

La définition du domaine national indique qu'il est constitué de plein droit par les terres qui ne sont classées ni dans le domaine public, ni dans le domaine privé des personnes morales de droit public, et qui ne sont pas non plus dans la propriété privée[337]. Pour sa composition, ce domaine comprend deux catégories de dépendances : les terres connaissant une emprise humaine (paragraphe 1) et les terres libres de toute occupation (paragraphe 2).

Paragraphe 1 : Les terres sous emprise humaine

Dans son article 15(1), l'ordonnance de 1974 indique la première catégorie du domaine national qui est essentiellement constituée des terres qui sont sous emprise humaine. Cette emprise est liée à l'habitation ou à l'exploitation.

A. Les terrains d'habitation

Ils sont essentiellement composés de toutes les terres sur lesquelles se sont implantées les populations pour y habiter. Des critères précis sont employés pour les identifier :

---

[337] Art. 14 de l'ordonnance n° 74/1.

- ce sont des terres abritant des habitations. Cet aspect est marqué par l'édification de concessions servant à abriter des personnes qui y logent ;
- l'habitation est continue. Ce caractère est tiré de l'exigence d'emprise évidente de l'homme, qui exclut donc les lieux de passage pour les personnes nomades. Il s'agit de ne prendre en compte que les constructions édifiées pour y habiter, et non simplement pour marquer sa présence.
- Il est également requis que l'espace en question fasse l'objet d'habitation avant le 5 août 1974. Quand toutes ces exigences sont remplies, lesdits terrains d'habitation sont d'office incorporés au domaine national de première catégorie.

B. Les terrains exploités

L'exploitation est la mise en valeur et l'utilisation par l'homme. Il s'agit spécifiquement de l'utilisation afin de satisfaire les besoins de l'existence. Pour ce faire, il est également émis certaines exigences :

- que l'exploitation soit effectuée avant août 1974 ;
- qu'il s'agisse d'une utilisation par l'homme évidente et une mise en valeur probante, c'est-à-dire effective, non discutable et réelle ;
- que l'exploitant fasse de ces terres : une terre de culture, de plantation, de pâturage ou de parcours.

La seconde catégorie de dépendance du domaine national est constituée des terres libres de toute occupation.

Paragraphe 2 : Les terres libres de toute occupation

Par rapport à la première, la seconde catégorie des dépendances du domaine national est caractérisée par la règle de « l'inappropriation ». Il s'avère que les particuliers n'y ont pas d'emprise ; c'est leur caractère fondamental.

A. Le caractère fondamental de la seconde catégorie

Il n'y a pas de condition de date, mais plutôt celle de la virginité de la dépendance. Le législateur évoque ainsi qu'il s'agit des terres libres de toute occupation effective. Par ce fait, il est créé une distinction entre les deux dépendances, la première catégorie étant marquée par l'occupation effective, tandis que la seconde n'en est pas marquée.

Ainsi, il s'agit des terres sur lesquelles les individus ne peuvent réclamer de droits de propriété, même coutumiers, parce qu'ils ne l'occupent pas, et encore moins l'exploitent. Ils peuvent y mener quelques activités, mais sans que celles-ci ne soient permanentes. La vocation de ces terres est de se régénérer et d'être conservées, sauf si l'État en décide autrement. La nature de ces terres est la résultante du fait qu'elles sont libres de toute occupation.

B. La nature des terres libres de toute occupation

Ce sont de vastes étendues qui varient suivant les régions et en fonction de l'impact du climat sur l'environnement. Il faut y recenser :

Dans les zones non forestières : les savanes, chaînes de montagnes et autres étendues qui sont hors de l'occupation effective de l'homme.

Dans les zones forestières : les forêts du domaine national. Elles sont les plus nombreuses et les plus étendues. Non classées, elles sont également dites non permanentes[338].

Les forêts du domaine national ne comprennent : « *ni les vergers et les plantations agricoles ; ni les jachères, ni les boisements accessoires d'une exploitation agricole, ni les aménagements pastoraux ou agro sylvicoles. Toutefois, après reconstitution du couvert forestier, les anciennes jachères et les terres agricoles et pastorales ne faisant pas l'objet d'un titre de propriété peuvent être considérées à nouveau comme forêts du domaine national...* ». La conservation et l'exploitation forestière font partie des mises en valeur que peut subir la seconde catégorie du domaine national. La gestion de ce domaine suit également un régime bien déterminé.

Section 2 : La gestion du domaine national

Le législateur a confié la gestion du domaine national à l'État (paragraphe 1) et l'a assortie des règles particulières (paragraphe 2) qui montrent la destination nationale de ce domaine.

Paragraphe 1 : L'administration gestionnaire

Deux facteurs sont déterminés par les textes, celui de l'autorité de gestion et celui du cadre de la gestion du domaine national.

A. L'autorité de gestion

Contrairement aux autres domaines, le domaine national n'a pas de propriétaire. Il est simplement disposé que « *le domaine national est administré par l'Etat* ». Ainsi, l'administration gère, sans bénéficier de la reconnaissance de sa qualité de propriétaire, quoiqu'elle puisse notamment poser des actes de disposition. En réalité, ce domaine revient à la nation qui

---

[338] Art. 35 de la loi n° 84/01 du 20 janvier 1994 portant régime des forêts, de la faune et de la pêche.

est une réalité diffuse. Par ailleurs, l'acquisition privative est possible, mais fortement encadrée.

Désigné comme administrateur, l'État est alors le gestionnaire du domaine national. Cette compétence est spécialement attribuée au ministère chargé des Domaines qui peut, suivant les cas, se voir associer les ministres de l'Environnement, de la Faune et des Forêts.

Pour une proximité de l'action de l'administration des domaines, il est créé des commissions consultatives présidées par les autorités administratives et comprenant des autorités traditionnelles. Ces commissions effectuent des constatations et émettent des avis à l'endroit des autorités compétentes pour gérer le domaine national.

B. Le cadre de la gestion

L'administration doit gérer le domaine national en vue d'en assurer une utilisation et une mise en valeur rationnelles. En fait, hormis la possible attribution en propriété pour les dépendances de la première catégorie, il revient à l'État de pourvoir pour les deux catégories à une exploitation rationnelle, c'est-à-dire avantageuse pour les populations locales, voire nationales.

Les commissions consultatives concourent à ce niveau à la répartition de l'espace rurale en zone agricole et pastorale suivant les besoins des populations. Elles émettent un avis en cas de demande de concession qui est le mode usuel d'attribution en exploitation de ce domaine. Ce mode fait partie des règles particulières de gestion.

Paragraphe 2 : Les règles particulières de gestion

Il est à distinguer l'acquisition en propriété des dépendances du domaine national (A) de l'exploitation de ce domaine (B).

A. L'acquisition en propriété des dépendances du domaine national

La possibilité est donnée aux personnes privées de s'approprier des parcelles du domaine national. Pour que cette attribution ait lieu, le principe est qu'il s'agisse d'une dépendance de la première catégorie.

Les terres faisant partie des dépendances de la première catégorie du domaine national sont susceptibles d'appropriation par les personnes privées. Pour ce faire, il faut que ce soit des collectivités coutumières, leurs membres ou toute personne de nationalité camerounaise. À part qu'elles sont camerounaises, elles doivent prouver qu'elles occupent ou exploitent paisiblement les terrains qu'elles veulent s'approprier[339].

---

339 Art. 17 ordonnance 74/1.

Lorsque ces conditions sont réunies, les personnes intéressées peuvent demander et obtenir le droit de propriété qui est marqué par l'octroi d'un titre foncier.

Il est aussi possible pour l'Etat et pour les autres personnes morales de droit public d'obtenir en propriété des terrains provenant du domaine national. Ces terrains peuvent provenir de la première catégorie, lorsque les populations qui les exploitent ou les occupent n'ont pas encore fait la demande de titre foncier, et surtout de la seconde catégorie. Les moyens de l'appropriation sont ici le classement et l'incorporation.

Le classement consiste à faire rentrer des dépendances du domaine national dans le domaine public. L'incorporation consiste à faire rentrer des dépendances du domaine national dans les domaines privés des personnes morales de droit public.

Le classement, tout comme l'incorporation vise la réalisation d'opérations d'intérêt public. Par ailleurs, l'appropriation de dépendances du domaine national n'est ouverte qu'aux personnes physiques et morales de nationalité camerounaise, ou de droit camerounais. L'exploitation de ce domaine est par contre plus ouverte.

B. L'exploitation du domaine national

Le domaine national doit être conservé et protégé. Quand il est exploité, cela doit se faire de manière rationnelle. Trois techniques de mise en valeur sont disposées[340] : l'affectation, la concession et le bail.

- L'affectation : l'administration peut dédier une portion du domaine national à une activité ou à un état particulier. L'affectation peut en faire une zone cynégétique (chasse), une zone de pêche, une affectation forestière…

- La concession : elle est l'autorisation accordée à un tiers pour exploiter une portion du domaine national. Son octroi est fait pour les projets de développement entrant dans les options économiques, sociales ou culturelles de la nation, telles que disposées par le décret n° 76/166 du 27 avril 1976 fixant les modalités de gestion du domaine national. La concession est accordée indépendamment de la nationalité. Toute concession est d'abord provisoire et ne peut pour cette phase excéder cinq ans. Le concessionnaire est tenu par un cahier de charges qui, s'il est rempli, peut conduire à une concession définitive quand le concessionnaire est de nationalité camerounaise.

- Le bail : c'est l'octroi en exploitation d'une portion du domaine national à un tiers qui a satisfait à la concession provisoire. Mais à la différence de la

[340] Art. 17 ordonnance 72/1.

concession définitive, le bail, qui est ouvert à tous, n'admet que la forme emphytéotique (18 à 99 ans) pour les étrangers.

Le bail et la concession, contrairement à l'affectation, sont en principe des sources de rentrées pécuniaires pour l'État. Ces contrats visent l'exploitation du domaine national. La mise en valeur et la conservation prennent des formes variées. Les inventaires, l'exploitation forestière, le reboisement, la régénération et la réalisation d'infrastructures en sont des exemples. Du reste, les possibilités d'aliénation, de même que d'autres règles, identifient le domaine national du domaine public.

CHAPITRE 2 :

LE DOMAINE PUBLIC

C'est à partir du domaine de la couronne qu'a été construit le domaine public. Il s'agissait d'un ensemble de biens hétérogènes, mobiliers et immobiliers appartenant au roi qui devait les protéger. En Afrique en général et au Cameroun en particulier, la reconnaissance de l'existence de biens appartenant à la puissance publique a été reçue. Dans ce domaine, le texte en la matière, l'ordonnance n° 74/2 du 6 juillet 1974 fixant le régime domanial reconnaît expressément aux personnes publiques la propriété sur le domaine public et la propriété sur des domaines privés.

Ce texte, en faisant état de la coexistence de ces domaines, offre simultanément des bases pour leur distinction, ce qui permet d'appréhender ce qui est le domaine public. À la systématisation, le domaine public s'identifie par sa vocation et sa constitution (section I). Sa consistance permet également de le reconnaître (section 2), et sa protection juridique achève de le caractériser (section 3).

Section 1 : La vocation et la constitution du domaine public

Les biens du domaine public appartiennent à l'État et aux collectivités territoriales décentralisées. À ce niveau, il est à signaler que les articles 1 et 2 de l'ordonnance n° 74/2, en restant muets sur le propriétaire du domaine public et en étalant la diversité de propriétaires de domaines privés des personnes publiques, puis en indiquant que c'est l'État qui a la gestion du domaine public, fait croire que l'État est le seul propriétaire de cette catégorie de biens. En réalité, les collectivités territoriales décentralisées peuvent également être propriétaires de dépendances du domaine public, en vertu de l'article 79 de la loi communale de 1974, repris par les articles 30 et 32 de la loi de 2004 portant orientation de la décentralisation.

Ces propriétaires doivent utiliser les biens du domaine public pour ce à quoi ils sont voués, à savoir l'utilité publique (paragraphe 1). Cette vocation particulière justifie d'ailleurs des modalités de constitution spéciales (paragraphe 2).

Paragraphe 1 : La vocation d'utilité publique

Il est disposé à l'article 2 de l'ordonnance n° 74/2 : « *Font partie du domaine public, tous les biens meubles et immeubles qui, par nature ou par destination sont affectés soit à l'usage direct du public, soit aux services publics* ». La vocation d'utilité publique est présente dans la dernière branche et concerne soit l'usage direct du public (A), soit des services publics (B).

A. L'usage direct du public

La première variante de la vocation d'utilité publique est que le bien du domaine public soit voué à l'usage direct du public. Ainsi, cette dépendance du domaine public est mise à la disposition des usagers, des populations pour son utilisation. L'illustration la plus parlante est celle de la voirie (les routes) qui est affectée à la circulation générale.

Le principe de l'utilisation normale est fait de divers aspects. Il est admis le principe de la liberté de l'utilisation. Cette liberté réglementée se prolonge avec le principe de la gratuite de l'utilisation et de l'égalité. Par ailleurs, la règle est celle de l'utilisation collective, toute utilisation privative étant fortement encadrée. Il est donc de règle que le bien du domaine public soit mis à la disposition des populations de manière directe. Quand il y a un intermédiaire (ex. : concessionnaire), c'est qu'il n'y a pas usage direct du public.

B. L'usage du service public

Au sens matériel, le service public est toute activité destinée à satisfaire un besoin d'intérêt général. Au sens organique, il renvoie à l'administration ou à l'organisme investi de la mission de satisfaire un besoin d'intérêt général. Cette administration tire sa raison d'être de ce qu'elle existe pour les usagers.

Aussi, il est admis que l'administration (Etat et CTD) puisse bénéficier de biens du domaine public, parce qu'au final, par sa mission, c'est toujours la satisfaction du public qui est visée. Sauf qu'ici, le bien n'est plus mis à la disposition directe du public, mais plutôt de ladite administration[341]. Ainsi, l'utilité publique tient lieu de vocation du domaine public.

Les dépendances de ce domaine sont sous le régime de l'affectation, c'est-à-dire qu'elles font partie du domaine public en fonction de leurs destinations. Cette affectation est tantôt l'usage direct du public, tantôt celle du service public. Leurs voies de constitution illustrent également leur singularité.

Paragraphe 2 : La constitution du domaine public

Les biens du domaine national sont ceux qui ne sont ni du domaine privé des personnes publiques, ni du domaine public, ni de la propriété privée. C'est de plein droit qu'ils rentrent dans le domaine national. Par contre, le domaine privé et la propriété privée sont régis par la titrisation (titre foncier), alors que la constitution du domaine public se fait par acte unilatéral (A). Le

---

[341] CE 19 octobre 1956, société Le Bêton.

parallélisme des formes s'applique ici lorsqu'il s'agit de la sortie des biens de ce domaine (B).

A. La voie unilatérale de la constitution

L'ordonnance camerounaise n° 74/02, tout comme le Code général de la propriété des personnes publiques en France de 2006 fait la nomenclature des biens rentrant dans le domaine public. Par conséquent, tout bien meuble ou immeuble de cette énumération est d'office intégré dans le domaine public : on parle de caractère déclaratif. Toutefois, il existe une formalisation de l'intégration dans le domaine public qui est le classement.

Dans l'article 5 de l'ordonnance de 1974, il est disposé que « *les immeubles destinés à faire partie du domaine public artificiel de l'Etat sont classés par décret* ».

En réalité, le classement n'est exigé que pour le domaine public artificiel, et exclusivement pour ses biens immeubles. Le principe demeure donc le caractère déclaratif, car l'incorporation est automatique pour les autres biens. Cependant, il peut arriver que par acte administratif unilatéral, l'administration procède à l'incorporation. Dans ce cas, elle prend un décret de classement et détermine l'affectation consentie pour le bien objet de l'incorporation. De surcroit, l'État peut, par voie d'expropriation, prélever des immeubles de la propriété privée pour le domaine public.

Des portions du domaine national peuvent également entrer dans le domaine public. Le procédé exclusif est celui du classement et la condition est l'utilité publique de ce transfert de propriété[342]. La sortie du domaine public est pour sa part très restrictive.

B. La sortie d'un bien du domaine public

Le parallélisme des formes conduit à admettre que la sortie d'un bien du domaine public doit être le fait des autorités ayant décidé de l'entrée, et que les formalités doivent être les mêmes.

De manière concrète, la sortie d'un bien du domaine public se fait par décret de déclassement. Mais avant le décret de déclassement, il est nécessaire qu'il y ait désaffectation. Pour les biens du domaine public naturel, il faut simplement que, du fait de phénomènes naturels, ils soient exclus de la catégorie qu'ils occupaient, ce qui rend inopérante leur affectation initiale[343]. Pour les biens du domaine public artificiel, le déclassement est également exigé, mais la désaffectation provient de la décision administrative, et non des faits.

---

[342] Art. 18, ordonnance 74/1.

[343] Art. 5 ordonnance 74/2.

Aussi, il apparaît que le domaine public est dans sa vocation soumis à un régime propre. Sa consistance illustre ce régime particulier.

Section 2 : La consistance du domaine public

Le domaine public est constitué de biens meubles et immeubles. Dans la catégorie de biens immeubles, il faut encore identifier les immeubles par nature des immeubles par destination. Cependant, dans l'ordonnance n° 74/2, il est préféré la distinction domaine public naturel (paragraphe 1), domaine public artificiel (paragraphe 2).

Paragraphe 1 : Le domaine public naturel

Il s'agit de l'ensemble des biens meubles et immeubles qui, affectés à l'usage direct du public ou du service public, ont été constitués en dehors de toute intervention humaine. En font partie : le domaine public maritime et le domaine fluvial (A), le domaine public terrestre et aérien (B).

A. Le domaine public maritime et le domaine public fluvial

Font partie du domaine public maritime :

- les rivages de la mer jusqu'à la limite des plus hautes marées ainsi qu'une zone de cinquante mètres mesurée à partir de cette limite ;
- les rives des embouchures des cours d'eau subissant l'influence de la mer jusqu'à la limite des plus hautes marées, ainsi qu'une zone de vingt-cinq mètres à partir de cette limite ;
- le sol et le sous-sol de la mer territoriale. Suivant l'article 3 de la Convention des Nations Unies sur le droit de la mer de 1958. La mer territoriale a une largeur maximale de 12 milles marins (22 224 mètres) à partir de la ligne de base.

Pour le domaine public fluvial, il est constitué par :

- les cours d'eau navigables ou flottables dans les limites déterminées par les plus hautes eaux, ainsi qu'une zone de vingt-cinq mètres à partir de cette limite ;
- les marécages, à l'exception des plantations aménagées ;
- les cours d'eau non navigables ni flottables dans les limites déterminées par les plus hautes eaux coulant à plein bord ;
- les lacs, les étangs naturels et les lagunes dans les limites déterminées par la hauteur des plus hautes eaux.

Il faut remarquer que quasiment toutes les eaux sont classées dans le domaine public, ce qui révèle leurs caractères précieux. Il existe aussi un domaine public naturel terrestre et aérien.

B. Le domaine public naturel terrestre et aérien

Il est reconnu l'existence d'un domaine public naturel terrestre. Ce dernier est exclusivement constitué du sous-sol de l'État. Au rappel, l'État s'étend sur une superficie terrestre. Celle-ci est au-dessus d'un sous-sol qui est intégré au domaine public.

Ainsi au Cameroun, l'espace souterrain et ce qu'il contient font tous partie du domaine public. Ce trait marque une séparation d'avec la théorie civiliste de l'accession (art. 522 CC) selon laquelle « *la propriété du sol emporte celle du dessus et du dessous* ». En fait, hormis les fondations, la construction de sous-sol, l'exploitation artisanale de l'eau souterraine ou le creusage de fosses, toute autre opération sur le sous-sol est soumise à autorisation.

À côté du domaine public souterrain, existe un domaine public aérien. Il est composé de l'espace atmosphérique situé au-dessus du territoire de l'État et de la mer territoriale. En France, cet espace englobe (depuis l'arrêt du Conseil d'État : société radio atlantique du 6 février 1948) l'espace hertzien. Au Cameroun, le juge n'a pas encore eu l'occasion de se prononcer sur la question. À l'analyse, le domaine public comprend aussi des dépendances artificielles et même des excroissances.

Paragraphe 2 : Le domaine public artificiel et ses excroissances

Que ce soit le domaine public artificiel, ou encore les excroissances à présenter, leur différence d'avec le domaine public naturel est qu'ils sont le produit de l'intervention humaine.

A. Le domaine public artificiel

Le domaine public artificiel est composé d'un ensemble de biens meubles et immeubles, affectés à l'usage direct du public, ou du service public. L'article 4 de l'ordonnance n° 74/2 détaille ses éléments :

- les autoroutes et une emprise de cent mètres de part et d'autre de l'axe de la chaussée. Cette emprise est réduite à dix mètres en ville à partir du bord extérieur du trottoir ;
- les routes nationales et régionales et une emprise de quarante mètres de part et d'autre de l'axe de la chaussée. Cette emprise est réduite de dix mètres à partir du bord extérieur du trottoir dans les agglomérations et à cinq mètres en ville ;

- les routes départementales et une emprise de vingt-cinq mètres de part et d'autre de la chaussée, emprise obéissant aux mêmes paramètres de réduction que pour les routes nationales et régionales ;
- les pistes carrossables d'intérêt local avec emprise ;
- les pistes non carrossables sans emprise ;
- Les chemins de fer et une emprise de trente-cinq mètres de chaque côté à partir de l'axe de la voie ;
- les ports commerciaux, maritimes fluviaux, leurs dépendances et une emprise ;
- les ouvrages de défense terrestre, aérienne et maritime de la nation ;
- les lignes télégraphiques, téléphoniques, leurs dépendances et une emprise ;
- les alluvions déposées en aval ou en amont d'ouvrages construits dans un but d'utilité générale ;
- les monuments et édifices publics créés et entretenus par l'État ou les autres personnes morales de droit public ;
- les halles, les marchés, les cimetières, les musées ;
- la concession des chefferies traditionnelles et les biens y afférents, et plus spécialement dans les régions où la concession des chefferies est considérée comme un bien indivis de la communauté dont le chef n'a que la jouissance.

B. Les excroissances du domaine public artificiel

De nombreux biens n'existent pas dans la liste établie par l'ordonnance de n° 74/2. Pourtant, étant des produits de l'intervention physique ou intellectuelle de l'homme, ces biens ont la particularité de revêtir une utilité publique difficilement contestable.

Il en est ainsi du domaine public artificiel mobilier, car la liste dressée ne contient que des immeubles par destination. En France, le domaine public artificiel mobilier est clairement consacré par l'article L2112-2 du CG3P. Le législateur a en réalité codifié une position jurisprudentielle posée dans l'arrêt CE, 17 février 1932, commune de Barran.

En l'espèce, le maire de la commune voulait vendre les chaises de l'église à un antiquaire, et le préfet s'y est opposé parce qu'elles constituaient des œuvres d'art. Le Conseil d'État a jugé que les chaises de l'Église en question étaient bien des dépendances du domaine public artificiel mobilier, et donc, qu'elles étaient inaliénables.

Des biens qui s'y intègrent, peuvent être cités : les tableaux dans un musée, les livres rares dans une bibliothèque, les archives publiques ou nationales...

Autre singularité, les biens et droits issus de la propriété intellectuelle font partie, quand les conditions sont remplies, du domaine public. En la matière, la loi n° 2000/011 du 19 décembre 2000 relative au droit d'auteur et aux droits voisins prescrit en ses articles 37 et suivants que les droits patrimoniaux de l'auteur durent toute sa vie et persistent après son décès pendant l'année civile en cours et les cinquante années qui suivent. Passé cette durée de protection, le droit exclusif tombe dans le domaine public. Sa gestion va dès lors relever du ministère de la Culture, et une redevance est exigée pour les éventuels utilisateurs. Il apparaît donc que le domaine public est composite. Ses traits spécifiques sont complétés par sa protection.

Section 3 : La protection du domaine public

À l'origine, le domaine de la couronne, ancêtre du domaine public, était marqué par l'obligation du roi de le conserver. Ses possibilités d'y exercer un droit de propriété similaire à celui en vigueur pour les biens privés n'étaient pas admises. Ainsi, il existe au bénéfice du domaine public des principes de protection (paragraphe 1), assortis de formes de protection (paragraphe 2) qui rentrent dans les spécificités de ce domaine.

Paragraphe 1 : Les principes de protection

L'ordonnance n° 74/2 consacre trois principes de protection du domaine public que sont l'inaliénabilité (A), l'imprescriptibilité (B) et l'insaisissabilité (C).

A. L'inaliénabilité

Les biens du domaine public sont inaliénables. Ce principe établi au Moyen-âge, en réponse à la prodigalité des monarques, est inséré dans l'ordonnancement juridique par l'Édit de Moulins de 1566 (édit : loi fondamentale du royaume). Du point de vue historique, les crises des finances royales conduisaient souvent les monarques à engager les biens de la couronne pour se procurer des ressources. Or, il arrivait qu'ils ne puissent pas faire droit à leurs engagements, ce qui conférait aux créanciers de la couronne la propriété sur les biens engagés. En édictant le principe de l'inaliénabilité, les biens de la couronne se trouvaient ainsi protégés.

Le principe d'inaliénabilité signifie que les biens du domaine public ne peuvent en sortir. Il s'agit de garantir l'intégrité de ce domaine en excluant les possibilités d'appropriation privative. Ce principe se fonde sur la protection de ce domaine contre des gestionnaires négligents, mais aussi sur le critère de l'affectation. Pour ce dernier cas, le domaine public est voué à l'utilité publique et cette vocation le rattache à la puissance publique. En acceptant son aliénation, c'est un bien d'intérêt général qui est grevé au préjudice des populations ou du service public, d'où cette inaliénabilité. Ce principe proscrit toute acquisition onéreuse ou gratuite de biens du domaine public.

Cependant, il existe une possibilité de faire sortir un bien du domaine public au Cameroun ; c'est la procédure de déclassement. Pour ce faire, le préalable est la reconnaissance de la fin d'utilité publique dudit bien par la désaffectation. Ensuite, un décret de déclassement doit être pris, ce qui fait tomber ce bien dans le domaine privé de la personne morale de droit public concernée.

B. L'imprescriptibilité

Ce principe découle de celui d'inaliénabilité. Consacrée dans la même ordonnance au Cameroun, c'est originellement l'édit d'avril 1667 en France qui édicte le principe d'imprescriptibilité.

La prescription est le temps au bout duquel un bien revient à celui qui le possède. En droit privé, un bien ou un droit peut être acquis par l'effet de la possession sans que celui qui en réclame la propriété ne soit obligé d'en rapporter le titre, et sans qu'on puisse lui opposer l'exception de mauvaise foi. Aussi, au bout d'un délai, de trente (30) ans pour les immeubles, l'occupant peut être considéré comme propriétaire : on parle d'usucapion.

Par l'imprescriptibilité, il est fait protection du domaine public, car toute personne qui, par négligence ou complicité administrative, s'installe sur le domaine public ou acquiert une de ses portions n'en sera jamais propriétaire, même par l'effet du temps. En conséquence, comme pour l'inaliénabilité, l'imprescriptibilité rend nulle de plein droit toute appropriation privative du domaine public.

C. L'insaisissabilité

Comme les autres principes, celui-ci vise également à garantir l'intégrité du domaine public. L'insaisissabilité exclut l'exercice d'actions possessoires contre la personne publique propriétaire[344]. En effet, il est observé des propensions à l'endettement public et dans ces cas, il peut arriver que l'administration soit défaillante.

Dans le droit des obligations, le législateur a aménagé plusieurs procédures de récupération, même par équivalent des droits de créances de débiteurs indélicats. L'une des procédures extrêmes est la saisie des biens meubles et immeubles, puis leur mise en vente. Cette configuration fait percevoir qu'admettre la saisissabilité du bien du domaine public, c'est accepter d'ouvrir une porte à leur aliénabilité.

---

344 TC, 24 février 1992, Couach.

Dans le but d'éviter que l'utilité publique dont est marqué tout bien du domaine public soit mise à mal, la solution a été de consacrer le principe d'insaisissabilité, car il n'existe pas de voie d'exécution forcée contre l'administration. D'ailleurs, l'acte uniforme OHADA portant organisation des procédures simplifiées de recouvrement et des voies d'exécution exclut toute exécution forcée et mesures conservatoires contre l'administration.

Il émet néanmoins une possibilité de récupération en son article 30 : « *toutefois, les dettes certaines, liquides et exigibles des personnes morales de droit public ou des entreprises publiques, quelles qu'en soient la forme et la mission, donnent lieu à compensation avec les dettes également certaines, liquides et exigibles dont quiconque sera tenu envers elles, sous réserve de réciprocité* ».

Au bilan, les biens du domaine public sont insusceptibles d'appropriation privée à partir de leurs principes de protection. Ils bénéficient en outre de diverses formes de protection.

Paragraphe 2 : Les formes de protection

Les principes de protection des biens du domaine public visent à garantir d'une part l'intégrité de ce domaine, et d'autre part à maintenir son affectation. Les autorités chargées de pourvoir à la protection sont celles administratives et juridictionnelles.

A. La protection administrative

Les autorités administratives sont les gestionnaires du domaine public. Ce sont les autorités municipales, les autorités déconcentrées et celles centrales. Pour les biens du domaine public issus du droit d'auteur, la protection et la gestion relèvent du ministère de la Culture. Quant au reste, le ministre des Domaines, les chefs de circonscriptions administratives et les administrateurs de collectivités territoriales décentralisées sont requis. La gestion du domaine public inclut l'édiction de servitudes (par le ministère chargé des Domaines), mais surtout sa protection.

Au titre de la protection administrative, les autorités administratives exercent en France la police de la conservation et mettent en jeu les contraventions de voirie. Suivant Edouard Laferriere, il y a contravention de voirie quand survient un « *fait matériel, pouvant compromettre la conservation du domaine public ou nuire à l'usage auquel il est légalement destiné* ». Dans l'arrêt CE, 1er mars 1957, Fédération des associations de pêche de la Charente, le Conseil d'État reconnaît que le gouvernement peut « *user de ses pouvoirs généraux de police pour prendre par décret les mesures propres à assurer la protection des ouvrages du domaine public* ». La contravention de voirie se subdivise en contravention de voirie routière (juge judiciaire) et contravention de grande voirie (juge administratif dans un pouvoir répressif).

Au Cameroun, la protection administrative se décline en police administrative et déguerpissement.

La police administrative conduit à une fonction prudentielle de prévention et d'émission de mesures décisoires. L'article 9 de l'ordonnance n° 74/2 dispose que les règles relatives à la délivrance des permis de stationnement, aux autorisations d'occupation ou d'exploitation, à la police de la conservation du domaine public sont fixées par décret. Leur application est par la suite confiée aux autorités administratives.

Pour le déguerpissement, il s'agit d'une mesure prévue par la loi n° 80/22 du 14 juillet 1980 portant répression des atteintes à la propriété foncière et domaniale. Ce texte applique cette procédure à toute occupation non autorisée de la propriété d'autrui. Il en est ainsi de l'occupant irrégulier de la propriété privée, du domaine national, du domaine privé d'une personne publique et du domaine public.

À la différence de la simple police administrative, le déguerpissement est répressif. Ce qui le distingue par ailleurs de l'expropriation. De plus, le déguerpi est sans titre, contrairement à l'exproprié. L'administration peut, en application de cette loi, expulser tout occupant du domaine public à ses propres frais, récupérer les mises en valeur et le faire condamner à verser une amende. L'imposition d'amende requiert l'intervention du juge.

B. La protection juridictionnelle

Hormis le déguerpissement qui peut donner lieu à intervention du juge administratif, la protection juridictionnelle est dédiée au juge pénal.

Le professeur Owona[345] relève pour ce faire l'article 230 du Code pénal qui punit d'un à deux ans « *celui qui, sans autorisation régulière, met obstacle à l'usage d'une voie publique terrestre ou d'une voie d'eau navigable ou qui en rend l'usage difficile, en déformant la chaussée ou en détournant le cours de la voie d'eau soit par des constructions, soit par une utilisation abusive, soit par l'exploitation des terrains adjacents* ». La législation punit également la défaillance des autorités chargées d'entretenir la voie publique.

De même, le Code pénal protège les édifices publics (art. 116 (C)), les ouvrages publics (art. 187), les chemins publics (art. R 369.7), les biens du domaine public servant à la construction (art. R 369.8)… d'où la compétence du juge répressif.

---

[345] OWONA (J), *Droit administratif spécial de la République du Cameroun*, p. 126

CHAPITRE 3 :

LE DOMAINE PRIVÉ DES PERSONNES PUBLIQUES

Le domaine privé des personnes morales de droit public est un ensemble de biens qui ne sont pas intégrés dans le domaine national, ne font pas partie de l'énumération établie pour le domaine public et ne sont pas des éléments de la propriété privée. Seulement, loin d'être déclaratifs, les biens du domaine privé sont sous un régime d'incorporation formelle.

En termes de spécificité, le domaine privé des personnes publiques n'a rien dans sa constitution de différents des biens de la propriété privée, mais leurs propriétaires sont distincts de ceux de la propriété privée. Ce domaine est attribué aux personnes morales de droit public. Aussi, l'État a un domaine privé[346], pareillement aux autres personnes morales de droit public. C'est dans ce cadre qu'il est reconnu un domaine privé aux collectivités territoriales décentralisées, aux établissements publics administratifs, aux groupements d'intérêt public[347]. Au-delà de la diversité des propriétaires, le domaine privé des personnes publiques se distingue par sa constitution (section 1) et par son mode de gestion (section 2).

Section 1 : La constitution du domaine privé

Contrairement au domaine public, le domaine privé fait l'objet d'une énumération limitative. Il faut, pour en avoir la pleine mesure, faire des combinaisons des textes, tout en excipant des critères pour pouvoir appréhender les biens de ce domaine (paragraphe 1), dont les modes de constitution sont plutôt divers (paragraphe 2).

Paragraphe 1 : Les biens du domaine privé

L'article L2211-1 du CG3P français retient une délimitation négative en identifiant ces biens comme échappant à la domanialité publique. Effectivement, ce domaine est fait de biens appartenant à l'administration, mais n'étant pas du domaine public. Dans leur constitution, disposition et utilisation, il se trouve que des techniques de droit privé peuvent être recensées

---

346 Article 2 de l'ordonnance n° 74/2 portant régime domanial.

347 Personne morale constituée entre Etat et toute autre personne morale ou une CTD et une autre personne morale dont la mission est le service public dans un domaine précis.

à côté de celles de droit public. Au Cameroun, les rédacteurs de l'ordonnance n° 74/2 (art 10 et 13) ont voulu distinguer le domaine privé de l'État (A), de celui des autres personnes morales de droit public (B).

A. Le domaine privé de l'État

Organisé par l'article 10 de l'ordonnance n° 74/3, il est composite et vaste. Y sont recensés :

- les biens meubles et immeubles acquis par l'Etat à titre gratuit ou onéreux, selon les règles de droit commun ;
- les terrains qui supportent les édifices, constructions, ouvrages et aménagements réalisés et entretenus par l'État ;
- Les immeubles dévolus à l'État en vertu : de l'article 120 du traité de Versailles du 28 juin 1919[348], de la législation sur les séquestres de guerre, d'un acte de classement intervenu par application des législations antérieures[349], du déclassement du domaine public, de l'expropriation pour cause d'utilité publique ;
- les concessions rurales ou urbaines frappées de déchéance ou du droit de reprise, ainsi que les biens des associations dissoutes pour des faits de subversion, atteintes à la sûreté intérieure ou extérieure de l'État,
- les prélèvements décidés par l'État sur le domaine national (en vertu de l'article 18 de l'ordonnance fixant le régime foncier)
- les propriétés des zones rurales qui, depuis dix ans, n'ont fait l'objet d'aucune régénération
- les forêts domaniales en vertu de l'article 25 de la loi de 1994 portant régime des forêts.

B. Le domaine privé des autres personnes morales de droit public

Une liste très restrictive est donnée par l'ordonnance n° 74/2 :

- les biens et droits immobiliers acquis par des voies de droit privé ;
- les biens et droits immobiliers provenant du domaine privé de l'État et transférés au domaine privé desdites personnes ;
- les biens et droits immobiliers acquis dans les conditions visées à l'article 18 de l'ordonnance fixant le régime foncier.

---

[348] Il y a eu par la suite réquisitions d'immatriculation.

[349](CS/CA, jugement n° 55 du 30 septembre 1982, Kouang Guillaume C/État du Cameroun : classement par l'Assemblée représentative du Cameroun de terrains de la collectivité Nlog-gong au domaine privé du territoire).

À l'observation, cette liste est incomplète, car certes elle reconnaît les droits et les biens immobiliers, mais elle laisse voir une non-classification des biens meubles. Pourtant, les équipements de bureaux, les véhicules de ces personnes publiques, parmi d'autres biens, correspondent aux critères du domaine privé, parce que ces biens que les administrations utilisent sont exclus des autres catégories de propriété. En plus, parmi les biens ignorés, il faut signaler les forêts communales qui relèvent du domaine privé de la commune concernée[350]. L'ensemble de ces biens est constitué par divers modes.

Paragraphe 2 : Les modes de constitution

Il a été vu que le domaine national se constitue par la négative de ce qui est dans les autres domaines, tandis que le domaine public est déclaratif et formalisé pour les biens artificiels par le décret de classement. Le domaine privé quant à lui se constitue de manière formelle et obéit à plusieurs techniques dont les unes correspondent aux modes de droit public (B) et les autres aux modes de droit privé (A).

A. Les modes de droit privé

Pour l'État et les autres personnes morales de droit public, il est possible de se constituer un domaine privé par les techniques de droit commun. À la vérité, cette démarche est même la règle, ce qui a une conséquence sur la désignation du juge compétent. Il s'agit indistinctement d'acquisition à titre gratuit ou onéreux :

- les confiscations pénales. Elles portent sur des biens légitimement ou illégitimement acquis (arts. 35 et 184 CP) ;
- la récupération des successions en déshérence (arts. 724 et 539 CC) (constatation faite par le TPI) ;
- les acquisitions à titre gratuit (dons, legs ; prescription, abandon de droit coutumier au profit d'une personne morale de droit public). Pour les dons et les legs, ce sont des libéralités qui, pour être valides, doivent émaner de personnes saines d'esprit, et être consenties par le bénéficiaire. Il ne peut s'agir de la totalité des biens si l'offrant dispose de descendants ou d'ascendants connus. L'objet et la cause de la libéralité doivent être licites. Pour l'État, son consentement se fait par décret (art. 15 décret n° 76/167) ;
- Les acquisitions à titre onéreux : l'achat (obtention d'un bien contre paiement d'un prix) ; échange (seuls les immeubles peuvent en faire l'objet. En cas d'écart de valeur des biens échangés, la différence de

[350] Art. 30 de la loi de 1994 portant régime des forêts.

valeur est versée à la personne publique quand son bien est de valeur supérieure).

B. Les modes de droit public

Ce sont des modes marqués par l'unilatéralité, car l'administration, et en particulier l'État, met en œuvre son pouvoir d'action unilatérale pour acquérir des biens au profit du domaine privé concerné. On y retrouve :

- l'acquisition en vertu de l'article 120 du Traité de Versailles et de la législation sur les séquestres de guerre ;
- l'incorporation. Elle est issue d'un acte de déclassement du domaine public au profit du domaine privé, ou du passage d'un bien du domaine national au domaine privé ;
- l'expropriation pour cause d'utilité publique peut être utilisée ;
- le classement, notamment pour les forêts communales.

Quel que soit le mode d'acquisition, les biens mobiliers doivent être accompagnés d'un titre d'appropriation. Mais surtout, les biens immeubles sont sous le régime de la titrisation foncière, ce qui les rapproche de la propriété privée. En outre, leurs modes de gestion fait également entrevoir cette pénétration de règles de droit privé.

Section 2 : La gestion du domaine privé

Le domaine privé est géré par l'autorité qui en est propriétaire. C'est ainsi que l'État, les collectivités territoriales décentralisées, les établissements publics administratifs et les groupements d'intérêt public gèrent chacun ses domaines privés. Au-delà de ce fait, il y a uniformité du régime de gestion visible à travers les règles de gestion (paragraphe 1) et les caractères de la gestion (paragraphe 2).

Paragraphe 1 : les règles de gestion du domaine privé

Il est souvent présenté que chaque administration gère son domaine privé comme un particulier gère sa propriété privée. En réalité, cette perception n'est qu'une grande exception, car les contraintes de la gestion (A) révèlent le contraire, encore que les modes de gestion sont prescrits d'avance (B).

A. Les contraintes de la gestion

À la différence du propriétaire privé, l'administration n'est pas pleinement libre de gérer son domaine privé.

La gestion en bon père de famille est la première contrainte. Elle signifie que le gestionnaire doit le faire de manière raisonnable et dynamique, et que ses choix doivent éviter de desservir les intérêts du contribuable en particulier, et de la collectivité en général. Il s'avère d'ailleurs que ce domaine est acquis sur fonds publics et que l'État (si ce n'est pas lui le propriétaire du domaine privé) y octroie des fonds. De ce fait, ce domaine intègre la propriété publique et comme tout patrimoine public, il ne saurait être dégradé, abandonné, perdu, négligé ou mal entretenu.

La productivité est l'autre contrainte. Elle énonce que la vocation première du domaine privé est d'être exploité et mis en valeur. L'exploitation peut être gratuite. Il peut s'agir de la mise à disposition gratuite de logements « *pour les nécessités du service* », de mise en location à prix bas, de louer un bâtiment à prix symbolique pour maintenir une activité. L'essentiel dans cette gratuité est qu'il y ait productivité économique et/ou sociale[351].

Toutefois, le visage dominant de la productivité est le rendement économique. Il s'agit d'utiliser les dépendances du domaine privé comme source de rentrées pécuniaires. L'attribution en participation au capital des sociétés est une illustration du placement rentable. La mise en valeur économique s'accompagne de versements de sommes d'argent que sont les loyers, redevances et retenues suivant le mode de gestion.

B. Les modes de gestion

Ils sont variés et peuvent se résumer en régie, bail, affectation et attribution en jouissance.

La gestion en régie est celle assurée par l'administration propriétaire qui exploite elle-même directement les dépendances de son domaine privé. Ce mode n'est pas souvent économiquement rentable, car hormis les entreprises publiques (SIC/MAETUR...), il n'est pas admis que l'administration soit un agent économique. Néanmoins, elle peut procéder à des retenues pour logement.

L'affectation peut également être choisie pour gérer le domaine privé. Sur ce point, la personne publiquement met à la disposition d'un public une dépendance de son domaine privé. Ainsi, autant les populations que tout service public peuvent en bénéficier[352]. Ex. : création d'aires de plaisance. Ce mode d'exploitation connaît par principe la règle de la gratuité.

Le bail reste la forme d'exploitation la plus usuelle du domaine privé. Ce mode est assis sur la productivité du bail, car le bénéficiaire, personne physique ou morale de droit public ou privé, verse un loyer payable d'avance. Le bail peut être ordinaire ou emphytéotique. Quand il y a emphytéose, le

---

[351] MORAND-DEVILLER (J), *Cours de droit administratif des biens*, Montchrestien p. 336.
[352] Art. 3 du décret n° 76-167 du 27 avril 1976 fixant les modalités de gestion du domaine privé.

locataire peut hypothéquer la propriété, céder son bail ou sous-louer partie de l'immeuble.

L'attribution en jouissance ne se convertit pas en bail quand les bénéficiaires sont des organismes internationaux, missions diplomatiques ou consulaires (art. 27 décret 76). Seul le domaine privé de l'État peut subir ce mode de gestion. L'attribution est faite sous condition de réciprocité et les ministres des Domaines et des Affaires étrangères ont la maîtrise de la procédure.

Au regard de ces modes de gestion, il s'observe que contrairement à la France qui exclut de principe l'utilisation collective, deux modes, à savoir l'affectation et la gestion en régie, peuvent admettre l'usage collectif. Les caractères de la gestion achèvent de faire le tour sur le domaine privé.

Paragraphe 2 : Les caractères de la gestion

Deux facteurs doivent être privilégiés. D'abord l'existence d'une mixité de régimes (A), ensuite l'aliénation sous condition (B), qui, tous les deux, permettent la distinction domaine privé-propriété privée.

A. La mixité de régimes

Le domaine privé est le terrain de prédilection de la théorie de l'échelle de domanialité chère au doyen Duguit, car suivant les pouvoirs mis en exergue et les buts poursuivis, il y a passage du régime de droit privé à celui de droit public.

Le régime de droit privé est le principal applicable au domaine privé. Cette affirmation est tirée de l'utilisation des procédés de droit privé tels la vente, l'achat, la location dans les conditions de droit privé. Les terrains du domaine privé font l'objet d'un titre foncier. Ainsi, l'exécution des contrats sur ce domaine relève de la compétence du juge judiciaire.

Au domaine privé est appliqué un régime de droit public qui est accessoire. Les actes de gestion de ce domaine par l'autorité administrative sont des actes administratifs unilatéraux, ce qui entraîne la compétence du juge administratif. Certains contrats passés sur ce domaine sont des contrats administratifs.

Sont visés : les contrats de travaux publics[353], les contrats d'affectation[354], les baux emphytéotiques et les cessions de biens immobiliers du domaine privé de l'État.

---

[353] CS/CA, jugement n° 50 du 1er janvier 1985, TAMEGHI Boniface (Amsecom-Amseconcom) contre État du Cameroun.
[354] CS/CA, jugement n° 27 du 28 novembre 2002, PEMITE Jean Calixte contre CUD.

La mixité du régime juridique applicable fait voir une emprise simultanée des règles de droit privé et de droit public. Cette combinaison perdure aussi dans l'aliénation des dépendances de ce domaine.

B. L'aliénation des dépendances du domaine privé

De nombreux modes de sortie des biens du domaine privé sont répertoriés. D'emblée, il faut dire que ces biens sont fortement protégés, car ils ne peuvent subir expropriation (contrairement au cas français) et la saisie semble également impossible (l'atténuation vient des immeubles mis sous bail emphytéotique parce que le décret les dit hypothécables, ce qui peut mener à la saisie).

Les personnes morales de droit public doivent s'assurer que leurs actes d'aliénation sont revêtus, sous peine de nullité, le visa du ministre des Domaines (art. 13, ordonnance n° 74/2). Les procédures d'aliénation sont rigoureusement encadrées. À ce propos, l'aliénation peut être une vente par adjudication (au plus haut et dernier enchérisseur) ou de gré à gré. La cession est un autre mode de l'aliénation. Il n'y a cession qu'au bénéfice d'une autre personne publique, la nature et les obligations du cessionnaire sont précisées. L'échange est également possible. Il ne concerne que les immeubles des particuliers. Ceux-ci font l'objet d'une évaluation préalable et une soulte peut être disposée au profit ou à la charge de l'État. Toute forme d'aliénation du domaine privé de l'État fait suite à un décret du ministre chargé des Domaines.

Au bilan, la propriété publique, quelle qu'elle soit, est donc soumise à des règles dérogatoires du droit commun. Ces règles se révèlent aussi dans le régime spécial des acquisitions et de la mise en valeur.

TITRE II :

LE RÉGIME SPÉCIAL DES ACQUISITIONS ET DE LA MISE EN VALEUR

La spécificité de la propriété publique s'étend à ses acquisitions et à sa mise en valeur. À la précision, le domaine national et le domaine privé sont concernés, mais c'est d'abord vis-à-vis du domaine public qu'il y a cette spécificité. L'axe fondamental à retenir est que la spécificité dégage de la propriété publique toute application du droit privé et met en évidence la prééminence des règles de droit public.

Deux critères sont prééminents : la puissance publique et le service public. En effet, plus que de coutume, dans le droit de la propriété publique, ces critères théoriques d'identification de l'administration sont poussés à l'extrême. Certes, il y a des sujétions de service public qui pèsent sur l'autorité administrative, mais elles les exercent par des moyens exorbitants. Il en est ainsi, tant pour le régime spécial des acquisitions (chapitre 1) que dans celui de la mise en valeur liée à ce régime dérogatoire (chapitre 2).

CHAPITRE 1 :

LE RÉGIME SPÉCIAL DES ACQUISITIONS

Quand un particulier veut acquérir un bien, il fait recours aux procédures de droit commun. Elles se déclinent en achat, échange, dons, legs... L'acquéreur doit s'approprier le bien paisiblement et s'il y a résistance, il lui revient de saisir le juge pour qu'il y apporte une solution, pouvant même amener à requérir les forces publiques. Pour l'administration, s'il est vrai qu'elle peut également faire des acquisitions par des voies de droit privé, le droit lui reconnaît néanmoins le pouvoir d'y procéder de manière unilatérale. Ce pouvoir constitue le régime spécial des acquisitions.

La spécialité de l'acquisition est fondée sur l'exorbitance, parce que l'administration va déployer sa puissance publique pour devenir propriétaire, sans demander le consentement du propriétaire initial. S'y retrouvent la préemption (section 2) et surtout l'expropriation pour cause d'utilité publique (section 1).

Section 1 : L'expropriation pour cause d'utilité publique

Le fondement de l'opération d'expropriation est l'utilité publique (paragraphe 2), et la mise en œuvre de cette opération est fortement réglée (paragraphe 1).

Paragraphe 1 : La mise en œuvre de l'expropriation

Comprendre l'expropriation oblige à déterminer les biens qui peuvent en faire l'objet (A), son exécution (B) et les compensations de l'exproprié (C). Un aperçu de ces paramètres est perceptible dans la définition de l'expropriation, considérée comme l'opération d'utilité publique par laquelle l'administration acquiert des biens immobiliers contre juste et préalable indemnisation.

A. Les biens expropriables

D'après l'article 2 de la loi n° 85-09 du 4 juillet 1985 relative à l'expropriation pour cause d'utilité publique et aux modalités d'indemnisation, l'expropriation affecte uniquement la propriété privée. Ceci signifie que le domaine national ne saurait subir d'expropriation, ni le domaine public, encore moins le domaine privé des personnes morales de droit public (sur ce dernier point en France, il est au contraire admis que les dépendances du domaine privé s'exproprient). La mise en relation de tous ces domaines est qu'ils relèvent tous de la puissance publique, et qu'il ne peut être appliqué à ces personnes des contraintes, surtout qu'entre personnes publiques, des transactions par transfert et échanges s'effectuent. En plus, l'expropriation ne concerne pas les meubles, mais plutôt les biens immobiliers. Il est ainsi disposé que son champ d'application est la propriété immobilière.

La propriété immobilière privée est donc la cible de l'expropriation. Est propriétaire immobilier privée, la personne physique ou morale de droit privé qui bénéficie d'une propriété privée certifiée par un titre foncier. Aussi, il n'y a expropriation qu'à l'encontre de ceux qui jouissent de titres fonciers. De ce fait, les occupants, même de bonne foi, n'ont pas le statut d'exproprié, car ils sont sous le régime de la précarité incarnée par l'absence de garanties réservées à l'exproprié. Cependant, et à titre d'exception, les occupants de bonne foi de dépendances du domaine public bénéficiant de droits antérieurs à juillet 1974 peuvent en être dépossédés sous un régime semblable à celui de l'expropriation.

B. L'exécution de l'expropriation

La cause de l'expropriation est une opération d'intérêt général. Pour son exécution, il est à distinguer le jeu des acteurs impliqués par une telle opération.

En termes de bénéficiaires, l'expropriation est effectuée pour le compte des personnes publiques et des entreprises publiques. Elle est dite directe lorsque c'est l'État qui en bénéficie. Quand elle est indirecte, c'est qu'elle est réalisée pour le compte des collectivités territoriales décentralisées, les établissements publics, les concessionnaires de service public ou des sociétés d'État.

Ces deux dernières catégories ouvrent la porte aux personnes morales de droit privé gestionnaires de services publics, ce qui est une possibilité en France, où des personnes privées investies de missions de service public peuvent requérir l'expropriation, mais ce droit y est refusé aux sociétés d'aménagement foncier[355]. Au Cameroun, les sociétés d'État sont susceptibles de bénéficier d'une expropriation[356].

Il s'avère ainsi que diverses personnes morales peuvent solliciter que soit effectuée une expropriation à leur avantage. Mais seul l'Etat dispose du droit d'exproprier. Il exerce donc ce droit pour son compte ou pour le compte des administrations demanderesses qui en supportent les charges.

---

[355] MORAND-DEVILLER (J), Op.cit, p.40

[356] Art. 1er de la loi de 1985 et CS/CA, jugement n° 80 du 14 juin 2006, Maetur contre État du Cameroun et Belibi François

La mise en œuvre de l'expropriation est réglée par le décret n° 87/1872. Il s'avère que le ministère des Domaines centralise la procédure, car toute administration autre que l'Etat et tout département ministériel désireux d'exproprier doit lui adresser une demande aux fins d'une telle opération. Cette demande fait état du projet à réaliser, son coût et ses délais. Le ministre des Domaines apprécie le dossier et s'il y est favorable, il prend un arrêté déclarant l'utilité publique du projet. Cet arrêté désigne la commission de constat et d'évaluation. Ladite commission va conduire une enquête et les résultats sont pris en compte dans le décret d'expropriation.

Aussi à titre de phase, il faut recenser :

- le dossier de demande d'expropriation ;
- l'arrêté déclarant l'utilité publique ;
- l'enquête publique ;
- le décret d'expropriation.

Le décret d'expropriation vaut transfert de propriété au bénéfice de la personne morale qui en a fait la demande. Cette opération donne lieu à compensation.

C. La compensation de l'exproprié

Il est consacré dans le préambule de la Constitution, la garantie des droits de l'exproprié, à savoir la compensation. En effet, le texte constitutionnel énonce qu'il est dû à l'exproprié une juste et préalable indemnisation.

L'indemnisation est dans sa forme pécuniaire ou en nature. L'exercice consiste au premier chef à déterminer les mises en valeur. Ce travail est le fait de la commission de constat et d'évaluation, qui détient un pouvoir d'appréciation. Il entend la victime et l'administration initiatrice. L'indemnité porte sur le dommage matériel direct immédiat et certain (art. 7, loi 85). Elle couvre les terrains nus et toutes les mises en valeur dûment constatées, en dehors des constructions vétustes, menaçant ruine ou réalisées en infraction aux règles de l'urbanisme.

L'indemnité est pécuniaire, mais la compensation peut se faire en nature. Sur ce point, la victime peut se faire octroyer un autre terrain ou se voir recaser et une soulte est calculée (art. 8).

L'indemnisation est juste et préalable. Elle doit donc équivaloir à la valeur de l'immeuble exproprié et surtout, être versée avant que la victime ne libère les lieux (toutefois, le bénéficiaire peut être admis à occuper les lieux avant indemnisation). L'exproprié a six mois pour libérer les lieux dès la prise du décret d'expropriation qui confirme l'utilité publique de l'opération.

Paragraphe 2 : L'utilité publique de l'expropriation

L'objet de l'expropriation est clairement déterminé : c'est l'opération d'utilité publique, qui a ses déclinaisons (A) et un encadrement visant à limiter l'arbitraire administratif (B).

A. Les déclinaisons de l'utilité publique

Les deux branches de cette notion refont surface, car le but de l'expropriation est soit l'usage direct du public, soit l'usage du service public. L'un des bénéficiaires de l'expropriation est donc le service public. À cet effet, une personne publique dont toute administration centrale peut demander une expropriation pour ses besoins de service. Dans ce cas, comme leur mission est le service public, l'expropriation pourra être reconnue d'utilité publique. Cette administration demande que soit effectuée une expropriation pour le fonctionnement de son service ou pour ses usagers.

À ce niveau, il faut signaler la jurisprudence CFJ/CAY, arrêt n° 160 du 8 juin 1971, Fouda Mballa Maurice contre Etat fédéré du Cameroun oriental. Le juge y établit que « *sont d'utilité publique, les opérations destinées à satisfaire les besoins de l'ensemble de la population d'une collectivité territoriale, ou tendant à réaliser un objet d'utilité générale* ».

L'autre bénéficiaire de l'expropriation est la population, car une telle opération est recevable si elle vise l'usage direct du public.

En France, les causes d'utilité publique connaissent une expansion avec des finalités variées : la santé et l'hygiène publiques, la protection du patrimoine culturel, le développement économique, l'urbanisme et la protection de l'environnement[357]. Cette extension est recevable au Cameroun, où le droit minier, les raisons d'ordre public, la législation environnementale et celle de l'urbanisme l'augurent. Pour cette dernière, la loi de 2004 régissant l'urbanisme reconnaît formellement le droit d'exproprier pour cette cause en son article 91. Toutefois, les fins d'utilité publique sont encadrées.

B. L'encadrement des fins d'utilité publique

Les fins d'utilité publique peuvent avoir du mal à être connues. Dans l'affaire Fouda Mballa, malgré la tentative du juge d'en donner le contenu, cette notion reste problématique. Ceci conduit à la difficulté de l'affirmer sans contestation.

Le juge administratif français a formulé la théorie du bilan pour essayer de rechercher l'utilité publique. Le Conseil d'État[358] a conçu que la proportionnalité des apports et des désagréments devait être prise en compte

---

[357] V. MORAND-DEVILLER (J), Op.cit., p. 413s.

[358] CE, Ass., 28 mai 1971, ville nouvelle-est.

dans une opposition coût et avantages (démolition de 250 immeubles pour construire un campus universitaire pour 30 000 étudiants et une ville de 20 000 habitants). Cette thèse, ayant quelques rapports avec l'affaire Fouda Mballa, permet de voir en l'opération d'utilité publique une intervention produisant bien plus d'avantages que d'inconvénients pour la collectivité publique.

Un autre impératif est le délai. Le bénéficiaire de l'expropriation a deux ans pour faire exécuter l'arrêté de déclaration d'utilité publique. Cet arrêté peut être prorogé d'un an, sans quoi il devient caduc[359]. Par ailleurs, le juge administratif camerounais reconnaît le droit de rétrocession quand, passé un long délai (10 ans), les terrains expropriés ne sont pas aménagés[360].

En outre, l'objet de l'expropriation ne saurait être changé, auquel cas, soit le juge annule « *le transfert d'utilité publique* » et ordonne la rétrocession[361], soit le bénéficiaire de l'expropriation est condamné à verser des dommages et intérêts[362]. Au regard de cet encadrement, il est donc exclu de procéder à des détournements de pouvoir à l'occasion de l'acquisition d'immeubles par suite d'expropriation. En dehors de cette modalité, la préemption peut également être utilisée.

Section 2 : La préemption

Cette notion propre au droit administratif est le droit de préférence accordé aux administrations pour acquérir des biens. Son mécanisme (paragraphe 1) et les biens préemptables (paragraphe 2) forment l'essentiel de son régime juridique.

Paragraphe 1 : Le mécanisme de la préemption

Le droit de préemption met en avant l'existence d'une préférence pour l'administration (A) qui se déploie à l'occasion d'une aliénation d'immeuble (B).

A. Le droit de préférence

Il y a préemption quand l'administration jouit dans le cadre de l'accomplissement de sa mission de service public du droit d'acquérir un bien par préférence à tout autre acquéreur, à l'occasion d'une aliénation. Le droit

---

359 Art. 13 décret 87.

360 CS/CA, jugement n° 12 du 26 mai 1984, Dame veuve Ongono Régine contre État du Cameroun.

361 CS/CA, jugement n° 80 du 14 juin 2006, Maétur contre État du Cameroun et Belibi François.

362 CS/CA, arrêt n° 09 du 26 décembre 1996, État du Cameroun (PM) contre Sté Renault Cameroun.

de préemption fait donc que son bénéficiaire soit la personne privilégiée lors d'une opération d'aliénation.

En termes de bénéficiaires de ce droit, par la loi de 2004 régissant l'urbanisme (art 87), seuls l'État et les collectivités décentralisées détiennent ce droit en matière d'urbanisme. De même, dans le cadre de la protection des zones frontalières et de la maîtrise des transferts de propriété foncière dans ces zones, l'État détient un droit de préemption lorsqu'une personne morale ou physique étrangère entend y aliéner sa propriété.

B. La matérialisation de la préemption

C'est à l'occasion d'aliénations que l'état et la collectivité territoriale décentralisée peuvent exercer leur droit de préemption. Ainsi, en combinant le texte régissant l'urbanisme et celui sur le régime foncier, il apparaît que la préemption existe exclusivement à l'occasion des ventes. Aussi, les aliénations par dons, legs et échanges ne sont pas sujettes à préemption.

Contrairement à l'expropriation où le propriétaire est contraint de céder sa propriété, pour la préemption, il est libre de l'aliéner, mais il n'est pas libre de choisir celui à qui il la vendra[363], sauf si l'administration, acquéreur privilégié, révèle son manque d'intérêt pour l'opération.

En termes de procédure, telle que présentée par la loi de 2004 sur l'urbanisme (art. 89), le vendeur doit informer le bénéficiaire du droit de préférence par voie de déclaration et de publicité, indiquant le prix souhaité et les conditions de vente. Le bénéficiaire dispose de deux mois pour se prononcer en indiquant son prix. Si le bénéficiaire reste silencieux durant cette période, cela vaut renonciation à son droit.

Paragraphe 2 : Les biens sous droit de préemption

Le fait que l'acquisition s'effectue sous forme d'achat implique que le bien acquis ne peut que rentrer dans le domaine privé. Le bien va y intégrer les dépendances immobilières parce que la préemption n'est applicable que pour les immeubles. Ce droit est opposable aux biens immeubles des étrangers (A), aux mises en valeur immobilières dans le domaine privé des personnes publiques (B), et sur les terrains de la propriété privée (C).

A. Les biens immeubles des étrangers

L'article 10 de l'ordonnance n° 74/1 accorde exceptionnellement le droit à propriété foncière aux étrangers sur la propriété privée ou le domaine national de première catégorie.

---

[363] CS/CA, jugement n° 2004 du 31 mars 2004, société forestière Petra contre État du Cameroun.

Il admet que les personnes physiques ou morales étrangères désirant investir au Cameroun peuvent obtenir des immeubles, sauf en zone frontalière. Les actes d'acquisition doivent revêtir les visas du ministre chargé des Domaines et du ministre chargé des Affaires étrangères.

Il admet le même droit pour les représentations diplomatiques, consulaires et les organisations internationales, sous réserve de réciprocité. En cas de revente de ces immeubles, l'État jouit d'un droit de préemption[364].

B. Les mises en valeur dans le domaine privé

Les personnes publiques peuvent donner en concession ou en bail des dépendances de leurs domaines privés. Quand cela se produit et spécialement pour le bail ordinaire (maximum 18 ans) et le bail emphytéotique (18 à 99 ans), il arrive que l'exploitant fasse des mises en valeur en édifiant notamment des immeubles, aménagements, constructions et installations.

Le décret de 1976 portant sur la gestion du domaine privé de l'État accorde sur ces mises en valeur un droit de préemption à l'État (arts. 20 et 23).

C. Les terrains de la propriété privée

En dehors de ceux appartenant aux non-nationaux, tel qu'illustré, il est disposé que même les nationaux peuvent voir leurs immeubles préemptés en matière d'urbanisme. Cette prérogative est accordée à l'Etat et aux collectivités territoriales décentralisées dans les zones où ils souhaitent assurer la maîtrise du sol, contrôler l'évolution foncière ou acquérir certains immeubles sans avoir recours à l'expropriation (arts. 87 à 89 de la loi de 2004).

La préemption se réalise aussi pour les projets de :

- restructuration urbaine ;
- organisation ou développement d'activités économiques ;
- réalisation d'équipements collectifs ;
- mise en place de la politique globale de l'habitat ;
- stabilisation des prix immobiliers ;
- pour une zone sous planification urbaine.

Il en ressort que préemption et expropriation sont tournées vers la conservation ou la mise en valeur qui correspondent à une mission de service public.

---

[364] CS/CA, jugement n° 48 du 26 Mai 1977, POILLOUX Robert contre du Cameroun.

CHAPITRE 2 :

LE RÉGIME SPÉCIAL DES MISES EN VALEUR

Les biens de l'administration sont destinés soit à l'usage direct du public, soit au service public. Ils revêtent un but d'utilité publique. Ceux qui sont mis en valeur se particularisent par l'intervention humaine. Quand ils ne sont pas des meubles, ils deviennent des immeubles par destination. Il s'agit de les présenter (section 1). Par la suite, il revient d'indiquer les règles qui les encadrent et la réalisation de l'opération de mise en valeur (section 2).

Section 1 : Les mises en valeur : le travail public et l'ouvrage public

Paragraphe 1 : Le travail public

Tous les travaux réalisés par l'administration ne sont pas des travaux publics. Cela pose la question de l'identification de ces travaux (A). Elle est complétée par son caractère attractif (B).

A. L'identification du travail public

C'est à partir de la jurisprudence que le travail public a été identifié. Trois critères s'en dégagent :

- c'est un travail immobilier : les travaux publics sont d'abord des travaux. Leur spécificité est qu'ils concernent l'immeuble. C'est donc une intervention de l'homme pour édifier sur immeuble nu en immeuble bâti, ou pour modifier un immeuble (pose de canalisation, bornage…), mais aussi un travail pour fixer un meuble sur un immeuble ;
- son but est l'intérêt général : il s'agit d'accomplir une mission de service public. À ce niveau, le principe est que le service public en est le bénéficiaire[365]. Il est possible que les bénéficiaires soient les usagers du service public. Relativement à ces éléments, il s'avère que la base de l'intérêt général est la notion même d'utilité publique. Cependant, une extension a été faite par le juge administratif français au travail réalisé pour une personne privée. Il admet que le travail public est réalisé pour une personne privée lorsque celle-ci a une mission d'intérêt général (TC, 28 mars 1955, époux Effimieff) ;

[365] CE, 10 juin 1921, Commune de Monségur.

- c'est un travail accompli par une personne publique : ce dernier critère énonce que l'administration doit elle-même effectuer le travail public. Cependant, il est accepté que sans qu'il soit réalisé par l'administration, il y a travail public quand il est effectué pour son compte. Ceci veut dire que l'entrepreneur peut être une personne privée et le bénéficiaire demeure l'administration.

B. Le caractère attractif

L'attrait du travail public réside en ceci qu'il revient d'identifier le droit applicable. La difficulté majeure provient du travail public réalisé pour une personne privée. Elle est levée à partir du moment où c'est une cause d'intérêt général qui fonde cette opération. Cette posture fait qu'il y a attraction du droit administratif. De ce fait, le travail public, l'ouvrage réalisé, son entretien, les dommages causés, les actes administratifs et contractuels passés ont vocation à être régis par le droit administratif tel que déterminé dans l'affaire Tameghi boniface.

Paragraphe 2 : L'ouvrage public

A. Les éléments de l'ouvrage public

L'ouvrage public est en principe la réalisation du travail public. Il en est le résultat. Le juge reconnaît ce caractère uniquement aux biens qui résultent de l'intervention humaine. Aussi, l'ouvrage public est un bien immobilier affecté à l'intérêt général et réalisé par l'homme[366]. Il y a également un rattachement domanial qui est à présenter, cela détermine l'incrustation de l'ouvrage public.

B. L'incrustation de l'ouvrage public

L'ouvrage public provient du travail public. Pour René Capitant, il est même le travail public sous un aspect statique. Il s'avère que ce produit du travail public, qui est l'ouvrage public, est dans le domaine public. Sur ce point, la théorie classique du droit reconnaît à tout bien qualifié d'ouvrage public son insertion dans le domaine public. La raison première en est la finalité.

Effectivement, l'ouvrage public est utilisé par le service public ou est mis à la disposition directe du public. En guise d'exception, l'ouvrage public peut être destiné à l'usage privatif. Dans ce cas, le travail, quand il est effectué est public, mais réalisé, il devient un ouvrage privé.

---

366 CE, 12 décembre 1986 REBORA.

Section 2 : Les sujétions et l'exécution des mises en valeur

Paragraphe 1 : Les sujétions des mises en valeur

Au rappel, le travail public est l'opération qui est en train d'être exécutée, mais c'est aussi le résultat de cette opération. Pour ces deux aspects, existent des sujétions singulières. La première est liée à l'entretien du travail public (A), la seconde au dommage du travail public (B).

A. L'entretien du travail public

Le juge administratif camerounais a eu à connaître des questions de travail public. Ceci s'est posé dans le régime applicable aux ouvrages publics. Il est énoncé une règle générale : celle de l'obligation d'entretenir l'ouvrage public.

Sur ce point, cette obligation incombe à l'administration qui peut s'en charger personnellement, ou en confier l'entretien à une personne privée ou à une autre personne publique. Le défaut d'entretien et le mauvais entretien sont susceptibles d'entraîner la mise en jeu de la responsabilité de l'administration. Le juge en a décidé ainsi dans l'affaire Dame Laferriere. Mais l'affaire la plus intéressante date de 1986[367]. En l'espèce, M. Kountchou, partant de Bafoussam à bord de son véhicule, emprunte la route qui mène à Makenene. Se retrouvant sur le pont de Makenene, cet ouvrage public s'écroule sous son véhicule lui avec, de même que les marchandises transportées. Il s'avère que le pont était vétuste. Il saisit la juridiction qui condamne l'administration à verser au requérant des dommages et intérêts pour défaut d'entretien de l'ouvrage public.

B. Les dommages de travaux publics

La responsabilité de l'administration est retenue quand un préjudice survient du fait du travail ou de l'ouvrage public. Il s'agit d'abord de l'exécution du travail public. Quand une telle opération est effectuée, l'administration ou toute personne chargée de sa réalisation est tenue de protéger le voisinage. Dans le cas contraire, le risque de voisinage est encouru. De même, l'administration ne doit pas rompre l'égalité devant les charges publiques (CFJ/SY arrêt n° 51 du 25 mars 1969, Dame Ngué André contre Commune de plein exercice de Mbalmayo ; arrêt n° 59 du 25 mars 1969 sieur Ngomha Salomon contre commune de plein exercice de Douala).

Le dommage peut provenir du défaut de signalisation (CFJ/CAY, arrêt n° 113 du 8 Décembre 1970 Tchany Jean contre État fédéré du Cameroun oriental). S'agissant de l'ouvrage public, les riverains ne doivent pas souffrir de sa présence. Le second cas du dommage est la dégradation occasionnée par

---

[367] CS/CA, jugement n° 84 du 26 juin 1986, Kountchou Levi-bord contre État du Cameroun.

l'ouvrage public (CS/CA, jugement n° 12 du 26 décembre 1991, Ondoua Atangana Paul contre État du Cameroun).

Paragraphe 2 : L'exécution des travaux publics

A. La liberté de l'exécution

Le principe retenu est que l'administration n'est pas obligée de réaliser le travail public. Cette liberté qui lui est octroyée lui donne le loisir de choisir de décider d'entreprendre le travail public, de choisir le mode d'exécution quand la loi le permet, mais surtout de choisir l'ouvrage à réaliser. Cependant, relativement à l'entretien des ouvrages publics, la liberté se transforme en contrainte. En effet, le défaut d'entretien de l'ouvrage public donne lieu à la condamnation quand le juge administratif en est saisi. De plus, le code pénal camerounais condamne l'autorité administrative qui s'abstient d'entretenir l'ouvrage public dont il a la responsabilité[368].

B. Les modes d'exécution

Le travail public peut être réalisé suivant plusieurs techniques :

- la régie : c'est la technique par laquelle une personne publique réalise elle-même le travail public à son avantage direct ou à l'avantage de ses usagers. Elle bénéficie du travail réalisé avec son matériel et son personnel ;
- la délégation de service public : cette technique contractuelle permet à la personne publique de charger un tiers d'entreprendre des travaux publics et de réaliser l'ouvrage public[369].
- le contrat de marché public : c'est un contrat administratif dans lequel l'État confie à un tiers l'exécution du travail public ou l'entretien de l'ouvrage public contre rémunération par l'administration bénéficiaire.

Au demeurant, le travail public qui conduit à la réalisation de l'ouvrage public est sous un régime exorbitant dans la garantie de son intégrité. Un adage servant de principe général édicte que *« l'ouvrage public mal planté ne se détruit pas »*. Aussi, si à tort l'administration s'approprie une propriété pour y édifier un ouvrage public, le juge saisi ne pourra pas en ordonner la démolition : c'est le principe de l'intangibilité qui est un élément en plus, distinguant le bien public du bien privé.

[368] Article 187 code pénal.
[369] CE 15 avril 1996, préfet des bouches du Rhône.

QUATRIÈME PARTIE :

LES MARCHES PUBLICS

La notion de marché public est liée à celle de service public. Plus précisément, elle se présente comme un mode de satisfaction des exigences du service public. « *La notion de service public est intégrée à la théorie utilitariste dès la période révolutionnaire pour donner une référence constante visant à légitimer les actions, les missions et les interventions de l'État* »[370]. L'aspect utilitariste relevé tient alors à l'intérêt reconnu au secteur faisant l'objet d'une action publique. Le souci fondamental du besoin tenait à son caractère collectif[371]. En fait, en déterminant les domaines dans lesquels l'État devait intervenir, c'est-à-dire ceux de l'intérêt général, la majorité de la doctrine, par la voix du doyen Léon Duguit, avait fini par concevoir que le service public ne devrait être assuré, réglé et contrôlé que par l'autorité publique à cause de son caractère « *indispensable à la réalisation et au développement de l'interdépendance sociale* »[372].

Cette position qui présente la régie comme mode unique, sinon privilégié de gestion du service public ne faisait pas cas de certaines pratiques non moins importantes. En exemple, l'enlèvement des ordures ménagères est délégué pour trente ans par Henri II à un capitaine de l'artillerie royale en 1608. Également, Dumouriez Duperier bénéficie d'une concession établie par la ville de Paris en 1669 pour gérer les pompes à incendies[373]. Ces exemples montrent bien l'essor d'un autre mode de gestion : le contrat.

La formule contractuelle de gestion du service public consiste soit en l'affermage ou la concession à un tiers de la gestion du service public qui aurait du normalement être géré par l'autorité qui recourt à la concession, soit en la participation à l'accomplissement du service public. Cette dernière variante est composée du contrat d'exécution de travaux publics, du contrat de fourniture et du contrat de services et prestations intellectuelles qui sont conclus sous la forme de marchés publics.

« Les marchés publics sont (donc) les contrats conclus à titre onéreux avec des personnes publiques ou privées, par les personnes morales de droit public, pour répondre à leurs besoins en matière de travaux, de fournitures ou de services »[374]. À l'analyse, quatre remarques doivent être faites :

- le marché public est un contrat, ce qui signifie qu'il tombe sous le coup du consensualisme qui régit les relations partenariales en droit privé (art. 1134 s C.C) ;

---

370 KOUBI (G) et GUGLIELMI. (G), *Droit du service public*, n° 21.

371 Op.cit, n° 26.

372 DUGUIT. (L), *Traité de droit constitutionnel III,* Sirey, 1923, p. 55

373 Benzaçon (X) « une approche historique du partenariat public - privé » *in I. Chatrie et J-M Uttoldebord (dir),* partenariat public - privé et développement territorial, *Le monde éd,* 1996, p. 37.

374Art. 1er code des M.P français.

- la prestation est faite à titre onéreux. Il y a donc un prix à payer au prestataire en échange de sa prestation. Dans ce cas, toute entente avec un tiers qui n'est pas rémunérée n'est pas un marché public ;
- le cocontractant de l'administration n'est pas seulement une personne privée. Pourtant, certains codes parlent d'entrepreneur, fournisseur et prestataire de service. Ces formulations ont l'inconvénient de faire croire que seules les personnes privées peuvent soumissionner. Il faut plutôt admettre que les personnes morales de droit public peuvent bien offrir leurs services à d'autres dans le cadre d'un marché public : c'est le cas du génie militaire qui soumissionne pour la construction d'une route, ou d'un établissement public de promotion immobilière (SIC, Maetur) qui soumissionne pour construire les logements de fonction pour les agents de certains ministères)[375] ;
- le marché public a pour objet la réalisation des travaux, la fourniture de biens ou l'accomplissement de prestations de services. Précision doit être faite que dans le marché public, c'est la participation du cocontractant à l'exécution du service qui est visée[376].

C'est à ce niveau qu'il faut établir une différence entre le marché public et la délégation de service public. Si dans des cas il est possible de confier le service public à un cocontractant, dans le marché public, il s'agit davantage d'un pan de ce dernier. Pour la délégation, l'attribution en gestion est entière. De même, le choix du cocontractant est plus libre et intuitu personae dans la délégation[377], ce qui est différent pour le marché public. Enfin, il faut dire que la rémunération se fait par le versement d'un prix pour le marché, tandis que pour les délégations, elle est substantiellement assurée par les résultats de l'exploitation[378].

Le marché public met donc en relief le lien qui s'établit entre une personne morale de droit public (l'État, une collectivité territoriale décentralisée, un établissement public ou une entreprise du secteur public ou parapublic) et toute autre personne en vue de la réalisation d'une prestation de service public. Si certains codes des marchés publics ne statuent pas sur la nature juridique du marché public, il faut rappeler qu'il s'agit de contrats. Étant donné que ces contrats sont établis sur la base de l'utilité publique, qu'ils sont l'œuvre de personnes morales de droit public et qu'ils sont sous le régime de l'exorbitance tel que cela sera démontré, il s'agit donc de contrats administratifs. À la différence du Cameroun où une laconique formulation confie « *le règlement des instances contentieuses à la juridiction*

---

375 V. MORAND-DEVILLER (J), *Cours de Droit Administratif*, Montchrestien, op.cit, p. 407s

376 CE, 20 avril 1956, Époux Bertin ; CE, 20 avril 1956, Grimouard

377 CHAPUS (R), *Droit administratif Général*, Tome 1, 15e éd, n° 801.

378 Cf. CE, 30 juin 1999, Smitom ; V. loi Murcef du 11 déc. 2001.

compétente »[379], le droit français s'est démarqué en confiant implicitement la résolution des différends liés aux marchés publics au juge administratif, car la loi Murcef du 11 décembre 2001 portant mesures urgentes en matière économique et financière dispose en sonarticle2 que : « *Les marchés passés en application du code des marchés publics ont le caractère de contrats administratifs* ».

La nature des marchés publics, autant que leurs finalités, justifie leur régime juridique, celui du contrat administratif. Tel que précédemment énoncé, le marché public n'échappe pas à la règle de l'exorbitance. Ce régime est présent à toutes les phases, que ce soit dans la négociation, la passation ou dans la réalisation du marché public. S'agissant de la réalisation, le maître d'ouvrage et ses collaborateurs qui interviennent dans ledit marché détiennent un certain nombre de prérogatives « exceptionnelles ». Ils peuvent notamment modifier les conditions d'exécution du contrat (du marché). Dans ce sens, ils peuvent augmenter les tâches ou modifier la prestation à fournir, et il faut y rajouter la théorie du fait du prince. L'administration contractante a ainsi « *le pouvoir de modifier unilatéralement les conditions d'exécution du contrat et d'aggraver les obligations du cocontractant, rompant ainsi l'équilibre entre charges et profits...* »[380]. Le contrepoids à cette prérogative est l'équilibre financier qui s'exprime par la compensation intégrale des charges supplémentaires pesant sur le cocontractant[381]. Une seconde hypothèse est celle « du fait du prince », qui est l'aggravation des charges du cocontractant de l'administration par la prise de mesures (loi, décret...) ayant des incidences sur l'exécution du contrat, par toute autorité publique extérieure au contrat, ou même par l'administration contractante, mais dans un cadre autre que celui du contrat.

En renfort à ce qui vient d'être énuméré, il peut y être joint le pouvoir de contrôle et de sanction que détient l'administration contractante. S'agissant des sanctions, elle détient le pouvoir d'infliger des sanctions au cocontractant pour cause de non-respect des instructions reçues ou d'inobservance des clauses du contrat. La sanction peut être pécuniaire, avec notamment les amendes déterminées par l'administration. Les sanctions infligées peuvent ne pas être celles prévues par le contrat lorsque ces dernières ne sont pas adaptées, à cause de leur sévérité ou face à certains comportements non gravement fautifs du cocontractant[382]. La sanction peut également faire intervenir le pouvoir de substitution qui se décline en mise en régie ou exécution par défaut. Cette sanction est prise quand le comportement du

---

[379] Article 79.3, CCAG/Travaux ; art. 61.5 CCAG/services et prestations intellectuelles…
[380] CHAPUS (R), *Droit administratif Général*, tome 1, op.cit., n° 1381.
[381] CE 11 mars 1910, Cie Française des tramways.
[382] CE.3 mai 1907, Deplanque, CE 13 mai 1987, Soc. Citra-France ; V. Chapus. (R), *Droit administratif général*, tome 1, op.cit n° 1377.

cocontractant est jugé gravement irrégulier.

Le droit de résiliation doit aussi être pris en compte. Il s'agit de la résiliation-sanction qui intervient quand le cocontractant est défaillant. Il s'agit aussi de la résiliation-remède qui peut être faite à tout instant, du moment que l'intérêt du service (l'intérêt général) le justifie. Dans cette hypothèse, le cocontractant est indemnisé intégralement[383].

En termes de typologie, on recense trois formes de marchés publics : les fournitures, les travaux, les services et les prestations intellectuelles.

- Les marchés de fournitures s'appliquent à l'approvisionnement de l'autorité publique en biens et équipements qui lui sont nécessaires (art. 1er du CCAG/Fournitures).
- Les marchés de travaux concernent l'exécution et le contrôle des travaux de génie civil dont : les routes, les ouvrages d'art, les voiries urbaines, les bâtiments et autres infrastructures publiques (art. 1er, CCAG/travaux).
- les marchés de services et prestations intellectuelles sont ceux de : conseil, réformes institutionnelles, gestion et maîtrise d'œuvre, audits, ingénierie, contrôle, formation, services financiers, assurances, mise en concession, enquêtes... (art. 1er, CCAG/Services et prestations intellectuelles).

Malgré le fait que l'administration dispose de prérogatives exorbitantes qu'elle exerce unilatéralement, les marchés publics demeurent des contrats. Même si les modes de conclusion de ces contrats sont fixés par les textes, la règle du consensualisme continue d'être importante. Comme en droit commun, la conclusion d'un marché public (contrat) procède de l'accord réciproque de volontés. L'importance de l'expression d'un consentement éclairé et libre est telle que son défaut peut rendre nulle la clause litigieuse[384], ou même l'ensemble du contrat[385]. La règle du consensualisme concerne autant le cocontractant que l'administration. C'est dans la phase de négociation des marchés publics (titre I) qu'elle s'exprime le mieux.

Passé cette étape, le reste des phases des marchés publics est fortement marqué par la maîtrise administrative. Ainsi, la passation des marchés publics (titre II) et leur réalisation (titre III) font effectivement montre de la position prégnante de l'administration. Sans qu'il ne soit ici question de spécialement s'appesantir sur les forces en présence dans ces deux étapes des marchés publics.

---

383 CE. 2 mai 1958, Distillerie de Magnac-Laval.

384 CE Sect. 11 février 1972, office public HLM du Clavados.

385 TA Paris, 17 décembre 1998, SNCF c/SOC Dumez.

TITRE I :

LA NÉGOCIATION DES MARCHES PUBLICS

Le mode d'établissement des contrats exclut l'unilatéralisme. À l'acte administratif unilatéral, fait face le contrat qui, lui, ne procède pas à l'émission des règles dans un seul sens pour les imposer à leurs destinataires. Au contraire, le contrat est régi par l'accord des volontés. Il s'agit pour chacune des parties de participer à l'édiction des droits et obligations des clauses contractuelles qui vont les lier.

Si l'on peut discuter pour le contrat administratif sur l'équilibre entre les volontés exprimées, ce qui est indiscutable, c'est bien leur présence. Sans quoi, le contrat serait nul. Par l'existence d'au moins deux pôles d'émission de volontés, le marché public qui est un contrat devient pour certains de ses éléments un produit de compromis : il s'agit des éléments qui rentrent dans la négociation (chapitre 2). Il faut d'ailleurs dire que même si la règle du consensualisme est ici moins étendue que celle qui s'observe dans les liens contractuels entre particuliers, elle est quand même bien présente.

Elle est présente à deux stades : le premier est celui de l'établissement du marché public. Les contractants peuvent, avant de se lier, s'accorder sur un certain nombre de clauses. Le second stade intervient au cours de la réalisation du marché public. Elle est la matérialisation d'un principe : celui de la mutabilité des contrats. D'utilisation récente, ce principe a été systématisé par le professeur Pierre Delvolvé[386] pour désigner le pouvoir de l'administration de modifier unilatéralement les contrats, C'est d'ailleurs pourquoi la doctrine lui a préféré le principe du « pouvoir de modification unilatérale ». En s'alignant à l'essence du principe dégagé et quelle qu'en soit l'appellation, il faut dire que le pouvoir exorbitant intervient bien dans la réalisation des marchés.

Plus poussé, il faut même admettre que cette règle de la mutabilité n'est pas seulement la modification unilatérale, car le cocontractant de l'administration en jouit aussi. D'abord parce que tel que déjà dit, les aggravations des conditions du marché impliquent l'équilibre, la compensation du cocontractant. Ensuite parce que le principe énoncé de façon générale n'exclut pas le droit du cocontractant de demander une modification du contrat.

Même si la doctrine n'a pas encore totalement tranché le débat sur la mutabilité, il reste que les mécanismes de négociation sont bien encadrés dans la contractualisation et l'exécution des marchés publics.

---

[386] DELVOLVE (P), *Droit public de l'économie*, Dalloz, Coll. Précis, 1998, p. 618.

CHAPITRE 1 :

LES MÉCANISMES DE NÉGOCIATION

La négociation qui est l'action de discuter les clauses d'une affaire, les termes d'un contrat en vue d'un accord, est particulière dans le cas du marché public. Cette particularité vient de sa comparaison avec la négociation dans un contrat de droit commun. Là elle est franche, ici elle est rigide. La rigidité de la discussion dans le contrat de marché public provient de l'encadrement juridique de cette procédure, laquelle surclasse l'administration au dépend du cocontractant. L'image du contrat d'adhésion de droit privé peut à plus d'un égard convenir à la caractérisation de la négociation des marchés publics.

Mais, quelle que soit l'étendue de la position avantageuse de l'administration, il y a toujours négociation. Les mécanismes de négociation se subdivisent en moyens (section 1) et en procédures (section 2). C'est par la combinaison de ces deux éléments qu'on obtient alors le mode d'emploi de la négociation dans le cadre des marchés publics.

Section 1 : Les moyens

La négociation se fait par l'intermédiaire de deux moyens : la consultation et l'avenant. La particularité de ces deux moyens est qu'ils interviennent et ceci surtout pour le premier dans un contexte bien déterminé d'une part, et d'autre part, qu'ils ne surviennent pas au même moment dans le processus d'établissement et d'exécution du marché public.

Paragraphe 1 : La consultation

Appréhendée comme étant l'action de demander un avis, la consultation ne semble pas laisser possible la négociation, puisque l'avis peut ou non être demandé et peut ou non être suivi. En matière de marchés publics, il en va autrement, car elle y constitue en soi-même un moyen de négociation bien consacré.

A. Les hypothèses de la consultation

En termes de moment, la consultation intervient au niveau de l'ouverture du marché[387]. Il s'agit d'un préalable qui permet au maître d'ouvrage ou au maître d'ouvrage délégué de solliciter de la part d'éventuels soumissionnaires

---

[387] Art. 111 décret n° 2018/366 du 20 juin 2018 portant code des marchés publics.

qu'ils fassent leurs offres. La particularité ici est que cette modalité de négociation ne concerne que les marchés de gré à gré[388]. En termes de négociation, la consultation est directe. Ceci veut dire que l'administration, qui ouvre le marché, va directement discuter avec les soumissionnaires sur les termes de l'accord. Si l'objet reste inchangé, le montant et les délais, la quantité et la qualité seront pour leur part intégrés dans la discussion.

B. Le fondement de la consultation

La consultation est une modalité de négociation qui se fonde sur un certain nombre de règles.

En premier lieu, il faut citer la nature du marché. Il est question des marchés qui portent sur les études, les recherches, l'expérimentation, ou qui présentent un caractère d'urgence.

En second lieu, cette négociation vise à donner à l'administration la *possibilité* de contracter avec celui qui lui a semblé, au terme de la discussion, le plus à même de satisfaire les attentes qu'elle a formulées à l'endroit dudit marché.

Afin d'éviter l'arbitraire, la législation a prévu que la règlementation soit préalablement autorisée[389]. Ainsi, le maître d'ouvrage ou le maître d'ouvrage délégué doit solliciter de l'autorité chargée des marchés publics l'autorisation préalable de procéder à des consultations. Pour également éviter qu'il y ait des discriminations, les textes font intervenir la règle de la concurrence. Celle-ci ressort de l'obligation faite à l'administration contractante de négocier avec plus d'une société (au moins trois au Cameroun. L'exigence de concurrence a pour but de permettre à l'administration de faire un choix judicieux. Elle est garantie par l'autorité régulatrice qui veille notamment à ce qu'il n'y ait pas de favoritisme.

Dans un cadre différent de celui de la consultation, se trouve l'avenant. Ce dernier est le second moyen de négociation des marchés publics. Son procédé l'éloigne de la consultation.

Paragraphe 2 : L'avenant

Défini comme l'acte par lequel les clauses primitives d'un contrat sont modifiées, l'avenant est le second moyen par lequel la négociation s'effectue dans les marchés publics. La condition juridique de l'avenant, ainsi que la latitude de la négociation qui s'y déploie, le distingue de la consultation.

---

[388] Ibid.

[389] Art. 111(6) code des marchés publics.

A. La condition juridique

Le principe directeur de l'avenant est celui de la « mutabilité des contrats ». Le Professeur P. Delvolve considère la mutabilité des contrats comme un véritable principe juridique[390]. Ce principe, qui est en fait un emprunt à la théorie du service public, désigne la règle de l'adaptation du contrat aux conditions nouvelles. Le fait que le marché public soit un contrat administratif implique l'applicabilité de la mutabilité au lien juridique qui unit l'administration à son cocontractant.

La première identification de l'avenant est le moment de sa survenance. À la différence de la consultation qui intervient au tout début du lien contractuel, l'avenant pour sa part surgit en plein milieu de la relation contractuelle. Il s'agit alors des changements en cours d'exécution du marché public. La seconde identité de l'avenant est son domaine. Il englobe les marchés de gré à gré et ceux sur appel d'offres. Ainsi, pour modifier substantiellement les stipulations d'un marché, le seul moyen admis est l'avenant, qui s'applique indifféremment du mode de passation originel dudit marché. Précision vaut que des modifications au contrat puissent aussi intervenir par voie d'ordres de service. Ce moyen n'est admis que lorsque ladite modification est peu conséquente.

B. La rigidité dans la négociation par avenant

L'admission de la modification des clauses d'un contrat en cours d'exécution reste très encadrée. Ce qui est remanié, ce sont les clauses primitives du contrat, c'est-à-dire des éléments de l'accord initial. Seulement, la modification opérée reste celle des clauses, et non celle du contrat. Cette précision vise à bien cerner le fait qu'à l'occasion de la modification, il n'est pas possible de changer de contrat. Cette exigence reste un impératif dans la mesure où certaines règles bien précises sont consacrées à l'attribution des marchés, telle que celle de la concurrence et de l'égalité entre les soumissionnaires.

En modifiant le contrat lors de son exécution, il devient évident que le cocontractant aura alors bénéficié de l'exclusivité, puisqu'il n'aura pas eu à compétir avec un autre concurrent sur les termes du nouveau contrat[391]. Il s'agit aussi de respecter le guide de la programmation et la spécificité des marchés.

Ces considérations font partie de celles qui interdisent que le marché soit dénaturé. Aussi, la négociation se trouve limitée et cela est justifié. La (re)négociation ne peut toucher à l'objet du marché[392]. De façon globale, les

---

390 Delvolvé (P.), *Droit public de l'économie*, Dalloz, coll. Précis, 1998, n° 524, p. 618.
391 V. p. 29 du manuel des procédures de passation.
392 Art. 130 (2) CMP.

textes donnent à l'administration le pouvoir d'amender le contrat et ceci en particulier par les ordres de service[393]. Ce qu'il ne faut pas perdre de vue, c'est bien que les changements de circonstances étant cause de la modification des stipulations, elles rendent en pratique difficile, voire impossible l'exécution normale du marché. Celui qui en fait le constat est normalement le cocontractant de l'administration. C'est donc de lui (le cocontractant) que provient en principe l'initiative de la modification. Il lui est alors donné l'occasion non seulement d'initier la modification des clauses primitives du marché, mais aussi de s'exprimer sur les aménagements à effectuer. Par la suite, le même cocontractant va marquer son accord en paraphant l'avenant. Même s'il est particulier en son genre, l'avenant se présente comme étant plus qu'un dialogue de sourds, l'occasion pour le cocontractant de (re)négocier les termes du marché public au cours même de son exécution.

Les marchés publics admettent ainsi deux moyens de négociation : la consultation et l'avenant. Ces derniers correspondent à des modalités de discussion quelque peu différentes, mais pouvant à plus d'un point se regrouper dans un régime procédural (section 2) quasiment identique.

Section 2 : La procédure

La consultation est directe[394], tandis que la discussion par avenant se fait de façon indirecte. Passé ce point de démarcation, les moyens de négociation se rapprochent fortement par le formalisme accru d'une part, et par les modalités de la discussion d'autre part.

Paragraphe 1 : Le formalisme

La négociation des marchés publics est soumise à un régime de respect scrupuleux des formes et des formalités particulières. Il y va d'ailleurs de la légalité du marché public, qui reste une opération soumise au contrôle administratif et juridictionnel. La condition de forme correspond davantage à l'exigence de l'écrit, tandis que celle des formalités concerne les exigences procédurales.

A. L'exigence de l'écrit

Les éléments négociés doivent être repris dans un document écrit. L'administration est écrite, ce qui veut ici dire qu'elle doit, quels que soient les cas, présenter ses exigences en la forme écrite. L'obligation de l'écrit pèse également sur le cocontractant.

---

[393] Art. 120 (5) du code MP.

[394] Art. 123, 111, 112, 117 code MP).

S'agissant de l'administration, il faut dire qu'elle est obligée de tenir les dossiers de consultation. Or, un dossier est fait d'écrits. Dans le même sens, le code des marchés parle de modification des stipulations par avenant selon la même procédure d'examen que le marché de base. De même, le marché de base est établi en la forme écrite.

Concernant les soumissionnaires, ils sont également tenus de formuler leurs offres par écrit, que ce soit un marché de gré à gré ou un appel d'offres.

L'exigence de l'écrit se retrouve dans les négociations initiales à l'établissement du lien contractuel, et dans les négociations survenant en cours d'exécution. Elle oblige les deux parties. Les positions de chaque partie dans la négociation et l'accord final qui en sort sont écrits. Plus qu'une simple formalité, il est question tout d'abord d'avoir de façon expresse les accords des parties. Ensuite, il s'agit de sécuriser le contrat. En effet, l'usage de l'écrit a pour avantage de permettre d'imposer à chacune des parties des clauses auxquelles elles ont librement consenti de façon sûre. Cette sécurité juridique est d'autant recherchée qu'elle rend l'accord mieux opposable. Enfin, l'exigence de l'écrit permettant à l'autorité de passation qu'à celle de régulation de s'assurer que le marché public a été bien attribué au soumissionnaire qui fournissait les conditions les plus avantageuses pour l'administration, ou encore que les modifications opérées se sont faites suivant les règles du consensualisme.

B. Les exigences procédurales

Parmi les plus importantes, il faut citer l'étude préalable à la validation de la négociation. Dans le cas d'un marché de gré à gré, le maître d'ouvrage ou son représentant, après avoir obtenu l'autorisation préalable de l'autorité chargée des marchés publics, va procéder à des consultations directes sans obligation de publicité. À leur issue, il pourra alors se décider à contracter avec un soumissionnaire précis pour les cas où la commission de passation intervient a posteriori. En ce qui concerne l'avenant, les demandes formulées sont examinées par les commissions et sous-commissions compétentes.

La notification est également importante. Le caractère publiciste de l'entrée en vigueur d'un marché public se marque effectivement par l'aspect particulièrement contraignant de la notification. Cette obligation est assortie de celle de la domiciliation[395] du cocontractant. La notification est ainsi faite au lieu de domiciliation de ce dernier en la forme écrite. Il s'agit, pour les directives et les modifications survenues, de la notification des ordres de service écrits, datés, numérotés et adressés à l'entrepreneur (c'est-à-dire au cocontractant de l'administration). La notification et les règles d'examen des

[395] Art. 6.1 du cahier/travaux.

éléments (re)négociés sont les éléments de procédure qui permettent déjà d'avoir un aperçu sur le déroulement de la négociation qu'il reste à compléter.

Paragraphe 1 : Les modalités de la négociation

En termes de modalités de négociation, il faut entendre l'ensemble des étapes qui mènent à l'accord des parties. S'y retrouvent : la proposition et l'ouverture de la discussion, la négociation proprement dite et la validation de la négociation.

A. L'offre et la discussion

Pour qu'il y ait négociation, il faut au préalable qu'on ait l'expression de la volonté de négocier. Il s'agit en fait de l'ouverture de la négociation. Celle-ci se manifeste différemment suivant que l'initiative vient de l'administration ou de l'entrepreneur (cocontractant). Il est également évident que cette variation s'opère selon qu'il s'agit du marché de gré à gré dans son ouverture ou de l'avenant, dans la mesure où le premier est exclusivement initié par l'administration, tandis que le second est susceptible d'être initié par l'entrepreneur ou par l'administration.

L'appel à discussion pour le marché de gré à gré est constitué par la consultation directe faite par l'administration, qui a au préalable obtenu l'autorisation de l'autorité chargée des marchés publics de passer ledit marché. Après l'obtention de l'avis favorable de l'autorité chargée des marchés publics, l'administration contractante va engager des consultations directes avec les soumissionnaires. Par la suite, les offres des soumissionnaires retenues à l'issue de la consultation seront examinées en même temps que le dossier de consultation par la commission habilitée à formuler une proposition d'attribution, sauf pour les marchés dont l'attribution relève directement du maître d'ouvrage, la commission n'intervenant qu'a posteriori pour examiner si le marché a été légalement attribué.

À la différence de la procédure de consultation, celle que connaît l'avenant se caractérise par la reconnaissance de son initiative au cocontractant de l'administration et à l'administration : l'initiative est partagée. Sans que cette caractéristique soit expressément stipulée, il faut à l'analyse constater que l'avenant intervient soit par le fait de l'aléa administratif, soit par celui économique. S'agissant de l'aléa administratif ou fait du prince, il faut dire qu'il correspond à une mesure émanant de l'autorité administrative altérant l'exécution normale du marché. En fait, la théorie de l'aléa administratif vise les facteurs et mesures ayant des incidences sur le cours d'exécution du contrat autant que celles qui modifient directement les clauses primitives. C'est alors que le cocontractant lésé va demander à l'administration contractante la révision des clauses contractuelles pour rétablir l'équilibre financier du marché.

Concernant l'aléa économique ou imprévision, il est question de la survenance de circonstances extérieures aux parties qui bouleversent l'exécution normale du marché. De façon classique, les bouleversements intervenus sont défavorables au cocontractant, qui va demander le rétablissement de l'équilibre financier. Mais puisqu'il est difficile d'envisager que l'administration initierait volontairement des révisions alors que le déséquilibre lui est favorable, le code des marchés publics a expressément prévu que passé un seuil, l'administration est tenue d'initier un avenant, d'où son pourvoir d'initiative des avenants (article 130 (5-b)).

Après l'initiative de la révision des clauses du marché, il s'ensuit une discussion[396] qui, elle-même, précède l'évaluation et la validation de la négociation.

B. L'évaluation et la validation

Le principe du consensualisme qui régit la conclusion du contrat de droit commun et qui est repris en matière de contrat administratif s'illustre dans ce dernier domaine par son effectivité au niveau de l'initiative de (re)négocier le contrat de marché public et de la formulation des prétentions des parties. Passé cette étape, la règle du consensualisme est réduite comme peau de chagrin parce que l'évaluation, tout comme la validation des termes de la négociation, est sous maîtrise administrative.

S'agissant des marchés de gré à gré, l'évaluation est faite par la commission spécialisée de contrôle des marchés, sauf pour les marchés dont l'urgence, la spécialité ou le caractère confidentiel font que l'évaluation soit directement faite par l'administration cocontractante. L'évaluation est faite sur la base des dossiers de consultation qui contiennent les différentes propositions des soumissionnaires.

L'évaluation des offres est pour sa part effectuée par les sous-commissions d'analyse. Le soumissionnaire doit au préalable avoir fait une offre qui peut notamment en dehors de l'offre de base, contenir des variantes lorsqu'elles sont demandées ou lorsque la possibilité leur est offerte de manière explicite dans le dossier d'appel d'offres. La sous-commission va alors procéder à l'évaluation technique et financière. Le rapport d'analyse qui en sort est transmis au président de la commission des marchés compétente.

Il est question par l'évaluation de retenir le soumissionnaire qui fait les propositions qui correspondent le mieux aux exigences du marché. C'est à ce niveau que la validation intervient. Elle consiste à retenir le dossier d'un soumissionnaire et à matérialiser ce choix par la prise d'une décision allant

[396] Art. 20.6-a du CCAG/Travaux.

dans ce sens par le maître d'ouvrage ou son représentant (maître d'ouvrage délégué), décision notifiée à l'attributaire. Elle concerne la consultation.

S'agissant de l'avenant, sa validation passe simplement par l'approbation des clauses du contrat modifié par les parties. Leurs signatures en tiennent lieu.

La négociation des marchés publics met ainsi en exergue la reconnaissance du consensualisme, mais aussi et surtout l'existence d'un cadre normatif qui met en avant l'exorbitance du pouvoir administratif et le souci de préserver le marché. Cette observation, déjà présente au niveau des mécanismes de négociation, est encore plus prégnante au regard des éléments qui rentrent dans les négociations (chapitre 2).

CHAPITRE 2 :

LES ÉLÉMENTS DE LA NÉGOCIATION

La négociation des marchés publics se situe à deux moments de la relation contractuelle entre l'administration et l'attributaire. Elle s'effectue au début de la relation par la négociation du marché avec l'établissement des clauses primitives du contrat. Elle peut aussi survenir au cours de l'exécution. Dans ce dernier cas, il va être question de renégocier les clauses primitives du marché qui est en cours d'exécution.

Étant donné que la négociation du marché public ne doit pas être l'occasion de refaire un tout autre contrat, le législateur a consacré le caractère non négociable de certains éléments (section II). Ceux-ci coexistent avec d'autres qui sont pour leur part susceptibles de faire l'objet de négociation (section I).

Section1 : Les éléments négociables

En combinant les textes qui sont d'ailleurs peu expressifs là-dessus, il en ressort que les éléments négociables et donc modifiables sont au nombre de trois. À savoir le prix, les délais et les programmes du marché public.

Paragraphe 1 : Le prix

Le prix est le coût de la réalisation qui pèse sur l'administration contractante. Il est estimé en termes de valeur monétaire et est versé à l'attributaire du marché public. S'il est admis que le prix peut faire l'objet de discussion, il reste que le cadre des variations possibles est très restrictif, d'où le caractère restrictif de la négociation.

« *Le prix du marché est réputé comprendre toutes les dépenses résultant de l'exécution du marché et des obligations de l'entrepreneur, y compris les frais généraux, les impôts et taxes, les risques et aléas techniques et économiques* »[397], bref tous les frais financiers du marché. C'est ainsi qu'au titre de ce que le prix fixé doit comprendre tous les frais prévisibles, il est de principe que la révision du prix est limitativement admise.

La règle posée est que le prix doit être ferme, c'est-à-dire difficilement modifiable et surtout pas en raison de mutations économiques[398]. Pour que le prix soit révisé, il faut d'une part qu'une stipulation expresse l'ait prévue dans

---

[397] Art. 19.1 CCAG/travaux.

[398] Art. 146 du code MP.

le cahier des clauses administratives particulières[399], et d'autre part que la durée d'exécution du marché soit supérieure à un (1) an (art. 146 (2) du code des MP).

- **Les éventualités dans la révision du prix**

Les textes n'exigent pas seulement que le marché comporte a priori une clause de révision du prix, mais qu'obligatoirement, cette clause contienne une formule de variation du prix, à caractère mathématique[400].

En termes de formule de variation du prix, il faut dire que celle-ci présentée de façon mathématique doit faire un rapport entre le prix initial et le prix révisé en énonçant expressément la proportion dans laquelle chacun des éléments entre dans la détermination du prix final. Ces éléments sont la main-d'œuvre, les matériaux et les frais généraux[401]. Pour encadrer la variation du prix, il est généralement prévu un coefficient représentant forfaitairement la portion du prix supposée invariable.

Il faut aussi signaler que la révision du prix initial doit être opérée autant que possible à titre définitif[402].

Les textes admettent donc qu'il peut être procédé à la discussion et à l'établissement d'un nouveau prix[403]. La discussion sera fondée sur le fait que face à « l'état d'imprévision » qui s'est constitué ou au fait du prince qui est survenu, l'équilibre et l'exécution du marché soient mis à mal. Dans le dernier cas, il est en fait possible pour l'administration de procéder à des modifications des dispositions techniques contractuelles. Du moment que *« l'importance relative des variations ordonnées conduit à rendre les prix du marché partiellement ou totalement inapplicables, le chef de service du marché sur avis du maître d'œuvre – conviendra avec la cocontractant – soit de prix nouveaux sur la base des décompositions des prix forfaitaires ou sous-détails de prix unitaires contenus dans le marché initial et aux conditions économiques initiales, soit de plus ou moins-value déterminées sur les mêmes bases, applicables aux prix unitaires du marché... »*[404].

Quoi qu'il en soit, du moment que les conditions sont réunies :

1. comporter dans le contrat initial une clause de révision du prix ;

2. durée du marché supérieure à douze (12) mois).

Le cocontractant de l'administration a le droit de demander une révision du prix du marché. Les prix des segments du marché à exécuter peuvent tous

---

399 Art. 17 CCAG/fournitures.

400 Art. 20.2 CCAG/travaux et art. 147 CMP.

401 Art. CCAG/fournitures et art. 146, 147 CMP.

402 Art. 20.3/CCAG/travaux.

403 Art. 20(6.a) CCAG/travaux.

404 Art. 62.2 CCAG/travaux.

être revus, à la condition que la variation survenue soit de nature à substantiellement détériorer l'équilibre financier du marché.

Paragraphe 2 : Les délais et les programmes

Dans l'hypothèse du marché sur appel d'offres, les délais et les programmes n'intègrent le rang des éléments négociables qu'au cours de l'exécution du contrat. Par contre, dans le cas du marché de gré à gré, ces données peuvent faire l'objet de négociation en cours d'exécution, tout comme au cours de l'établissement (consultation) du contrat.

A. Les délais

Tel le prix, les délais sont autant que possible préalablement fixés de façon ferme. Les délais concernés sont ceux relatifs à l'exécution des prestations fixées par le marché. Pour le marché à tranches successives, on distingue le délai d'exécution qui désigne l'achèvement de toutes les prestations prévues incombant au cocontractant[405]. Dans ce cadre, il court à compter de la date de notification à l'attributaire et prend fin à la réception provisoire du marché. À l'intérieur de ce délai qualifiable de global, se trouvent des délais par tranche qui déterminent les temps d'exécution des phases dudit marché.

Il peut néanmoins arriver que les délais, s'ils n'ont pas été au préalable déterminés de façon souple, fassent, malgré leur caractère ferme, l'objet d'une modification. Les textes énoncent que « *si par suite de travaux supplémentaires, ou de circonstance quelconque, l'entreprise s'estimait raisonnablement fondée à présenter une demande de prolongation de délai, la durée de prolongation fixée par le maître d'ouvrage ferait l'objet d'un avenant* »[406].

Dans ce sens, une prolongation des délais d'exécution peut être demandée par l'attributaire du marché en cas de modification de l'envergure des prestations et d'interruption des prestations initiées par le maître d'ouvrage, de retard dans les obligations du maître d'ouvrage, de mise à disposition de terrains, de report du démarrage des prestations ou de toute autre circonstance imputable au maître d'ouvrage (art. 39.2).

La cause de la révision des délais ne doit donc pas être le fait du cocontractant de l'administration[407]. Ce dernier, en signalant la survenue d'un obstacle à l'exécution du marché dans le délai contractuel qui, selon lui, échappe à sa responsabilité, va en même temps formuler une demande de prolongation de délai(s) qui précise de façon claire la durée de prolongation

[405] Art. 38.1 CCAG/travaux.
[406] Art. 39.1 CCAG/travaux.
[407] Art. 24 CCAG/services et prestations…

demandée. Cette demande fait l'objet d'un examen par le maître d'ouvrage qui notifiera à son cocontractant par écrit sa réponse.

B. Les programmes

Ne concernant que les marchés à exécuter par tranches successives, la notion de programme renvoie à l'agencement par ordre des étapes constitutives du marché[408]. À la conclusion du marché public, l'exigence de précision fait que l'ordre détaillé des différentes phases du marché soit déterminé : c'est le programme.

Au chapitre des éléments négociables, figurent les programmes. Le programme est négociable parce qu'il est modifiable. En effet, des circonstances étrangères au prestataire peuvent survenir et pousser à la modification du programme d'exécution du marché. Dans le cas du marché des travaux, il peut s'agir d'un obstacle naturel d'envergure justifiant le changement d'ordre des prestations. Il peut aussi s'agir d'autres aléas. Exemple peut être pris de la construction d'une route. Si certaines parcelles de ladite route font l'objet de contentieux dont le juge a notamment suspendu l'exécution de travaux, le cocontractant ne pourra pas respecter le programme initialement arrêté.

Il faut préciser qu'il y a négociation, c'est-à-dire proposition de modification et acceptation ou non dans le cas où l'initiative vient de l'attributaire. Quand elle émane de l'administration contractante, il sera plus question du pouvoir de modification unilatérale du contrat qui lui, ne rentre pas dans le cadre de la négociation. Ce facteur, parmi d'autres, telle la présence d'éléments non négociables (section 2), est de ceux qui font que la règle du consensualisme des contrats soit en matière administrative fortement diminuée.

Section 2 : Les éléments non négociables

La négociation des marchés publics met en évidence l'existence de mécanismes de négociation. L'ouverture à la discussion fait aussi intervenir la marge de liberté de la discussion. C'est ainsi que certaines données du marché public sont susceptibles d'être révisées, tandis que d'autres éléments sont réputés non négociables. Il incombe ici de s'attarder sur le contenu et la justification de cette dernière catégorie.

Paragraphe 1 : Le fondement

Il s'agit de la justification théorique des restrictions qui paraissent dans le champ des matières négociables et de leur consécration normative.

---

[408] Art. 49 et 62 CCAG/travaux.

A. L'intégrité du marché

La présence d'éléments non négociables provient du souci lié à l'intégrité du marché public. Si la notion de contrat implique l'accord de volontés, cela ne signifie pas que les parties au contrat pourront s'accorder sur tout. Même en droit commun, les stipulations du contrat sont conditionnées. Exemple peut être pris des dispositions de l'art 1128 du code civil : « *Il n'y a que les choses qui sont dans le commerce qui puissent être l'objet des conventions* ». Il est ainsi question de relever que tout ne peut pas faire l'objet du contrat. C'est dans le même sens que certains éléments d'un contrat peuvent être non négociables, tel que le prescrivent les textes régissant les marchés publics.

Les motivations de l'existence d'éléments non négociables sont diverses. Les restrictions quant à l'objet du contrat des civilistes sont assurément fondées sur la protection de l'intérêt général à l'image du corps humain qui est hors du commerce. S'agissant spécifiquement des marchés publics, il faut dire que c'est la conservation de l'intégrité du marché qui est le fondement solide de la présence d'éléments non négociables.

Par intégrité du marché, il faut entendre la non-altération du marché. Elle permet quelques retouches de certaines clauses primitives du contrat, mais ceci sans pour autant aller jusqu'à modifier le contrat d'origine, au point de ne plus pouvoir le reconnaître. Dans ce cadre, la règle de la mutabilité est bien encadrée, parce qu'elle est restreinte pour éviter qu'elle ne serve de prétexte pour dénaturer le contrat.

B. L'indication normative

Le fondement théorique de l'existence d'éléments non négociables ne prend de valeur que par sa reconnaissance dans le droit positif. Il est nécessaire qu'un texte juridique ou qu'une décision de justice aille dans ce sens. Ainsi, déduction peut être faite de ce que certains éléments sont non négociables par prétérition. Le cas est celui du texte qui désigne ce qui rentre dans la négociation, et par voie de conséquence, tout ce qui n'est pas désigné n'y rentre pas. Plus explicite est le texte qui formule expressément ce qui n'entre pas dans la catégorie des éléments négociables. Cette approche est celle qui est privilégiée par la règlementation sur les marchés publics où le code désigne de façon distincte, les éléments qui sont non modifiables et donc non négociables.

Paragraphe 2 : Les éléments concernés

Le contrat tire son essence de ce qu'il a toujours un objet. Cet objet est la cause du contrat et son accomplissement met normalement fin à la relation contractuelle. L'objet apparaît alors comme un élément important du contrat, ce qui d'ailleurs justifie qu'il soit un élément non négociable. Aux côtés de l'objet, se trouvent d'autres données du contrat réputées non négociables.

A. L'objet du marché

L'objet du marché est la prestation attendue de la part de l'attributaire par l'administration contractante. De façon générale, il s'agit soit de travaux (exécution et contrôle de travaux de génie civil : routes, ouvrages d'art, bâtiments...), soit de fournitures (exécution et/ou contrôle de la fourniture des biens et équipements), soit de services et de prestations intellectuelles (conseil, audits, assurance, maîtrise d'œuvre, enquêtes...).

La règle veut que l'objet du marché soit un élément non négociable du marché public. L'importance de l'objet comme fondement du marché l'explique. De même, les spécifications existantes qui différencient les catégories de marchés publics font qu'il reste impératif de maintenir une identité d'objet du début jusqu'à la fin du marché. Le code des marchés publics va dans ce sens en disposant que l'objet du marché ne peut être modifié. Ainsi, même par avenant, l'objet du marché ne peut être revu. Pour approfondir la justification, il faut dire que chaque marché est ouvert dans le respect de certaines règles, telle que la spécificité du marché qui est déterminée par son objet. En admettant que l'objet soit négociable et donc modifiable, on se retrouve avec un marché lancé à l'origine pour un certain objet, et exécuté pour un autre. En fait, selon la programmation, les objets identifient les marchés et il serait malvenu de faire passer par un marché l'objet qui devrait être celui d'un autre. Cela fausserait les règles de passation, de concurrence entre soumissionnaires et de contrôle.

Une atténuation toute minime doit être présentée. Elle concerne la distinction qui s'opère entre l'objet principal du marché et les accessoires qui l'accompagnent. Les prestations qui se joignent à l'objet du marché sont déterminées dans leur consistance et leurs spécifications par référence aux normes techniques homologuées, et aux règles de l'art correspondantes[409]. Ces prestations peuvent, pour leur part, être modifiées. Ainsi, face à des imprévus ou pour besoin d'adaptabilité, des modifications jugées nécessaires peuvent être apportées. En matière de travaux, il peut s'agir de :

- l'augmentation ou diminution des travaux ;
- la suppression de prestations prévues au marché ;
- l'exécution de tous travaux supplémentaires ou ouvrages complémentaires jugés nécessaires ;
- le changement de niveaux, tracés, dimensions des ouvrages.

[409] Art. 46 CCAG/travaux.

Ces modifications envisageables[410] restent tout de même maîtrisées en termes de masse[411] et s'accompagnent de compensations financières. Il demeure que la modification de l'objet même du marché est nulle.

B. Les autres éléments non négociables

Par ordre et juste après l'objet du marché, les textes reconnaissent qu'à la catégorie des éléments non négociables, figurent le titulaire du marché, la monnaie de règlement et la formule de révision des prix. Il faut y ajouter certaines sujétions imposées au cocontractant de l'administration.

S'agissant du titulaire du marché, il est question du soumissionnaire qui a été retenu par l'administration et à qui le marché est attribué. Aucune négociation ayant pour objet de substituer quelqu'un d'autre à lui ne peut avoir lieu. Le principe veut même qu'il exécute le marché directement. À titre de dérogation, l'attributaire du marché peut recourir à la sous-traitance ou à la sous-commande[412] la condition de cette dérogation est qu'il est obligé d'obtenir une autorisation préalable et écrite du maître d'ouvrage. En plus, la sous-traitance ne peut se faire au-delà d'un seuil (30 %) du montant du marché et de ses avenants[413]. De surcroît, ces dérogations n'affranchissent pas l'attributaire de ses obligations contractuelles[414].

Concernant la monnaie de règlement du marché, il s'agit de l'unité de valeur monétaire légale qui sera utilisée pour payer la prestation de l'attributaire. Le principe veut que ce soit celle qui a cours légal dans l'État qui soit employée pour rémunérer le cocontractant de l'administration[415].

Autre élément non modifiable : la formule de révision des prix. Les modalités d'actualisation du prix doivent être prévues dans le cahier des charges (le CCAP ; cahier des clauses administratives particulières)[416]. Il est question pour l'administration de faire reposer le calcul des variations des prix sur des bases solides. Celles-ci se font sous une forme « générique », c'est-à-dire sous une formule mathématique[417] prédéterminée.

Une dernière catégorie d'éléments non négociables est celle constituée de certaines suggestions imposées au cocontractant de l'administration. Sans que cette catégorie ne soit expressément consacrée, elle est bien représentée dans les textes qui régissent les marchés publics. En son sein se trouvent la

[410] Art. 61 c du CCAG/travaux.
[411] Art. 63.2. ibid.
[412] Art. 54 du CCAG/travaux.
[413] Art. 54.4 CCAG/travaux et art 26.1 CCAG/fournitures.
[414] Art. 62(2) code MP.
[415] V. notamment art CCAG/travaux.
[416] Art. 75 (1). B code et 20. (7) CCAG/travaux.
[417] Art. 21 CCAG/travaux.

fourniture du cautionnement définitif[418], la domiciliation près du site pour les marchés de travaux[419], l'assurance des ouvrages et la responsabilité civile[420], le gardiennage et la protection du site durant les travaux[421], les matériaux utilisés, les objets trouvés dans les fouilles, le droit du maître d'ouvrage sur l'usage des résultats d'un marché de prestations intellectuelles[422]...

Au final, la négociation des marchés publics regroupe un ensemble de mécanismes et de modes qui s'étendent de la négociation initiale (consultation) à celle qui peut avoir lieu au cours de l'exécution du contrat (avenant). Elle se caractérise par la présence d'éléments actualisables aux côtés de ceux qui sont plus intangibles. En faveur de l'administration contractante, le dirigisme juridique encore plus appuyé dans la passation des marchés publics (titre II) est la seconde caractéristique de la négociation des marchés publics qui est effectivement très encadrée.

---

418 Art. 41 CCAG/travaux.

419 Art. 6.

420 Art. 45.

421 Art. 48.

422 Art. 30 CCAG/services et prestations intellectuelles.

TITRE II :

LA PASSATION DES MARCHES PUBLICS

Le régime de la passation des marchés publics obéit à plusieurs prérequis. Ces derniers sont ceux qui accompagnent la régularité du contrat, parce que le marché public est un contrat. Ainsi, la volonté de contracter doit exister. Si le défaut de consentement de l'une des parties fait défaut par exemple relativement à l'une des clauses, cette clause sera réputée nulle[423]. Dans le même cadre, le consentement des parties doit être libre et éclairé, et il doit émaner de personnes ayant qualité pour engager l'une et l'autre parties.

De façon technique, la passation des marchés publics renvoie à leur mode d'attribution. Stricto sensu, elle concerne la procédure de conclusion des contrats de marchés publics, c'est-à-dire les modes de passation (chapitre 2). Seulement, en envisageant la passation par ces modes, l'étude n'aurait qu'un aperçu d'un mécanisme complexe. En effet, divers aspects non moins importants rentrent dans le cadre général de la passation des marchés publics (chapitre 1). Ces aspects permettent de mettre en évidence les rouages du régime juridique de la conclusion du contrat de marchés publics qui sont les fils directeurs des modes de passation.

[423] CE sect. 11 fév. 1972, office public HLM du Calvados, p. 135, A J 1972. V. CHAPUS (R), *Droit administratif général*, T. 1, 15e éd, n° 1364.

CHAPITRE 1 :

LE CADRE GÉNÉRAL DE LA PASSATION DES MARCHÉS PUBLICS

Les textes consacrent les modes de passation des marchés publics. Ces modes d'attribution sont réglés et mis en œuvre par des institutions bien précises. Le cadre général est alors l'ensemble des éléments qui commandent et concourent à la réalisation de la passation. Ceux-ci se subdivisent en deux grandes catégories. La première a trait à l'aspect matériel de la passation (section 1) et concerne les repères normatifs de la conclusion du marché public. L'aspect organique de la passation (section 2) est la seconde grande catégorie des éléments qui interviennent dans la réalisation de la passation. Il sera question, dans cette seconde catégorie, de rendre compte des organes qui concourent à la procédure d'attribution et de leurs différents rôles.

Section 1 : L'aspect matériel

Plusieurs règles juridiques encadrent la passation des marchés publics. Il s'agit d'un cadre général dans lequel se trouve confiné le marché. C'est ainsi que le marché public passé doit avoir été programmé, de même que son attribution doit se faire en respectant certains principes.

Paragraphe 1 : La programmation

Pour qu'un marché soit passé, il faut qu'il ait été prévu. Il s'agit de la programmation, qui est préalable à l'ouverture du marché public. La programmation joue un rôle qu'il convient de relever après l'avoir présenté.

A. Les étapes de la programmation

La programmation des marchés se fait en plusieurs phases qui peuvent être regroupées en cinq (05) grandes étapes[424].

- **L'identification des marchés à passer**

Elle concerne les marchés à passer au cours d'un exercice donné. Le point de départ ici est le journal de projets adopté par le parlement pour les administrations d'Etat, ou[222] plutôt du budget voté par le conseil d'administration ou tout organe délibérant ayant ledit pouvoir pour les

---

[424] p. 15, Le guide de la programmation…

administrations décentralisées. À ce stade, l'identification procède : du recensement de tous les projets à montant prévisionnel, de considérer la nature des prestations à réaliser et l'intitulé du projet, à constituer des lots homogènes le cas échéant pour éviter au maximum de fractionner les marchés, à déterminer le mode et la procédure appropriés pour la passation dudit marché, à désigner le responsable chargé de la passation et la commission des marchés compétente.

- **La planification des débuts et fins des procédures**

Il s'agit de tenir compte des priorités liées au fonctionnement des services ou fixées par le maître d'ouvrage, des contraintes saisonnières ou des prévisions de la disponibilité financière. L'instrument utilisé à ce niveau est généralement un diagramme à barres qui fait ressortir les délais globaux de la procédure de passation de chaque marché, de la date de saisine de la commission de passation... Cette phase permet d'établir les chronogrammes de passation des marchés, les coûts globaux et les délais globaux induits par les procédures à suivre.

- **L'élaboration du chronogramme de chaque marché à passer.**

Après avoir établi l'aperçu général et le chronogramme global, un chronogramme particulier par marché à passer est arrêté. Il contient les dates de démarrage des procédures arrêtées à l'étape n° 2.

- **Le plan de passation des marchés**

Dernière étape dans le processus de programmation de la passation, il est question de compiler et de superposer les différents chronogrammes visés à l'étape n° 3 et à regrouper, le cas échéant, certaines séances de la commission de passation des marchés de manière à examiner un nombre raisonnable de dossiers par séance, et à éviter de dépasser le montant du budget alloué au fonctionnement de la commission. Cette étape permet de faire ressortir le projet d'ordre du jour des réunions des commissions de passation.

- **Le journal de programmation**

Il s'agit d'un document qui regroupe les données des étapes précédentes et principalement l'identification des marchés à programmer de l'étape 1 et le plan de passation des marchés élaborés à l'étape 4.

B. Le rôle de la programmation

La programmation qui intervient dans la passation est différente du programme. Le programme est établi à la phase de négociation du marché et concerne l'exécution matérielle dudit marché. La programmation quant à elle ne s'applique qu'au niveau de la passation. Elle permet de cadrer les modes et les procédures d'attribution des marchés. Pour ce faire, elle impose la détermination des délais globaux de la passation et présente les priorités ou contraintes existantes, ainsi que les débuts et fins prévisionnels des procédures[425]. Ainsi, à partir de la connaissance des dates de démarrage des procédures, l'on peut valablement arrêter celles butoirs de disponibilité des dossiers d'appels d'offres ou de consultations.

L'assurance et le réglage du marché à passer sont donc les centres d'intérêt de la programmation. À partir de la programmation, les délais et les procédures de passation sont déterminés, les marchés à passer identifiés et l'ordonnancement des dépenses établi[426]. L'organisation minutieuse de la programmation laisse ainsi entrevoir un encadrement matériel non négligeable qui est encore plus poussé lorsque survient la passation proprement dite.

Paragraphe 2 : L'attribution

Le cadre matériel de l'attribution fait l'objet d'une règlementation dont le détail sera donné dans le prochain chapitre. Il s'agit ici d'exposer le cadre général de cette règlementation, qui est constitué d'une part des principes applicables et d'autre part du déroulement de l'attribution, indifféremment du mode de passation.

A. Les principes applicables

A part les marchés spéciaux qui admettent généralement des dérogations aux principes généraux de l'attribution[427], les marchés publics sont conditionnés quant à leur passation.

La mise en concurrence est le premier principe qui est applicable. La signification en est que le marché public doit laisser la possibilité à tous les cocontractants potentiels de l'administration de soumissionner. Les implications en sont que l'ouverture du marché doit être publiée[428] en premier lieu et que la pluralité des soumissionnaires soit effective en second lieu.

Le principe d'égalité est également prégnant en matière de marchés publics. Hormis la préférence nationale[429] qui consiste à accorder en priorité le marché aux entreprises nationales selon le type de marché concerné (ex : appel d'offres ouvert/appel d'offres restreint) la règle veut que les soumissionnaires soient traités de façon égale au niveau de la passation du marché. Ainsi, la publicité de l'ouverture du marché, l'accord des mêmes délais aux soumissionnaires, l'exigence du même montant de caution,

[425] Cf. p. 16, Guide de la programmation et art. 59 CMP.
[426] Art. 39 code MP.
[427] Art. 71 code MP.
[428] Art. 88 code MP.
[429] Art. 106 code MP.

l'anonymat des plis et leur mode de dépouillement sont des facteurs parmi tant d'autres qui mettent en exergue le principe d'égalité entre soumissionnaires.

À ces deux principes, peuvent s'ajouter d'autres tels que ceux de la solidité financière des soumissionnaires, de la meilleure qualité technique et du moindre coût[430]. Cet ensemble de principes forme le socle légal de la procédure de passation des marchés publics.

B. Le déroulement de l'attribution

À ce niveau, les dossiers des soumissionnaires sont examinés par la commission de passation compétente. Les dossiers y sont évalués, puis celui qui correspond le mieux aux exigences que l'administration s'est fixées pour le marché est retenu. Par la suite, le maître d'ouvrage ou le maître d'ouvrage délégué s'étant en principe accordé avec la commission, va soumettre sa décision au visa de l'autorité chargée des marchés publics[431], puis suivra la publication des résultats.

À ce stade, les soumissionnaires non retenus sont informés du résultat et invités à retirer leurs offres dans un délai déterminé (15 jours à compter de leur saisine)[432]. L'attribution s'achève par la signature et la notification du marché[433].

L'aspect matériel de la passation des marchés publics révèle ainsi que le marché à passer tire son existence de sa préalable programmation et qu'il obéit à des principes d'attribution précis. Il reste à compléter le cadre général de la passation des marchés publics par la présentation des organes, qui sont les vecteurs de la mise en place des exigences matérielles.

Section 2 : L'aspect organique – les acteurs des marchés publics

Le code des marchés publics précise clairement qu'un marché public est un contrat écrit (…) par lequel un entrepreneur, un fournisseur ou prestataire de service s'engage envers l'État, une collectivité territoriale décentralisée, un établissement public ou une entreprise de secteur public ou parapublic soit à réaliser des travaux, soit à fournir des biens ou des services moyennant un prix.

De cet énoncé se dégage la présence de deux parties agissant dans le processus opérationnel des marchés publics : le Cocontractant (entrepreneur,

---

430 V. p. 65s manuel des procédures de passation.
431 P. 35, Manuel des procédures de passation.
432 V. p. 10 Le guide de la programmation.
433 P. 35, Manuel des procédures de passation et p. 10 guide de la programmation.

fournisseur ou prestataire) est une personne morale de droit public (l'Etat, une CTD, un établissement public…).

Or, il faut savoir intégrer la réalité selon laquelle plusieurs acteurs interviennent dans la chaîne d'un marché public. Aussi nous faudra-t-il observer que certains accomplissent des missions de caractère général tandis que d'autres agissent spécifiquement dans le cadre local.

Paragraphe 1 : Les acteurs nationaux des Marchés publics

Par acteurs nationaux des marchés publics, il faut entendre ceux-là qui du haut de la chaîne des marchés publics accomplissent des missions globales de facilitation et de régulation. C'est dans cette optique qu'il est important d'analyser les rôles joués à la fois par le ministère des marchés publics et l'Agence de Régulation des Marchés Publics.

A. Le ministère des Marchés publics comme facilitateur

La création de ce ministère par le décret n° 2011/408 du 09 décembre 2011 portant organisation du gouvernement avait suscité en son temps la curiosité de la classe politique nationale, du fait de son rattachement direct à la présidence de la République, manifestant la volonté de la plus haute autorité de l'État à combattre la corruption dans ce secteur.

Cependant, il faut indiquer que le ministère des Marchés publics est organisé par un décret, celui n° 2012/075 du 08 mars 2012 qui, à travers l'article 2, fixe ses attributions. Ce texte précise clairement que : *« Le ministère des Marchés publics est placé sous l'autorité d'un ministre délégué à la présidence de la République »*.

Le ministre délégué à la présidence de la République chargé des marchés publics est responsable de l'organisation et du bon fonctionnement des marchés publics.

À ce titre, il procède au lancement des appels d'offres des marchés publics, en liaison avec les départements ministériels et les administrations concernées ; il participe, le cas échéant, au montage financier des marchés publics, en liaison avec les départements ministériels et les administrations concernées.

Le ministre des Marchés publics se positionne donc désormais comme l'autorité des marchés publics dans le sens du code des marchés publics (autorité placée à la tête de l'administration dans le domaine des marchés publics)[434]. Or, il ne serait pas illusoire de percevoir le président de la

---

[434] Article 50 code MP.

République comme la véritable autorité des marchés publics au Cameroun, du fait du rattachement de ce ministère à la présidence de la République[435].

Toutefois, si l'article 2 précité indique la plénitude de compétence de ce ministère en matière de Marchés publics (négociation, lancement, passation et contrôle), il n'en demeure pas moins qu'il attribue également à ce ministère le rôle de facilitateur (montages financiers, expertise, allègement des procédures…) pour les personnes morales de droit public parties à un marché public.

C'est la raison pour laquelle, pour mener à bien cette mission, ce ministère est structuré en plusieurs directions générales : la direction générale des marchés des infrastructures, la direction des marchés des approvisionnements et des services, la direction générale des contrôles des marchés publics, ainsi que de la division des études et de la prospective.

Toutefois, cette attribution de facilitateur s'opère de concert avec les chefs de départements ministériels ou assimilés, les chefs des exécutifs des collectivités territoriales décentralisées, les directeurs généraux d'établissements publics et entreprises du secteur public et parapublic, ou tout représentant de l'administration bénéficiaire des prestations prévues qui sont tous ; dans le sens de l'article 6 du code des marchés publics, « des maîtres d'ouvrage ».

Or, auprès du ministère des Marchés publics et des maîtres d'ouvrage, se situent deux acteurs majeurs en matière de marchés publics : les commissions des marchés publics qui sont des organes d'appui technique pour la passation ou le contrôle a priori des procédures de passation des marchés[436] et les sous-commissions d'analyse qui sont des comités ad hoc désignés par les commissions de passation des marchés pour l'évaluation et le classement des offres aux plans technique et financier.

En outre, le ministère des Marchés publics, après consultation du maître d'ouvrage peut faire appel soit à un observateur indépendant qui est un consultant recruté par l'administration afin de veiller au respect de la règlementation, aux règles de transparence, et aux principes d'équité dans le processus de passation des marchés publics, soit à un auditeur indépendant qui est un cabinet de réputation établie, recruté par l'administration et chargé de l'audit annuel des marchés publics.

Cependant, il faut bien souligner que l'avènement du Ministère des Marchés publics est toujours perçu comme une fin programmée de l'Agence de régulation des marchés publics (l'ARMP). Cette appréciation, certes

---

435 Décret n° 2011/412 du 09 décembre 2011 portant réorganisation de la présidence de la République.
436 Article 9 Code MP.

pertinente, reste limitative, la régulation étant fondamentalement au cœur de l'action de l'ARMP.

B. L'Agence de régulation des marchés publics (l'ARMP) : le régulateur

Avec la création du ministère des Marchés publics, une incertitude a longtemps plané sur le sort réservé à l'Agence de régulation des marchés publics, tant les compétences du nouveau ministère sont en partie celles antérieurement dévolues à l'ARMP par le décret n° 2001/048 du 23 février 2001 qui porte sur sa création, son organisation et son fonctionnement.

Il s'agissait, sous l'autorité du Premier ministre : de publier tous les appels d'offre, du suivi des planifications, de former les agents publics en matière de marchés publics, de recruter et de suivre les activités des observateurs indépendants et rapporteurs, et d'effectuer des audits spécifiques, d'élaborer des documents types requis par la règlementation (des registres infalsifiables ; les types d'appels d'offres, des manuels de procédures...), de contribuer à la promotion d'un environnement de transparence favorable aux jeux de la concurrence, au développement de l'entreprise et des compétences nationales, de proposer au Premier ministre des mesures correctives aux marchés publics.

Certes, l'avènement du ministère des marchés publics relègue l'ARMP à un simple rôle de régulation, mais cette fonction n'est pas des moindres dans la mesure où l'activité liée aux marchés publics est fortement gangrenée par l'absence de respect de la norme. L'ARMP se positionne désormais comme le garant du respect des normes et des procédures en matière des marchés publics[437].

Pour de nombreux observateurs, il n'y a pas de doute, la régulation et la coordination ont toujours cohabité dans le cadre des marchés publics. Le ministère créé ne rentre pas en conflit de compétences avec l'ARMP. Il faudrait plutôt voir en la création de ce ministère, un transfert de l'autorité en charge des marchés publics ; une compétence qui, jusque-là, était attribuée au Premier ministre. Le vrai décalage dans cette situation semble donc être un dessaisissement du portefeuille des marchés publics au Premier ministre, au profit du président de la République.

Dans tous les cas, bien qu'un doute demeure dans l'esprit de certains observateurs en termes de conflit de compétences, il faudrait bien souligner que la démarcation nous semble claire : le ministère des Marchés publics assure, sous l'autorité du président de la République, la coordination et la facilitation en matière de marchés publics. L'Agence de régulation des marchés publics assure quant à elle, la régulation du secteur des marchés

437 Art. 48 CMP.

publics, c'est-à-dire qu'elle est garante du respect des normes et des procédures.

Mais le processus de finalisation d'un marché public implique également la contribution des acteurs locaux qui, à travers l'étendue du territoire national (régions, départements, arrondissements), veillent à la bonne exécution des marchés publics.

Paragraphe 2 : Les acteurs locaux des marchés publics

Au-delà du prestataire (cocontractant de l'administration), il existe d'autres acteurs chargés des marchés publics qui agissent soit pour le compte des acteurs nationaux, soit directement pour le compte des circonscriptions administratives et des collectivités territoriales décentralisées. Dans ce cadre, il faut distinguer les décisionnaires des mandataires locaux des maîtres d'ouvrages ou maîtres d'ouvrages délégués.

Il s'agit des personnes physiques ou morales de droit public accréditées par les maîtres d'ouvrage ou les maîtres d'ouvrage délégués pour suivre l'exécution des marchés publics.

On distingue tout d'abord le chef de service du marché qui assure une assistance générale à caractère administratif, financier et technique aux stades de la définition, de l'élaboration, de l'exécution et de la réception des prestations objet du marché. C'est habituellement le rôle dévolu au ministère des Travaux publics en matière de bâtiments et de routes. Le chef de service du marché est aussi responsable de la direction générale de l'exécution des prestations. Il prend toutes les dispositions technico financières et représente le maître d'ouvrage ou le maître d'ouvrage délégué auprès des instances compétentes d'arbitrage des litiges.

Ensuite, l'ingénieur du marché qui est le responsable du suivi technique et financier du marché. Il apprécie, décide et donne toutes les instructions n'entraînant aucune incidence financière. Il rend compte au chef de service du marché.

Enfin, il faut citer le maître d'œuvre qui, à la différence des autres, peut être une personne physique ou morale de droit public ou privé chargée par le maître d'ouvrage ou le maître d'ouvrage délégué d'assurer la défense de ses intérêts aux stades de la définition, de l'élaboration, de l'exécution et de la réception des prestations objet du marché[438].

En somme, le processus de réalisation d'un marché public fait intervenir toute une chaîne d'acteurs du sommet à la base. Ce processus est impulsé par le ministère des Marchés publics qui coordonne l'activité des marchés publics

[438] Article 5 Code MP.

régulée par l'Agence de régulation des marchés publics. Toutefois, d'autres acteurs au niveau local agissent également dans la réalisation sur le terrain des marchés publics.

Le schéma fonctionnel du système des marchés publics est ainsi bâti autour d'un certain nombre d'organes. Au stade de la passation, ces organes interviennent soit pour faire passer le marché, soit pour s'assurer que le marché est attribué conformément aux prescriptions légales. On peut donc opérer une division binaire, avec d'une part les organes de la passation, et d'autre part ceux de la régulation.

Section 3 : La classification des organes de la passation et de la régulation

Outre le MINMAP, déjà examiné et qui est spécifiquement attaché à la passation, pour les marchés supérieurs à cinquante millions de francs CFA, il faut déterminer, sur le plan fonctionnel, les autres organes.

Paragraphe 1 : Les organes de la passation

Ces organes ont pour rôle et domaine de compétence la participation à l'attribution du marché. De façon classique, il existe une autorité chargée des marchés publics qui est placée à la tête des différents organes qui ont compétence en matière de marchés publics (organes de passation comme de régulation). Dans le cadre de la passation et aux côtés de cette autorité, se trouvent l'administration bénéficiaire et les commissions de passation.

A. L'administration bénéficiaire

Elle a une place centrale dans le marché public en général, et dans le processus de passation en particulier. Elle est représentée par le maître d'ouvrage (M.O) ou le maître d'ouvrage délégué (M.O.D), le second n'étant que le mandataire du premier. Il s'agit en fait du « *chef de département ministériel ou assimilé, chef de l'exécutif d'une collectivité territoriale décentralisée, directeur général et directeur d'un établissement public, représentant l'administration bénéficiaire des prestations prévues dans le marché* ».

Si l'administration bénéficiaire a un rôle à jouer au stade de la négociation, de l'exécution et de la réception du marché public, il faut dire qu'au niveau de la passation, elle a une sphère d'intervention très importante. En effet, le maître d'ouvrage ou le maître d'ouvrage délégué est responsable, en liaison, avec le MINMAP, de la phase préparatoire, du lancement, de l'attribution et de la signature des marchés[439]. Pour ce faire, il est chargé de l'élaboration d'un

---

[439] P. 15, manuel des procédures de passation.

plan de passation des marchés, de la détermination du mode de passation, de la préparation des dossiers d'appels d'offres ou de demande de cotation, de l'ouverture des marchés, de la réception et de l'enregistrement des dossiers des soumissionnaires, de leur évaluation (pré qualification) le cas échéant, leur transmission à la commission compétente, l'attribution du marché, la publication des résultats, la signature et la notification... Après réception et vérification physique du caractère complet et conforme des dossiers par le maître d'ouvrage (ou le MOD) les dossiers sont en principe transmis à la commission de passation.

B. Les commissions de passation

Le maître d'ouvrage ou le maître d'ouvrage délégué attribue directement certains marchés sans passer par une commission. Il s'agit en premier lieu des marchés dont l'aspect technique ou confidentiel est avéré. Auquel cas, seule l'autorisation de l'autorité chargée des marchés publics (MINMAP) est suffisante. En second lieu, il est aussi question des demandes de cotation qui se particularisent par le caractère moindre de l'envergure de la prestation.

Hormis ces cas, les dossiers des soumissionnaires doivent être transmis à la commission compétente. Elle a la charge d'examiner les dossiers. La commission de passation des marchés[440] est chargée d'examiner les dossiers et d'émettre un avis technique sur ces derniers. Elle étudie et adopte le cas échéant les grilles de notation avant tout dépouillement. Elle commet une sous-commission d'analyse des offres et examine son rapport. Elle propose l'attribution du marché au maître d'ouvrage ou au MOD. Il faut enfin dire qu'à part son intervention dans les procédures d'avenants, elle prépare les dossiers à soumettre aux commissions spécialisées de contrôle.

Paragraphe 2 : Les régulateurs

Par régulateurs, il faut entendre ces organes qui interviennent dans le schéma fonctionnel des marchés publics, et qui ont non pas uniquement, mais tout de même fortement un rôle de vérification et de régulation (régularité) de la passation. Il s'agit principalement des organes de contrôle et de l'organe de régulation.

A. Les organes de contrôle

Les organes dits de la passation exercent également un contrôle dans la passation du marché. C'est ainsi qu'une commission de passation, au constat de certaines irrégularités, peut très bien émettre un avis défavorable sur les dossiers d'appels d'offres émis par l'administration contractante. Cette forme

[440] P. 16 du Manuel des procédures de passation.

de contrôle demeure tout de même congrue, surtout parce qu'elle est incidente.

Le contrôle principal est assuré par des organes qui en ont expressément la vocation. Il s'agit des commissions centrales de contrôle des marchés (CCCM), de l'observateur indépendant, et de l'auditeur indépendant.

- les commissions centrales de contrôle des marchés (CCCM) « *sont des organes techniques placés auprès de l'autorité chargée des marchés publics. Elles sont chargées du contrôle a priori des procédures de passation des marchés publics relevant de leurs compétences initiées par les Maîtres d'ouvrage et les MOD* [441]». Elle émet son avis, sur les dossiers d'appels d'offres préparés par les MO/MOD et adoptés par la commission de passation des marchés ; sur les propositions d'attribution, les projets de marchés et d'avenants éventuels examinés et adoptés par les commissions de passation des marchés (p. 17 du manuel).

- l'observateur indépendant est recruté par l'organisme en charge de la régulation. Ce mode de recrutement vise à lui conférer le caractère indépendant et donc distant attendu de lui. L'observateur indépendant est un consultant chargé de veiller au respect de la règlementation, aux règles de transparence et aux principes d'équité dans le processus de passation des marchés publics[442]. Il assiste ainsi aux travaux des commissions de passation et des sous-commissions d'analyse. Il évalue pour ce faire le processus en signalant à chaque étape à toutes les autorités publiques impliquées (autorité chargée des marchés publics, de la régulation, MO/MOD, présidents des commissions) les manquements observés et les pratiques contraires à la bonne gouvernance, notamment, le trafic d'influence, le conflit d'intérêt ou les délits d'initié.

- l'auditeur indépendant est un cabinet de réputation établie. Il est également recruté par l'autorité de régulation et est chargé de l'audita posteriori des marchés publics[443]. Les différences qui existent entre ces organes de contrôle sont que la commission de contrôle dépend de l'autorité chargée des marchés publics et elle intervient a priori. L'observateur indépendant est pour sa part présent dans les travaux des commissions de passation à la différence des deux autres et son contrôle s'effectue a priori. L'auditeur indépendant n'intervient quant à lui que pour les audits a posteriori, et similitude avec l'observateur indépendant, il est recruté non par l'autorité chargée des marchés publics, mais par celle chargée de la régulation.

---

[441] Art. 24 code MP.
[442] Art 42 code MP.
[443] Art 5(C) CMP.

B. L'organe de régulation

Il peut arriver que la régulation soit le fait même de l'autorité chargée des marchés publics. Seulement les règles de la gouvernance contemporaine insistent sur la nécessité de l'existence d'un organisme spécifiquement chargé de la régulation des marchés publics. Cet organisme doit avoir une certaine autonomie fonctionnelle ; ce qui justifie qu'elle soit souvent dotée d'un conseil d'administration. L'organisme en question a pour vocation d'intervenir dans plusieurs champs du système des marchés publics[444], tels que l'information et l'appui technique.

Au chapitre de la passation, il est chargé de la régulation et de l'évaluation. À ce titre, cet organe veille par des études et avis réguliers, à la saine application de la règlementation et des procédures relatives à l'attribution des marchés. Il effectue des enquêtes et fait conduire des audits spécifiques, et d'autres investigations sur la passation. Dans ce cadre, il « *transmet aux autorités compétentes les cas de violations constatées de dispositions réglementaires* », dresse un rapport annuel sur l'efficacité et la fiabilité du système de passation, d'exécution et de contrôle des marchés publics, rapport assorti de toute proposition susceptible d'améliorer ledit système[445].

La passation des marchés publics obéit ainsi à un cadre général qui constitue le socle organique et matériel à l'intérieur duquel se déploient les modes de passation des marchés publics.

---

[444] V. p. 11, guide de la programmation de passation.

[445] P. 20 manuel des procédures de passation.

CHAPITRE 2 :

LES MODES DE PASSATION DES MARCHÉS PUBLICS

Outre la volonté, la validité du contrat est conditionnée par le respect des règles fixant la procédure de sa conclusion. En ce qui concerne spécifiquement les marchés publics, « *le code des marchés publics est très largement un code de procédures* »[446]. Les procédures et les procédés de la passation y sont minutieusement énoncés, leur non-respect entraîne la nullité du marché.

Le mode de passation des marchés publics est le procédé utilisé pour choisir le cocontractant de l'administration. S'il est admissible que l'administration a la liberté de choisir son cocontractant, ce choix et cette liberté ne doivent pas pour autant s'effectuer hors du cadre réglementaire. Les formalités liées à la passation permettent d'établir une typologie des marchés publics. C'est ainsi que les marchés sur appel d'offres (section 1) se distinguent des marchés de gré à gré (section 2). Une dernière catégorie est constituée des marchés dits spéciaux, celle-ci sera subrepticement relevée au niveau des marchés de gré à gré parce qu'ils ont certaines similitudes.

Section 1 : Les marchés sur appel d'offres

Les marchés sur appel d'offres sont ceux qui correspondent le mieux au principe de mise en concurrence. Il faut d'emblée préciser que les marchés dont le montant est en deçà d'un seuil (soit 5 millions au Cameroun)[447] sont des « bons de commande ». Ceux-ci sont qualifiés de marchés passés par mise en concurrence simplifiée[448], c'est-à-dire que ces marchés directement passés par le maître d'ouvrage ou le maître d'ouvrage délégué peuvent ou non connaître un appel à concurrence, mais ils ne rentrent pas, de part leur seuil et leurs procédures, dans la typologie des marchés sur appel d'offres.

Paragraphe 1 : Typologie des marchés sur appel d'offres

L'appel d'offres est la procédure par laquelle l'attribution d'un marché intervient après appel public à la concurrence. Il obéit à certains critères et se

---

[446] CHAPUS (R), *Droit administratif général*, t1, 15e éd, n° 1365.
[447] V. P.21 du manuel des procédures de passation
[448] Cf. Chapus (R), Op.cit, n° 1369

subdivise en plusieurs types[449]. L'appel d'offres peut être ouvert ou restreint, ou avec concours. Il peut aussi être classifié en appel d'offres national et appel d'offres international. Pour cette dernière catégorisation qui ne sera pas véritablement développée, parce que plutôt évidente. Il faut simplement dire que l'appel d'offres est national lorsqu'il s'adresse aux personnes physiques ou morales ayant leur domicile ou leur siège social à l'intérieur du territoire national. Il est international lorsqu'il s'adresse à ceux qui ont leur domicile ou leur siège à l'intérieur ou à l'extérieur du territoire national. Ceci veut dire que l'appel d'offres international est également ouvert aux nationaux.

A. Les appels d'offres ouverts et restreints

L'appel d'offres est ouvert lorsqu'il peut faire l'objet de soumissions de la part de tout candidat intéressé ayant rempli toutes les formalités administratives[450]. Par contre, l'appel d'offres restreint est aussi ouvert, mais précédé d'une préqualification[451].

Il s'agit par l'appel d'offres restreint de sélectionner un nombre de candidats éligibles à partir d'une procédure de préqualification. Cette préqualification consiste à effectuer un appel public à candidatures par insertion dans des publications habilitées, d'un avis relatif à un appel d'offres particulier, ou à un ensemble d'appels d'offres au cours d'une période d'un même exercice budgétaire pour des prestations de même nature[452].

En fait, deux conditions sont essentielles :

- l'appel d'offres doit concerner un marché qui présente une particularité, ex : fournitures et services spécialisés, travaux ou équipements complexes ou d'envergure.
- des critères de qualification sont précisés, notamment : les conditions administratives, les références (concernant les marchés analogues), les effectifs, les installations, le matériel, la capacité financière.

Dans le cas de l'appel d'offres ouvert, les candidats se déclarent. Dans le cadre de l'appel d'offres restreint, les candidats sont déclarés. En effet, le maître d'ouvrage ou le MOD établit un rapport de préqualification accompagné du projet de dossier d'appel d'offres comprenant la proposition de listes restreintes, qu'il soumet à la commission de passation[453]. L'avis d'appel d'offres restreint fait office de résultat de la préqualification. Par la suite, les dossiers d'appel d'offres approuvés sont transmis, et ceci, uniquement aux candidats préqualifiés. Passé cette phase de préqualification,

---

[449] Cf. art 74 et s code MP
[450] Art. 75 code MP.
[451] Art. 76 code MP.
[452] Art. 12(3) ibid.
[453] Art. 12(5) Code MP.

Il faut par ailleurs préciser que pour les cas d'appels d'offres restreints, la commission vérifie si la qualification des candidats est conforme aux prescriptions du dossier d'appel d'offres.

Les critères d'attribution sont au nombre de deux : l'offre la moins disante et celle la mieux-disante.

Les marchés de travaux et de fournitures sont attribués au soumissionnaire qui présente l'offre la moins disante et qui remplit les capacités techniques et financières requises stipulées dans le règlement particulier de l'appel d'offres[458].

L'attribution des marchés de prestations intellectuelles pour sa part obéit à la règle de l'offre la mieux-disante par combinaison des critères techniques et financiers. Plus précisément, il s'agit de considérer la qualité technique de la proposition. Les éléments pris en compte sont : l'expérience, la qualification des experts, la méthodologie de travail proposée, le montant. Privilège peut aussi être donné à la meilleure proposition financière pour les candidats ayant obtenu la note minimale requise.

La publication, la signature et la notification du marché achèvent sa procédure d'attribution. Ces derniers éléments parmi d'autres se retrouvent également dans le procédé de marché public dit de gré à gré (section 2) qui présente néanmoins de grandes différences d'avec le procédé sur appel d'offres.

Section 2 : Les marchés de gré à gré

Le principe de la mise en concurrence a précédemment été présenté comme étant une règle applicable aux marchés publics dans leur généralité. Contrairement à ce qui pourrait être pensé, même les marchés de gré à gré se font sur mise en concurrence. Ce qui les distingue des marchés sur appel d'offres, c'est d'abord la simplification de la concurrence, ensuite le champ d'application, et enfin le procédé d'attribution.

Paragraphe 1 : Les domaines du marché de gré à gré

De ce champ, doit être évacuée la catégorie des marchés spéciaux. Passés de façon négociée avec le ou les potentiels cocontractant(s) sans avoir à les soumettre à l'examen d'une quelconque commission (ces facteurs les rapprochent des marchés de gré à gré), les marchés spéciaux portent la marque de la confidentialité et concernent essentiellement la défense nationale, la sécurité et les intérêts stratégiques de l'État[459]. Ces domaines peuvent tout de même faire l'objet de marchés de gré à gré, à la condition qu'il n'y ait pas

---

[458] P. 33 du Manuel des procédures de passation art. 99 code MP.
[459] Art. 71 code MP.

confidentialité. Pour autant, il ne peut être passé de marché de gré à gré que dans des cas limitatifs.

A. La situation d'urgence

Deux (02) hypothèses sont envisageables :

- le remplacement en cas d'urgence d'entrepreneurs ou de fournisseurs défaillants[460]. Il s'agit de l'impératif de réaliser le marché. Le marché public a déjà été attribué sous la forme d'appel d'offres, mais la non-exécution (non-réalisation matérielle) du marché par le cocontractant, sa lenteur ou le défaut de respect des cahiers de charges (défaillance) font que le marché en question ne sera pas réceptionné comme attendu dans les temps, ce qui serait de nature à fausser la programmation et à priver l'administration d'un travail, de fournitures, d'un service ou d'une prestation stratégique ;
- les marchés de travaux, fournitures ou services qui, dans le cas d'urgence impérieuse motivée par des circonstances imprévisibles, ne peuvent subir les délais d'une procédure d'appel d'offres[461]. Cette hypothèse est celle où les exigences de célérité, l'impératif de temps justifié par l'administration contractante, ne lui permettent pas de faire passer le marché par appel d'offres.

À côté de l'urgence, existe un second champ de déploiement du procédé de gré à gré, celui du marché à caractère spécial.

B. Le caractère spécial du marché

Il faut éviter de faire une confusion entre marché spécial et marché à caractère spécial. Si le premier est spécial, c'est principalement parce qu'il est sous le signe de la confidentialité, tel qu'énoncé pour les marchés dits spéciaux.

Pour les marchés de gré à gré, il n'y a pas de clauses secrètes, le caractère spécial du marché s'excipe de l'objet du marché. Il s'agit :

- des travaux, fournitures et services exécutés à titre de recherche d'études, d'essai, d'expérimentation ou de mise au point, et qui ne peuvent être confiés qu'à des entreprises ou prestataires dont le choix s'impose par leur spécialité, leurs connaissances ou leurs aptitudes particulières.

---

460 Art. 109 code MP.

461 Art. 109 code MP.

- des besoins ne pouvant être satisfaits que par une prestation nécessitant l'emploi d'un brevet d'invention, d'un procédé, d'un savoir-faire ou d'un organisme de gestion et de commercialisation[462].

L'originalité du cadre de dévolution du marché de gré à gré soumis aux conditions d'urgence et de spécialité font de ce mode de passation un cas particulier qui est accentué par le régime juridique de son attribution.

Paragraphe 2 : Le procédé d'attribution du marché de gré à gré

La procédure et les bases d'attribution du marché de gré à gré sont telles qu'elles éloignent de celles du marché d'appel d'offres. Seulement, il peut arriver dans certains cas qu'elles se croisent.

A. La procédure d'attribution

Que le critère du marché de gré à gré soit l'urgence ou la spécialité, il ne saurait être passé sans autorisation préalable qui est donnée par l'autorité chargée des marchés publics. Après avoir obtenu l'autorisation demandée (avis favorable), le maître d'ouvrage ou le maître d'ouvrage délégué procède à la consultation directe, sans obligation de publicité et mise en concurrence d'un certain nombre de potentiels cocontractants.

La consultation directe consiste pour l'administration contractante à se rapprocher d'éventuels cocontractants, leur communiquer l'ouverture du marché et donc traiter avec eux. Passé cette étape, deux modalités vont être employées :

- pour les marchés à caractère spécial et pour celui en cas d'urgence consistant au remplacement d'entrepreneurs ou de fournisseurs défaillants, la procédure est quasiment pareille. Particulière au début, elle est marquée par la mise en œuvre de la consultation, ce qui veut dire qu'il n'y a pas appel d'offres. Mais par la suite, comme pour la procédure d'appel d'offres, les dossiers des soumissionnaires sont examinés par les commissions compétentes qui vont faire une proposition d'attribution au MO/MOD ;
- pour les travaux, fournitures ou services qui, dans le cas d'urgence impérieuse motivée par les circonstances imprévisibles, ne peuvent subir les délais d'une procédure d'appel d'offres, le maître d'ouvrage/MOD attribue directement le marché dès qu'il en reçoit l'autorisation. À la différence de la première modalité, où c'est la commission qui propose l'attributaire, c'est plutôt le maître d'ouvrage

[462] Art. 71 Code MP.

qui, ici, retient directement l'attributaire et ceci, sous réserve de l'avis postérieur de la commission de passation[463].

B. Les bases de l'attribution

Les critères d'attribution du marché de gré à gré sont inscrits dans le dossier de consultation. Il s'agit de considérer en priorité le dossier d'offres qui, de moindre coût, s'accompagne d'une qualité technique appréciable de la proposition du soumissionnaire.

Ainsi, l'attribution des marchés de travaux et de fournitures se fait au soumissionnaire qui présente l'offre évaluée la moins disante, qui remplit les capacités techniques et financières requises. Par contre, le marché de prestations intellectuelles est attribué au soumissionnaire présentant l'offre évaluée la mieux-disante par combinaison des critères techniques et financiers.

Les critères retenus dans le dossier de consultation sont dits essentiels et éliminatoires. À partir d'eux, des notes sont données et les classements des offres sont opérés suivant qu'il s'agisse du moindre coût, de la meilleure qualité technique ou de la combinaison qualité technique et coût financier. À l'issue de ce processus, le marché est attribué ou candidat classé premier. S'ensuivent la publication des résultats, la signature et la notification du marché pour que la réalisation de ce dernier puisse être effectuée (titre III).

[463] P. 61, Manuel des procédures de passation.

TITRE III :

LA RÉALISATION DES MARCHÉS PUBLICS

Les marchés publics sont négociés et passés pour être exécutés. Deux observations majeures ont été faites au niveau des deux premières phases : à savoir le caractère dominant de la position de l'administration et celui de l'aspect procédural. La dominante position de l'administration concerne la marge d'action dont elle jouit par rapport à son cocontractant. Elle détient en effet des prérogatives plutôt exorbitantes. L'aspect procédural quant à lui relève l'attachement de l'établissement des marchés publics bien évidemment à des conditions de fond, mais surtout à des conditions formelles qui font dire que le code des marchés publics est un code de procédure[464].

La réalisation ou exécution des marchés publics qui concerne sa matérialisation ne fait pas exception aux deux observations majeures qui caractérisent l'établissement des contrats de marchés publics. C'est ainsi que les deux phases qui se retrouvent dans l'étape de la réalisation des marchés publics à savoir l'exécution (chapitre 1) et la réception (chapitre 2) sont empreintes des mêmes spécificités que celles de l'établissement. À côté du formalisme accru, on y retrouve aussi une administration, qui partout présente, s'illustre toujours par l'étendue non négligeable des prérogatives à elle reconnues.

---

[464] CHAPUS (R), op.cit.

CHAPITRE 1 :

L'EXÉCUTION DES MARCHÉS PUBLICS

La phase d'exécution du marché public survient logiquement et chronologiquement après que le marché a été passé. À la suite de la signature du marché, des démarches sont à entreprendre en vue de l'exécution du marché. Celles-ci incombent tantôt à l'administration, tantôt à l'attributaire. L'administration (le MO/MOD) est chargée de notifier le marché, ladite notification est faite par l'acte que le maître d'ouvrage (ou MOD) signe et par lequel il signifie le marché au prestataire. Cet acte permet de faire entrer en vigueur le marché. Les services du maître d'ouvrage/MOD vont ensuite procéder à la diffusion du marché, c'est-à-dire à la transmission d'un exemplaire original ou d'une copie conforme aux services et structures concernés par le projet[465]. Il faut enfin mentionner à la charge du maître d'ouvrage et de ses services l'émission de l'ordre de service de démarrer les prestations[466].

Au niveau de ces démarches à entreprendre, le cocontractant devra principalement faire enregistrer le marché[467]. Cet enregistrement du marché s'effectue auprès de l'administration fiscale[468]. L'exécution à proprement parler peut alors s'effectuer. Elle peut se faire de façon normale (section 1) comme de façon contentieuse (section 2).

Section 1 : L'exécution normale

Elle est celle qui s'effectue sans qu'aucun incident de nature à perturber son déroulement ne survienne. À ce niveau, même si la charge de l'exécution pèse sur le cocontractant (paragraphe 1), l'administration ne reste pour autant pas inerte (paragraphe 2), comme pour les autres phases du marché, elle joue effectivement un rôle important qui mérite d'être soulevé.

---

465 P. 19, Manuel des procédures du suivi de l'exécution des marchés publics

466 Art. 8 CCAG/Travaux, art. 8 CCAG/Fourniture, art 7 CCAG/SPI ; V. 20 manuel, op.cit

467 Art. 37 CCAG/travaux, art. 11 CCAG/Fourniture, art 20 CCAG/SPI

468 Cf. p. 19, Manuel des procédures du suivi de l'exécution des marchés publics.

Paragraphe 1 : L'action du cocontractant

Il doit mener le marché à son terme, c'est-à-dire le concrétiser afin qu'il soit réceptionné. Mais avant cela, il y a un certain nombre de préalables qu'il doit remplir. Ceux-ci permettront d'effectivement débuter les prestations.

A. Les préalables

À part le timbrage et l'enregistrement des marchés qui, d'ailleurs, se font avant que l'ordre de service de démarrer les travaux soit émis[469], certains préalables sont à remplir après l'émission dudit ordre de service.

Ainsi, le cocontractant doit ouvrir et tenir à jour un document comptable spécifique au marché, et un état des déclarations fiscales et douanières relatives au marché. Il s'agit de ses obligations d'ordre comptable[470]. Le cocontractant doit aussi constituer un cautionnement définitif qui garantit l'exécution intégrale des prestations[471]. Le cocontractant doit également présenter les polices d'assurances qu'il a souscrites au bénéfice de l'administration[472]. Puis, l'entreprise cocontractante doit faire élection de domicile et désigner un de ses responsables pour le représenter auprès de l'administration pour l'exécution du marché[473], avant de demander, le cas échéant, des avances de démarrage. Après ces préalables, il devra entamer les prestations.

B. La concrétisation du marché

Le cocontractant de l'administration doit fournir les prestations objet du marché, et ceci, dans le respect du programme établi lors de la passation dudit marché. L'entrepreneur exécute le marché conformément aux stipulations préétablies, et à la satisfaction du chef de service du marché et du maître d'œuvre. Le programme déjà établi sera suivi, le cas échéant, de plans d'exécution du marché que le cocontractant fournit à l'administration après notification du marché. Ceux-ci précisent les séquences, méthodes et matériels qu'il se propose de mettre en œuvre, et le calendrier d'exécution des ouvrages[474].

Le mode d'exécution des travaux doit être conforme aux dispositions dudit marché. Les cahiers de clauses administratives générales et particulières disposent sur les éléments liés à l'exécution du marché tel que la présence d'un laboratoire de chantier de l'entrepreneur pour les essais d'identification

---

469 Art. 37 CCAG/T

470 Art. 126 et 127 du code, p.21 Manuel des procédures du suivi de l'exécution des M.P.

471 Art. 137 code, art 41 CCAG/T, P22 Manuel des procédures du suivi de l'exécution.

472 Art. 73 code MP, art 45 CCAG/T.

473 P. 23 du manuel des procédures de suivi…

474 Art. 49 CCAG/T.

et d'étude des matériaux[475]. Les règles de sous-traitance ou encore de modification d'éléments du contrat au cours de son exécution restent également encadrées. En définitive, le cocontractant est tenu de fournir les prestations contractuelles en se conformant aux règles régissant le marché exécuté, aux règles et usages de l'art, et aux ordres de service.

Paragraphe 2 : L'action de l'administration

L'exécution du marché public ne se marque pas par l'absence de l'administration à ce niveau. Certes, elle incombe au cocontractant, mais son suivi d'une part et le règlement de certaines dépenses d'autre part mettent en exergue le rôle joué par l'administration dans l'exécution normale du marché public.

A. Le suivi de l'exécution

L'administration doit veiller à ce que le marché public passé soit exécuté. Cela implique que le marché soit bien exécuté et que le maître d'ouvrage/MOD fournisse sa part contributive à ladite exécution.

Le suivi de l'exécution veut d'abord dire la contribution éventuelle à l'exécution. Celle-ci survient quand une prestation incombant à l'administration conditionne la réalisation des autres prestations qui doivent pour leur part être fournies par le cocontractant. Le contrat peut ainsi prévoir la fourniture par le maître d'ouvrage, de certains matériaux, terrains, produits ou composantes de constructions[476] l'administration est tenue de les fournir. De même, le contrat peut prévoir la production gratuite à l'avantage de l'entrepreneur, d'un exemplaire reproductible des plans[477], ou encore aux fins de travaux, le maître d'ouvrage peut être obligé de mettre à disposition un site et des voies d'accès, voire même de préalablement aménager ce site pour son cocontractant[478].

Le suivi de l'exécution veut ensuite dire la prise de mesures en vue de permettre à l'exécution de se dérouler. Cette variante du suivi est généralement celle de l'orientation du marché. Elle se déploie par le biais des ordres de service[479] qui peuvent faire des adaptations (principe de mutabilité) au contrat. Ces ordres de service sont également utilisés pour donner les

---

475 Art. 55 CCAG/T.
476 Art. 53-6 CCAG/T, art 24 CCAG/F.
477 Art. 42.1 CCAG/T.
478 CS/CA, jugement n° 50 du 1er janv. 1985, Tameghi Boniface – Amsecom-Amseconcom C/État du Cameroun.
479 Art. 8 CCAG/T

autorisations nécessaires à des variations ne nécessitant pas des avenants, ou pour autoriser les demandes formulées par le cocontractant[480].

Le suivi de l'exécution veut enfin dire la surveillance de l'exécution par l'administration. Le droit de contrôle et de surveillance de l'administration[481] oblige le cocontractant à le prévenir en temps utile, de toutes les opérations d'exécution du contrat. Il fait connaître à l'administration l'état d'exécution des prestations. Pour les marchés de travaux, « *le maître d'ouvrage, le chef de service du marché, l'ingénieur du marché, le maître d'œuvre et toutes personnes autorisées par ces derniers* » ont à tout moment le droit d'accéder aux travaux, chantiers, aux documents et aux ateliers. Sans être exhaustif, il faut aussi dire que cette surveillance s'étend à l'approbation des sous-traitants et sous-commandes, de l'agrément de la liste du personnel, de la surveillance du respect du droit du travail[482].

B. Les dépenses d'exécution

Avant le démarrage comme durant l'exécution du marché, certains paiements peuvent être consentis à l'endroit du cocontractant. S'agissant du démarrage, des avances de démarrage peuvent être versées à l'attributaire sur simple demande adressée par lui au maître d'ouvrage (ou MOD). Il n'aura pas à justifier sa demande, dont le montant ne peut excéder vingt pour cent (20 %) du prix initial TTC du marché de travaux ou de prestations intellectuelles, et quarante pour cent (40 %) pour les marchés de fournitures[483].

Durant l'exécution du marché, des acomptes peuvent être versés au cocontractant, sauf si le cahier des clauses administratives particulières en dispose autrement. L'établissement et le paiement des acomptes incombent à l'administration bénéficiaire[484]. Le règlement des acomptes est subordonné à la réalisation effective des prestations du marché (et non d'actes permettant de réaliser la prestation)[485]. Le montant versé ne peut excéder la valeur des prestations auxquelles il se rapporte (déduction faite des avances remboursées). Le versement des acomptes est également fortement appliqué pour les marchés complexes ou pluriannuels où les paiements s'effectuent généralement suivant les tranches d'exécution du marché.

L'exécution du marché public a trait à la concrétisation de ce dernier, cette exécution est juridiquement encadrée. Sans incident, elle est dite normale. Quand elle en rencontre, elle est dite contentieuse.

---

480 Provenance des matériaux, art. 52.2 CCAG Travaux, début d'exécution d'un ouvrage du marché, art. 49- 4 CCAG/travaux…

481 Art. 151 code MP.

482 PP. 27-30 Manuel des procédures du suivi de l'exécution des marchés publics.

483 P. 24, Manuel des procédures du suivi de l'exécution, art. 160 code MP.

484 P. 34 s du manuel des procédures du suivi.

485 V. aussi art. 19, 20, 21 CCAG/F).

Section 2 : L'exécution contentieuse

Durant l'exécution du marché public, certains incidents peuvent survenir et perturber sa bonne exécution. Ces facteurs perturbateurs (paragraphe 1) peuvent ou non conduire à la résiliation pure et simple du contrat de marché public. Dans le cas où ces facteurs, tout en perturbant le marché, ne sont pas rédhibitoires, l'administration contractante peut prendre des mesures pour que le marché soit néanmoins exécuté (paragraphe 2).

Paragraphe 1 : Les facteurs perturbateurs

Ces facteurs, tout en déréglant le bon déroulement de l'exécution, restent gérables. Ce qui fait que leur survenance peut ne pas empêcher que l'exécution du marché soit menée sous la condition d'un certain nombre de réaménagements. Certains de ces facteurs sont le fait des parties, et d'autres leur sont étrangers.

A. La force majeure

L'attributaire du marché peut faire face à la survenance d'éléments non prévus. La force majeure en fait partie. La force majeure est *« un événement échappant au contrôle du cocontractant qui n'est pas attribuable à sa faute ou à sa négligence et qui est imprévisible et inévitable »*[486]. À la lecture, il faut observer que la force majeure s'oppose ici au cas fortuit. Elle l'est dans la mesure où elle ne s'applique qu'au cocontractant, c'est-à-dire au prestataire, en ce sens que le fait doit être absolument étranger au cocontractant[487].

À partir des textes, une liste non limitative d'événements constitutifs de force majeure peut être établie. Y figurent : les actes du maître d'ouvrage au titre de la souveraineté de l'État, les guerres et révolutions, incendies, inondations, épidémies, mesures de quarantaine et d'embargo sur le fret[488] grèves, lock-out, émeutes, tremblements de terre[489].

Certains textes font de la force majeure l'événement indépendant de la volonté des parties. De façon large, cette lecture doit être interprétée comme étant l'événement échappant à la volonté des deux parties concomitamment : il s'agit de l'imprévisibilité.

En fait, la force majeure obéit à un régime à double hypothèse. Dans les deux, il faut absolument que l'événement survenu qui entrave la bonne fin de l'exécution soit extérieur à la volonté (à la responsabilité) du cocontractant. La différence qui s'établit entre les deux hypothèses reste que tantôt le fait

---

486 Art. 56 CCAG/F.

487 C. civ, art. 1148 et 1382 s.

488 Art. 56 CCAG/F.

489 Art. 75.2 CCAG/T.

survenu est imputable à l'administration cocontractante[490], tantôt que ce fait échappe carrément à la volonté des deux parties[491].

Admissible et de moindre importance, la force majeure ne donnera pas lieu à la résiliation du marché, mais plutôt à des réaménagements aux fins de continuer l'exécution[492]. Le cas de force majeure ouvre trois hypothèses :

- il est de nature à ne pas substantiellement entraver la poursuite de l'exécution, le marché continuant d'être exécuté ;
- il est de nature à rendre l'exécution impossible ou très difficultueuse : le marché est résilié ;
- il est de nature à remettre en question l'exécution du marché par le cocontractant, des mesures d'urgence sont prises. C'est le cas que ressortiront les développements ultérieurs.

B. Le fait des parties

Il s'agit d'hypothèses très rares. Concernant l'administration, il est bien évident que pour le marché de fournitures, les textes reconnaissent qu'elle peut être amenée à prendre des mesures externes au contrat qui auront une influence sur son exécution[493], ou encore que de façon générale, l'administration peut faire modifier unilatéralement les clauses du contrat en cours d'exécution. Il reste que ces événements ne devraient pas porter préjudice au cocontractant. Ils peuvent tout simplement altérer le bon déroulement de l'exécution. La logique ici veut que l'administration ne soit pas fondée à démettre l'attributaire si le marché reste exécutable, parce qu'elle est à la source des perturbations enregistrées.

Par contre, quand le fait incriminé, source de la difficulté d'exécution est imputable au cocontractant, le traitement est différent. Le fait imputable à l'attributaire peut être son refus de se conformer aux dispositions du cahier de charges ou des ordres de service qui ont été donnés. Sa responsabilité peut être engagée pour actes frauduleux, non-respect réitéré des conditions de travail, manquements à ses engagements, corruption[494]. Ces cas de figure ouvrent la voie à la prise de mesures coercitives à l'encontre du cocontractant.

Paragraphe 2 : Les mesures d'exécution en cas de contentieux

Sous le vocable de mesures coercitives, les textes font état de deux (02) catégories d'actes que l'administration peut prendre en cas de survenance de faits perturbateurs. La première catégorie est constituée de la résiliation qui met purement et simplement fin au contrat. La seconde catégorie est

[490] Art. 56 CCAG/F.
[491] V-art. 75.2 CCAG/T.
[492] Art. 75.5 CCAG/T, art 56 CCAG/F, art 4 CCAG/SPI.
[493] Art. 56 CCAG/F).
[494] Art. 77 CCAG/T).

constituée de mesures prises, allant dans le sens de permettre que le marché soit néanmoins exécuté malgré la survenance de faits perturbateurs. Ces mesures sont la passation d'un nouveau marché et la mise en régie.

A. La passation d'un nouveau marché

Il est question ici de faire que le marché soit exécuté malgré que certains facteurs aillent à contre-courant de cette volonté. Deux conditions sont exigibles : d'une part la faute du cocontractant, d'autre part la résiliation du contrat avec ce cocontractant.

Au préalable, le MO/MOD a mis en demeure le cocontractant défaillant[495]. Il pourra alors résilier le contrat le liant à ce contrevenant. La règle ici est que, quels qu'en soient les cas, la cause de la résiliation doit être imputable au cocontractant, ce qui justifie que la résiliation se fasse à ses frais[496].

En cas de résiliation aux frais et risques de l'entrepreneur, il peut être passé un nouveau marché avec un autre prestataire pour l'achèvement des prestations[497]. Le nouveau prestataire est rétribué sur les fonds qui auraient dû être versés à l'ancien prestataire, ou sur les fonds versés à l'ancien attributaire au titre des avances et acomptes. Pour ce faire, l'ancien prestataire les rembourse, ou alors ils sont prélevés sur les sommes qui peuvent lui être dues, ou à défaut, sur les sûretés éventuelles, sans préjudice des droits de recours en cas d'insuffisance[498]. Toujours au chapitre financier, les excédents de dépenses, qui résultent du nouveau marché sont à la charge de l'entrepreneur défaillant. *« Si le nouveau marché entraîne, au contraire, une diminution dans les dépenses, l'entrepreneur ne peut réclamer aucune part de ce bénéfice, qui reste acquise au maître d'ouvrage »*[499]. Le décompte général du marché résilié ne sera notifié à l'entrepreneur défaillant qu'après règlement définitif du nouveau marché passé pour l'achèvement des travaux[500]. Puis, un décompte général et définitif du marché résilié sera établi après réception définitive du marché nouvellement passé.

En ce qui concerne l'exécution (l'achèvement) des prestations, et parce que l'ancien attributaire reste lié à l'administration, tout au moins du fait que les sommes dues pour l'achèvement des prestations lui sont opposables, ce dernier est autorisé à suivre, à surveiller l'exécution des travaux du nouvel attributaire, sans pouvoir entraver les ordres de service. Pour autant, le

---

[495] Art. 77 CCAG/T).
[496] Art. 44 CCAG/SPI).
[497] Art. 76 CCAG/T, art. 77.3 ibid, art. 59 CCAG/F, art. CCAG/SPI.
[498] Art. 59 CCAG/F).
[499] Art. 77-3 CCAG/T).
[500] Art. 76-2 CCAG/T.

prestataire défaillant n'est pas admis à prendre part ni directement ni indirectement à l'achèvement du marché qu'il a laissé en souffrance[501].

B. La mise en régie

La défaillance du cocontractant et le fait qu'il contrevienne aux dispositions prescrites peuvent, pour permettre au marché d'être achevé dans son exécution, pousser l'administration à le mettre en régie. Après mise en demeure, le MO/MOD peut ordonner l'établissement d'une régie. Elle consiste en l'exécution du contrat par l'administration contractante elle-même.

La mise en régie est dite générale quand elle s'étend sur tout le marché. Elle est dite partielle quand elle ne concerne que certains aspects, certaines parcelles non achevées du marché.

La technique de la mise en régie n'est en principe spécifique qu'à un seul type de marché : celui des travaux.

Pour les marchés de fournitures, l'expression consacrée est l'exécution par défaut[502]. Elle se décline en l'achat effectué par le maître d'ouvrage lui-même[503]. Pour les marchés de service et de prestations intellectuelles, il n'est nullement fait état de l'éventualité de la mise en régie. Le mutisme des textes[504] est probablement justifié par le fait qu'il demeure difficile, voire impossible que la mise en régie s'y déploie. Évidemment, comment mettre en régie un marché passé avec une entité détenant l'exclusivité d'un brevet ? Comment passer un marché nouveau dont la technicité se démarque des possibilités de la capacité de l'administration ? Le caractère spécial des marchés en question tend en effet à y exclure la mise en régie.

C'est au niveau des marchés de travaux que la mise en régie est expressément évoquée. En présence (ou non) de l'entrepreneur défaillant, il est constaté l'état d'exécution des travaux. Les matériaux en présence, ainsi que ceux nécessaires à la continuation du travail, sont inventoriés et récupérés par l'administration. La partie du matériel qui n'est pas utile pour l'achèvement des travaux poursuivis en régie est remise à l'entrepreneur[505].

Concernant les implications financières, il faut dire que celles de la mise en régie obéissent au même régime que celles de la passation d'un nouveau marché aux frais et risques des entrepreneurs défaillants.

---

[501] Art. 59 CCAG/SPI.
[502] Koubi (G), *Cours de Droit administratif*, Montchrestien, 9e éd, 2005, p. 429.
[503] Art. 59 CCAG/F).
[504] Art. 46 CCAG/SPI).
[505] Art. 77.2 CCAG/T).

Pour l'exécution de la régie, l'entrepreneur défaillant est autorisé à en suivre l'exécution sans pouvoir l'entraver[506]. Il jouit de cette prérogative parce qu'il est financièrement lié au coût total de l'achèvement des travaux. Mais à la différence de la passation du nouveau marché où le contrat de l'entrepreneur doit préalablement être résilié, dans la mise en régie, le contrat est plutôt suspendu. L'entrepreneur peut d'ailleurs *« être relevé de la régie s'il justifie de moyens nécessaires pour reprendre les prestations et les mener à bonne fin »*[507].

La passation d'un nouveau marché et la mise en régie sont ainsi les modes d'exécution d'un marché qui est mis à mal concernant son déroulement et sa bonne fin d'exécution par le cocontractant. Si les griefs retenus contre lui sont de nature grave[508] ou encore que les faits perturbateurs sont de nature à rendre impossible la poursuite de l'exécution, l'administration procédera alors à la pure et simple résiliation du marché.

En l'absence de toute responsabilité du cocontractant, la résiliation est dite simple) ce qui veut dire qu'il peut ou non, selon les cas, prétendre à des indemnités. Par contre, si sa responsabilité est établie, la résiliation se fera à ses frais et risques[509]. La résiliation est l'une des fins du contrat de marché public. L'autre mode qui, lui, est normal et consacre la fin de la réalisation du marché, est sa réception (chapitre 2).

[506] Art. 77.3 code MP.
[507] Ibid.
[508] Art. 76 CCAGT/T, art 100 code MP.
[509] Ibid., art. 103 code MP.

CHAPITRE 2 :

LA RÉCEPTION DES MARCHÉS PUBLICS

Le marché public ne peut être réceptionné que s'il a connu une « bonne fin », s'il a été correctement exécuté. Le caractère normal ou contentieux de l'exécution importe peu, du moment que le marché est livré. Pour le marché normal, une date d'achèvement est fixée durant sa passation. Cette règle s'applique également aux exécutions contentieuses où une prévision de la date de fin d'exécution est de mise, tant pour la passation de marchés nouveaux que pour la mise en régie. Et même si en cours d'exécution, des variations peuvent repousser ou rapprocher les délais, il reste que des délais d'exécution du marché demeurent. Ainsi, le marché doit être livré dans les temps[510]. Le non-respect des délais par le cocontractant le rend passible de pénalités après mise en demeure. Que le délai soit respecté ou non, le marché n'est réceptionné qu'après achèvement. La réception définitive (section 2) fera alors suite aux vérifications (section 1) effectuées.

Section 1 : La vérification aux fins de réception

Pour qu'un marché public soit définitivement réceptionné, il est nécessaire pour l'administration de se rassurer que la prestation exécutée correspond bien à celle qui était attendue. Pour ce faire, que ce soit pour le marché de travaux (paragraphe 1) ou pour les deux (02) autres catégories de marchés (paragraphe 2), les prestations fournies sont vérifiées avant d'être réceptionnées.

Paragraphe 1 : Les opérations visant la réception des marchés de travaux

Les marchés de travaux sont, avant leur réception définitive, soumis à des vérifications. Celles-ci s'effectuent à l'occasion des constatations de fin d'exécution qui sont précédées du repliement de chantier.

A. Les constatations de fin d'exécution

Certaines opérations sont préalables à la réception provisoire des travaux. Le chef de service du marché est à cette fin saisi par l'entrepreneur. Ce dernier

[510] Art. 52 CCAG/SPI.

est en effet tenu de faire connaître au chef de service la date à laquelle peuvent être entamées lesdites opérations.

La réception provisoire est faite après établissement d'un rapport positif faisant suite à la reconnaissance des ouvrages exécutés, de leur mise à l'épreuve prévue notamment par le contrat de marché, de la constatation éventuelle des défaillances de certains aspects des travaux et de la constatation relative à l'achèvement des travaux[511].

Les opérations de vérification peuvent néanmoins être faites sur initiative et détermination du MO/MOD si le cahier des clauses techniques particulières le stipule notamment[512]. Quel qu'en soit le cas, « *ces opérations font l'objet d'un procès-verbal dressé sur-le-champ par le maître d'œuvre et signé par l'entrepreneur et lui* »[513]. Le MO fait connaître à l'entrepreneur, dans un délai de sept (07) jours suivant la date du procès-verbal, s'il a ou non proposé au chef de service du marché de prononcer la réception.

Un procès-verbal de réception provisoire est dans la positive dressé par le M.O et signé sur place par la commission constituée à cet effet. Si les travaux présentent quelques malfaçons, l'entrepreneur est plutôt invité à les corriger avant que la vérification ne soit à nouveau faite suivant les mêmes formalités que précédemment évoquées[514].

Pour les marchés par tranches de travaux, d'ouvrages, les délais d'exécution distincts du délai global d'exécution de l'ensemble des travaux impliquent sauf dérogation du cahier des clauses administratives particulières, la réception provisoire partielle de chaque tranche. Elle s'effectue de la même façon que précédemment présentée. « *La réception provisoire de l'ensemble des ouvrages est prononcée avec la dernière réception provisoire partielle* »[515]. La réception provisoire s'accompagne du repliement de chantier.

B. Le repliement de chantier

Lors des constatations relatives à l'achèvement des travaux, constat est également fait du repliement des installations de chantier[516]. En fait, l'entrepreneur doit procéder au fur et à mesure que les travaux avancent au dégagement, nettoiement et remise en état des emplacements mis à sa disposition par le maître d'ouvrage pour l'exécution des travaux[517].

---

511 Art. 67 CCAG/T.
512 Art. 67 CCAG/T.
513 Ibid.
514 Art. 67.3
515 Art. 67.4 CCAG/T.
516 Art. 67.1 CCAG/T.
517 Art. 69.1 CCAG/T.

Les délais de repliement sont fixés par le CCAP ou par des ordres de service. Le défaut de repliement fonde l'administration à y procéder à la place de l'entrepreneur après mise en demeure de 30 jours[518]. Les matériels enlevés pourront être vendus aux enchères et l'administration déduira du prix de la vente les frais qu'elle a engagés et des pénalités s'il en a été prévu[519]. Le repliement de chantier n'est opératoire que pour les marchés de travaux par sa nature, mais les opérations de vérifications s'appliquent tout aussi bien au marché de fourniture et de prestations autres.

Paragraphe 2 : Les opérations visant la réception des marchés de fournitures, de services et de prestations autres.

Comme pour les marchés de travaux, c'est à la fin de la prestation ou des tranches de prestation (réception partielle) que les opérations liées à la réception sont effectuées. Dans les marchés de fournitures et dans ceux de services et de prestations intellectuelles, la règle de la vérification demeure, avec cependant quelques variantes.

A. Les procédés pour les marchés de fournitures

Les opérations de réception des fournitures se déclinent en épreuves. Elles commencent à la date d'exécution de la réception de la prestation[520]. Le fournisseur adresse au maître d'œuvre une demande de réception dans laquelle il indique une date. Cette date peut être d'office rectifiée par le chef de service du marché si les modalités nécessaires à la réception ne sont pas encore remplies à ladite date.

Les épreuves consistent en l'analyse des fournitures. Les opérations de réception sont effectuées par le maître d'œuvre. Si la nature des épreuves nécessite des travaux, installations, vérifications ou autres opérations préalables, ceux-ci incombent tant dans leur réalisation que dans leur coût au fournisseur[521]. Dans le même sens, les frais d'essais et d'expériences effectués pour la réception technique sont sauf, dérogations prévues par le marché, à la charge du fournisseur[522].

Lors du déroulement de ces épreuves, le fournisseur ou son représentant sont invités à y assister. La totalité des objets inclus dans la même commande et livrables à la même époque doit en principe être éprouvée au même

[518] Art. 69.2.
[519] Art. 69.3.
[520] Art. 38 CCAG/F.
[521] Art. 38.
[522] Art. 46.

moment ; sauf si le chef de service du marché juge que leur importance nécessite un fractionnement[523].

Une commission ordinaire de réception, comme indiqué dans le CCAP, est constituée. Celle-ci procède aux vérifications en qualité : il s'agit de la procédure de réception technique. Un technicien peut à cette fin être désigné. Ce dernier aura à établir un procès-verbal pouvant proposer l'acceptation ou d'autres conclusions à la commission. Le marché peut ne pas préciser les procédés de constatation. Dans ce cas, la commission de réception les déterminera elle-même[524]. Ces procédés pourront aussi être indiqués à la commission par le chef de service du marché sur avis du maître d'œuvre en considération des usages et de l'emploi connus ou probables de la fourniture[525]. Ces vérifications s'étendent de la qualité à la quantité des fournitures[526].

B. Les procédés pour les marchés de services et de prestations intellectuelles

Comme pour les autres les marchés de services et de prestations intellectuelles sont soumis à des vérifications. L'objectif des vérifications est de se rassurer que les prestations fournies répondent aux stipulations prévues dans le marché[527]. En fin d'exécution, le prestataire avise au chef de service du marché la date des vérifications. Pour le marché non régi par l'obligation de résultat, le prestataire aura rempli ses obligations « *s'il a déployé l'effort nécessaire pour obtenir le meilleur résultat possible* »[528].

Les jours et heures de vérifications sont fixés par le chef de service du marché. Une commission chargée de la recette[529] aura à dresser un procès-verbal de vérifications. Celles-ci se tiennent normalement en présence du prestataire. Les frais qu'elles entraînent sont à la charge de la partie au contrat chez qui la vérification s'effectue[530], sauf si, prévue chez l'une, elle est effectuée chez l'autre. Dans ce cas, c'est le premier qui en supporte les frais. La technique de vérification quand elle n'est pas stipulée dans le marché est déterminée par l'administration qui se réfère en principe aux usages.

La vérification peut donner lieu à la réception provisoire qui précède celle définitive, tout comme certains facteurs peuvent remettre en question la recevabilité de la prestation (section 2).

---

523 Art. 38.
524 Art. 47.
525 Art. 47.
526 Art. 47.
527 Art. 34 CCAG/SPI.
528 Art. 34.
529 Art. 35.
530 Art. 34.

Section 2 : Les incidents et la réception définitive

La prestation fournie par l'attributaire doit être éprouvée avant d'être réceptionnée. Quand les vérifications effectuées conduisent à une décision de réception, la réception provisoire est alors établie. Elle est un préalable à la réception définitive (paragraphe 2). Au contraire, certains facteurs qualifiables d'incidents (paragraphe 1) peuvent amener les vérificateurs à émettre des réserves à la recevabilité de la prestation.

Paragraphe 1 : Les incidents

Le cocontractant de l'administration peut fournir une prestation qui, à la vérification, ne satisfera pas les vérificateurs. Cette prestation tombe alors sous le coup de la réfaction, de la bonification ou du rejet. La décision prise par l'administration est pour le cocontractant assortie d'un droit de recours au cas où il contesterait cette mesure.

A. Le rejet, la réfaction et la bonification

La prestation fournie peut, après vérification, être sujette à défaut. Ces imperfections mettent la commission face à deux positions, soit elle déclare la prestation irrecevable et la rejette, soit elle déclare la prestation défectueuse, mais acceptable sous conditions.

- Le rejet intervient lorsque les omissions, imperfections ou malfaçons constatées rendent impossible la réception[531]. Ces réserves peuvent entraîner une mise en régie ou l'ouverture d'un nouveau marché public, au cas où le cocontractant n'est pas invité à remplacer l'objet ou à réparer la malfaçon. Dans ce cas, la réception provisoire ne sera faite qu'après que le cocontractant ait opéré les opérations prescrites. Le rejet qui donne lieu à l'ouverture d'un nouveau marché public passe par la résiliation du contrat liant l'administration au cocontractant défaillant. Ce dernier est alors tenu de rembourser les avances et acomptes déjà perçus quand il s'agit d'un marché de services et de prestations intellectuelles[532].
- Quand le marché présente des anomalies dont la gravité n'est pas avérée, la bonification peut être prescrite. Il s'agit de permettre au cocontractant de réparer, d'améliorer la prestation[533]. La bonification

[531] Art. 67.3 CCAG/T, art 43 CCAG/F.
[532] Art. 39 CCAG/SPI.
[533] Art. 44 CCAG/F.

n'est opératoire que pour le marché de travaux[534] et celui de fourniture[535].

- La réfaction peut également être décidée quand le marché présente des anomalies constatées à la vérification. La condition essentielle ici est que le chef de service, sur proposition de la commission de réception, juge que les prestations, sans satisfaire entièrement aux conditions du marché, peuvent être utilisées en l'état. Il est spécifié pour le marché de fournitures qu'il faut qu'il ne soit pas possible de satisfaire autrement aux besoins urgents du maître d'œuvre[536]. La réfaction, quelle que soit la forme de Marché concernée, consiste en la réparation du préjudice subi par l'administration du fait du prestataire. La prestation est acceptée, mais ses imperfections feront que le prix sera revu à la baisse. Ainsi, la réfaction est la réduction du prix de la prestation au moment de la réception, lorsque cette prestation ne correspond pas aux conditions convenues. En fait, l'admission de la réception est subordonnée à l'acceptation de la réfaction par le cocontractant, lequel est notifié par le chef de service du marché d'une décision motivée allant dans ce sens[537].

Le prestataire de l'administration a tout de même le droit de recours quant à l'issue des opérations de vérifications, l'administration émet des réserves sur la prestation fournie.

B. Le droit de recours

Dans la règlementation du rejet, de la bonification de la réfaction, il est plus ou moins aménagé un droit de recours au prestataire. Ce droit s'exprime par la possibilité qui lui est donnée de contester la décision administrative, en demandant que soit effectuée une seconde vérification. De surcroît, les textes sur les marchés de fournitures en l'espèce plus explicites que les autres prévoient l'intervention d'une commission extraordinaire de réception[538]. Cette commission est chargée de recevoir la requête du fournisseur, de l'examiner et de procéder à une nouvelle vérification du marché. Il reste que le prestataire mécontent a toujours la possibilité de se pourvoir devant la juridiction compétente au cas où l'issue du recours administratif le laisse insatisfait.

Il demeure que le marché public, objet de la réception définitive (paragraphe 2) ne peut être que celui qui a au préalable fait l'objet d'une réception provisoire.

---

[534] Art. 67.3 CCAG/T.
[535] Art. 44 CCAG/F.
[536] Art. 45 CCAG/F.
[537] Art. 38 CCAG/SPI.
[538] Art. 50 CCAG/F.

Paragraphe 2 : La réception définitive

Après les vérifications, la prestation est réputée réceptionnée quand l'avis émis à l'issue de cette phase est positif. Auquel cas, la réception provisoire est constituée ; elle deviendra définitive avec le règlement de la garantie et du décompte général définitif.

A. La décision de réception

La réception définitive intervient après des vérifications au bout desquelles la commission s'est prononcée favorablement. C'est par un procès-verbal de réception dûment établi et tenant lieu de décision de réception que se transmute la réception provisoire en réception définitive[539].

La réception définitive entraîne, s'il y a lieu, transfert de propriété (cas des marchés de services et de prestations intellectuelles)[540]. La décision prise doit être notifiée au cocontractant. La date de prise d'effet de la réception est précisée dans la décision de réception. À défaut, la date de notification de cette décision en tient lieu. Il reste que la réception ne devient parfaite qu'après règlement de la garantie et du solde du marché.

B. La garantie du marché et le règlement du solde du marché

Lors de la passation du marché, le cocontractant apporte deux formes de garanties : l'une d'exécution, l'autre juridique.

La garantie d'exécution est représentée par le cautionnement qu'il fournit à l'administration contractante. S'y trouvent : le cautionnement définitif et la retenue de garantie. Le cautionnement définitif est exigible pour toutes les formes de marchés. Il garantit l'exécution intégrale des prestations. Cependant, il peut être remplacé par la garantie d'une caution d'un établissement bancaire agréé. Il faut aussi préciser que les petites et moyennes entreprises à capitaux et dirigeants nationaux peuvent, à la place du cautionnement, produire une hypothèque légale. S'agissant de la retenue de garantie, celle-ci n'est admise que lorsqu'une période d'entretien ou de garantie est assortie au marché[541]. Et surtout, elle ne peut être exigée pour les marchés de services et de prestations intellectuelles[542]. Il faut enfin souligner que les marchés d'un montant inférieur ou égal à 30 millions peuvent être exonérés de cautionnement définitif et de garantie par le MO/MOD.

À l'issue de la réception provisoire, l'administration est tenue de restituer la caution dans un délai bien déterminé (généralement un mois). Ce délai est d'un an pour les marchés de services et de prestations intellectuelles (la

539 Art. 72 CCAG/T, art 48 CCAG/F.
540 Art. 36 CCAG/SPI.
541 Art. 71 CCAG/T.
542 Ibid.

retenue de garantie est au bout du délai de garantie restituée à l'entrepreneur après quatre (4) mois pour les travaux d'entretien et d'un (01) an pour les autres travaux[543]. Pendant la durée de la garantie d'entretien, l'entrepreneur est tenu d'entretenir et de réparer la prestation qu'il aura fournie[544].

La garantie juridique est pour sa part la responsabilité que le cocontractant supporte du fait de sa prestation. À cet égard, il lui est exigé de souscrire une assurance. Il doit par-là garantir le maître d'ouvrage contre les revendications des tiers formées à l'occasion de l'exécution du marché.

À part la garantie, la réception définitive inclut aussi le traitement du solde du marché. En effet, après achèvement de la prestation, le prestataire dresse un projet de décompte final établissant le montant total des sommes auxquelles il peut prétendre. Ce projet est remis au maître d'œuvre au plus tard un mois à compter de la date de réception provisoire. Ce projet peut être rectifié par le maître d'œuvre. S'entament alors transactions, négociations voire même différends. À l'issue de ce processus, les sommes dues au prestataire doivent lui être versées avec en moins celles qu'il a déjà perçues comme avances et garanties. Ce paiement est établi sous forme de décompte général et définitif pour les marchés de travaux[545], de solde de tout compte pour les marchés de fournitures et de décompte général pour les marchés de services et de prestations intellectuelles[546].

Ces décomptes prennent également en compte, le cas échéant, les intérêts moratoires, les pénalités de retard, les réfactions, etc. Avec le règlement de la garantie et du solde du marché, la réception du marché public peut être considérée à tout point comme étant définitive.

Plus qu'un code de consécration de règles, le Code des marchés publics est souvent qualifié de code de procédure[547] à raison, parce que ce dernier décrit largement les règles et formalités à observer dans les phases de vie du marché public que sont la réalisation du marché, et préalablement, sa négociation et sa passation.

La négociation des marchés publics est la phase de début de vie du marché public, mais aussi de son aménagement. Au niveau de la négociation à l'ouverture du marché, et ceci précisément dans le marché de gré à gré, des discussions sont ouvertes entre l'administration contractante et le soumissionnaire avant que la proposition d'attribution ne soit formulée. La procédure d'avenant donne également l'occasion au cocontractant de (re)négocier certaines clauses primitives du contrat.

---

543 Art. 70 CCAG/T.

544 Art. 71 CCAG/T.

545 Art. 34 et 35 CCAG/T.

546 P. 40 du manuel des procédures de règlement des dépenses des MP.

547 CHAPUS (R), *Droit administratif général*, op.cit, n° 1365.

La passation met pour sa part en évidence des procédés d'attribution des marchés qui les identifient selon que la mise en concurrence est forte (appels d'offres) ou souple (gré à gré). Si les bases de l'attribution se croisent très souvent de même que le respect de certains principes (Ex. : égalité entre soumissionnaires) ou encore la similitude des procédures, il faut remarquer que la différence entre les différents modes de passation s'établit au début de la procédure où l'avis d'appel d'offres est formé d'un côté et la consultation après autorisation préalable d'un autre.

La passation de marchés publics met en effet en exergue les modes d'attribution des marchés. Il s'agit de voir par quels procédés l'administration peut passer des marchés et quelles formalités particulières doivent être observées à cette occasion. L'attribution du marché est l'œuvre des organes différents qui y interviennent. Les uns, pour effectuer la passation et les autres, pour plus ou moins veiller à ce que les règles de la passation soient respectées. À part les marchés spéciaux, dont la confidentialité qui y est exprimée l'exige, la règle de la concurrence est fortement présente dans la passation du marché public. Le marché sur appel d'offres (même restreint) en est le terrain de prédilection, car la mise en concurrence y est publique sous peine de nullité du marché. Les marchés de gré à gré sont également conditionnés dans leur majorité par la mise en concurrence avec cette obligation pour le maître d'ouvrage ou le MOD de consulter un certain nombre d'entreprises. L'exception ici peut être le cas de la négociation et de l'attribution du marché de gré à gré au seul prestataire, détenteur par exemple de droits d'exclusivité[548].

Le conditionnement de la passation et de la négociation des marchés publics est tel qu'il révèle que la relation contractuelle qui tend à lier l'administration à son cocontractant n'est pas égalitaire. L'exorbitance caractérise les prérogatives de l'administration.

La réalisation des marchés publics forme un processus complexe par lequel l'administration doit rentrer en possession de la prestation objet du marché. Pour ce faire, le cocontractant a à exécuter la prestation. Cette phase de la réalisation est effectuée sous le contrôle de l'administration. Cette dernière détient des pouvoirs lui permettant même de prendre des mesures coercitives afin de faire achever les prestations au cas où le prestataire se révèle défaillant. L'exécution précède la réception, qui est la matérialisation de l'entrée en possession et en jouissance de la prestation par l'administration.

La réception du marché public donne lieu à l'établissement d'un dossier final[549] qui fait état d'un bilan financier et technique du marché réceptionné. Ce dossier sert notamment à établir la marge de démarcation, s'il y a lieu,

[548] CHAPUS (R), Op.cit., T.I, 15e éd, n° 1371.
[549] P. 69 Manuel des procédures de suivi de l'exécution des M.P.

entre le marché réalisé et la programmation préétablie. Auquel cas, il permet aussi de déterminer les actions correctives à mener.

L'administration a ainsi la maîtrise des opérations de négociations, de passations et de réalisation du contrat de marché public. Les règles contractuelles penchent largement en sa faveur, même si le cocontractant jouit de la protection de l'équilibre financier du marché (du contrat) et qu'il peut toujours s'en remettre au juge administratif qui pourra éventuellement sanctionner l'administration.

TITRE IV :

LES CLAUSES ENVIRONNEMENTALES ET SOCIALES DANS LA COMMANDE PUBLIQUE

Le charbon, le gaz, l'électricité sont tous des sources d'énergie dont l'usage varie en fonction de l'époque. Il s'agit de sources d'énergie qui se sont succédé au gré des évolutions techniques et technologiques, relayant par le même moyen la mutabilité du service public.

Parmi les lois du service public, il existe effectivement le principe de mutabilité ou d'adaptabilité, qui prescrit que l'administration publique doive s'arrimer aux règles et réalités de son contexte. Cela signifie que les exigences nouvelles, de même que les options de promotion de certains secteurs de la vie dans un État, doivent être reprises dans l'organisation et le fonctionnement du service public.

Il en a été ainsi en France dans l'affaire CE, 10 janvier 1902, Cnie nouvelle de gaz de Deville-lès-Rouen qui exprime fort à propos une incrustation de l'administration dans son contexte sociotechnique.

Dans le fonctionnement du service public, plusieurs modes de gestion sont utilisés. Il en est ainsi de la régie, de l'établissement public ou encore du contrat. Ce dernier cadre intègre la commande publique.

En effet, la commande publique est un terme générique relatif à l'ensemble des contrats passés par les personnes publiques pour satisfaire leurs besoins. Cependant, même des personnes morales de droit privé peuvent passer des contrats qui rentrent dans la catégorie de la commande publique, à la condition que ces contrats soient régis par les textes encadrant les différents contrats publics des personnes morales de droit public.

Les contrats relatifs à la commande publique sont en l'occurrence les marchés publics, le partenariat, la concession, l'affermage, la régie intéressée ou encore le louage. Cette dimension large de la commande publique ne prend donc pas seulement en compte l'achat public, mais accepte toute forme de contrat permettant l'accomplissement des besoins de l'administration en biens et en services (et non en personnels).

L'évolution dans la législation relative à la commande publique donne à voir une intégration des normes environnementales et sociales. En se fixant sur la règlementation en matière de droit de la commande publique, ces options s'avèrent effectivement visibles.

Il en va plus encore en Europe, où les clauses sociales et environnementales sont de plus en plus présentes dans le droit de la commande publique. C'est ainsi qu'à la faveur de la Directive européenne 2004/18/CE du 31 mars 2004, le code français des marchés publics a formulé les considérations environnementales comme l'une des bases d'attribution du marché.

Les développements à effectuer doivent donc permettre de voir dans quelle mesure le droit camerounais tient également compte de ces données. Par ailleurs, leur ''obligatoriété'' est à rechercher, tout en s'intéressant enfin à l'adéquation qu'il y a entre ces exigences et notre contexte socioéconomique. La présence de la clause environnementale et de celle sociale dans la commande publique amène en premier à effectivement présenter la pénétration de l'environnement dans la commande publique (chapitre 1), et en second lieu, à s'intéresser aux aspects sociaux dans la commande publique (chapitre 2).

CHAPITRE 1 :

LA PÉNÉTRATION DE L'ENVIRONNEMENT DANS LA COMMANDE PUBLIQUE

L'environnement fait partie des exigences actuelles les plus en vue dans les Etats contemporains. C'est ainsi que de nombreux instruments internationaux et nationaux font leurs, les exigences environnementales.

En effet, l'évolution de la science a fait savoir que l'environnement est une donnée essentielle de la vie humaine. La préservation des écosystèmes, les conséquences de l'effet de serre dont la destruction de la couche d'ozone et le conséquent réchauffement climatique entraînent que l'environnement qui est au centre de ces perturbations soit préservé.

Il faut dire que la préoccupation environnementale est même devenue universelle à travers sa consécration dans la Déclaration universelle des droits de l'homme de 1948. Au prolongement, la Charte africaine des droits de l'homme et des peuples de 1981 consacre en son article 24 que *« tous les peuples ont droit à un environnement satisfaisant et global, propice à leur épanouissement »*. Ces facteurs ont conduit à la prescription de la commande durable.

Section 1 : La prescription de la commande durable

Par commande durable, il faut envisager la commande publique tournée vers l'environnement. Cette expression reprise dans la doctrine française indique que les administrations qui passent des commandes publiques dans le cadre des marchés publics, des partenariats et des délégations de service public doivent attribuer les contrats en tenant compte de l'impératif de durabilité. Ainsi, l'administration doit suggérer que les offres aillent dans ce sens en intégrant de telles exigences dans l'attribution, mais également veiller au respect de l'environnement durant l'exécution du contrat. À titre de comparaison, la prescription de la commande durable est évidente en France, tandis qu'au Cameroun, elle est encore recherchée.

Paragraphe 1 : Une prescription évidente en France

La République française a ratifié la DUDH de 1948. De même, en adhérant à la Convention européenne des droits de l'homme, qui elle, est impérative, l'État français a introduit dans son ordonnancement juridique l'obligation de respecter l'environnement. Cela s'est traduit par une reprise de cette exigence dans le droit de la commande publique du point de vue textuel et jurisprudentiel.

A. La prescription textuelle

Les textes juridiques portant sur la commande publique durable sont en France de nature nationale et communautaire. Ce dernier cas est le fait d'une directive.

1. La directive

Les différents organes de l'Union européenne émettent des actes juridiques dont font partie les directives. Pour sa définition, la directive est « *un acte normatif liant des États membres destinataires, quant aux résultats à atteindre, tout en leur laissant le choix des moyens et de la forme* ». Ceci signifie que le résultat consigné dans la directive est un impératif exigé par les instances de décision de l'Union européenne.

De manière précise, il s'agit de la directive 2004/18/CE du parlement européen et du conseil du 31 mars 2004 relative à la coordination des procédés des marchés publics, des travaux de fournitures et de services.

Du point de vue de son dispositif, le point 5 dispose que *« la passation des marchés conclus dans les États membres pour le compte de l'Etat, des collectivités territoriales et d'autres organismes de droit public doit respecter les principes du traité, notamment le principe de la libre circulation des marchandises, de la liberté d'établissement et de la libre prestation des services, ainsi que les principes qui en découlent comme l'égalité de traitement, la non-discrimination, la reconnaissance mutuelle, la proportionnalité et la transparence* ». À première vue, l'environnement n'est donc pas pris en compte par cette directive qui porte sur les marchés parce que ce sont les principes de libre concurrence qui sont davantage consacrés. Toutefois, la même directive contient cette disposition : « *Conformément à l'article 6 du traité, les exigences de la protection de l'environnement sont intégrées dans la définition et la mise en œuvre des politiques et actions communautaires... afin de promouvoir le développement durable* ».

La présente directive clarifie donc comment les pouvoirs adjudicateurs peuvent contribuer à la protection de l'environnement et à la promotion du développement durable, tout en leur garantissant la possibilité d'obtenir pour leurs marchés le meilleur rapport qualité-prix.

De nombreuses autres dispositions de cette directive, à l'exemple des articles 6, 29, 44 et 50, formulent la prescription environnementale dans les marchés publics en Europe.

2. La législation interne en France

Il est possible que le développement de cette directive durable ait une perspective développementale, consistant à répondre aux besoins présents en tenant compte de l'intérêt des générations futures. Il s'agit alors, par cette exigence, de donner le privilège à la précaution et à la prévention dans les actes susceptibles de porter atteinte à l'environnement. L'État français s'est doté à ce titre d'une charte de l'environnement en 2004, qui a été introduite dans le bloc de constitutionnalité en 2005. Il y est énoncé que « *la préservation de l'environnement doit être recherchée au même titre que les autres intérêts fondamentaux dans la nation* ». La même charte évoque le développement durable et le principe de précaution.

L'objectif de la gestion publique est donc de ne pas ignorer l'environnement, et il en est ainsi de la commande publique qui ne peut être faite en totale ignorance des exigences de durabilité.

Le code des marchés publics va plus loin, puisqu'il comporte de nombreuses dispositions environnementales y relatives. Son article 6 précise que les marchés obéissent à des spécifications techniques. D'ailleurs, il est nécessaire que ces spécifications soient suffisamment précises pour permettre aux candidats de connaître exactement l'objet du marché et qu'en plus, les spécifications puissent inclure les caractéristiques environnementales.

Le même texte précise que les caractéristiques environnementales peuvent obéir à un écho-label accessible à tous les candidats. L'article 14 prescrit que l'exécution d'un marché puisse comporter des éléments environnementaux. Dans ce cadre, il est nécessaire de concilier les objectifs de développement durable avec le développement économique. La jurisprudence va dans le même sens.

B. La contribution jurisprudentielle

Le juge administratif français, dans sa fonction prétorienne (de jugement), a eu à se prononcer sur l'emprise de l'environnement dans les marchés publics. Il s'agit de l'affaire CE, 7e et 2e sous-sections réunies du 15 février 2013, Sté Derechburg Polyurbaine. Dans cette affaire, le juge inscrit l'environnement comme élément à prendre en compte dans les marchés publics.

Dès lors, cette autre source du droit amène à admettre que l'environnement est un facteur qui devrait influencer l'attribution et l'exécution d'un marché public.

Paragraphe 2 : la prescription au Cameroun

À l'image de la Charte africaine des droits de l'homme et des peuples de 1981, la législation africaine s'avère laconique sur la question environnementale, à la lecture des textes relatifs à la commande publique. Cependant, il y a prise en compte de cette préoccupation dans les textes périphériques.

A. Le laconisme des textes en matière environnementale sur la commande publique

Sur ce point, il faut distinguer la législation en matière de marchés publics de la législation applicable aux autres contrats publics.

1. Le caractère lacunaire de certains autres textes hors marchés publics

Relativement à la question des autres contrats en dehors des marchés publics, il peut être distingué les contrats de partenariats et les contrats portant délégation de service public.

Pour les contrats de délégation de service public, il s'agit de la concession, de l'affermage ou de la régie intéressée. À titre de précision, c'est l'ancien Code des marchés publics camerounais de 1994 qui disposait, en ses articles 41 et suivants, sur la délégation de service public. Aucune de ces dispositions ne comportait de prescriptions environnementales. Ceci est révélateur d'une indifférence jusqu'en 2004 avec la forte emprise de la commande « *neutre* ». Même l'ordonnance n° 74/1 fixant le régime foncier au Cameroun n'émet aucune prescription environnementale pour les concessions domaniales.

S'agissant du contrat de partenariat, la loi n° 2006/012 du 29 décembre 2006 le fixant le régime général du contrat de partenariat introduit néanmoins en son article 5 l'environnement dans le contenu du contrat de partenariat. Il y est formulé l'impératif d'étude d'impact environnemental, de même que la nécessité de préservation de l'environnement. Le décret n° 2008/015/PM du 24 janvier 2008 portant régime général du contrat de partenariat ne fait quant à lui aucune mention de l'exigence environnementale. D'ailleurs, son article 12 dispose que « *la passation d'un contrat de partenariat est soumise à des règles de mise en concurrence et de publicité permettant le libre accès, l'égalité de traitement des candidats et l'objectivité des procédures* ».

À la lecture de cette formule, on note une absence de la clause environnementale dans la mesure où il aurait été possible de l'introduire à ce niveau du décret, ce qui n'a pas été fait. Pourtant, les articles 20 et 26 alinéa 1 du même texte donnent à voir la présence de normes et l'intégration de types de matériels qui peuvent être orientés vers la durabilité, le texte ne les ayant pas exclus. Cette situation laconique est légèrement différente s'agissant des textes sur les marchés publics.

2. L'introduction timide de la préoccupation environnementale dans les marchés publics

Au Cameroun, c'est le décret n° 2018/366 du 20 juin 2018 qui porte code des marchés publics. Ce texte détermine la typologie des marchés, les bases d'attributions d'un marché public et règle l'exécution des marchés publics.

En faisant une synthèse des dispositions de ce code, il peut être dit que le marché public est attribué sur la base de critères techniques et financiers avec pour l'administration, l'obligation de mise en concurrence et d'égalité de traitement entre les différents candidats postulant à la commande publique. Ensuite et cela est nouveau, l'article 57 de ce code impose l'intégration des normes de ''protection de l'environnement'' dans la passation et l'exécution du marché public.

De même, sans besoin d'interprétation, le cahier de clauses administratives générales appliqué aux marchés publics dispose en son article 13 titré protection de l'environnement que « *l'entrepreneur sera tenu de prendre toutes les dispositions lors de l'exécution de ses prestations pour s'assurer qu'aucune action n'entraîne des préjudices immédiats ou à long terme à l'environnement* ». À cet effet, il doit se conformer aux textes en vigueur et régissant la protection de l'environnement. Le même texte prescrit en son article 49 alinéa1 que doit être produit « *un mémoire sur les dispositions relatives à la préservation de l'environnement* ».

Durant l'exécution du travail public, l'entrepreneur doit prendre à ses frais et risques les mesures de protection et de sauvegarde de l'environnement[550]. Il est également prescrit que l'environnement soit pris en compte dans la commande publique à partir des textes périphériques.

B. La prise en compte des préoccupations environnementales dans les textes périphériques

Il existe des textes qui concernent spécifiquement l'environnement et dont le domaine d'application atteint les marchés publics. Ces textes ayant valeur législative, sont donc supérieurs au code des marchés publics (qui est un décret au Cameroun). Ces textes sont constitués par la loi sur les forêts et la faune et la loi sur l'environnement.

1. La loi sur la forêt et la faune

La loi n° 94/01 du 20 janvier 1994 portant régime des forêts, de la faune et de la flore est le texte qui traduit les objectifs et les impératifs juridiques de la politique forestière, faunique et halieutique de l'État du Cameroun.

---

[550] Art. 50 (10) CCAG.

Ce texte postule l'utilisation et la conservation desdites ressources et écosystèmes. Son article 16 (2) dispose que « *tout projet de développement susceptible d'entraîner des perturbations en milieu forestier ou aquatique, est subordonné à une étude préalable d'impact sur l'environnement* ». De même, son article 23 interdit de porter atteinte à la productivité future de la forêt et de l'environnement. L'ensemble de ces dispositions indique que les pouvoirs publics ne pourraient régulièrement et donc par la voie des contrats, prendre des actes qui sont susceptibles de compromettre les écosystèmes.

Aussi, il ne saurait être établi un lien contractuel par lequel des atteintes seraient portées à la forêt, à la faune ou aux ressources halieutiques.

2. La loi sur l'environnement

Au Cameroun, c'est la loi n° 96/12 du 15 août 1996 portant loi-cadre relative à la gestion de l'environnement qui est le texte de référence de la protection du milieu de vie naturel. En effet, c'est à travers lui qu'est fixé le cadre juridique général de gestion de l'environnement. Il postule la sauvegarde et l'utilisation rationnelle des ressources naturelles et vise la protection de la géosphère, de l'hydrosphère et de l'atmosphère. L'environnement y est défini comme « *l'ensemble des éléments naturels ou artificiels et des équilibres biogéochimiques auxquels ils participent, ainsi que des facteurs économiques, sociaux et culturels qui favorisent l'existence, la transformation et le développement du milieu des organismes vivants et des activités humaines* ».

Cette loi de 1996 institue par exemple les études d'impacts environnementaux. Son article 17 prescrit pour tout projet d'aménagement d'ouvrage ou d'installation qui risque de menacer l'environnement, une étude d'impact qui est à consigner dans le cahier de charges. Il est également intéressant de relever son article 22 (1) qui dispose que : « *Afin d'éviter la pollution atmosphérique, les immeubles, les établissements agricoles, industriels, commerciaux ou artisanaux, les véhicules et autres objets mobiliers, possédés, exploités ou détenus par toute personne physique ou morale doivent être construits, exploités ou utilisés de manière à satisfaire aux normes techniques en vigueur ou établis en application de la présente loi ou des textes particuliers* ».

Il faut y voir qu'aucune commande publique ne peut être faite en ignorant les prescriptions environnementales qui, elles-mêmes, comportent plusieurs déclinaisons.

Section 2 : Les déclinaisons des prescriptions environnementales dans la commande publique

Dans la commande publique, l'exigence environnementale est diverse et fluctuante. Cette exigence s'analyse d'abord comme une incitation à la commande durable et ensuite, comme le fait de diverses formes.

Paragraphe 1 : L'incitation à la commande durable

Le principe de mutabilité du service public se présente aujourd'hui comme un devoir fait aux pouvoirs publics de s'arrimer aux innovations. Du point de vue scientifique, il est prouvé que plusieurs mesures publiques sont à prendre pour le développement durable. À ce titre, la Commission européenne a cofinancé un projet de recherche appelé ''*Relief*'' qui avait pour but d'évaluer scientifiquement les avantages potentiels pour l'environnement de l'adoption à grande échelle de marchés publics écologiques à travers l'UE. Il en ressort que :

« *Si tous les pouvoirs publics à travers l'UE se fournissaient en électricité verte, cela permettrait d'économiser l'équivalent de (...) 18 % de l'engagement de l'UE en faveur de la réduction des émissions de gaz à effet de serre dans le cadre du protocole de Kyoto. L'économie serait pratiquement du même ordre si les pouvoirs publics optaient pour des bâtiments à haute qualité environnementale ; si tous les pouvoirs publics à travers l'UE s'équipaient d'ordinateurs à plus faible consommation, il en résulterait une économie de 830 000 tonnes de CO2 ; si tous les pouvoirs publics européens optaient pour l'installation de toilettes et de robinets efficaces dans leurs bâtiments, la consommation d'eau serait réduite de 200 M de (...) 06 % de la consommation totale des ménages dans l'UE...* ». Cependant, il y a impossible discrimination ou résiliation d'une commande publique pour raison environnementale.

A. L'impossible discrimination pour raison environnementale

En France en particulier et en Europe en général, la clause environnementale est présente dans la commande publique. Son inscription dans le cadre de l'attribution des marchés en fait une prescription obligatoire. Il en va différemment au Cameroun.

Au niveau de l'Hexagone, l'art 14 du code des marchés publics précise que « *la définition des conditions d'exécution d'un marché dans les cahiers de charges, peut viser à promouvoir l'emploi des personnes rencontrant des difficultés particulières d'insertion, à lutter contre le chômage ou à protéger l'environnement. Ces conditions d'exécution ne doivent pas avoir d'effets discriminatoires à l'égard des candidats potentiels* ».

Par ailleurs, la directive européenne sur les marchés publics, en son article 23, fait état des spécifications techniques et des spécifications environnementales qui doivent être détaillées ou adossées aux écolabels européens (voir art 50 de la directive).

Pourtant, cette directive, comme le code français des MP, prescrit l'attribution du marché « *sur la seule base de critère d'attribution de l'offre économiquement la plus avantageuse* » (art. 29 directive).

L'article 53 du code français qui réitère la préférence pour l'offre économiquement la plus avantageuse indique une variété de critères à prendre en compte. Pour ce faire, la spécification environnementale peut s'y retrouver sans qu'elle doive avoir été communiquée à l'ensemble des concurrents. Il est donc formulé que la clause environnementale est inscriptible dans l'attribution du marché comme dans son exécution.

Contrairement à la règlementation de l'UE, celle du Cameroun s'avère timide quant à la discrimination à partir de la clause environnementale. Sur ce point, le privilège est donné aux principes d'égalité et de libre concurrence. Il revient pour l'administration qui décide de passer un marché, de traiter les potentiels cocontractants de manière égale. Ce traitement égalitaire procède de la mise en concurrence. Du point de vue des spécifications, les critères techniques sont mis en exergue et le privilège de l'attribution d'un contrat relève fortement du prix des prestations proposées ou du coût de leur utilisation. Il s'agit de préférer l'offre financièrement la plus avantageuse. C'est ainsi que l'article 99 du code des MP dispose que :

- L'attribution des marchés de fournitures de travaux et de services se fait au soumissionnaire présentant l'offre la moins disante, et remplissant les capacités financières et techniques requises.
- L'attribution des marchés de prestations intellectuelles, de services non quantifiables et de ceux de l'appel d'offres résultant avec concours se fait au soumissionnaire évalué le mieux-disant par combinaison des critères techniques et financiers.

Le critère financier est donc dominant et la spécificité environnementale étant peu présentée, elle se révèle alors comme un critère secondaire dans l'attribution du marché. Il en est de même pour les causes de résiliation.

B. La résiliation comme non fondée sur la raison environnementale

Si l'environnement est une donnée qui s'intègre dans la commande publique, prenant référence sur la législation des marchés publics, il faut dire qu'elle n'est pas un facteur conduisant à la résiliation du contrat. En effet, l'art 182 du code des MP règle pour majorité la question. Les hypothèses de résiliation retenues dans cet article sont :

- le décès du titulaire du marché ;
- la faillite du titulaire du marché ;
- la liquidation judiciaire assortie d'interdiction ;
- la sous-traitance, la co-traitance et la sous-commande non autorisée ;
- la défaillance du cocontractant ;
- le non-respect de la législation du travail ;
- la variante des prix ;
- la manœuvre frauduleuse et corruption.

Dans le cahier des clauses administratives générales, d'autres hypothèses de résiliation sont évoquées. C'est le cas de l'ajournement[551], du rejet des fournitures pour remplacement[552] de la force majeure[553], du non-respect des délais, du changement de la nature des biens des prestations attendues, du non-respect du secret, de la fourniture des denrées alimentaires interdites[554], de l'arrêt d'exécution des prestations[555]...

De nombreuses autres dispositions du CCAG portent sur les clauses de résiliation et parmi elles, il n'est nullement évoqué de justificatif environnemental à la résiliation d'un marché public. Néanmoins, la clause environnementale existe et revêt plusieurs formes.

Paragraphe 2 : Les formes de l'exigence environnementale

L'impératif de respecter l'environnement est présent dans la législation. Les formes transposant l'exigence environnementale sont alors sa promotion d'une part et la sanction pour l'atteinte à l'environnement d'autre part.

A. La promotion de l'environnement

De nombreux principes de protection de l'environnement sont fixés par la loi-cadre relative à la gestion de l'environnement de 1996. Ces principes sont consacrés à l'art 9.3 il s'agit du :

- principe de participation : il contribue à la promotion de l'environnement parce qu'il signifie que chaque citoyen a droit aux informations relatives à l'environnement. C'est ainsi que les informations liées aux substances et activités dangereuses doivent être communiquées. De même, si ce principe indique la gestion participative

---

551 Art. 57.
552 Art. 43.
553 Art. 56 et 57.
554 Art. 57.
555 Art. 26.

de l'environnement, il implique le devoir de tous de sauvegarder le milieu et que « *les personnes publiques et privées doivent dans toutes leurs activités se conformer aux mêmes exigences (environnementales)* » ;

- Le principe d'action préventive et de correction : ce principe est à mi-chemin entre le principe la promotion de l'environnement et la sanction. Il signifie que lorsque le coût économique est acceptable, priorité est donnée aux meilleures techniques disponibles qui portent le moins atteinte à l'environnement. Aussi, entre plusieurs techniques d'exécution des marchés à coût égal, le prestataire doit choisir la technique la plus propre ;
- le principe de précaution : ce dernier indique ; pour reprendre l'adage populaire « qu'il vaut mieux prévenir que guérir ». Il s'agit de prospecter dans un contexte où la science n'a pas encore donné réponse aux craintes présentées de l'utilisation, de la fabrication d'un bien ou du mode d'exécution d'un travail. Le texte parle d'absence de certitude scientifique et technique devant conduire à prévenir un risque, de dommages graves et irréversibles. Aussi, dans un marché public de fournitures d'engrais, ceux à la composition chimique douteuse ne doivent pas être achetés.

Les déclinaisons de la promotion de l'environnement dans la commande publique sont aujourd'hui nombreuses en Europe. À titre d'illustration : le gouvernement français a initié, pour les logements sociaux, des projets d'application de la méthode HQE (Haute qualité environnementale). L'objectif est de commander la conception et la construction des bâtiments sociaux à faible consommation d'énergie.

Les commandes énergétiques visent ainsi de plus en plus le solaire, le photovoltaïque par l'installation des dispositifs sur les toits des bâtiments publics. Il existe même des écolabels qui sont des déclarations de conformité des prestations à des critères préétablis d'usage et de qualité écologiques tenant compte du cycle de vie des matériaux et des impacts environnementaux. Leur définition obéit aux principes participatifs.

Les articles 5 et 14 du code français des MP imposent au pouvoir adjudicateur de tenir compte du développement durable dans la définition et l'exécution du marché. La directive européenne n° 2004/18 impose les acquisitions qui présentent les niveaux de performance et d'efficacité énergétique. Un décret de 2011[556] impose de tenir compte des incidences énergétiques et environnementales dans l'achat des véhicules administratifs. Le non-respect peut conduire à la sanction.

---

[556] Décret n° 2011-493 du 05 mai 2011 et l'art. 75-1 (220) du CMP français.

B. La sanction pour atteinte à l'environnement

Certes, le CMP ne prévoit aucune sanction au non-respect des spécifications environnementales, mais la loi portant sur la gestion de l'environnement précise que toutes les institutions publiques doivent se conformer à ces dispositions.

De ce fait, toute atteinte à l'environnement, quelle qu'en soit la forme, est sujette à sanction, sur le fondement de la loi portant gestion de l'environnement. Deux principes interviennent au niveau de la sanction et de la réparation : le principe pollueur-payeur et le principe de responsabilité.

Le principe pollueur-payeur impose de rendre compte en répondant de l'acte posé et ayant occasionné des dommages environnementaux. Le fil conducteur en est que l'auteur du dommage est responsable, mais pas fautif. Dans les différentes activités publiques, l'administration passe des contrats. Par exemple, l'exploitation minière (mine solide, pétrole, gaz) qui entraîne de sérieux dommages sur l'environnement. Le cocontractant est alors le pollueur qui doit payer. Il supporte par conséquent les frais relatifs à la prévention, à la réduction et à la lutte contre la pollution.

En outre, la *restitutio in integrum* ou remise en l'état du site pollué est supportée par le pollueur.

Le principe de responsabilité est même énoncé par l'article 9 de la loi relative à la gestion de l'environnement, qui dispose que toute action ou création de conditions propices à l'atteinte de l'environnement doit être stoppée et l'atteinte réparée. Les articles 6 et suivants établissent le régime de responsabilité. Sur ce point, jusqu'à 100 millions de FCFA d'amende sont imposables à celui qui, dans n'importe quel secteur, comme celui des marchés publics, pose un acte dommageable pour l'environnement, sans préjudice des peines d'emprisonnement prévues par le Code pénal.

Toutefois et dans toute activité, l'art 76 (2) de la même loi dispose que toute action de promotion de l'environnement bénéficie d'une déduction sur le bénéfice imposable conformément à la loi de finances. Les aspects sociaux intéressent également la commande publique.

CHAPITRE 2 :

LES ASPECTS SOCIAUX DANS LA COMMANDE PUBLIQUE

L'étude des marchés publics a un rapport avec les finances publiques. En effet, cette discipline s'intéresse notamment à la budgétisation des activités de l'État. Par la commande publique, l'État parvient à fonctionner et à assurer le service public. Les fournitures et diverses prestations ou encore les travaux publics servent à la réalisation des besoins d'intérêt général.

Un marché, pour être lancé, doit être budgétisé. Le volet financier conduit à l'instrumentalisation de la commande publique qui apparaît comme un outil de développement. C'est dans ce sens qu'une tendance consistant à permettre à l'initiative locale d'éclore prescrit la préférence nationale.

À travers ce paradigme, l'État privilégie les offres provenant de structures de nationalité camerounaise au détriment d'entreprises étrangères. En fait, la législation camerounaise ne prescrit que récemment la préférence nationale.

Au demeurant, la clause sociale est restrictivement l'intégration des catégories vulnérables et le respect de la législation sociale en droit camerounais.

Section 1 : L'intégration des catégories vulnérables

Par « catégories vulnérables », il faut entendre un ensemble de personnes vivant en société et étant défavorisées par la nature ou du fait de leur situation. La loi constitutionnelle de 1996 consacre le principe d'égalité tout en admettant les discriminations positives. Son préambule énonce la protection des autochtones, des minorités, et indique l'objectif constitutionnel qui est le droit au travail. Ces deux derniers paramètres constituent les aspects sociaux qui sont repris dans la commande publique en ce qui concerne les catégories vulnérables.

Paragraphe 1 : Consécration et niveau de garantie

A. La consécration

C'est en Occident que la clause sociale va être consacrée en premier. Elle va progressivement pénétrer l'ordonnancement juridique français au point de s'imposer dans la commande publique. Le changement a donc été progressif parce qu'au départ, seule la performance économique comptait, l'intérêt n'étant pas porté à la performance sociale, c'est-à-dire à la plus-value que les contrats publics apportent à la politique sociale. C'est une circulaire interministérielle du 29 décembre 1993 relative à la prise en compte de critères additionnels relatifs à l'emploi dans l'attribution des marchés publics qui va indiquer que le gouvernement, par les marchés, doit promouvoir, aux bénéfices pour les habitants, l'obtention d'emplois. Plus encore, les décrets n° 2001-2010 du 7 mars 2001 et n° 2004/15 du 7 janvier 2004 portant CMP disposent que :

Art. 14 : « les conditions d'exécution doivent viser *à promouvoir l'emploi de personnes rencontrant des difficultés particulières d'insertion, à lutter contre le chômage...* ».

Plus encore, la directive 2004/18/CE du parlement européen et du conseil du 31 mars 2004 autorise le recours à des considérations sociales dans les marchés publics.

Il faut voir en tous ces textes une consécration textuelle de la clause sociale. En fait, cette architecture normative est prescriptive de l'achat social, de sorte que l'action publique, à travers la commande publique, essaye de résoudre certains problèmes de société.

Relativement au Cameroun, les catégories vulnérables sont énoncées dans le texte constitutionnel. Du reste, il existe quelques textes sectoriels qui peuvent être interprétés comme incluant la clause sociale dans la commande publique au Cameroun.

S'agissant des catégories vulnérables, la législation encadrant la commande publique évoque d'abord la garantie des handicapés. Il s'agit de la loi n° 2010/002 du 13 avril 2010 portant promotion des personnes handicapées. Son article 5 dispose que la protection et la promotion de la personne handicapée constituent une obligation de solidarité nationale. Aussi l'État, les familles, les personnes physiques ou morales sont tenus de concrétiser cette obligation.

De plus, le code minier camerounais dispose que l'activité minière doit permettre le développement économique et social, ainsi que la lutte contre la pauvreté. Aussi, l'exploitation minière étant l'affaire des contrats, il est permis que des clauses dont l'objet est la résorption de la pauvreté des populations y soient insérées. Ceci indique que dans la prospection, l'exploration, l'exploitation, l'exportation et la commercialisation des produits miniers, les différents contrats doivent être passés à l'avantage des populations. D'ailleurs, la clause sociale est impérative.

B. Le niveau de garantie

Il s'avère que la clause sociale est effective dans le droit de la commande publique. Il est question de la retrouver dans la législation et de l'intégrer dans le contrat.

En effet, selon la logique perceptible en France, le contrat peut être dimensionné, mais surtout le contrat peut contenir des clauses sociales qui s'imposent même sans texte au cocontractant. Pour autant, le législateur français a admis que l'offre sociale ne doit pas être privilégiée par rapport à toute autre offre si les conditions d'ouverture du marché ne prescrivaient pas clairement le besoin de respecter certaines exigences sociales dans la commande publique. L'article 14 du CMP français dispose alors que « *les conditions d'exécution d'un marché ou d'un accord-cadre peuvent comporter des éléments à caractère social ou environnemental qui prennent en compte les objectifs de développement durable en conciliant développement économique, protection et mise en valeur de l'environnement et progrès social (...). Ces conditions d'exécution ne peuvent avoir d'effets discriminatoires* ».

Paragraphe 2 : La signification et les catégories

Au Cameroun, la clause sociale, qui par ailleurs est souple, provient de la législation du travail, les cocontractants sont tenus de faire des offres respectant cette exigence dans les marchés publics. De même, l'administration est tenue par l'obligation de l'insérer.

A. La signification

La clause sociale intervient dans un contexte où les États occidentaux décident de rompre légèrement avec le libéralisme et se veulent donc interventionnistes. Obligation est faite à l'Etat de prendre en charge ses populations. Ce règne du socialisme ne laissera pas indifférent le législateur qui, à travers le dispositif normatif, va permettre la prise en compte du développement de la société en faisant des contrats publics des portes d'entrée pour les chercheurs d'emplois (et permettre dès lors de diminuer le chômage). Ainsi, à travers cette clause, la politique dans la passation et dans l'exécution de la commande publique est de recourir à des cocontractants qui offrent des emplois et permettent dès lors de diminuer le chômage. Il est nécessaire d'indiquer dans l'ouverture des marchés les prestations attendues par le cocontractant, et surtout de demander que le prestataire recrute.

Les premiers bénéficiaires sont les jeunes, mais aussi toute personne sans emploi. C'est à ce titre que le décret n° 2001/210 du 7 mars 2001 (France) prescrit dans son article 14 que la clause sociale vise « *à promouvoir l'emploi des personnes rencontrant des difficultés particulières d'insertion (...)* ».

En dehors de l'insertion professionnelle, la clause sociale permet également la bonification de la compétence en imposant des offres de qualification professionnelle. C'est dans ce sens que le CMP français dispose en son article 30 que cette clause fait aussi référence « *à des marchés publics ayant pour objet des services de qualification et insertion professionnelle* ».

La donne est nouvelle parce que jusqu'alors, l'objectif exclusif de la commande publique était la performance, le développement économique. Il faut que les cocontractants deviennent les acteurs du développement social. Privilège est donné à l'insertion professionnelle conduisant les administrations à introduire dans les offres, l'exigence du recrutement et du tissu professionnel.

S'agissant du recrutement, les prestataires et autres personnes intéressées doivent offrir des emplois de sorte que par la clause sociale, le soumissionnaire participe à la création de l'emploi dans l'État.

Quant au tissu professionnel, il est requis de la part du soumissionnaire d'avoir un personnel suffisant en nombre et représentatif soit des couches sociales, soit des catégories qui peuvent être dégagées, ou encore eu égard à l'exigence du genre. Cette signification a produit la reformulation de la clause sociale en clause sociale d'insertion comme pour expressément dire sa signification.

B. Les catégories concernées

La clause sociale d'insertion a une vocation professionnelle parce que ses destinataires sont les chercheurs d'emplois.

En dehors de ces cas de figure, le législateur camerounais par la loi de 2010, relative à la protection et la promotion des personnes handicapées impose à son article 5, même aux personnes morales de droit privé d'associer les personnes handicapées à leurs activités. Ceci autorise l'administration à rechercher et à privilégier d'éventuels contrats qui promeuvent dans un quota acceptable l'insertion des handicapés. Plus rigide encore est l'autre pan de la clause sociale qui consiste en le respect de la législation sociale.

Section 2 : Le respect de la législation sociale

S'agissant de la législation sociale, la France ignore ce facteur dans la constitution de la clause sociale. Il n'est pris en compte que l'insertion sociale, c'est-à-dire l'entrée dans la profession.

La législation camerounaise accepte l'extension de la clause sociale à l'exemple des marchés publics et à leur exécution dans le respect du code de travail.

À la base, ceci est une obligation contractuelle comportant des composants liés à la situation professionnelle.

Paragraphe 1 : Une obligation contractuelle

A. Une disposition intérieure au contrat administratif

Le contrat de la commande publique est un contrat administratif. Cela signifie que, comme le contrat de droit privé, c'est la volonté des parties ou contrat qui doit régir leurs relations. Aussi, le droit du contrat ressort des clauses que les parties ont négociées et surtout acceptées. Cependant, il existe un ensemble de règles et principes qui intéressent le contrat sans émaner de la volonté des contractants. Ils émanent du règlement, de la loi ou même de la Constitution et s'imposent aux cocontractants même contre leur volonté.

Les contrats des marchés publics doivent désormais comporter au Cameroun, des clauses s'attachant au respect de la législation sociale[557]. Pour autant, un ensemble de textes s'appliquent également en la matière et semble contraindre les parties au contrat.

Le code des marchés publics en son article 57 dispose sur la législation sociale. « *Les conditions d'exécution des marchés publics doivent intégrer les considérations sociales, économiques et environnementales susceptibles de promouvoir la main-d'œuvre locale, le travail décent et le cas échéant, d'atteindre les objectifs de développement durable* ».

Le même article impose l'observation des clauses de travail, ce qui leur donne un caractère impératif.

B. Le caractère impératif du respect de la législation sociale

Prenant les textes en référence, il doit être dit que le respect de la clause sociale s'applique à la législation du travail. L'article 57 (1-b) du CMP impose : « *L'introduction dans le marché des clauses imposant le respect des normes du travail ratifiées par le Cameroun* ». Aussi, les soumissionnaires ne peuvent prendre cette prescription comme clause d'affichage, mais plutôt comme élément impératif dans l'exécution de la commande publique. À cet effet, le non-respect de cette clause sociale entraîne des conséquences juridiques qu'est la sanction par l'administration ou par le juge. Il faut citer l'article 14.1 du CCAG qui indique que l'entrepreneur est obligé de protéger la main-d'œuvre et de respecter le droit du travail. Et plus encore, l'art 182 du code des marchés publics dispose que « *le marché est résilié de plein droit par le maître d'ouvrage ou le maître d'ouvrage délégué dans l'un des cas suivants : (...) non-respect de la législation ou de la règlementation du travail* ».

---

[557] Art. 57(1-d) CMP.

Il est donc évident que le droit des marchés publics ne fait pas que suggérer le droit du travail. En fait, le non-respect de ce droit est considéré comme tellement grave, à tel point que l'administration peut résilier d'office sans mise en demeure, le contrat d'exécution du marché public.

Paragraphe 2 : Les composantes du respect de la législation sociale

A. Le respect du dispositif général

Le dispositif général concerne l'ensemble des règles applicables aux travailleurs du secteur de la commande publique, indépendamment de leurs catégories sociales ou de leurs spécificités en tant qu'employés. Les règles y relatives sont variées. Elles concernent le recrutement, le licenciement, le type de contrat, les droits et obligations professionnels... C'est ainsi que pour le type de contrat, le droit camerounais reconnaît le contrat à durée déterminée et le contrat à durée indéterminée. Seule cette typologie est admissible.

De plus, le contrat à durée déterminée qui n'a pas été résilié ou qui a été renouvelé plus de deux fois devient un contrat à durée indéterminée. Le salaire fait partie du dispositif. Il s'agit de rémunérer le personnel qui exécute le contrat selon la périodicité et les bases fixées par la règlementation. Ils doivent percevoir leur salaire qui doit être régulier et à un taux supérieur au SMIG.

Le recrutement se trouve aussi concerné, parce que, alors même que le cocontractant est en train d'exécuter un marché public, il peut être confronté à un manque des effectifs. Alors, il faudra recruter en respectant le principe d'égalité, sauf discrimination justifiée.

Le licenciement s'intègre dans ce cadre parce qu'il y a des règles à respecter. En effet, l'entreprise est tenue de justifier un licenciement, en respectant les formes et procédés légaux.

Concernant les obligations professionnelles, il revient à la structure bénéficiaire d'un contrat de la commande publique de respecter le temps de travail. De même, les congés sont à accorder et les agents ont en principe droit au repos hebdomadaire. Selon l'article 80 du Code du travail, « *le repos hebdomadaire est obligatoire. Il est au minimum de 24 heures consécutives par semaine. Il est pris, en principe, le dimanche et ne peut en aucun cas être remplacé par une indemnité compensatrice* ».

B. Le respect du dispositif particulier

Les textes régissant les marchés publics (art. 57) font état de certaines exigences relatives à la clause sociale qui sont :

- intégration dans le contrat de considérations sociales ;
- promotion de la main-d'œuvre locale ;

- travail décent ;
- respect des normes du travail ;
- clauses privilégiant l'approche Himo (haute intensité de main-d'œuvre).

En outre, la consécration de la préférence nationale (art. 106 CMP) et de marchés réservés aux PME nationales et aux organisations communautaires (art. 70 CMP) sont des matérialisations du CMP.

Il faut aussi se référer aux textes qui sont cités dans le cadre des marchés à l'exemple de la législation du travail qui doit être respectée.

À l'illustration, il y a encadrement du travail de nuit. Il est disposé aux articles 81 et 82 que le travail de nuit est celui effectué entre 10 h du soir et 6 h du matin. Ce travail est possible pour certaines catégories de personnes, mais est interdit pour les femmes et les enfants dans les industries. Ce qui fait que si le marché est exécuté par une entreprise, il est possible d'y proscrire pour ces catégories le travail de nuit, sauf si ce travail n'a pas un aspect manuel.

De même, la femme enceinte a le droit, étant en situation professionnelle dans une entreprise exécutant une commande publique, de rompre son contrat sans préavis. De plus, l'article 84.1 du Code du travail dispose que « *pendant cette période (de grossesse), l'employeur ne peut rompre le contrat de travail de l'intéressée du fait de la grossesse* ».

Par ailleurs, aucune structure exécutant une commande publique ne peut employer des enfants avant l'âge de 14 ans, sauf autorisation du ministre chargé du Travail.

Ces éléments sont à compléter par des obligations, tel le respect des règles d'hygiène, de santé et de sécurité du travail dans l'exécution de la commande publique.

Le droit de la commande publique au Cameroun qui émane des textes tels le code des marchés et une législation sectorielle est encore embryonnaire s'agissant des aspects environnementaux et sociaux. En fait, la commande publique est stratégique et si le prix est majeur, il est nécessaire d'utiliser la commande publique pour préserver les ressources naturelles et résorber le chômage, l'objectif étant la constitution d'une commande publique propre et socialement performante.

CINQUIÈME PARTIE :

LA FONCTION PUBLIQUE

L'administration publique dispose d'un personnel dont le régime d'assujettissement varie selon la nature de la personne morale concernée. C'est ainsi que les personnels qui sont rattachés à l'administration centrale et à ses démembrements (déconcentration) relèvent de la fonction publique. Un droit dit de la fonction publique de l'État régit ces personnels publics.

Le droit de la fonction publique englobe l'ensemble des prescriptions juridiques régissant les personnels qui, relevant de l'administration d'État voire des collectivités décentralisées, le cas échéant, y travaillent de manière permanente ou temporaire pour l'accomplissement des missions de service public.

La compréhension générale de ce droit amène à s'intéresser d'une part à l'historique et au cadre scientifique du droit de la fonction publique, et d'autre part à la situation de la fonction publique au Cameroun.

I. Historique et cadre scientifique du droit de la fonction publique

A. Historique de la fonction publique

La genèse de la fonction publique doit être présentée en France et au Cameroun. Pour le cas français, la fonction publique apparaît sous l'ancien régime avec des traits spécifiques dont l'une des marques était la propriété des charges d'agent public. Plus qu'une charge provisoire, la fonction était exercée toute la vie et on la transmettait à ses héritiers. Avec la Révolution, l'hérédité des charges est mise à mal. Ladite hérédité était battue en brèche par l'article 6 de la Déclaration des droits de l'homme et du citoyen. Cet article consacre le principe de l'égalité des citoyens. Par voie de conséquence, il n'est plus recevable d'admettre un droit naturel d'accéder à la fonction publique, tandis que d'autres en sont privés. C'est dans ce sens que s'opère la nomination des agents publics devant exercer leur charge.

Pendant un temps, l'élection comme mode d'accès aux charges publiques va être instituée. C'est ainsi que les administrateurs et les magistrats étaient élus. L'achat des charges va également être institué. Pour autant, la nomination et le concours vont très vite devenir les modes démocratiques d'accès à la fonction publique.

En fait, la règlementation se densifie sous la IVe République. L'un des problèmes qui se posent concernera l'accès aux emplois publics des ressortissants non nationaux de l'union française. La préoccupation était de les exclure de la fonction publique française qui était établie en France et dans les territoires extérieurs. La base de l'exclusion était la nationalité. Il a fallu qu'intervienne un arrêt du Conseil d'État, Ass. 18 mars 1955, Hamou Ben Brahim Mouhammed dit Paci, pour que le juge administratif français estime que la seule détention de la citoyenneté de l'Union française suffisait pour contourner l'obligation de nationalité française.

La grande réforme de la fonction publique française va intervenir avec l'ordonnance n° 45 du 09 octobre 1945, qui porte création d'une direction de la fonction publique et de l'ENA. Par la suite survient la loi du 19 octobre 1946, qui est le premier véritable statut général de la fonction publique de l'État (SGFPE). Enfin, en 1983, un nouveau statut est promulgué. Il est celui qui, en Hexagone, demeure en vigueur aujourd'hui.

Si au Cameroun c'est avec l'arrivée des puissances occidentales que la fonction publique est établie progressivement, en 1895, il est institué le premier règlement de traitement des manœuvres. À l'intérieur, figure le salaire minimum, un engagement pour une durée d'un an et surtout la consécration d'un droit à la nourriture pour ces manœuvres. Par la suite, il est promulgué en 1908 un arrêté organisant le portage. Avec l'arrivée des Français, des textes sont édictés et il est créé un statut : celui du fonctionnaire indigène.

Avec l'autonomie interne, il a été créé une véritable fonction publique camerounaise qui relevait entièrement d'autorités camerounaises et pour laquelle la détention de la nationalité camerounaise constituait l'une des conditions d'accès.

B. Le cadre scientifique du droit de la fonction publique

Pour l'appréhender, il faut s'intéresser à sa matérialisation qui est la fonction publique. Cette dernière s'incruste dans l'administration publique. La distinction est faite entre administration publique et administration privée par le critérium du droit administratif qui conjugue la finalité de service public et la prérogative de puissance publique.

Le principe est alors que, à la différence de l'administration privée, celle publique agissant dans le cadre de l'intérêt général bénéficie de pouvoirs exceptionnels. Cependant, la fonction publique n'est pas à confondre avec l'administration publique, parce que la seconde est générale et intègre toutes les personnes morales de droit public. Le droit de la fonction publique s'intègre dans le droit administratif. Ce droit s'intéresse aux moyens en service de l'administration, aux moyens en matériel de l'administration et à ses moyens en personnel. Lesdits moyens en personnel s'intègrent grandement dans la fonction publique.

Le Conseil d'État français a consacré la notion de fonction publique, en abandonnant en 1937 l'idée du « contrat de fonction publique », et en plaçant les fonctionnaires dans une situation de droit public dite « statutaire ». Le fonctionnaire relève du règlement et de la loi[558]. Seulement, la fonction

[558] CE, 22 octobre 1937, Demoiselle Minaire.

publique ne relève pas seulement des statuts. Il ne s'y trouve pas que des fonctionnaires, mais aussi des agents publics relevant du Code du travail. La logique conséquence en est la non-prise en compte du fonctionnaire dans la définition du droit de la fonction publique.

II. La situation de la fonction publique

Il s'agit de caractériser d'une part l'ensemble des règles régissant la fonction publique, et d'autre part, l'ensemble des corps de la fonction publique.

Il faut remarquer pour les caractériser :

- **La pluralité de sources**

Il existe plusieurs sources du droit de la fonction publique. Les unes sont extérieures à l'État alors que d'autres émanent de celui-ci. Il faut principalement s'intéresser à la Déclaration universelle des droits de l'homme qui consacre notamment le droit au travail, le droit à la protection, le droit à la rémunération, à la santé… D'autres textes existent et prescrivent l'accès du genre à la fonction publique, en proscrivant le travail des enfants. À l'intérieur de l'État, la source fondamentale du droit de la fonction publique est la Constitution. Elle consacre dans son préambule de nombreux droits applicables aux situations professionnelles. La dignité humaine et la liberté de conscience sont quelques énoncés du préambule de la Constitution s'agissant des situations professionnelles. Ce corpus octroie le pouvoir réglementaire au président de la République et au Premier ministre, le premier étant le chef de l'administration d'État, et le garant du bon fonctionnement des services publics.

Au demeurant, l'article 26 de la Constitution reste clair sur le statut des militaires, lequel relève de la loi. De nombreuses autres lois servent de sources au droit de la fonction publique. Il en est ainsi des lois de 1990 sur les libertés. Ces lois sont, avec les règlements et la jurisprudence, les sources essentielles de l'étude de la fonction publique. Les principaux textes à recenser sont : le décret n° 78/184 du 09 novembre 1978 fixant les dispositions communes applicables aux agents de l'État relevant du Code du travail, la loi n° 92/007 du 14 août 1992 portant code du travail, le décret n° 94/199 du 07 octobre 1994 portant statut général de la fonction publique de l'État, modifié et complété par le décret n° 2000/287 du 12 octobre 2000.

- **Les tendances des fonctions publiques sont nombreuses et divergentes**

Pour les rassembler, il faut d'abord avoir la difficile maîtrise des effectifs. Cela est constaté dans le grossissement du nombre d'agents publics. L'effectif n'est pas toujours connu, les besoins réels sont ignorés et la répartition territoriale des agents est mal effectuée. Une autre tendance est la dépendance de l'administration vis-à-vis du pouvoir politique. Elle s'illustre par le fait que ce sont les autorités publiques qui déterminent la politique de recrutement et la gestion des carrières des agents. Les supérieurs hiérarchiques tiennent leur pouvoir des autorités politiques. Il se crée une allégeance mettant l'administration au service du politique. La travaillisation du droit de la fonction publique est également perceptible. Elle laisse apparaître une application du Code du travail aux fonctionnaires. Le juge administratif français dans l'affaire CE Ass. 08 juin1973 Dame Peynet, a fait application de l'article 26 du Code du travail, d'après lequel aucun employeur ne peut licencier une salariée en état de grossesse. Cette affaire est l'un des indices jurisprudentiels de la travaillisation qui caractérise aussi la fonction publique. Ce mouvement est celui par lequel l'administration préfère de plus en plus recruter par voie de contrat plutôt que par décision, tout en penchant vers l'intégration des règles de droit privé en matière de fonction publique. La travaillisation et la contractualisation correspondent à une privatisation de la fonction publique.

Pour les autres caractéristiques, il faut ajouter la "fondamentalisation" qui consiste à ériger les droits des travailleurs publics en droits fondamentaux intégrés dans diverses conventions internationales. Également, la féminisation est une caractéristique actuelle dont la substance est de réserver un nombre de postes de responsabilité à la gent féminine, et de privilégier le genre en cas de qualification égale.

L'étude de la fonction publique amène à s'étendre en général et d'abord sur l'organisation de la fonction publique (titre I), pour ensuite s'édifier sur une fonction publique spécialise dite militaire (titre II).

TITRE I :

L'ORGANISATION DE LA FONCTION PUBLIQUE

CHAPITRE 1 :

LES ADMINISTRATIONS CONSTITUTIVES DE LA FONCTION PUBLIQUE

La question est celle d'établir les structures publiques regorgeant de personnels attachés à la fonction publique. À ce niveau, il faut distinguer l'ensemble des administrations publiques et à l'intérieur, déterminer le statut de leurs personnels. À cet égard, il est visible que la fonction publique n'est pas partout et qu'à la réalité, elle est fondamentalement le fait de l'administration d'État. C'est ainsi que de manière générale, il est nécessaire d'identifier les administrations sujettes à fonction publique. Par la suite, il reviendra d'établir de manière particulière l'étendue de la fonction publique au Cameroun.

Section 1 : Les administrations sujettes à fonction publique

Les lois camerounaises de juillet2017 sur les établissements publics et les entreprises publiques énumèrent un certain nombre de personnes morales qui, hormis l'État, s'intègrent dans le service public, tout en subissant une surveillance de l'État. Ce sont les établissements publics administratifs, les sociétés d'économie mixte, et les sociétés à capitaux publics… Il faut y ajouter l'État et les collectivités territoriales décentralisées.

À la vérité, si toutes les personnes morales de droit public, ainsi que les personnes morales de droit privé investies d'une mission de service public subissent plus ou moins l'empreinte du droit public, toutes n'ont pas des personnels relevant de la fonction publique. Il faut dès lors énumérer les administrations concernées et formuler une observation critique.

Paragraphe 1 : Leur énumération

Ces administrations sont principalement celles de l'exécutif, aux côtés d'autres administrations ayant un personnel au statut parfois équivoque.

A. L'administration de l'exécutif

Dans la séparation des pouvoirs, la théorie de Montesquieu postule que la puissance exécutrice est chargée de l'application des lois. La figure est alors de voir en l'exécutif un pouvoir de mise en œuvre, de matérialisation. De ce fait, les autorités qui en relèvent sont investies non du pouvoir de faire les lois, mais surtout de celui d'en garantir la mise en œuvre.

L'administration est souvent présentée comme le bras séculier de l'exécutif. Le pouvoir exécutif comporte deux corps : le gouvernement qui détermine la ligne de conduite et gère l'administration d'une part, et d'autre part, l'administration qui est mise à la disposition du gouvernement. Les fonctions de l'administration sont pour le gouvernement la préparation, l'information et l'exécution des décisions et politiques gouvernementales. Ainsi, l'administration est intimement liée au gouvernement ; c'est-à-dire rattachée au pouvoir exécutif.

L'assemblage de ces éléments amène à dire que la fonction de nomination du personnel de l'administration relève de l'exécutif. La vérification peut se faire dans les statuts de la fonction publique, car les agents dépendent des supérieurs hiérarchiques qui, en haut de l'échelle, sont toujours les autorités gouvernementales. En termes de répartition, la fonction publique s'étale dans l'ensemble des structures administratives greffées au pouvoir exécutif. En guise de représentation, il faut rechercher dans les services centraux et les représentations locales de l'Etat pour répertorier ces administrations à fonction publique. Dans ce sens, les services du Premier ministre, de la présidence de la République, des ministères… ont un personnel relevant de la fonction publique. Dans le même cadre, les services déconcentrés, qui sont ceux du gouverneur, du préfet et du sous-préfet, de même que les délégations des ministères, sont formés de personnels de la fonction publique. Les personnels de ces services centraux et déconcentrés forment ce qui est appelé fonction publique de l'Etat, parce qu'il s'agit de l'administration de l'État. Toutefois, la fonction publique n'est pas seulement à rattacher à l'administration du pouvoir exécutif.

B. Les autres administrations

La fonction publique est classiquement rattachée à l'administration de l'exécutif. Cette position tend à démettre l'existence de la fonction publique dans d'autres administrations publiques. De ce fait et remontant à la théorie de la séparation des pouvoirs, l'exécutif étant distinct des autres. Il devrait être constaté l'absence de fonction publique pour le pouvoir législatif et pour le pouvoir judiciaire.

Pour autant, le parlement qui incarne le pouvoir législatif comprend des agents. La question est de déterminer leur statut. Sur ce point, les personnels du parlement ne relèveraient pas de l'exécutif (ils sont encore appelés administrateurs parlementaires). La raison en est simple, le parlement n'est pas l'exécutif et l'indépendance de ses pouvoirs devrait conduire à l'indépendance des personnels du parlement vis-à-vis de l'exécutif. La spécificité du parlement est qu'il est un pouvoir qui par ce seul fait, ne peut dépendre d'un autre pouvoir. Toutefois, la mission de service public et le caractère fondamental de l'activité parlementaire induisent que son personnel soit partie intégrante d'une fonction publique qui se détacherait de celle de l'exécutif. C'est ainsi que son personnel bénéficie d'un régime particulier.

Au Cameroun, il faut dire que ces personnels sont régis par un texte différent de celui des autres fonctionnaires. Il en est de même en France. Ce texte évoquant une fonction publique parlementaire amène à admettre qu'elle existe bel et bien.

Pour la juridiction, le même raisonnement est applicable parce que cette dernière représente un pouvoir et devrait donc avoir un personnel différent de celui de l'exécutif et non soumis à la subordination hiérarchique vis-à-vis de l'administration active de l'exécutif. Pour autant, les personnels de la justice ont leurs statuts propres dits spéciaux, mais ils ne sont pas considérés comme relevant d'une fonction publique à part.

En outre, il existe pour les collectivités territoriales décentralisées, une fonction publique. Cette dernière ne relève pas de l'État. Pour s'en convaincre, les lois de 2004 fixant les règles applicables à la décentralisation annoncent ladite fonction publique. La raison qui sous-tend cette distinction est le principe de l'autonomie dans la décentralisation. Il postule que les collectivités territoriales décentralisées s'administrent elles-mêmes. Conséquences : budget propre, règle de police administrative propre, autorité ne relevant pas de l'administration centrale, mais de la population, personnel propre. À l'illustration, il existe en France une fonction publique territoriale depuis 1984. Ceci n'est pas encore le cas au Cameroun. Toujours en France, il est consacré une fonction publique hospitalière. Elle comporte les agents d'appui, les aides-soignants, les infirmières et les autres personnes ne relevant pas des corps des médecins. Le statut des hôpitaux fait apparaître qu'ils sont les établissements publics administratifs. Au Cameroun, le personnel médical dans sa totalité relève de la fonction publique de l'État.

Paragraphe 2 : Observations critiques sur la pluralité des fonctions publiques

A. La liaison théorique

Il faut avoir en idée que la fonction publique est chargée de l'administration. Quelle que soit l'administration concernée, elle intervient pour la préparation, la prise et l'exécution des décisions prises. Le parlement a bien une administration et il ne faut pas confondre cette administration aux parlementaires, parce que les élus nationaux représentent le pouvoir législatif. Ce qui n'est pas le cas des agents administratifs des parlements.

Pour autant, le régime de responsabilité pour les exemples camerounais et français convainc des convergences entre les administrations du législatif et de l'exécutif. À titre illustratif, il se voit en effet qu'en droit administratif, le dommage causé par un agent de l'une de ces administrations met toujours en jeu la responsabilité de l'État, conformément au principe de l'unité de la personnalité juridique.

B. Les liaisons matérielle et formelle

En dehors des perceptions doctrinales, d'autres facteurs tendent à corroborer l'unité des fonctions publiques. Pour illustrer, il faut prendre le contrepied du juge constitutionnel gabonais : décision n° 2/CC du 17 mars 1999 : « *L'existence d'une fonction publique parlementaire suppose que le personnel qui fait partie des chambres du parlement soit totalement indépendant de la fonction publique sur tous les plans, notamment en ce qui concerne l'avancement, la discipline et la retraite, et que tous ces aspects soient traités par des textes législatifs et réglementaires spéciaux distincts de ceux applicables aux agents de ladite fonction publique* ».

À la lecture de ces conclusions du juge, il apparaît qu'il est bien difficile d'accepter l'existence d'une fonction publique parlementaire totalement à part. Une réserve organique existe : elle est fondée sur le fait que la gestion des carrières et le traitement pécuniaire et administratif des fonctionnaires de l'administration parlementaire est partiellement, sous la maîtrise de la fonction publique « de l'exécutif ». En particulier, la rémunération est effectuée par le ministère chargé des Finances. De plus, le parlement dans son ensemble ne dispose pas de personnalité juridique autonome.

Une réserve matérielle fait entrevoir la présence de textes sectoriels communs régissant les droits fondamentaux des agents publics parlementaires et de l'exécutif, ou encore leur régime de pension (nous avons ici l'existence d'une fonction publique de l'État, et à l'intérieur, l'existence de corps spéciaux où l'on retrouve le corps spécial des fonctionnaires parlementaires). En France, il est expressément consacré trois fonctions publiques à partir de la loi de 1983. Cette loi comporte un titre premier qui traite des droits des fonctionnaires, un titre 2 relatif à la fonction publique de l'État, un titre 3 relatif à la fonction publique territoriale et un titre 4 qui traite de la fonction publique hospitalière.

Section 2 : L'étendue de la fonction publique au Cameroun

Au regard de ce qui précède, l'une des bases de notre système de fonction publique est l'unicité de la personnalité juridique employant les fonctionnaires, ce qui induit qu'il n'y a qu'une seule fonction publique au Cameroun, à l'heure actuelle. Dans ce sens, elle s'étend dans l'exécutif (paragraphe 1) et hors de l'exécutif (paragraphe 2).

Paragraphe 1 : La fonction publique dans l'exécutif

Comprendre et connaître la fonction publique amène à déterminer les administrations qui en bénéficient, pour confirmer qu'elle est le bras séculier de l'exécutif.

A. Les administrations centrales et déconcentrées

Le cadre législatif et réglementaire camerounais permet de voir se déployer les agents de la fonction publique dans les différentes administrations centrales et déconcentrées. Dans sa répartition, la fonction publique de l'exécutif contient les personnels des services de la présidence de la République que sont le secrétariat général, le cabinet civil, les MINDEF, CONSUPE, DGSN, DGRE, etc. Plus encore, elle comprend les personnels déployés dans les services du Premier ministre, et les différents ministères. De même, les administrations déconcentrées regorgent également et exclusivement des agents de la fonction publique.

Dans ce cas, dans les délégations régionales, départementales et d'arrondissement des ministères, les services du gouverneur, du préfet et du sous-préfet, nous avons essentiellement les agents de la fonction publique. En termes de gestion de ces personnels, deux ministères sont mis en avant : le ministère chargé de la Fonction publique et de la Réforme administrative, et le ministère chargé des Finances. Le premier intervient dans la politique de recrutement et dans la gestion des carrières, le second met en place la prise en charge financière des effets des actes administratifs qui concernent les agents publics.

B. Les administrations centralisées impliquées

Il s'agit des établissements publics et des collectivités territoriales décentralisées. Les établissements publics n'ont pas de fonction publique au Cameroun, à la différence de la France qui en a pour les hôpitaux. Il en va différemment des collectivités territoriales décentralisées qui sont supposées avoir une fonction publique locale. Celle-ci est constituée d'agents propres recrutés par la collectivité territoriale elle-même, et dont la gestion et les implications sont du ressort de ladite collectivité. Mais présentement, la fonction publique locale n'est pas encore mise en place, ce qui fait que la majorité du personnel des collectivités territoriales décentralisées relève de la fonction publique de l'Etat dans leur recrutement ou leur rémunération indirectement. Du reste, la fonction publique s'étend aussi hors de l'exécutif.

Paragraphe 2 : La fonction publique hors de l'exécutif

La représentation faite laisse entrevoir que c'est dans l'exécutif que se retrouve la fonction publique. Par ce seul fait, les corps d'agents déployés dans les structures parlementaires et dans les instances juridictionnelles ne relèveraient pas de la fonction publique. Il n'en est rien parce que le parlement (A) comporte une fonction publique et la juridiction (B) est constituée de fonctionnaires.

A. La fonction publique dans le parlement

La difficulté à admettre une fonction publique dans le parlement est que le parlement représente le contrepoids de l'exécutif et est fondamentalement un organe politique. Il est impératif que les représentants soient déliés de toute emprise de l'exécutif. Cependant, il ne faut pas confondre les parlementaires des agents administratifs du parlement. Aucun obstacle ne se pose véritablement à ce que le parlement comporte une fonction publique, mais alors, les solutions divergent. En France, il n'est pas explicitement fait cas d'une fonction publique parlementaire, mais plutôt une fonction publique spéciale d'agents administratifs parlementaires s'intégrant dans la fonction publique de l'État dans sa généralité

Au Gabon, il est admis une fonction publique parlementaire. Le législateur camerounais aborde la question de la même façon. Il est créé au Cameroun une fonction publique parlementaire depuis 1975, par arrêté du bureau n° 6 BAN-75 du 07 Juin 1975 portant statut général de la fonction publique de l'Assemblée nationale de la République unie du Cameroun et par l'arrêté du bureau n° 38/AB/AN/1989 fixant la condition, l'attribution et les règles de fonctionnement de la commission supérieure de la fonction publique de l'Assemblée nationale. Ces textes amènent à comprendre qu'il existe bien une fonction publique de l'Assemblée nationale au Cameroun. Ceci s'étend aussi au Sénat. Pour autant, est-ce une fonction publique à part ou alors s'intègre-t-elle dans la fonction publique de l'État ?

L'observation fait constater que sa création relève d'un texte distinct et aussi, le corps d'agents qui y est préposé est recruté suivant des modes particuliers. Le contrat pour quelques-uns, mais surtout l'entrée à l'école de formation des administrateurs parlementaires pour les autres. Il est à préciser que cette dernière catégorie se fait actuellement former à l'ENAM, ce qui peut être problématique, en ce sens que ces fonctionnaires du parlement sont formés dans une école de formation des fonctionnaires de l'exécutif. Toutefois, ils ne sont pas sous la dépendance des autorités de l'administration active.

Il n'empêche que ces agents effectuent un travail administratif ou que leur retraite se trouve gérée par la fonction publique d'État. Il est bien difficile d'y voir une fonction publique autonome, car il s'agit plutôt d'un corps de fonctionnaires spéciaux.

B. La juridiction

C'est le troisième pouvoir et comme tel, il suit la même logique que pour le parlement, à savoir une distinction organique, matérielle et fonctionnelle avec l'exécutif, et a fortiori, avec l'administration de l'exécutif. Dès lors, il est requis que la juridiction ait sa propre fonction publique. Il faut toujours distinguer les agents représentatifs du pouvoir judiciaire de ceux qui les accompagnent. À ce propos, le magistrat est celui qui incarne le pouvoir judiciaire et les corps administratifs sont davantage des auxiliaires. Ces corps administratifs sont pour l'essentiel composés du personnel des greffes. Pour ces derniers, il est bien possible qu'ils ne relèvent pas d'une fonction publique autonome.

Les magistrats doivent par contre relever d'une fonction publique autonome, au regard de la spécificité de leur fonction qui revient parfois à sanctionner l'administration active.

Pour autant, il est constaté que tous les ordres juridiques ont refusé d'accorder une existence propre à une fonction publique de la magistrature. Aussi, ils sont spécialisés, mais restent dans la fonction publique de l'État. C'est alors qu'ils grossissent l'effectif de l'ensemble des agents de la fonction publique.

CHAPITRE 2 :

LES AGENTS DE LA FONCTION PUBLIQUE

S'intéresser aux agents de la fonction publique amène à s'intéresser à l'ensemble des personnes qui travaillent dans la fonction publique. À ce propos, on constate une diversité de situations et de statuts. Ainsi, certains agents travaillent pour la fonction publique appartenir à la fonction publique. Ce sont des expatriés qui arborent le statut de collaborateurs occasionnels ou de coopérants. Ils relèvent de la fonction publique de leurs États d'origine et sont mis à la disposition ou détachés pour la fonction publique camerounaise dans un but de contribution technique, ou pour exercer des fonctions de contrôle pour une durée bien déterminée. Les agents de la fonction publique sont donc les personnels attachés par un lien juridique établi à la fonction publique de l'État, quelles que soient les différences statutaires et les corps d'appartenance.

Cela amène à dire que les agents administratifs des assemblées parlementaires, mais aussi de la juridiction sont des agents de la fonction publique. Les étudier tous impose d'abord de les identifier (section 1) et ensuite de procéder à leur répartition dans les différents corps de la fonction publique (section 2).

Section 1 : L'identification des agents de la fonction publique

Paragraphe 1 : Les fonctionnaires

La traduction de fonctionnaire en langue anglaise est « *civil servant* ». Deux conclusions sont à en tirer : d'abord, le fonctionnaire apparaît comme un civil (agent), ce qui amène à déterminer qu'il existe deux corps : civil et non civil ; la seconde catégorie n'étant pas considérée comme faite de fonctionnaires. En effet, il faudra considérer du point de vue historique que les guerres se menaient sous forme de campagne. La charge de militaire n'était pas permanente, alors que les agents civils exerçaient des fonctions continues. Le militaire agissant provisoirement était plus sous le statut de contractuel et non de fonctionnaire. Avec l'évolution, l'existence de l'armée est désormais permanente.

La seconde conclusion provenant de « servant » est de voir en le fonctionnaire un serviteur. Il est dès lors impératif d'explorer la notion de fonctionnaire (A), puis la situation juridique du fonctionnaire (B).

A. La notion de fonctionnaire

L'assemblage de la signification anglo-saxonne *civil servant* est que le fonctionnaire est le serviteur du public. En réalité, la fonction du fonctionnaire est de remplir une mission de service public.

En France, la définition du fonctionnaire est donnée par l'article 2 du statut général de la fonction publique de 1984. Au terme de cette disposition, sont fonctionnaires « *les personnes régies par les dispositions du titre 1er du statut général, qui ont été nommés dans un emploi permanent à temps complet et titularisé dans un grade de la hiérarchie des administrations de l'État, des autorités administratives indépendantes ou des établissements publics de l'État* ».

Au Cameroun et avant le statut général, le législateur dans l'article 131 du code pénal a eu à définir le fonctionnaire : « *Est considéré comme fonctionnaire suivant l'application de toute loi pénale, tout magistrat, tout officier public ou ministériel, tout préposé ou commis de l'État ou toute personne morale de droit public d'une société d'État ou d'économie mixte, d'un officier public ou ministériel, tout militaire des forces armées ou de gendarmerie, tout agent de la sécurité nationale ou de l'administration pénitentiaire et de toute personne chargée, même occasionnellement d'un service, d'une mission ou d'un mandat public, agissant dans l'exercice ou occasionnellement dans l'exercice de ses fonctions* ». Cette définition du fonctionnaire est des plus inexactes. Le personnel occasionnel qu'énonce le législateur, ne peut être fonctionnaire en ce sens que le lien permanent est inexistant. D'ailleurs, le législateur cite les officiers publics ou ministériels qui ne sont en rien des fonctionnaires au sens strict.

L'une des définitions qui excluent les différentes professions libérales et présente mieux le fonctionnaire est celle effectuée par l'article 3 du statut général de la fonction publique de l'État : « *est considéré comme fonctionnaire, toute personne qui occupe un poste de travail permanent, étant titularisé dans un cadre de la hiérarchie des administrations* ». Cette définition présente l'avantage de relever la permanence de la fonction, la subordination hiérarchique, et l'appartenance à l'administration. Les professeurs Lekene Donfack et Joseph Owona font de ces trois critères ceux décisifs dans la constitution de la situation du fonctionnaire.

Néanmoins, il existerait des fonctionnaires apparents dont le statut provient de la théorie des fonctionnaires de fait, telle que formulée dans la décision CFJ/AP, arrêt du 04 novembre 1965, Dame Kieffer Marguerite contre Etat du Cameroun. Cette jurisprudence indique qu'il est des personnes qui, du fait de leur apparence ou des circonstances deviennent des fonctionnaires de fait, en marge des dispositions statutaires. Il faut achever la question avec les chefs traditionnels qui sont dans une situation équivoque. L'interrogation est de savoir s'ils sont fonctionnaires, étant donné qu'ils sont rémunérés, travaillent de manière permanente avec l'administration étatique et sont sous la subordination des autorités du ministère de l'administration territoriale. En fait, les chefs traditionnels sont plutôt des auxiliaires de l'administration. Ils ne sont pas recrutés, notés, ne bénéficient pas d'avancement et ne sont ni licenciés, ni révoqués par l'administration. Ils doivent leurs charges à la désignation populaire et des us et coutumes de leur localité. Ce ne sont donc pas des fonctionnaires à part entière.

B. La situation juridique du fonctionnaire

Le fonctionnaire est un agent particulier. Il n'est pas le seul dans la fonction publique, mais il est l'agent naturel de la fonction publique. D'ailleurs, le plus grand nombre d'agents est fonctionnaire. Sa particularité vient également de sa situation singulière. En effet, le Conseil d'État français a indiqué que le fonctionnaire relève d'une double situation légale et réglementaire.

La signification en est que le fonctionnaire dépend du législateur et de l'exécutif. Les règles qui lui sont applicables sont émises par le parlement pour celles qui sont générales et par le pouvoir réglementaire pour les détails. Par voie de conséquence, le fonctionnaire ne participe pas de manière décisive à la constitution du corpus des règles auxquelles il est assujetti : le fonctionnaire subit lesdites règles. Sa liberté réside à les accepter ou les refuser, mais jamais à les négocier. Le conseil d'État l'a consacré dans l'arrêt CE. Section du 22 octobre 1993, Demoiselle Minaire.

Au Cameroun, le texte fondamental régissant les fonctionnaires est de nature réglementaire. Il s'agit du décret n° 94/199 du 07 octobre 1994 portant statut général de la fonction publique de l'État, modifié et complété par le décret n° 2000/287 du 12 Octobre 2000. D'autres textes viennent déroger ou compléter ce dernier tout en le précisant. Ce sont précisément les statuts spéciaux et particuliers.

La spécificité administrative de la situation de fonctionnaire est aussi le lien continu d'avec la fonction publique. Le fonctionnaire est réputé avoir choisi de faire sa carrière au sein de la fonction publique. Il y est voué pour toute la période durant laquelle il aura à exercer une activité professionnelle. Il est recruté dans la fonction publique, y progresse, se consacre à celle-ci et n'en sort, en principe, que lorsqu'il a atteint l'âge de départ à la retraite. La représentation est alors que le fonctionnaire fait un circuit fermé au sein de la fonction publique : on parle de fonction publique fermée ou de carrière. Cette situation diverge de celle des non fonctionnaires.

Paragraphe 2 : Les notions, situations et éléments consubstantiels au statut de fonctionnaire

Le fonctionnaire est dans un processus qu'il suit tout au long de carrière dans la fonction publique. Ainsi, après avoir été recruté et affecté dans un emploi, sa carrière se fait dynamique et est marquée par sa rémunération et ses conditions de travail, les avancements de grade ou d'échelon, la promotion dans un autre corps ou cadre d'emploi. L'appréhension de certaines de ces notions permettra d'envisager sereinement les articulations internes des positions dans la fonction publique. Il s'agit ici de cerner les notions liées à la qualité de fonctionnaire, avant d'envisager celles qui sont liées à l'administration même.

A. Les notions liées à la qualité de fonctionnaire

Dans le cadre du déroulement de la carrière du fonctionnaire, diverses notions sont liées à sa qualité. Il s'agit notamment de l'emploi, du grade, du corps et du cadre.

Le terme emploi s'entend, selon André de Laubadere, comme « *un poste budgétairement prévu et susceptible d'être occupé par un fonctionnaire* ». Alors, le poste de travail qui a remplacé la notion d'emploi dans le statut général est l'ensemble des tâches, attributions et responsabilités exigeant des connaissances et aptitudes spécifiques, et faisant l'objet de budgétisation. Au demeurant, et au regard de ces définitions, le constat est fait qu'il existe une différence entre grade et corps d'une part, et poste d'autre part. C'est la raison pour laquelle il est souvent très logiquement dit que ''*le poste appartient à l'État, et le grade à l'individu*''.

Le grade est attaché au fonctionnaire et à l'agent public relevant du code du travail. Le grade peut s'appréhender comme étant la position d'un agent public dans la hiérarchie de son cadre. Il comporte plusieurs classes et la classe contient des échelons. Il est généralement admis que l'agent public est le propriétaire de son grade.

La notion de « cadre » a pour sa part été longtemps mise en œuvre dans le droit de la fonction publique. En France, depuis l'ordonnance de 1959 portant statut général de la fonction publique, c'est le concept de corps qui prévaut. En effet, chaque corps de fonctionnaires connaît un aménagement interne qui varie suivant les caractéristiques particulières du service. Sa structure interne repose sur la notion de grade. Tout en définissant la position du fonctionnaire dans la hiérarchie de son cadre, le grade lui confère vocation à occuper un des postes de travail qui lui est réservé. Il est alors établi un rapport entre les grades et les postes de travail. En conséquence, dans un corps, le nombre de grades institués est en relation avec la différenciation et la hiérarchie des postes de travail, c'est-à-dire des tâches, quoiqu'il puisse être admis que certains corps ne comprennent qu'un seul grade.

Le grade est subdivisé en classes et en échelons. Les échelons correspondent à des écarts de rémunération et permettent de compléter l'avancement de grade par l'avancement d'échelon ou de classe. Il est généralement admis que l'entrée dans un corps s'effectue au premier échelon de la classe du début. Cependant, certains statuts particuliers dérogent à cette règle et recrutent à des grades, classes et échelons supérieurs. Les corps aussi sont organisés en catégories[559]. Les catégories correspondent à la nature des postes de travail, au genre et au degré de qualification exigés des agents. De manière hiérarchique, le statut général de la fonction publique fait état de quatre catégories dans un ordre décroissant (A, B, C, D). Ainsi, chaque catégorie suit un classement délimité par un indice minimal et maximal. Les traitements sont fixés en fonction des indices à partir d'un traitement de base correspondant à l'indice 100.

Enfin, le corps n'est le propre que des fonctionnaires, et selon l'article 5 du statut général, il est composé par l'ensemble des fonctionnaires exerçant une fonction spécifique dans un secteur d'activité déterminé, et régi par les mêmes dispositions réglementaires.

B. Le poste de travail

Pour le poste de travail, il ressort que les recrutements dans la fonction publique se font désormais en fonction des postes de travail disponibles, programmés par le ministre de la Fonction publique, ceci à la demande des ministres utilisateurs, et en fonction des dotations budgétaires y afférentes.

À l'égard de l'administration, le fonctionnaire est dans une position légale et réglementaire. Il occupe un poste de travail permanent dans un cadre. Aussi, le cadre renvoie à la notion de grade qui évoque le système où se fait la carrière, alors que le poste de travail renvoie à une tâche particulière pour laquelle l'agent est recruté. Dans cette logique, c'est le poste de travail qui détermine le grade. Il y a alors le poste de travail de l'administrateur civil, de médecin… Ainsi, le poste de travail pourrait favoriser la mobilité professionnelle, le changement de poste de travail étant subordonné au changement de qualification professionnelle. À l'évidence, la notion de poste de travail constitue désormais l'ossature de la fonction publique camerounaise. Le poste de travail permet également d'assainir la gestion des personnels et d'accroitre l'efficacité de l'administration. En définitive, la notion de poste de travail aura fait passer la fonction publique camerounaise d'une fonction publique de carrière à une fonction publique d'emploi.

[559] Cf. Art. 9 statut général de la fonction publique.

Paragraphe 3 : Les personnels non fonctionnaires

A. Les agents non fonctionnaires

Si les fonctionnaires sont les agents publics naturels de l'État, il est constaté que de plus en plus et en termes numériques, il y a un essor des personnels non fonctionnaires. En fait, ces derniers ne répondent pas aux mêmes exigences de recrutement que le fonctionnaire. D'ailleurs, ils sont dans la généralité désignés comme étant des contractuels d'administration. En réalité, il existe quatre (4) catégories d'agents publics non fonctionnaires actif au sein de la fonction publique de l'État. Ce sont :

- **les agents temporaires de l'État.**

Ils sont recrutés pour une durée égale ou inférieure à trois (03) mois sur la base d'un contrat à partir duquel une prestation particulière est attendue de leur part ;

- **les agents occasionnels de l'État.**

Les agents occasionnels sont de nationalité camerounaise et leurs contrats ont une durée égale ou inférieure à quinze (15) jours. Leur recrutement correspond à des situations d'urgence, de nécessité ou de tension dans lesquelles l'administration doit parer au plus pressé.

- **Les agents saisonniers de l'État.**

Ils sont recrutés par voie contractuelle. Leur contrat est d'une durée inférieure ou égale à six (06) mois. Leur période de travail correspond à un moment singulier et en général, leur vocation est d'intervenir pour des tâches manuelles.

Ainsi, il existe diverses situations contractuelles dans la fonction publique. Mais, la désignation des agents contractuels d'administration ne concerne « stricto sensu » que les agents devant y travailler et qui sont recrutés pour une période supérieure à six (06) mois.

Il s'en dégage deux types de contractuels d'administration : ceux qui ont des contrats à durée déterminée. Leur contrat est marqué par une certaine précarité parce qu'ils excèdent rarement deux ans ; ceux ayant des contrats à durée indéterminée. La stabilité de ceux-ci s'apparente à celle des fonctionnaires. Au final, l'ensemble des agents non fonctionnaires est dans une position non particulière.

B. La particularité de leur position juridique

Elle provient d'abord des textes qui sont différents de ceux régissant les fonctionnaires. Ce sont principalement la loi n° 92/007 du 14 août 1992 portant code du travail ; le décret n° 78/484 du 09 novembre 1978 fixant les dispositions communes applicables aux agents de l'État relevant du code du travail, modifié par le décret n° 82/100 du 03 mars 1982 ; et enfin le décret n° 93/577 du 15 juillet 1993 fixant les conditions d'emploi des travailleurs temporaires, occasionnels ou saisonniers.

Il y a ensuite la différence statutaire. Alors que le fonctionnaire est dans une situation réglementaire et statutaire, le contractuel d'administration est dans une situation contractuelle, ce qui laisse apparaître une possibilité de modulation des termes du contrat.

Au Cameroun, ce contrat est exclusivement de droit privé[560]. La différence finale est que l'ensemble des contractuels constituent la fonction publique ouverte. En fait, ils y sont recrutés souvent pour un laps de temps, puis ils se séparent de l'administration. Ils n'ont pas vocation à faire carrière dans l'administration publique. Étant de passage, ils se retrouvent non dans la fonction publique fermée ou de carrière, mais dans la fonction publique ouverte.

Section 2 : La répartition des agents publics

Sans qu'il soit nécessaire de s'attarder sur leur déploiement dans les différentes structures employant les fonctionnaires et les contractuels, il est plus impératif de pénétrer ces différents personnels pour faire état d'abord d'une répartition horizontale, mais aussi d'une répartition verticale.

Paragraphe 1 : La répartition par corps ou répartition horizontale

A. Les corps ordinaires de fonctionnaires

La notion de corps est précisément et exclusivement rattachée aux fonctions des fonctionnaires. Elle peut être remplacée par la notion de cadre ou de cadre d'emploi. Elle signifie l'ensemble des fonctions dont la vocation est de remplir la même mission et qui sont assujetties aux mêmes règles juridiques. Il est vrai qu'il peut exister des cadres dans les corps, ce qui amène à identifier les différentes taches dans un corps. Mais dans sa généralité, le cadre correspond très souvent au corps. Il existe donc des groupes d'agents qui sont liés par leur mission, par les règles qui leur sont applicables et par leur formation : ils constituent des corps. Il faut dire, pour ce point qu'il y a de nombreux corps. En France, on dénombre pas moins de 300 corps pour la fonction publique de l'État.

Au Cameroun, la création d'un corps relève de l'appréciation du président de la République. C'est une question d'opportunité et non de régularité. Ces corps des fonctionnaires relèvent du statut général de la fonction publique.

[560] CS/CA, jugement n° 57 du 28 avril 1983, YEYAP NJOYA contre État du Cameroun.

L'opportunité de la création de ces corps s'accompagne néanmoins de l'opportunité de la dérogation de certains corps au statut général.

B. Les corps de fonctionnaires dotés de statuts spéciaux ou autonomes

Ces différents corps de la fonction publique sont sous un régime dérogatoire. La preuve en est que certains droits et obligations reconnus à l'ensemble des fonctionnaires ne sont pas imposés aux agents relevant des statuts spéciaux ou autonomes. Du point de vue des critères de reconnaissance de ces corps, il faut citer :

- la dépendance à un statut spécial ;
- des droits en moins ou en plus (exemple : droit de grève) ;
- un traitement pécuniaire supérieur (parce que la fonction est spéciale).

Le droit camerounais consacre de nombreux corps spéciaux et autonomes de par leurs statuts dérogatoires. On y retrouve :

- le statut (autonome) des agents administratifs du parlement ;
- le statut spécial des fonctionnaires de la sûreté nationale ;
- le statut spécial des forces armées ;
- le statut spécial des greffes ;
- le statut spécial de la magistrature ;
- le statut spécial de l'administration pénitentiaire ;
- le statut spécial des personnels de l'enseignement supérieur.

Toutefois, et au-delà de ce que les fonctionnaires sont classés en corps, il faut signaler que l'organisation de la fonction publique est tributaire d'une hiérarchisation des agents publics, qu'ils soient fonctionnaires ou qu'ils relèvent du code du travail.

Paragraphe 2 : La répartition hiérarchique ou verticale

À ce niveau, il est nécessaire de présenter les règles postulant une hiérarchie des fonctions et donc entre les catégories dont relèvent les agents publics.

A. Les indicateurs de la hiérarchie

On parle de hiérarchie quand les personnels d'un corps ou des groupes d'agents se retrouvent superposés. Sur ce point, la fonction publique est organisée suivant le principe hiérarchique dont la substance est de voir que les qualifications, les grades ou l'ancienneté révèlent une hiérarchisation des fonctions. En effet, toutes les fonctions ne s'équivalent pas. Chaque fonction correspond à une qualification particulière et permet de classer les plus qualifiés responsabilisés. Les moins qualifiés mis sous l'autorité des premiers. Les indicateurs de catégorie sont les échelons, les grades et les classes.

Dans la fonction publique, il existe quatre catégories :

- la catégorie A qui est la plus élevée correspond aux fonctions de conception, de direction et de contrôle. Elle est confiée aux fonctionnaires admis dans les corps de la fonction publique avec au moins un diplôme de licence. Par dérogation, des agents n'ayant pas ce diplôme peuvent y accéder par le biais de l'ancienneté et des promotions internes comme les concours professionnels.
- La catégorie B est celle des agents fonctionnaires confinés aux fonctions de préparation, d'élaboration et d'application. Ceux-ci sont recrutés sur la base des diplômes de fin de cycle secondaire (baccalauréat, GCE Advanced Level...) ;
- la catégorie C est réservée aux fonctionnaires chargés de l'exécution spécialisée. Le niveau de recrutement est le Brevet d'études du premier cycle ou tout diplôme équivalent ;
- la catégorie D est celle des fonctionnaires chargés de l'exécution courante. Leur diplôme de recrutement est le Certificat d'études primaires et leur carrière évolue très peu.

Chez les agents de l'État relevant du code du travail, il existe des catégories qui sont au nombre de douze. De la 1^{ère}à la 6eme, on est en présence des catégories d'exécution. Les agents de ces catégories sont dits décisionnaires, ils peuvent même être recrutés par les gouverneurs et préfets. De la 7eme à la 12eme catégorie, se trouvent les cadres dont le diplôme de recrutement le plus bas est le baccalauréat. Ils sont dits contractuels d'administration.

Les échelons et les classes sont aussi les indicateurs de hiérarchie. Ils permettent au sein d'une même catégorie de déterminer le grade, et au sein d'un même grade d'indiquer la supériorité.

B. Les grades et emplois

L'affectation à un emploi doit correspondre au grade de l'agent public. Il est irrégulier d'affecter un agent à un emploi inférieur à sa qualification de recrutement. De même, le surclassement qui est le fait d'élever un agent à un grade (à ne pas confondre avec le poste ou la fonction) au-dessus de sa qualification est répréhensible. Il faut dire que le grade est donc une garantie de l'emploi. Non que la possession d'un grade donne la certitude d'avoir une vie permanente dans la fonction publique, mais plutôt que la possession d'un grade assure une équivalence, c'est-à-dire une occupation professionnelle, un emploi répondant au niveau du recrutement de l'agent.

Sur ce point, certaines divergences apparaissent, le précepte étant que l'emploi (poste) appartient à l'administration et le grade appartient à l'agent[561]. Ce schéma est des plus équivoques, puisqu'il laisse sous-entendre que le grade ne suffit pas parce que l'occupation d'un poste relève de l'appréciation discrétionnaire de l'administration. Pour s'en détacher, le statut de la magistrature dispose en son article 9 : « *Aucun magistrat ne peut être titulaire d'un emploi soit de chef de direction, soit de chef de parquet lui conférant un pouvoir de contrôle ou de direction sur un magistrat hiérarchiquement supérieur (...)* ».

[561] CE, 05 mars 1954, Nicoli.

CHAPITRE 3 :

L'ACCES A LA FONCTION PUBLIQUE

Les interrogations qui font l'objet de réflexion quant à l'accès à la fonction publique sont : comment accéder à la fonction publique ? Quelles sont les personnes qui peuvent faire acte de candidature ? Quelles en sont les règles et modalités ? Quelles en sont les contraintes ? Il est une évidence que l'accès à la fonction publique prône l'égalité de tous, qu'en est-il réellement dans le contexte camerounais ?

En fait, l'administration camerounaise est constituée d'un personnel divers ayant la dénomination d'agent public. Il est alors question d'identifier le recrutement, eu égard à la nature de l'agent public, selon qu'il est fonctionnaire ou non (section 1), et ensuite les conditions ou les règles qui régissent l'accès de ces derniers à la fonction publique (section 2).

Section 1 : Le recrutement selon la nature de l'agent public

Les modalités de recrutement des agents publics varient selon la nature de l'agent public concerné. Il en est de même pour les actes portant recrutement de ces derniers.

Paragraphe 1 : Le recrutement des agents publics non fonctionnaires

La qualification est requise, car malgré la non-permanence et la précarité de leur statut, ils doivent toujours avoir une qualification, même manuelle. On peut s'intéresser ici aux temporaires, saisonniers, occasionnels et aux travailleurs de l'État qui font partie de la catégorie des agents publics non titulaires.

- **Les temporaires, les occasionnels et les saisonniers**

Bien qu'ils soient soumis au régime de droit privé, ils sont recrutés par décision (ou note de service et communiqué) par les administrations publiques. Au Cameroun, ils sont régis par le décret n° 93/577/PM du 15 juillet 1993 fixant les conditions d'emploi des travailleurs temporaires occasionnels ou saisonniers.

- **Les travailleurs de l'État**

À l'heure actuelle, ils sont régis par le décret n° 78/484 du 09 novembre 1978 fixant les dispositions communes applicables aux agents de l'État relevant du code du travail. Comme les précédents, ils sont recrutés par décision pour les décisionnaires et par contrat pour les contractuels. S'agissant des contractuels, l'article 2 dudit décret dispose : *« Est défini comme contrat de travail, tout accord de préférence écrit, contrat, décision ou tout autre acte administratif en tenant lieu, conclu entre l'administration et une personne, et par lequel celle-ci s'engage à mettre son activité professionnelle au service de l'administration moyennant rémunération »*.

Leur accès à la fonction publique n'a pour objet que l'exécution des tâches d'une haute technicité requérant des diplômes ou titres ne pouvant être classés dans l'une des catégories définies par le SGFPE.

Paragraphe 2 : Le recrutement des agents publics titulaires ou fonctionnaires

Ces derniers bénéficient de la permanence de l'emploi et ne peuvent en principe quitter leur poste de travail que par la volonté administrative (licenciement, affectation, la retraite…), soit par leur volonté personnelle (la démission).

Selon l'article 3 (1) du SGFPE, est considérée comme fonctionnaire, toute personne qui occupe un poste de travail permanent et est titulaire dans un cadre de la hiérarchie des administrations de l'État. Le fonctionnaire est recruté sur concours et il doit passer un stage probatoire avant la titularisation.

Section 2 : Les règles et modalités liées à l'accès

Elles sont nombreuses. Toutefois, seules les règles relatives à l'âge, à la nationalité et à la morale feront l'objet de développements dans cette partie.

Paragraphe 1 : Les exigences liées au recrutement

A. La contrainte de l'âge et de la nationalité

Elle est une condition sine qua non pour l'accès à un service public à caractère administratif. De manière générale, le fonctionnaire doit avoir au minimum 17 ans et au maximum 35 ans. L'agent de l'État relevant du code du travail doit avoir au moins 14 ans et au plus 40 ans. Cette condition varie donc suivant que l'agent public est fonctionnaire ou contractuel, et pour les fonctionnaires selon les corps.

Pour la nationalité, seule celle camerounaise est exigée. En outre, le fait d'être naturalisé n'est pas un obstacle au recrutement dans la fonction publique camerounaise. Le juge administratif, dans le jugement n° 07/CS/CA du 27 octobre 1994, dame Ndongo née Mbonzi Ngombo a répondu par l'affirmative en affirmant que les Camerounais ayant acquis cette nationalité par mariage sont en droit de se prévaloir d'un recrutement comme fonctionnaire.

B. Les règles liées à la morale dans le service public

Elles font état de ce que le service public exige une bonne moralité. Alors, la jouissance des droits civiques est nécessaire. D'ailleurs, l'exigence d'un certificat médical est toujours un impératif, tout comme le casier judicaire aux fins de vérifier le passé pénal du candidat au recrutement.

Certes, le respect des règles est important pour accéder à un service public, mais il faut encore connaître les modalités de ces recrutements.

Paragraphe 2 : Les modalités liées à l'accès

A. Les principales modalités de recrutement

Au rang de ces modalités, on a l'accès par voie de concours, par voie contractuelle et par voie de titres.

1. Par voie de concours

Il est le mode de recrutement par excellence. Toutefois, il est diversifié, car il existe des concours directs qui sont ouverts aux candidats non fonctionnaires remplissant les conditions uniformes fixées par le statut général et qui sont titulaires des titres requis[562], et les concours spéciaux, ouverts aux agents de l'État relevant du code du travail. C'est ainsi que les conditions requises des candidats à un concours spécial sont les mêmes que celles imposées et exigées aux candidats des concours directs de même niveau, à l'exception de celles relatives à l'âge. On retrouve aussi les concours professionnels qui, sans concernés le recrutement, permettent les promotions internes dans un même corps.

2. Par voie contractuelle

Il concerne seulement les contractuels d'administration bien qu'ayant un statut de droit privé. Par conséquent, en cas de litige social, la compétence est celle du juge de droit commun. Cette situation a été consacrée par le juge camerounais dans l'affaire sieur Messina Eboue Félix c/ État du Cameroun (ministre du Transport, des Mines, des Postes et Télécommunications de la République fédérale en date du 30 juillet 1962).

---

[562] OWONA (J), *Droit de la fonction publique camerounaise*, l'Harmattan, 2011, p. 101.

3. Par voie de titre

Elle se fait parmi les candidats titulaires du diplôme de sortie d'une école de formation préparant aux emplois du corps postulé, et éventuellement parmi les candidats titulaires de diplômes universitaires ou de titres équivalents, si les diplômes et titres présentés sanctionnent une formation dans le cadre concerné[563]. Ce mode de recrutement est par exemple la voie la plus utilisée dans le service public de l'enseignement supérieur.

B. Les modes exceptionnels de recrutement

Ce sont les modes de recrutement ou d'accès à la fonction publique les moins utilisés. Ils ne sont utilisés qu'exceptionnellement, sans que cela puisse faire l'objet de contestations.

1. La nomination

Elle est l'œuvre de l'autorité administrative qui agit unilatéralement et se distingue de la nomination discrétionnaire. C'est, comme le dit le professeur Joseph Owona, un acte unilatéral d'investiture de l'autorité administrative compétente recrutant un agent public sans le titulariser.

2. La cooptation

Elle est combinée avec le procédé du concours de recrutement lequel, à vrai dire, lui enlève son caractère propre (jury de concours constitué par des agents du corps intéressé). La doctrine camerounaise l'assimile à de la cooptation qui réside dans la désignation par les fonctionnaires en place, du fonctionnaire de demain. Cette technique n'est pas utilisée au Cameroun.

3. Le tour extérieur

Il est souvent combiné au principe du recrutement sur concours, et s'exerce sur un nombre d'emplois déterminé en fonction de celui des emplois ouverts. C'est le cas en France où ce recrutement est effectué par un comité de sélection par inscription de candidats sur une liste d'aptitude.

C. L'accès des personnes vivant avec un handicap

On peut faire une constatation que l'accès à un emploi public concerne les hommes valides. En partant d'une définition, la personne handicapée est une personne physique qui souffre soit d'une incapacité physique, soit d'une incapacité mentale qui l'empêche de jouir pleinement de ses moyens. En principe, si l'on s'en tient aux conditions d'accès à la fonction publique, l'impétrant n'y a pas droit s'il ne remplit pas les conditions d'aptitude physique exigées pour l'emploi concerné[564]. De même, il est clair que la

[563] SALIFOU SYLLA « *Le déroulement de la carrière des fonctionnaires* » in « *la carrière des fonctionnaires* », Encyclopédie Juridique d'Afrique, tome 8, p. 428
[564] Article 13 (1) du SGFPE.

personne physique qui n'est plus un candidat, et étant déjà agent, peut se voir licencié pour inaptitude physique.

Toutefois, l'inaptitude physique n'est pas un obstacle dirimant, puisque des recrutements particuliers peuvent être effectués, après avis du conseil supérieur de la fonction publique, lorsque la situation du postulant n'est pas une condition déterminante pour l'accès à la fonction publique. Cette disposition prend en compte la situation du handicap physique. Par conséquent, le handicap mental est d'office écarté.

CHAPITRE 4 :

LES DROITS DES AGENTS PUBLICS CAMEROUNAIS

L'État d'une manière générale, et l'administration de manière singulière, sont des réalités incarnées. Elles ne prennent véritablement vie qu'à travers les hommes qui les incarnent au quotidien. Ainsi, le bon fonctionnement de leurs services et la qualité des rapports entre l'administration et les administrés dépendent de la compétence et de la rectitude de ceux qui y travaillent. Apparemment homogène, le personnel de l'État est en réalité hétéroclite, car constitué d'un ensemble diversifié « d'agents publics ». Entendu comme *la totalité du personnel de l'administration qui participe à l'exécution du service public,* les agents publics sont communément les fonctionnaires et les agents relevant du code du travail.

L'administration possède certes d'importantes prérogatives qui s'imposent aux personnels qu'elle emploie. Mais ces prérogatives, dans l'optique de protéger les agents publics, trouvent leurs limites dans les droits et garanties qui sont reconnus auxdits agents par voie législative et réglementaire. C'est dire que la toute-puissance de l'administration diminue face aux droits de ses agents. Ces droits viennent ainsi atténuer les contraintes qui pèsent sur eux. Il convient de dire que les droits des agents publics peuvent varier en fonction de la situation économique et politique d'un pays ; ils peuvent donc être revus à la hausse ou à la baisse, selon les cas. Il sera présenté d'une part les droits pécuniaires et avantages matériels (section I) et d'autre part, leurs libertés publiques (section II).

Section 1 : Les droits de nature pécuniaire et les avantages matériels

Les droits attribués aux agents publics de l'État varient suivant la fonction et le corps. On doit rappeler que « *les droits sont ici des prérogatives reconnues à tout individu dans son intérêt et qui lui permettent d'exiger à un autre, une prestation ou de jouir en cas de violation, invoquer la protection des pouvoirs publics* ». Ainsi, nous présenterons tour à tour les droits pécuniaires et les différents avantages matériels.

Paragraphe 1 : Les droits pécuniaires des agents publics

L'agent public qui est le fonctionnaire ou celui relevant du code du travail possède des droits régis, pour le premier, par le statut général de la fonction publique ou un statut spécial, et pour l'autre, par le code du travail. Ces droits sont de plusieurs ordres. Dans ce cadre, nous avons le droit à la rémunération et les différentes prestations sociales.

A. La rémunération

Tout agent public est rémunéré en fonction du service effectué. C'est ce que prescrit le statut général de la fonction publique, qui indique que tout fonctionnaire a droit, après service fait, à une rémunération. Celle-ci implique entre autres le versement d'un traitement indiciaire, et éventuellement des primes et indemnités diverses.

Le traitement indiciaire se fait par la dotation des points d'indices et ce par le biais des avancements qui en assurent sa régularité et sa fréquence. Ce traitement est généré au mois, sauf en ce qui concerne les agents recrutés à l'heure et à la tâche.

L'agent peut prétendre à certaines indemnités, qui constituent un appoint au traitement. Elles peuvent revêtir la forme d'une prime de technicité, prime d'entretien du véhicule, sujétion de responsabilité et entre autres l'indemnité de déplacement (en cas de déplacement temporaire ou définitif, suivant les dispositions réglementaires). L'agent public peut donc prétendre, lorsqu'il se déplace, à la prise en charge de son transport par l'administration, et ceci peut s'étendre au transport de sa famille et de ses bagages (cas du fonctionnaire qui, affecté à une mission diplomatique s'y déplace aux fins de prendre service). Au cas où l'agent assure lui-même ces différents frais, l'administration est tenue de les lui rembourser.

B. Les prestations sociales

Nous avons les prestations familiales composées essentiellement des allocations de naissance, des allocations familiales et une indemnité journalière de maternité versée aux femmes qui en sont éligibles.

On doit également citer la pension qui est *« une allocation pécuniaire reconnue à un agent public sous forme de pension retraite ou vieillesse de son vivant, ou à sa mort sous forme de pension de réversion ou de survivant à ses ayants-droits ».*

Nous avons donc : la pension retraite ou pension vieillesse. L'admission à la retraite marque la fin de la carrière de l'agent et lui donne normalement droit à pension payée selon les dispositions réglementaires prévues à cet effet.

De plus, nous avons la pension de réversion ou de survivant. C'est un droit reconnu à un fonctionnaire ou à tout agent de l'État et par conséquent, à ses ayants-droits, lorsque celui-ci décède. Il est tributaire des différentes retenues pour pension effectuées sur son salaire. Nous avons également la pension d'invalidité qui est allouée au fonctionnaire en cas d'invalidité imputable au service ou à un acte de dévouement accompli dans un intérêt public. Enfin, on a aussi la pension d'ancienneté.

Paragraphe 2 : Les avantages matériels

On y retrouve notamment le droit au logement et le droit aux prestations funéraires.

A. Le droit au logement

Le logement est fourni à l'agent de l'État par l'administration et dans les cas et aux conditions prévues par les dispositions légales et réglementaires en vigueur. C'est ainsi que tout fonctionnaire a droit au logement, substitué par une indemnité de non logement lorsque l'administration est dans l'incapacité d'y pourvoir[565].

B. Le droit aux prestations funéraires

En cas de décès de l'agent public, l'administration fournit le cercueil à la famille du défunt. Dans certains cas, elle attribue un moyen de transport à défaut des frais qu'elle verse à la famille de l'agent concerné. Au regard de l'article 141 du décret portant statut spécial des fonctionnaires de la sûreté nationale, le transport de la dépouille mortelle au lieu de l'inhumation de même que le transport de la famille et de la dépouille mortelle du lieu d'affectation vers le lieu de résidence habituelle sont à la charge de l'administration.

Section 2 : Les droits résultant de leur appartenance à la fonction publique

Ils sont de plusieurs ordres, au rang desquels : le droit à l'existence d'un dossier professionnel, le droit à la protection, le droit à une formation permanente, le droit aux congés, le droit à la santé, de même que le droit à la participation et le droit à l'avancement.

A. Le droit à l'existence d'un dossier professionnel

L'article 23 du SGFPE dispose que le fonctionnaire a droit à l'existence d'un dossier professionnel personnel tenu par l'administration. Il doit contenir les pièces codifiées, saisies et archivées sans discontinuité, et qui sont relatives à sa situation administrative, ainsi qu'au déroulement de sa carrière.

---

565 Pour les fonctionnaires de police, l'art. 13 du décret n° 2001/065 du 12 mars 2001 portant statut spécial du corps des fonctionnaires de la sûreté nationale.

Le fonctionnaire jouit donc du droit d'accès à son dossier et peut en cas de besoin, exiger de l'administration certaines modifications. Celles-ci sont sans frais à la charge de ce dernier et l'administration se doit de procéder, si possible, à la modification. En cas de contestation, la charge de la preuve incombe à l'administration auprès de laquelle est exercé le droit d'accès, sauf lorsqu'il est établi que les informations contestées ont été communiquées par le concerné ou avec son accord.

B. Le droit à la protection

Les agents publics sont de façon directe ou indirecte en relation avec les usagers et les réactions de ceux-ci engendrent presque toujours des conflits. De plus, ces agents sont régulièrement sous la pression de l'administration. C'est fort de ce constat que le droit les protège à l'égard des administrés et à l'encontre de l'administration.

La protection des fonctionnaires vis-à-vis des administrés se fait au regard de l'article 25 SGFP, qui énonce que l'État est tenu d'assurer à son agent la protection contre les menaces graves, violences, voies de fait dont il peut être l'objet lorsqu'il exerce ses fonctions. Cette protection se situe sur le plan pénal à travers la réprimande de l'outrage au président de la République, aux forces armées, aux cours et tribunaux, etc.[566] Il en va de même des déclarations mensongères et de trouble dans le service. En outre, sur le plan de la responsabilité, la substitution d'office de la responsabilité de l'administration à celle de son agent le protège contre les pressions des victimes des actes dommageables. Cependant, l'administration peut se retourner contre son agent et réclamer les sommes versées à la victime : c'est l'action récursoire. Par ailleurs, une action disciplinaire reste toujours possible. Face à l'administration, le fonctionnaire est donc quelque peu protégé contre l'arbitraire et les abus de celle-ci.

C. Le droit à une formation permanente

Ce droit vise l'amélioration de la situation personnelle de l'agent public, ses performances, ainsi que son rendement. Le décret n° 2000/697/PM du 13 septembre 2000 fixe le régime de la formation permanente des fonctionnaires. Ce même décret s'applique aux agents de l'État relevant du code du travail, ceci dans l'optique d'harmoniser les situations dans la fonction publique. L'agent public doit de ce fait bénéficier tous les cinq ans d'au moins une session de formation (article 2).

La formation s'effectue sous forme de stage constaté par arrêté du ministre chargé de la Fonction publique ; ou séminaire constaté par le ministre utilisateur. Elle peut être financée par l'administration selon qu'elle s'effectue au Cameroun ou à l'étranger. Impérativement, tout séminaire ou stage

---

[566] Article 153 du code pénal.

susceptible d'interférer sur le temps du travail doit être autorisé par l'administration.

La prise en charge de l'agent public admis en stage à l'étranger comprend : les frais de scolarité, une indemnité d'équipement, une indemnité de logement, les frais de transport des effets et l'assurance. L'État lui attribue à la fin de chaque année académique un titre de transport aller et retour pour ses congés au Cameroun. À l'issue du stage, l'agent public est tenu de soumettre un rapport au ministre de la Fonction publique.

D. Le droit aux congés

Le travailleur de l'Etat (agent relevant du code du travail) acquiert droit aux congés à raison d'un jour et demi ouvrable par mois de service effectif. Au regard de l'article 24 (1) du décret n° 78/484 du 9 novembre 1978 fixant les dispositions communes applicables aux agents de l'État relevant du code du travail, les travailleurs bénéficient d'un congé annuel dont la durée est augmentée de deux jours ouvrables par période entière continue ou non de cinq ans dans les services de l'administration. La majoration s'accentue en ce qui concerne les mères salariées.

S'agissant des fonctionnaires, l'article 33 du SGFPE lui reconnaît des congés administratifs des congés de maladie accordés au fonctionnaire atteint d'une maladie dûment constatée par un médecin e mettant dans l'impossibilité temporaire d'exercer ses fonctions et des congés de maternité accordés au fonctionnaire de sexe féminin à l'occasion d'une naissance. Parce que considéré comme étant en activité, l'agent public en congés est rémunéré dans la totalité des éléments constituant son traitement durant cette période.

E. Le droit à la santé

Les modalités d'exercice du droit à la santé du fonctionnaire sont fixées par le décret n° 2000/692/PM du 13 septembre 2000. Ce droit est accordé au fonctionnaire en activité et en retraite (cas de l'évacuation sanitaire), et comprend un double aspect préventif et curatif. La prévention vise à assurer aux fonctionnaires un cadre de travail sain dans le but de prévenir les accidents et maladies liés à l'activité professionnelle. L'État est donc tenu d'assurer la protection du fonctionnaire contre les accidents et maladies professionnelles[567]. En outre, l'Etat participe en tant que de besoin aux frais occasionnés par les soins dans les cas d'accident ou de maladie non imputables au service pour le fonctionnaire, son conjoint et ses enfants légitimes sous certaines conditions. Dans ce cas, l'État participe en hauteur de 60 %. L'aspect curatif vise donc la prise en charge de l'agent.

---

[567] Article 31(2) décret n° 2000/692.

Il en est de même pour le travailleur de l'État. En cas de maladie de ce dernier, de son conjoint ou de ses enfants, l'employeur est tenu sous certaines conditions, de leur fournir des soins, des médicaments ainsi que les accessoires[568]. En fait, un service médical doit être mis sur pied dans toutes les entreprises, son rôle étant de surveiller les conditions d'hygiène du travail, les risques de contagion et la santé du travailleur. « *En cas de maladies professionnelles ou d'accident de travail, l'administration prend en charge les frais médicaux, chirurgicaux pharmaceutiques, funéraires et transport des dépouilles mortelles ainsi qu'éventuellement l'hospitalisation dans une formation hospitalière jusqu'à guérison...* »[569].

F. Le droit à la participation

Les fonctionnaires participent par l'intermédiaire des représentants élus et siégeant dans des organes consultatifs, à l'élaboration des règles statutaires relatives à leur carrière, ou au fonctionnement des services publics. Ils participent également et autant que possible, à la définition et à la gestion de l'action sociale, culturelle, sportive et des loisirs dont ils bénéficient ou qu'ils organisent[570]. On distingue sur cette base, les structures de participation internes à la fonction publique : le conseil supérieur de la fonction publique, les commissions administratives paritaires et le conseil permanent de discipline de la fonction publique. La participation est également effectuée à travers les structures externes à la fonction publique, notamment les syndicats[571].

G. Le droit à l'avancement

Le recrutement à la fonction publique camerounaise place l'agent dans une situation de constante mobilité. Il a ainsi droit à l'avancement. Il s'effectue tous les deux ans en termes d'indices ou d'échelon. L'avancement tient compte de l'ancienneté de l'agent et de sa bonne manière de servir. Cependant, tout travailleur relevant du code du travail qui ne donne pas satisfaction dans sa manière de servir peut voir son avancement retardé. Toutefois, au bout de quatre ans, son avancement à l'échelon supérieur est de droit[572]. Chaque administration est donc tenue de prévoir, systématiquement, une dotation budgétaire suffisante pour la prise en charge des avancements de ses agents.

---

[568] Article 101 du code du travail.
[569] Article 11 al. 2 du décret n° 78/484 du 9 novembre 1978 portant dispositions communes applicables aux agents de l'État relevant du code du travail.
[570] Article 34 du SGFPE.
[571] Cf. décret n° 2000/694/PM du 13 septembre 2000 fixant les modalités d'exercice du droit à la participation du fonctionnaire.
[572] Article 18 al. 4 du décret n° 78/484 du 9 novembre 1978.

Section 3 : Les libertés des agents publics

Les agents publics jouissent par principe, comme tout citoyen, de l'ensemble des libertés individuelles ou collectives. Leur exercice reste soumis à des aménagements qui résultent des exigences de l'intérêt général.

Paragraphe 1 : Les libertés individuelles

Ces libertés qui sont reconnues aux citoyens par les lois sont également étendues aux fonctionnaires. Cependant, ces libertés subissent des aménagements si les exigences du service l'imposent. Elles sont nombreuses, à l'exemple de la liberté d'expression, mais les développements vont s'appesantir sur la liberté d'expression et le recours au juge.

A. La liberté d'opinion

La liberté d'opinion veut dire la liberté d'opter pour les idées de son choix. Avec pour corollaire la liberté d'expression, qui est l'expression de la perception que l'on se fait de son environnement. Elle se traduit par la prohibition de toute discrimination faite à un agent public en raison de son opinion politique, syndicale religieuse ou philosophique. Aucune mention faisant état de ses opinions ne pourrait figurer dans son dossier. Toutefois, quelques limitations de cette jouissance pleine sont posées, excluant certaines catégories de fonctionnaires. D'après l'article 7 du statut général des militaires, *« les opinions ou croyances philosophiques, religieuses ou politiques sont libres. Elles ne peuvent cependant être exprimées qu'en dehors du service avec la réserve de l'état militaire ».*

B. Le droit au recours juridictionnel

L'agent public, quel qu'il soit, peut saisir le juge lorsqu'il estime qu'une mesure prise à son encontre est illégale, pour en demander l'annulation. Pour que le recours soit donc recevable, il faut que la mesure porte atteinte aux droits qu'il tient des textes, aux prérogatives que comporte sa fonction ou que cette mesure amoindrisse ses responsabilités.

Paragraphe 2 : Les libertés collectives

On peut particulièrement s'intéresser à la liberté syndicale et au droit de grève.

A. La liberté syndicale

Un syndicat peut être perçu comme une association à but non lucratif, regroupant des membres d'un ou de plusieurs corps socioprofessionnels apparentés, en vue de la défense des intérêts professionnels. Ce droit, à l'origine rattaché à l'entreprise privée, s'est introduit progressivement dans la fonction publique. L'exercice du droit syndical est garanti aux travailleurs dans le cadre des lois et règlements en vigueur. Le syndicat a donc pour mission *l'étude, la défense, le développement et la protection de leurs intérêts notamment économiques, industriels, commerciaux et agricoles, ainsi que le progrès social, économique, culturel et moral de leurs membres*[573]. Cependant, les syndicats ne doivent pas soutenir des actions à caractère politique, et les titulaires du mandat syndical restent soumis à l'obligation d'obéissance hiérarchique et à leur droit de réserve.

B. Le droit de grève

Le droit de grève est une cessation concertée et collective du travail en vue de défendre des intérêts professionnels. Les agents publics doivent exercer ce droit dans les conditions fixées par les lois en vigueur. Ce droit doit néanmoins être concilié avec le principe de continuité du service public. En cas de grève licite, l'agent public concerné ne peut être sanctionné par ce seul fait, à condition qu'il s'agisse véritablement d'une grève professionnelle. L'exercice irrégulier de ce droit peut donner lieu à des sanctions disciplinaires.

D'autre part, des dispositions particulières sont venues limiter ou exclure du bénéfice du droit de grève, certaines catégories de fonctionnaires, dont ceux qui exercent des fonctions pour lesquelles la grève mettrait gravement à mal les impératifs d'intérêt général. La grève est ainsi explicitement interdite aux fonctionnaires de la sûreté nationale camerounaise.

---

[573] Article 3 du code du travail.

CHAPITRE 5 :

DEVOIRS ET DISCIPLINE DES AGENTS PUBLICS

En vue de l'accomplissement efficace de sa mission de service public, l'administration s'est dotée de plusieurs moyens dont ceux humains. Ainsi, les personnes travaillant de manière permanente pour le compte de l'État jouissent d'un certain nombre d'avantages liés à leur statut. En contrepartie, les agents publics deviennent des « *citoyens spéciaux* », pour reprendre l'expression du doyen Hauriou, car soumis à des obligations qui ne sont point celles des autres citoyens. En d'autres termes, l'exercice permanent des fonctions d'agents publics est conditionné par des devoirs bien précis dont toute violation entraînerait une sanction disciplinaire.

Selon le lexique des termes juridiques, le devoir renvoie à une obligation qui pèse sur une personne. L'obligation quant à elle est un mot polysémique. Au plan juridique, c'est un lien de droit entre deux ou plusieurs personnes en vertu duquel l'une des parties, le créancier, peut contraindre l'autre, le débiteur, à exécuter une prestation. La définition de l'obligation en droit de la fonction publique a une particularité. Le débiteur ici n'est pas un individu, mais l'ensemble des agents publics de l'État, qui sont des personnes privées. Et le créancier ici c'est l'État, qui est une personne morale de droit public. La discipline des agents publics est en quelque sorte un code de conduite édicté à leur endroit.

La discipline est, selon Serge Salon, « *l'ensemble des règles contraignantes que doivent respecter, dans l'intérêt commun, les membres d'une institution* ». Force est donc de constater que tout manquement à ces règles entraînerait automatiquement une procédure sur le plan disciplinaire. L'intérêt ici est tout aussi simple, car la procédure disciplinaire, qui conduit à sanctionner les manquements aux obligations découlant de la règlementation en vigueur, tend à sauvegarder l'ordre intérieur de la fonction publique et donc, son bon fonctionnement. Pour cela, il est opportun d'examiner le contenu des obligations incombant aux agents publics (section 1), avant de s'attarder sur le régime disciplinaire institué à cet effet (section 2). Enfin, les agents publics, et particulièrement les fonctionnaires, sont également soumis aux règles pénales dont il faut en restituer le contenu (section 3).

Section 1 : Les obligations imposées aux agents publics

Les agents publics sont soumis à plusieurs obligations, quel que soit le lien qui les rattache à l'administration. Ainsi, qu'ils soient fonctionnaires ou sous l'emprise du code du travail, ils sont astreints aux obligations administratives d'une part et aux obligations de morale professionnelle d'autre part.

Paragraphe 1 : Les obligations administratives des agents publics

Par obligations administratives, on entend les sujétions inhérentes à l'organisation et à l'activité administrative. Il s'agit de l'obligation de servir et de se consacrer au service, de l'obligation de désintéressement et de l'obligation d'obéissance hiérarchique.

A. L'obligation de servir et de se consacrer au service

D'après l'article 36 du statut général de la fonction publique, *« le fonctionnaire est tenu d'assurer personnellement le service public à lui confié et de s'y consacrer en toutes circonstances avec diligence, probité, respect de la chose publique et sens de responsabilité »*. Cette obligation emporte plusieurs contraintes. D'abord, l'agent est tenu d'accomplir personnellement les taches qui lui sont confiées. Toutefois, il peut déléguer ses fonctions si un texte l'y autorise. En cas d'empêchement, l'autorité hiérarchique peut désigner un intérimaire pour le remplacer pendant son absence. Au demeurant, une quelconque sous-traitance des charges ne saurait être organisée.

Ensuite, l'agent public doit être de manière continue, permanente et assidue au service de l'administration, dans la tranche horaire légale. Cette position doit être assimilée au cas où bien que n'étant pas physiquement présent à son lieu de travail, l'agent effectue une mission relative à son poste de travail et sur réquisition de la hiérarchie.

Enfin, l'agent doit se consacrer de manière exclusive au service, tout en y éloignant ses intérêts personnels, c'est-à-dire qu'il doit consacrer toute son activité à sa fonction. C'est la raison pour laquelle on peut noter le prolongement de cette prescription dans l'obligation de désintéressement.

B. L'obligation de désintéressement

Cette obligation consiste en une interdiction faite aux agents publics d'avoir des intérêts dans une entreprise privée même par personne interposée, de nature à compromettre ou à restreindre leur indépendance[574]. D'une manière directe, cette prescription vise à garantir la disponibilité totale de

[574]*Art. 38 Statut général de la fonction publique.*

l'agent public vis-à-vis de l'Administration qu'il est appelé à servir au quotidien.

Cependant, l'interdiction de l'exercice de toute autre activité n'est pas absolue, dans la mesure où elle ne s'applique pas à un type d'activités jugées compatibles avec l'exercice de la fonction et de ce fait, insusceptibles de compromettre l'indépendance de l'agent. Pour cela, sur la base du décret n° 2000/691/PM du 13 septembre 2000 fixant les modalités d'exercice des activités privées lucratives par les fonctionnaires, le fonctionnaire qui veut exercer une activité lucrative non interdite est tenu d'en faire la déclaration au ministre utilisateur ou au responsable de l'organisme de détachement suivant le cas. Certaines activités sont exemptes de cette obligation de déclaration. Il s'agit de manière restrictive de celles relatives à la production rurale, à la production des œuvres scientifiques, littéraires ou artistiques, et aux enseignements donnés à titre complémentaire ou vacataire. L'objet de cette proscription est d'éviter toute collusion entre les agents de l'État et les personnes et activités extérieures à l'administration.

C. L'obligation d'obéissance hiérarchique

L'obligation d'obéissance hiérarchique est fondée sur la discipline et la cohésion dans la prise des décisions et le fonctionnement des services de la fonction publique. L'élément fondamental de cette obligation est la responsabilité évoquée à l'article 39 du statut de 1994. L'agent exerce son travail dans un cadre juridique déterminé. Tout acte posé dans les limites légales de ce cadre s'effectue sous sa responsabilité au premier chef. Sur le plan hiérarchique, les instructions et directives qu'il reçoit de ses supérieurs hiérarchiques doivent être circonscrites dans le cadre de la mission qui lui incombe et il est tenu de s'y soumettre.

L'agent est tenu d'obéir aux ordres individuels ou généraux donnés par ses supérieurs hiérarchiques dans le cadre des lois et règlements en vigueur pour l'exercice du service public. Par contre, il est délié de cette obligation *« si l'ordre est manifestement illégal et si l'exécution de l'ordre porterait atteinte soit à l'ordre public, soit au fonctionnement du service »*[575]. Dans ce cas, le refus d'obéir devient pour lui un devoir.

Paragraphe 2 : Les obligations de morale professionnelle

Du point de vue professionnel, le droit de la fonction publique impose aux agents publics l'obligation de réserve et l'obligation de discrétion et de secret professionnel.

[575] CE, 10 septembre 1944, arrêt Langneur.

A. L'obligation de réserve

L'obligation de réserve consiste, selon l'article 40 du SGFP de 1994, pour le fonctionnaire, à s'abstenir d'exprimer publiquement ses opinions politiques, religieuses, philosophiques, ou de servir en fonction de celles-ci. Elle impose aux agents d'observer une certaine retenue dans l'extériorisation de leurs opinions.

S'agissant de sa substance, l'obligation de réserve n'est pas définie in abstracto, mais appréciée dans chaque cas particulier. Cela traduit donc la difficulté que pose la qualification d'un comportement au regard de cette obligation. Elle s'impose dès l'entrée à la fonction publique au fonctionnaire stagiaire. Elle est liée à la liberté d'opinion et s'impose de la même manière aux agents de l'État relevant du Code du travail dès leur recrutement.

Comme tous les citoyens, les agents publics jouissent de la liberté d'opinion. Mais la mission d'intérêt général dont ils sont investis requiert une discipline qui transcende les idéologies personnelles.

Elle s'impose aux agents publics non seulement en activité, c'est-à-dire dans l'exercice de leurs fonctions, mais aussi au fonctionnaire sous le coup d'une suspension, détaché, mis en disponibilité ou en retraite. L'agent y est soumis même en dehors du service.

B. L'obligation de discrétion et de secret professionnel

Tout agent public est lié par l'obligation de discrétion professionnelle pour tout ce qui concerne les faits et informations dont il a connaissance dans l'exercice de ses fonctions. Il lui est formellement interdit de soustraire ou de détourner toute pièce ou document de service, qui ne saurait être communiqué ou reproduit que pour des raisons de service et dans les formes prescrites par les textes. Cette obligation s'impose également aux agents publics en retraite.

Dans cette conception, la discrétion professionnelle trouve son prolongement dans le secret professionnel. À la seule différence que ce dernier ne protège que les intérêts matériels et moraux des personnes privées dont les agents publics ont connaissance dans l'exercice de leurs fonctions. Tandis que la discrétion professionnelle vise à protéger l'intérêt du service et donc l'intérêt général. Le secret professionnel quant à lui protège les intérêts privés des usagers.

Les obligations imposées aux agents publics constituent des prescriptions juridiques que l'on peut faire respecter par la contrainte. Cela se justifie par le fait qu'il n'y a pas d'obligation juridique sans sanction organisée autour d'un régime disciplinaire bien déterminé.

Section 2 : Le régime disciplinaire des agents publics

Le pouvoir disciplinaire renvoie au pouvoir qui appartient aux chefs hiérarchiques d'infliger des sanctions disciplinaires aux agents publics ayant commis des fautes dans l'exercice de leurs fonctions. On note alors une interdépendance entre la faute et la sanction conditionnant ainsi la mise en œuvre de toute procédure disciplinaire.

Paragraphe 1 : La corrélation entre la faute et la sanction disciplinaire

L'application d'une sanction est conditionnée par l'existence préalable d'une faute. La règlementation a prévu une gamme variée de sanctions disciplinaires dont l'application est intimement liée au préalable manquement professionnel.

A. Le préalable manquement professionnel

Toute procédure disciplinaire engagée contre un agent public est conditionnée par l'établissement préalable d'une faute. Cependant, le statut général de la fonction publique fait une nette distinction entre la faute professionnelle et la faute extra-professionnelle. L'article 93 du SGFP de 1994 dispose à cet effet que la faute professionnelle est un manquement par action, inaction ou négligence aux devoirs et obligations auxquels est assujetti le fonctionnaire. Suivant les dispositions du même article 93, la faute extra professionnelle résulte d'un manquement, d'une attitude ou d'un comportement qui met en cause l'éthique et la déontologie professionnelles ou est de nature à porter atteinte à la moralité ou à l'honorabilité de la fonction publique. Au regard de ces précisions, la faute couvre les attitudes de l'agent aussi bien en dehors du service que dans l'exercice ou à l'occasion de l'exercice de ses fonctions.

La détermination des différentes fautes commises par les agents publics doit se faire par référence à leurs obligations. Ainsi, peuvent être constitutifs de fautes, l'abandon de poste et l'absence irrégulière, le manquement ou refus d'obéissance hiérarchique[576]. Les expressions outrancières d'opinions politiques et les critiques injurieuses et matériellement inexactes contre l'administration sont aussi sanctionnées[577]. Les irrégularités de gestion ou malversations commises contre une personne morale de droit public, la négligence comme celle d'un gardien de prison ayant entraîné l'évasion d'un détenu sont aussi condamnées[578]. La liste des exemples ayant entraîné l'application des différentes sanctions n'est pas exhaustive. Le législateur

[576] C.C.A arrêt du 27 septembre 1958, MVONDO Josué c/ État du Cameroun.
[577] CS/CA, jugement du 29 septembre 1983 ATEBA Victor c/ État du Cameroun.
[578] C.S/CA, jugement du 27 décembre 1990 ETCHOUA MONKAMA c/ État du Cameroun.

s'est contenté de déterminer les différents comportements des agents publics susceptibles de constituer des fautes, sans toutefois les faire correspondre de manière directe aux différentes sanctions instituées à cet effet.

B. Les différentes sanctions disciplinaires

Il s'agit ici de faire l'inventaire des différentes sanctions disciplinaires susceptibles d'être infligées aux agents publics. Elles sont réparties suivant leur gravité et en fonction des incidences sur la carrière du mis en cause. Ainsi, parmi les sanctions du premier groupe, on distingue l'avertissement écrit et le blâme avec inscription au dossier. Ces sanctions sont souvent qualifiées de mineures, car elles ont généralement pour vocation le rappel à l'ordre. Elles produisent beaucoup plus des effets d'influence sur l'agent et le futur de sa carrière.

Ensuite, on a les sanctions du deuxième groupe qui portent sur le retard à l'avancement pour une durée d'un an et l'abaissement d'un ou de deux échelons au plus. Elles ont une incidence sur le traitement de l'agent. Elles sont souvent qualifiées de moyennes.

Aussi, les sanctions du troisième groupe quant à elles consistent à l'abaissement de classe, l'abaissement de grade, l'exclusion temporaire du service pour une durée n'excédant pas six mois. Dans ce dernier cas, l'agent perd son droit au traitement et ne préserve que le bénéfice des prestations familiales. Ces sanctions ont un impact à la fois financier, moral et social.

Enfin, la sanction la plus grave est la révocation pour ce qui est des fonctionnaires et le licenciement pour les travailleurs de l'État. Cette sanction marque la rupture du lien unissant l'agent public à l'État.

La motivation de toute sanction disciplinaire est d'ordre public, sous peine de nullité absolue. En droit de la fonction publique, une même faute ne peut être sanctionnée plus d'une fois. Toutefois, il faut noter ici que la répression disciplinaire est distincte de la répression pénale. Cela traduit tout simplement que l'agent sous le coup d'une sanction disciplinaire peut, indépendamment de celle-ci, être poursuivi devant les juridictions pénales et même des comptes.

Le législateur a clairement défini ces différentes sanctions, pour réprimer les comportements fautifs des agents publics. Toutefois, il existe une ligne de conduite bien définie permettant la mise en œuvre de la procédure disciplinaire.

Paragraphe 2 : La mise en œuvre de la procédure disciplinaire

La procédure disciplinaire ne peut être mise en œuvre que par des autorités investies du pouvoir disciplinaire et selon une procédure particulière dominée par la volonté d'assurer les droits de la défense, dont la méconnaissance conduit aux voies de recours.

A. Les autorités investies du pouvoir disciplinaire

Le pouvoir disciplinaire appartient à l'autorité investie du pouvoir de nomination ou au supérieur hiérarchique. Ce dernier dispose des sanctions du premier groupe. La délégation du pouvoir de nomination emporte celle du pouvoir disciplinaire. Les autorités investies du pouvoir disciplinaire jouissent du pouvoir discrétionnaire dans le choix des sanctions à infliger aux agents fautifs. Mais, la proportionnalité entre la faute commise et la sanction à prononcer doit être respectée, d'où l'obligation de motivation des sanctions prises.

Plusieurs autorités interviennent dans la mise en œuvre du pouvoir disciplinaire, en fonction du degré ou de la gravité de la sanction à prononcer contre l'agent. On distingue d'une part les autorités relevant de l'administration centrale et celles de l'administration déconcentrée d'autre part.

Le pouvoir disciplinaire des autorités relevant de l'administration centrale est très étendu en ce sens qu'elles peuvent prononcer toutes les sanctions, sauf la révocation qui est de la compétence exclusive du président de la République, de Premier ministre et du ministre en charge de la Fonction publique selon les cas. Ainsi, les ministres utilisateurs et des secrétaires d'État peuvent infliger les sanctions des premier, deuxième et troisième groupes. Les secrétaires généraux des ministères et les directeurs d'administration centrale sont habilités à ne prononcer que les sanctions du premier degré.

Par contre, les autorités relevant de l'administration déconcentrée ont un pouvoir de sanction confiné, car leur compétence n'est exercée que pour des sanctions mineures. Ainsi, les préfets, les sous-préfets, les chefs de district, les délégués régionaux ou les chefs de service régionaux ne peuvent infliger que des sanctions du premier groupe. Seuls les gouverneurs de région ont la possibilité d'infliger les sanctions du deuxième groupe en plus de celles du premier groupe.

Malgré la diversité d'autorités investies du pouvoir disciplinaire des agents publics et quelle que soit leur position hiérarchique dans l'administration, ces dernières ne peuvent infliger des sanctions que dans le respect de la procédure disciplinaire.

B. La procédure disciplinaire

La procédure disciplinaire doit observer les droits de la défense, à travers son caractère contradictoire. Tout agent public mis en cause doit se trouver dans les conditions de pouvoir se défendre au regard des faits qui lui sont reprochés. Si dans les sanctions de premier degré et le cas de la révocation d'office prévue par les textes la procédure disciplinaire est allégée et rapide, tel n'est pas le cas des autres sanctions pour lesquelles l'avis du conseil permanent de discipline de la fonction publique est requis, même s'il ne lie pas l'autorité investie du pouvoir disciplinaire.

Sur la base du décret n° 2000/685/PM du 13 septembre 2000 portant organisation et fonctionnement du conseil permanent de discipline de la fonction publique et fixant les règles de procédure disciplinaire, ladite procédure commence par l'introduction d'instance. Elle renvoie à la saisine du conseil de discipline par le ministre chargé de la Fonction publique sur sa propre initiative ou sur la demande de l'une des autorités chargées du pouvoir disciplinaire. Le dossier est transmis au rapporteur qui le communique intégralement au mis en cause afin de préparer sa défense. Le rapporteur procède aux investigations. Il rend un rapport à la fin de l'instruction qu'il retransmet à son tour au président du conseil. Ce dernier adresse des convocations au mis en cause et à toute autre personne susceptible de fournir des renseignements.

Lors de la confrontation, le mis en cause assure lui-même sa défense par tous moyens et peut aussi se faire assister à ses frais par un avocat ou un mandataire. Le conseil ne peut siéger qu'en présence d'au moins deux tiers de ses membres désignés. Les avis de ces derniers sont émis par propositions individuelles, sécrètes et anonymes. Au dépouillement, la sanction retenue est celle emportant le plus de propositions. En cas d'égalité, le choix du président est prépondérant.

Dans les faits, le mis en cause peut assurer lui-même sa défense. Il peut se faire assister à ses frais par un avocat ou tout autre mandataire de son choix. Il peut désigner des témoins pour sa cause. Les témoins à charge ou à décharge ne sont pas tenus de répondre à l'invitation du rapporteur ou du président du conseil, sauf s'ils sont fonctionnaires. Le refus injustifié de la part d'un fonctionnaire de répondre aux convocations du conseil constitue une faute professionnelle, à moins d'un empêchement attesté par l'autorité dont il relève.

La séance est ouverte par le président. Après avoir fait introduire le mis en cause et éventuellement son défenseur, il donne lecture de la décision de traduction du mis en cause devant le conseil. La parole est donnée au rapporteur qui procède à la lecture de son rapport. Le président demande au mis en cause de faire ses observations. Par la suite, il demande aux personnes convoquées de faire leurs dépositions.

Le conseil entend successivement les personnes convoquées, lesquelles sont introduites dans la salle les unes après les autres pour leurs dépositions. Les membres du conseil, le rapporteur, ainsi que le mis en cause ou son défenseur peuvent, avec l'autorisation du président, poser aux témoins les questions qu'ils jugent nécessaires et utiles.

Après l'audition des personnes convoquées, le mis en cause ou son défenseur présente sa plaidoirie. Il doit prendre la parole en dernier et déclarer expressément ne plus avoir d'observations à présenter. Après la plaidoirie, le mis en cause et son défenseur se retirent afin de permettre au conseil de délibérer.

Le président rappelle aux membres les faits reprochés au mis en cause tels que spécifiés dans la décision l'ayant traduit devant le conseil. Le président indique ensuite la sanction disciplinaire que le mis en cause est susceptible d'encourir, en commençant par la sanction la plus faible.

L'avis du conseil n'est pas communiqué au mis en cause. Le procès-verbal de séance du conseil est transmis au ministre chargé de la Fonction publique. Au cas où l'initiative de la traduction du mis en cause devant le conseil émane d'une autorité investie du pouvoir disciplinaire autre que le ministre chargé de la Fonction publique, une copie du procès-verbal de réunion assortie de l'avis du conseil est transmise à ladite autorité pour décision. Cette décision est transmise au ministre chargé de la Fonction publique et au ministre des Finances, suivant le cas.

En vue de mieux garantir les droits de la défense, il existe des voies de recours à la disposition des agents publics.

C. Les recours contre les sanctions

L'agent public qui considère qu'il a abusivement été sanctionné, dispose des voies de recours administratifs et contentieux pour faire valoir sa cause. Pour ce qui est des recours administratifs, on distingue le recours gracieux et le recours hiérarchique. Ainsi, il peut présenter un recours gracieux auprès de l'autorité qui a infligé la sanction afin de l'atténuer ou de la retirer. Quant au recours hiérarchique, le supérieur hiérarchique est appelé à exercer son contrôle sur la légalité de la décision litigieuse et peut soit l'annuler, soit la maintenir en la confirmant, soit la réformer. Aussi, le conseil supérieur de la fonction publique sur la base du décret n° 2000/698/PM du 13 septembre 2000 fixant ses modalités d'organisation et de fonctionnement constitue une instance de recours contre les sanctions disciplinaires d'exclusion temporaire du service d'une durée supérieure à quatre (04) mois, d'abaissement de classe ou de grade, de licenciement pour insuffisance professionnelle. Il est saisi par le Premier ministre sur requête du mis en cause.

L'exercice du pouvoir disciplinaire est aussi contrôlé par la juridiction administrative sous les formes des contentieux de l'annulation pour excès de pouvoir et de la réparation. Lorsqu'ils sont fondés, ces recours ont pour conséquence la réintégration de l'agent mis en cause, la reconstitution de sa carrière et le paiement d'une indemnité en réparation du préjudice subi[579].

Section 3 : Les agents publics et la responsabilité pénale

Lorsqu'un agent public et plus particulièrement un fonctionnaire, dans l'exercice de ses fonctions commet une faute, il peut être sanctionné. De manière générale, la faute est caractérisée chaque fois que son comportement empêche le bon fonctionnement du service ou porte atteinte à la considération du service. Il peut s'agir de fautes purement professionnelles, mais également de fautes commises en dehors des situations professionnelles. La faute commise peut être disciplinaire ou pénale. C'est d'ailleurs cette dernière, en l'occurrence la faute pénale, qui nous intéresse. La faute pénale est qualifiée d'infraction.

L'infraction est définie comme étant une action ou une omission violant une norme de conduite définie par un texte d'incrimination, et entraînant la responsabilité pénale de son auteur[580]. Le Code pénal camerounais classe les infractions en crimes, délits et contraventions, selon les peines principales qui les sanctionnent[581].

Au sens du décret portant statut général de la fonction publique de l'État[582], est considérée comme fonctionnaire, toute personne qui occupe un poste de travail permanent et est titularisée dans un cadre de la hiérarchie des administrations de l'État[583]. Par ailleurs, le code pénal considère comme fonctionnaire *« tout magistrat, tout officier public ou ministériel, tout préposé ou commis de l'État ou toute autre personne morale de droit public, d'une société d'État ou d'économie mixte, d'un officier public ou ministériel, tout militaire des forces armées ou de gendarmerie, tout agent de la sûreté nationale ou de l'administration pénitentiaire et toute personne chargée même occasionnellement d'un service, d'une mission ou d'un mandat public, agissant dans l'exercice ou à l'occasion de l'exercice de ses fonctions »*[584].

Les fautes qui peuvent être commises par les fonctionnaires, entendus ici comme agents publics, sont fort nombreuses et touchent des domaines très divers. Elles ont pour conséquence des sanctions qui sont des mesures prises à l'encontre de l'agent en raison d'agissements considérés comme fautifs. Ces sanctions sont prévues par les textes. Le Code pénal camerounais

---

[579] CS/CA du 25 mai 2000 affaire Zoba Ayissi Dieudonné.
[580] Serge GUINCHARD, *Lexique des termes juridiques*, 12e éd., Paris, Dalloz, 2012, p. 466.
[581] Article 21 al. 1 du code pénal.
[582] Décret n° 94/199 du 07 octobre 1994 portant statut général de la fonction publique de l'État modifié et complété par le décret n° 2000/287 du 12 octobre 2000.
[583] Article 3 al. 1 du décret op.cit.
[584] Article 131 du code pénal camerounais.

regroupe les différentes sanctions que peuvent encourir les fonctionnaires, ceci en rapport avec les infractions commises. Il peut donc s'agir des sanctions liées aux avantages illégitimes, des sanctions aux infractions contre l'intérêt public, des sanctions aux infractions contre l'intérêt des particuliers et des sanctions réprimant les infractions d'abstentions coupables.

Paragraphe 1 : Les sanctions liées aux avantages illégitimes

S'agissant des infractions liées aux avantages illégitimes, on a entre autres la corruption, l'intérêt dans un acte et la participation dans une affaire. Les sanctions sont prévues aux articles 134, 135 et 136 dudit code.

A. Les sanctions de la corruption

La corruption est un comportement pénalement récriminé par lequel sont sollicités, agréés ou reçues des offres, des promesses, de dons ou présents, à des fins d'accomplissement ou d'abstention d'un acte, d'obtention de faveurs ou d'avantages particuliers[585]. Il existe deux types de corruption : la corruption active pour l'auteur de l'offre de promesse, de présents, d'avantages... et la corruption passive pour celui qui, du fait de sa fonction, accepte ou sollicite cette offre.

Aux termes de l'article 134(1) du Code pénal prévoyant des sanctions contre la corruption, il est disposé : « *Est puni d'un emprisonnement de cinq à dix ans et d'une amende de 200 000 à 2 000 000 de francs, tout fonctionnaire ou agent public qui, pour lui-même ou pour un tiers, sollicite, agrée ou reçoit des offres, promesses, dons ou présents pour faire, s'abstenir de faire ou ajourner un acte de sa fonction.* »

En outre, l'alinéa 2 du même article précise que :

« *L'emprisonnement est de 1 à 5 ans et l'amende de 100 000 à 1 000 000 de francs si l'acte n'entrait pas dans les attributions de la personne corrompue, mais a été cependant facilité par sa fonction.* »

De même, selon les dispositions de l'alinéa 3 du même article, « *Est puni des peines prévues à l'alinéa 2 précédent, tout fonctionnaire ou agent public qui sollicite ou accepte une rétribution en espèce ou en nature pour lui-même ou pour un tiers, en rémunération d'un acte déjà accompli ou une abstention passée.* »

Par ailleurs, l'article 134 bis ajoute : « *(1) Quiconque, pour obtenir soit l'accomplissement, l'ajournement ou l'abstention d'un acte, soit une des faveurs ou avantages vus à l'article précédent, fait des promesses, offres, dons, présents ou cède à des sollicitations tendant à la corruption, est puni*

585Serge GUINCHARD, *Lexique des termes juridiques*, op.cit, pp. 248-249.

des peines prévues à l'article 134, alinéa 1er, ci-dessus, que la corruption ait ou non produit son effet.

(2) Est puni des peines prévues à l'alinéa 2 de l'article précédent, celui qui fait des dons, présents ou cède aux sollicitations tendant à rémunérer un acte déjà accompli ou une abstention passée. »

B. Les sanctions de la prise d'intérêt

Le fonctionnaire peut également être pénalement sanctionné lorsqu'il agit en ayant un intérêt dans un acte. C'est de ce fait que l'article 135 dans son 1er alinéa évoque les sanctions afférentes aux dérives du fonctionnaire dans ce domaine. L'article 135 (1) dispose donc : « *(1) Est puni d'un emprisonnement d'un à cinq ans et d'une amende de 200 000 à 2 000 000 de francs, tout fonctionnaire ou agent public qui, directement ou indirectement, prend ou reçoit un intérêt :*

a) dans les actes ou adjudications soumis à son avis ou dont il avait la surveillance, le contrôle, l'administration ou la passation ;

b) dans les entreprises privées, les coopératives, les sociétés d'économie mixte ou participation financière de l'État, les régies, les concessions soumises à sa surveillance ou à son contrôle ;

c) dans les marchés ou contrats passés au nom de l'État ou d'une collectivité publique, avec une personne physique ou morale ;

d) dans une affaire pour laquelle il est chargé d'ordonnancer le paiement ou d'opérer la liquidation. »

C. Les sanctions de la participation dans une affaire

L'article 136 du Code pénal camerounais prévoit des sanctions à l'égard du fonctionnaire ayant participé à une affaire. Il lui est en effet prohibé de financer ou de participer aux activités des entreprises, de régie ou de concession. Cet article dispose :

« (1) Est puni d'un emprisonnement de six mois à deux ans et d'une amende de 20 000 à 2 millions de francs tout fonctionnaire qui chargé à raison de ses fonctions de la surveillance de toute entreprise, régie ou concession, ou de l'expression d'avis sur les activités de celles-ci, collabore ou participe de quelque manière que ce soit à leur financement ou à leur activité.

(2) Sont punis des mêmes peines les mêmes agissements commis dans un délai de cinq ans à compter de la cessation desdites fonctions, sauf s'il s'agit de capitaux reçus à titre de dévolution héréditaire. »

Paragraphe 2 : Les sanctions aux infractions contre l'intérêt public

Les infractions contre l'intérêt public concernent précisément la concussion, le déficit non signalé et la négligence du gardien. Les sanctions à ces infractions sont indiquées dans les articles 137, 138 et 139 du Code pénal.

A. Les sanctions à la concussion

La concussion est définie comme étant le « *fait, pour une personne dépositaire de l'autorité publique ou chargée d'une mission de service public, soit de recevoir, exiger ou ordonner de percevoir à titre de droits ou contributions, impôts ou taxes publics, une somme qu'elle sait ne pas être due, ou excéder ce qui est dû, soit d'accorder une exonération ou franchise de ces droits en violation de la loi* »[586]. L'article 137 du Code pénal prévoit des répressions à l'égard du fonctionnaire coupable de concussion. Cet article dispose à ce sujet :

« Est puni d'un emprisonnement de deux à dix ans et d'une amende de 20 000 à 2 millions de francs tout fonctionnaire qui accorde des exonérations de droits, taxes, redevances, impôts ou contributions, délivre à un prix inférieur à celui qui est prescrit les produits de l'État fédéral ou fédéré d'une coopérative, d'une collectivité ou établissement, ou publics ou soumis à la tutelle administrative de l'État, ou dont l'État détient directement ou indirectement la majorité du capital. »

B. Les sanctions au déficit non signalé

Le déficit non signalé est une faute du fonctionnaire constitutive d'infraction. Cette action, ou plutôt cette abstention est répréhensible par le droit pénal camerounais. Aux termes de l'article 138 du Code pénal : « *Est puni d'un emprisonnement de un à cinq ans tout fonctionnaire qui, ayant connaissance d'un déficit de caisse ou d'un déficit comptable dans la gestion d'un agent public placé sous ses ordres ou sous sa surveillance, ne le dénonce pas à l'autorité judiciaire la plus proche ou à son supérieur hiérarchique.* »

C. Les sanctions à la négligence du gardien

Le gardien est tenu de veiller sur ce pour quoi il a été engagé. En cas de laxisme dans l'accomplissement de sa mission, ce dernier peut être pénalement sanctionné. C'est du moins ce qui ressort de l'article 139(1) et suivant du Code pénal.

Le gardien négligeant est alors puni :

---

[586]Serge GUINCHARD, *Lexique des termes juridiques*, op.cit, p. 197.

« *(1) En cas de destructions, dégradations ou soustractions des biens visés à l'article 187*[587] *d'un emprisonnement d'un mois à un an et d'une amende de 10 000 à 50 000 francs ;*

(2) En cas de soustraction, enlèvement ou destructions prévus à l'article 188[588]*, d'un emprisonnement de trois mois à un an et d'une amende de 10 000 à 50 000 francs ;*

(3) En cas de bris de scellés tel que prévu à l'article 191[589]*, d'un emprisonnement de deux mois à deux ans ;*

(4) En cas d'évasion ou libération telles que prévues à l'article 193, d'un emprisonnement de deux mois à deux ans. »

Paragraphe 3 : Les sanctions aux infractions contre l'intérêt des particuliers

Ces infractions sont l'abus de fonction, les atteintes aux droits civiques, la concussion, le favoritisme et le faux dans un acte. Les sanctions y afférentes sont énoncées dans les articles 140, 141, 142, 143 et 144 du Code pénal.

A. Les sanctions de l'abus de fonctions et à l'atteinte aux droits civiques

- L'article 140 dispose : « *(1) Est puni d'un emprisonnement de trois mois à un an et d'une amende de 5 000 à 50 000 francs ou de l'une de ces deux peines seulement, tout fonctionnaire qui abuse de ses fonctions pour porter atteinte aux droits ou intérêts privés.*

(2) Si l'infraction est commise dans le but de se procurer ou de procurer à autrui un avantage quelconque la peine d'emprisonnement est de trois mois à trois ans et l'amende de 50 000 à 1 million de francs. »

- L'article 141 du Code pénal prévoit des sanctions à l'encontre du fonctionnaire ayant commis une infraction privant un citoyen de ses droits civiques. Il est y est disposé : « *Est puni d'un emprisonnement de un à cinq ans tout fonctionnaire qui empêche un citoyen d'exercer ses droits électoraux*

---

[587] Article 187 : « *Est puni d'un emprisonnement de un mois à deux ans et d'une amende de 20 000 à 120 000 francs celui qui détruit ou dégrade soit un monument, statue ou autre bien destiné à l'utilité ou à la décoration publiques et élevé par l'autorité publique ou avec son autorisation soit un immeuble, objet mobilier, monument naturel ou site, inscrits ou classés.* »

[588] Article 188 : « *(1) Est puni d'un emprisonnement de un à cinq ans et d'une amende de 10 000 à 200 000 francs, celui qui soustrait, enlève ou détruit toutes pièces placées sous la garde de l'autorité publique.*

(2) Est puni d'un emprisonnement de cinq à dix ans et d'une amende de 25 000 à 200 000 francs celui qui détruit ou dégrade les registres, minutes ou autres actes originaux de l'autorité publique. »

[589] Article 191 : « *Est puni d'un emprisonnement de six mois à deux ans et d'une amende de 50 000 à 500 000 francs celui qui brise des scellés légalement apposés.* »

ou le prive de l'exercice ou de la jouissance des droits mentionnés à l'article 30(1), (2), (4) ou (5) ci-dessus »

B. Les sanctions à la concussion, le favoritisme et le faux

- L'article 142 du Code pénal dispose :

« Est puni d'un emprisonnement de deux à dix ans et d'une amende de 20 000 à 2 millions de francs le fonctionnaire, le notaire, le commissaire-priseur, l'huissier ou l'agent d'exécution et leurs préposés qui exigent des droits, taxes, redevances, impôts ou contributions qui ne sont pas dus ou des avantages matériels sans en payer le juste prix »

- Le délit de favoritisme expose les fonctionnaires qui en seraient déclarés coupables à des sanctions lourdes.

L'article 143 prévoit des sanctions au délit de favoritisme. Ainsi : «

(1) Est puni d'un emprisonnement de un à cinq ans tout fonctionnaire qui décide par faveur ou par inimitié contre l'une des parties.

(2) Si ce fonctionnaire est un magistrat, un inspecteur fédéral ou un préfet la peine est doublée. »

- L'article 144 dispose : « *Est puni d'un emprisonnement de dix à vingt ans le fonctionnaire, le notaire, le commissaire-priseur, l'huissier ou l'agent d'exécution qui contrefait ou altère, soit dans sa substance, soit dans les signatures, dates et attestations, un acte ou écrit qu'il a le devoir d'établir, de recevoir, de constater ou de notifier.* »

Paragraphe 4 : Les sanctions aux abstentions coupables

Les infractions dues aux abstentions coupables sont nombreuses. Il s'agit de la tolérance d'un attroupement, de la tolérance d'un attentant aux droits individuels, du déni de justice, du refus d'un service dû, et de la négligence systématique.

A. Sanction à tolérance d'un attroupement et d'un attentat aux droits individuels

- L'article 145 : « *Est puni d'un emprisonnement de trois mois à deux ans le fonctionnaire qui, ayant le pouvoir, le devoir et la possibilité de disperser un attroupement tel que défini à l'article 232[590], s'en abstient* ».

---

[590] Article 232 : « *(1) L'attroupement s'entend de toute réunion sur la voie publique d'au moins cinq personnes, de nature à troubler la paix publique.*
(2) Est puni d'un emprisonnement de quinze jours à six mois celui qui faisant partie d'un attroupement ne s'en retire pas à la première sommation de l'autorité compétente.
(3) Si l'attroupement n'a pu être dispersé que par la force la peine est doublée contre ceux qui s'y sont maintenus. »

- Lorsque la loi lui octroie cette prérogative, le fonctionnaire se doit de veiller aux droits et libertés individuels. Il commet une infraction lorsqu'il tolère les violations faites à ces droits et libertés.

L'article 146 du Code pénal dispose à cet effet que : « *Le fonctionnaire qui, ayant le pouvoir, le devoir et la possibilité de les empêcher, tolère soit des violences contre les personnes, soit des actes attentatoires à la liberté individuelle ou aux droits civiques tels que définis à l'article 141 est puni comme complice.* »

- Le déni de justice désigne, selon le *Vocabulaire juridique*, l'abstention de la part d'un juge, de remplir un acte de sa fonction, malgré deux réquisitions successives des intéressés[591]. Le déni de justice peut également consister dans le refus de répondre à une requête ou de juger une affaire qui est en état d'être jugée, ou de rendre une décision, fût-ce en raison du silence, de l'obscurité ou de l'insuffisance de la loi. Le déni de justice est encore appréhendé comme étant le refus d'une juridiction, régulièrement saisie, de se prononcer sur l'affaire qui lui est soumise et de rendre une décision[592].

Cette infraction est sanctionnée à l'article 147 du Code pénal en ces termes :

« Est puni d'un emprisonnement de trois mois à deux ans tout juge qui dénie, après en avoir été dûment requis, de rendre une décision. »

B. Sanctions à l'infraction de refus d'un service dû et à la négligence systématique

- Tout fonctionnaire au sens du Code pénal camerounais est tenu d'accomplir les fonctions pour lesquels il a été établi. Une abstention négative pourrait constituer une infraction qui aurait pour conséquence une sanction comme celle prévue à l'article 148 : « *Est puni d'un emprisonnement de trois mois à deux ans le fonctionnaire, le notaire, le commissaire-priseur, l'huissier ou l'agent d'exécution, qui, étant légalement requis d'accomplir un devoir de sa fonction, s'en abstient.* »
- L'article 151 (1) dispose s'agissant de la négligence systématique :

« Est puni d'un emprisonnement d'un à trois mois et d'une amende de 2 000 à 25 000 francs tout fonctionnaire qui, par sa négligence ou son obstruction systématique, provoque des ajournements, des ralentissements ou des désordres, ou s'abstient systématiquement d'exécuter tout acte de sa fonction. »

---

[591]CAPITANT (H), *Vocabulaire juridique*, P. 188.

[592]ALBIJES (C), et autres, *Dictionnaire du vocabulaire juridique*, LexisNexis Litec, éditions du Juris-Classeur, 2e éd., 2004, p. 134.

CHAPITRE 6 :

LES POSITIONS DU FONCTIONNAIRE DANS LE SERVICE PUBLIC

La position est, selon l'art 50(1) du statut général, une situation administrative précise à un moment donné de la carrière du fonctionnaire, par rapport à un poste de travail. Il y est disposé comme positions principales l'activité (section1), et le détachement, à côté de la disponibilité (section 2).

Section1 : L'activité

L'activité est la position dans laquelle le fonctionnaire assume effectivement ses fonctions au poste de travail auquel il a été affecté. Cette position comporte les congés administratifs et le service sous les drapeaux.

Paragraphe 1 : Les différents congés

Les différents congés dont peut bénéficier le fonctionnaire constituent des positions au regard du statut général. Il s'agit alors du congé administratif, du congé maladie et du congé de maternité.

Pour ce qui est du congé administratif, il est un congé annuel. Quant au congé maladie, il est une situation dans laquelle le fonctionnaire, atteint d'une maladie persistante constatée par un médecin agréé, et le mettant dans l'impossibilité d'exercer ses fonctions, est mis en congé maladie après production d'un dossier médical. Il est de 90 jours lorsqu'il est accordé par le ministre utilisateur et au-delà de ces 90 jours, c'est le ministre de la Fonction publique qui est habileté à le signer après avis du conseil de santé territorialement compétent. Ainsi mis en congé, le fonctionnaire conserve la totalité de son traitement indiciaire, à quoi s'ajoute éventuellement l'intégralité des prestations familiales.

Le congé de maternité quant à lui est une situation de suspension du travail dont bénéficie le fonctionnaire de sexe féminin à sa demande, et sur présentation du certificat médical de grossesse du sixième mois. Il est d'une durée de douze semaines pour couches et allaitement, avec solde entière.

Paragraphe 2 : Le service sous les drapeaux

Le fonctionnaire, pendant son activité, peut être appelé sous les drapeaux, soit en vue de sa formation militaire, soit pour participer aux actions de défense nationale. Dans ce cas, le fonctionnaire conserve sa rémunération normale. Mais dans cette situation, il est alors soumis aux lois et règlements militaires. À la fin du service sous les drapeaux, une attestation qui apprécie sa conduite est prise en compte dans l'évaluation du fonctionnaire en vue de son avancement.

Section 2 : Le détachement et la disponibilité

Examiner le détachement impose de s'attarder sur sa définition et les conditions de ce type de position, avant d'envisager la distinction qu'il y a entre le détachement et la disponibilité.

Paragraphe 1 : Le détachement

Le détachement est la position du fonctionnaire placé hors de son corps d'origine, mais qui toutefois continue de bénéficier dans ce corps, de ses droits à l'avancement et à la retraite. Le détachement peut avoir lieu auprès d'une entreprise ou d'une autre collectivité publique auprès d'une entreprise privée ou alors auprès d'organismes internationaux. Il est également admis aux fins d'exercer un mandat électif ou des fonctions de membre du gouvernement. Le détachement est alors prononcé par arrêté du ministre en charge de l'administration d'origine du fonctionnaire concerné, après accord de l'organisme d'accueil. Le ministre de la Fonction publique le cas échéant, est informé de cet accord.

Le détachement prend effet à compter de la date, soit de la signature de l'acte de détachement, soit de l'acte de nomination, soit de publication des résultats définitifs de l'élection. Dans tous les cas, le ministre des Finances reçoit ampliation de l'acte de détachement.

À l'exception des cas de détachement d'office, le fonctionnaire ne peut être mis en position de détachement s'il ne justifie d'un minimum de cinq (05) ans d'expérience professionnelle et des qualifications techniques et des habilités pour occuper le poste à pourvoir. Il ne peut également en jouir s'il est sous le coup de poursuites disciplinaires ou s'il n'a pas été réhabilité à la suite d'une sanction disciplinaire. Ainsi, le fonctionnaire demeure dans une situation légale et réglementaire, et est soumis à l'ensemble des règles régissant l'organisme d'accueil, sous réserve des exceptions prévues par les textes. Le salaire du fonctionnaire détaché est assuré par l'organisme d'accueil. Ce salaire doit être au moins équivalent à celui de son indice dans la fonction publique. Le détachement est essentiellement révocable, car il peut prendre fin à tout moment par arrêté du ministre qui l'a prononcé, soit à la demande de l'administration d'origine, soit du fonctionnaire même, ou alors de l'organisme d'accueil. À la fin du détachement, le fonctionnaire est obligatoirement réintégré par arrêté du ministre compétent.

Paragraphe 2 : La disponibilité

La disponibilité qui se différencie du détachement est la position du fonctionnaire qui, placé hors de son administration d'origine, cesse de bénéficier de ses droits à la rémunération, à l'avancement et à la retraite, contrairement au détachement où ces trois éléments sont considérés. Elle est prononcée à la demande de l'intéressé, par le ministre de son administration d'origine. Le ministre de la Fonction publique et le cas échéant, le ministre utilisateur en sont informés.

La disponibilité est accordée pour des raisons justifiées de convenances personnelles pour une durée ne dépassant pas deux ans pour entreprendre des activités d'ordre social, culturel, financier... Pour une durée de trois (03) ans renouvelable par tacite reconduction, pour entreprendre des études ou des recherches. À l'expiration de la période de disponibilité du fait de l'administration ou à la demande de l'agent concerné, le fonctionnaire est réintégré dans son cadre d'origine. Le refus de réintégration peut être consécutif à la révocation d'office ou encore si l'agent public a atteint la limite d'âge d'admission à la retraite.

Section 3 : La mobilité au sein de l'administration

Il peut arriver que durant sa carrière au sein de l'administration, le fonctionnaire soit amené à changer de corps. C'est une mesure exceptionnelle qui se fait selon certaines conditions. Cela participe alors de la mobilité des fonctionnaires au sein de la fonction publique.

René Chapus définit le changement de corps comme « *une forme de mobilité introduite dans la fonction publique qui permet aux fonctionnaires d'être transférés à titre définitif de leur corps d'origine dans un corps de la même catégorie ou d'une catégorie supérieure où ils poursuivront leurs carrières dans les conditions plus satisfaisantes pour eux* ». S'il faut s'en tenir à cette définition, il en ressort que c'est une mesure exceptionnelle parce que le fonctionnaire quitte le corps dans lequel il est admis originellement dans la fonction publique, pour se retrouver dans autre corps. Ainsi, il abandonne le secteur d'activité ou le cadre dans lequel il se trouvait avant, pour continuer sa carrière dans autre secteur d'activité, ou dans un autre corps.

Généralement, le changement de corps se déroule conformément aux dispositions des textes régissant les fonctionnaires. Aucun fonctionnaire ne peut quitter son corps d'origine, notamment par voie de concours ou d'admission dans un établissement de formation sans en avoir obtenu l'autorisation préalable et écrite de l'autorité investie du pouvoir de nomination. Tout changement qui s'effectuerait en dehors de cette procédure est susceptible d'être rapporté à tout moment par le chef du département ministériel dont relève le fonctionnaire en question. Le concours spécial ou le titre apparaissent comme les modes de changement du corps.

TITRE II :

LA FONCTION PUBLIQUE SPÉCIALE : LE CAS DE LA FONCTION PUBLIQUE MILITAIRE

Considérer l'armée comme ayant une nature spéciale passe par la prise en compte de sa situation dans le cadre général des organes et structures par lesquelles l'État est représenté et exerce ses missions. L'appréhension à effectuer doit être faite à partir de la contribution de l'armée aux missions de l'État et la mise en exergue de la singularité de ce corps.

Les approches notionnelles de l'Etat l'envisagent comme un tout dont la composition est faite de sa population, de son territoire et de son organisation politique. Cette perception est complétée par la conception juridique qui établit une distinction entre les éléments dits sociologiques de l'État et ceux devant être considérés comme juridiques. Pour ces derniers, il s'agit aussi de voir la personnalité juridique et la souveraineté comme identifiants de l'État. C'est pour l'affirmation de ces éléments « juridiques » que l'armée trouve sa raison d'être. L'extension justificative de la place de l'armée réside dans l'interprétation de la thèse de l'origine contractuelle de l'État.

En effet, au XVIe siècle apparaît un courant de pensée qui deviendra dominant au XVIIIe. Ce courant de pensée rompt avec celui qui établissait l'État à partir de la volonté divine. Il postule que l'État est le résultat d'un contrat conclu entre des volontés humaines. Pour une frange de cette pensée, les monarchomaques, dont le plus illustratif est Hobbes, le contrat est passé à l'avantage d'un dirigeant pour qu'il instaure l'ordre. Pour l'autre frange de cette pensée représentée par Locke et Rousseau, c'est la quête d'harmonie sociale qui fonde l'origine contractualiste de l'État.

Quoi qu'il en soit, il ressort d'une part que c'est la volonté d'un certain nombre d'individus de mettre en commun les moyens dont ils disposent en vue de la poursuite de buts déterminés qui fonde l'État. D'autre part, il s'interprète des thèses contractualistes que l'enjeu sécuritaire revêt une importance particulière parmi les buts qui ont été visés par la mise en commun des moyens. Aussi, il revient dès lors à l'État l'origine de préserver l'ordre.

La systématisation qui en a ainsi suivi consistait à déterminer les activités régaliennes de l'État. Dès le Moyen-âge, il est revendiqué comme activités régaliennes de l'État :

- la lutte contre un danger extérieur ;
- la justice ;
- le maintien de l'ordre.

La défense nationale fait donc partie des missions régaliennes de l'État. À ce stade, l'armée apparaît comme étant un secteur auquel l'État est fondamentalement attaché. En effet, le pouvoir organisé ne peut s'affirmer qu'au travers une certaine autorité quand il y a indocilité des populations ou menaces venant de l'extérieur. De même, la sécurisation intérieure des populations et la protection extérieure des populations et partant, de l'Etat, donnent de l'importance aux forces de défense et de sécurité. L'autre attribut sur lequel il faut s'arrêter est celui du lien inséparable de l'activité régalienne et l'Etat où, malgré les oppositions entre les théories de l'État gendarme et l'État providence, il apparaît que l'armée, dans son activité principale de défense, ne se délègue pas. Plus que la thèse contractualiste qui, dans son interprétation, fait de l'armée un segment indétachable de l'Etat, la gradation de l'importance de l'armée est davantage incarnée par sa mission de garantie de la souveraineté.

CHAPITRE 1 :

LA SINGULARITÉ DE L'ARMÉE PAR SA MISSION ET LE RECRUTEMENT DE SES AGENTS

La singularité de l'armée tend à confirmer sa nature spéciale. Ébauche en est déjà faite quant à l'attachement de l'Etat à ce secteur pour sa propre existence et le maintien de la paix. Non seulement la défense nationale est non délégable, mais en plus elle est le continuum de la souveraineté. La singularité de l'armée est ainsi déclinée dans ses missions (section I), et plus encore par les exigences, loin d'être ordinaires, auxquelles les membres des forces armées sont assujettis (section II).

Section 1 : La nature des missions de l'armée

Dans les fonts baptismaux de l'administration, la notion de puissance publique, considérant l'administration par les moyens exorbitants dont elle dispose, montre que l'État est un condensé de puissance.

Dans ce cadre, la situation de l'armée est bien originale, parce qu'elle fait partie des services publics, c'est-à-dire des structures de l'État par lesquelles à la fois la mission d'intérêt général est confiée, et l'emploi de moyens exorbitants d'une particularité exceptionnelle est reconnu.

Paragraphe 1 : La garantie de la souveraineté et de l'intégrité territoriale

Dans l'accentuation de la place particulière des forces de défense, il faut s'appesantir sur la garantie de la souveraineté par l'armée. Il apparaît que la souveraineté, « *pouvoir suprême de l'État de s'autodéterminer* », relève de la protection militaire. En réalité, il est question de protéger les populations et le territoire contre les menaces extérieures, d'apporter dans l'Etat le soutien nécessaire contre les insurrections qui portent atteinte à la stabilité, et de permettre à l'État de s'autodéterminer. Pour cet ensemble de situations, il s'avère que l'usage de la force spécialisée est nécessaire et que par cette voie, la menace peut être étouffée. De surcroit, la seule présence de l'armée permet la dissuasion face aux velléités susceptibles de porter atteinte à la souveraineté de l'État. À ce stade, il apparaît que la défense nationale revêt en caractère particulier pour l'Etat et cela est consolidé par son encadrement dans un statut spécial distinct du statut général de la fonction publique.

L'administration dans sa généralité est dite active et est constituée de civils dont les missions sont d'effectuer le service public sans avoir à naturellement employer la force militaire.

À la différence des corps civils, les corps militaires sont investis par principe de missions pour lesquelles l'usage de la force semble être le point d'appui. Suivant les statuts et en général, à l'article premier, il est présenté que la mission de l'armée est triple et se situe tant à l'intérieur qu'à l'extérieur de l'État. Vis-à-vis de l'extérieur, les forces armées ont la mission de défendre la nation contre les ennemis du dehors. Il s'agit de faire que l'ensemble des menaces plus ou moins formalisées soient enrayées. Ainsi, les États ennemis, menaces formalisées ou encore les groupes armés et autres terroristes ne doivent pas attenter à l'intégrité de la nation.

Paragraphe 2 : La préservation de la paix

Vis-à-vis, de l'intérieur, les forces armées ont une double mission. D'abord il s'agit d'assurer au-dedans la tranquillité et l'ordre. Cette tâche en soutien aux forces de police incombe ordinairement aux forces de gendarmerie, mais les autres corps de l'armée peuvent être concernés quand l'ampleur de la menace est telle qu'il est nécessaire qu'ils interviennent. C'est le cas des soulèvements armés, des coups d'État, de guerres civiles, etc.

Ensuite, l'armée a pour mission d'assurer l'exécution des lois. Chose importante, cette mission ne lui est pas ordinairement dévolue. Il revient à l'administration d'exécuter les lois et cela s'étend au gouvernement.

L'exécution des lois est garantie par le juge qui en assure l'application. Ce schéma est celui conçu par les textes. Il se situe dans la normalité des situations et présente une exécution forcée dont l'emploi de la force est accessoire. De ce fait, l'armée n'a à intervenir pour l'exécution des lois que de manière exceptionnelle. Le cas de figure le moins problématique est celui de la réquisition ou l'armée est toujours sous l'ordre des civils. Le cas le plus hypothétique intervient quand le non-respect est inacceptable. À ce niveau, il y a au préalable l'exigence de la gravité qui s'obtient par la récurrence du non-respect, par les circonstances (état d'urgence) ou encore par la nature de la loi violée. C'est le cas de la loi constitutionnelle. Avec en ligne de mire les coups d'État. Dans ces situations, la carence de la structure classique de garantie de l'exécution justifie l'intervention de l'armée.

En résumé de l'examen de la nature des missions de l'armée, il apparaît que celles-ci tiennent leur raison d'être des situations délicates et que le mode d'intervention qui est celui de l'emploi de la force détermine la nature particulière des missions de l'armée. Les exigences auxquelles les membres de ce corps sont assujettis matérialisent cette singularité (B).

Paragraphe 3 : La singularité et les exigences portées aux forces armées

Les États dans leur majorité ont reconnu à l'armée cette singularité de la nature de ses missions, qui est manifestée par un ensemble d'exigences spéciales. L'élément qui transparaît en premier est l'esprit de sacrifice. Par la situation du militaire au combat et la mise en jeu de sa vie qui en découle, formulée, ou pas il est visible que le militaire doit être habité par un esprit de sacrifice. Cela implique en premier le dévouement au service, mais aussi le possible sacrifice suprême, qui n'est rien d'autre que le don de sa vie pour la nation.

Dans les corps civils, il n'est nulle part question de l'esprit de sacrifice, et encore moins de quelques sacrifices dans les mêmes proportions.

Autres exigences consécutives à l'esprit de sacrifice, le militaire est obligé par la discipline militaire, d'être à la disponibilité permanente du service, au loyalisme et à la neutralité. Il s'avère que ces éléments plutôt contraignants expliquent qu'il y ait des compensations aux contraintes et exigences de la vie dans les forces armées. L'association de ces contraintes et compensations fait des militaires un corps exceptionnel parmi l'ensemble des corps et agents au service de l'État. A cet effet, il leur est réservé un traitement différencié dont la formulation positive tient à l'édition de statuts spéciaux régissant les corps des militaires, et portant dispositions dérogatoires au statut général de la fonction publique. Cette dérogation concerne aussi le recrutement du militaire.

Section 2 : Les modes de recrutement et la formation

Pour les militaires de rang, tout comme pour les sous-officiers et les officiers, l'entrée dans les cadres de l'armée obéit à un certain nombre de conditions. Parmi celles-ci se trouvent l'exigence d'âge, de nationalité et la possession de ses droits civiques. L'une des conditions les plus significatives est de *« présenter les aptitudes exigées pour l'exercice de la fonction »*. Ainsi, le recrutement dans les corps de la défense nationale est assujetti à la possession de ces aptitudes qui sont à la fois physiques et intellectuelles.

Pour les éprouver, il est mis sur pied des modes de recrutement dont le fondement est la mise en compétition des candidats (paragraphe I), mais également, la formation initiale, tout comme celle dite continue (paragraphe II) vient contribuer à renforcer les capacités des militaires.

Paragraphe 1 : Les modes de recrutement

Les voies d'entrée dans les corps des forces armées sont protéiformes. Pour l'essentiel, elles peuvent être groupées en deux grands blocs que sont : celui du mode principal (A) et celui des modes alternatifs (B).

A. Le mode principal : le concours

Les statuts des armées dans leur généralité font du concours la voie normale d'accès à la fonction de militaire. De plus, au vu du mode de sélection de la majorité des militaires, il apparaît que le concours est le plus utilisé. Ce qui en fait le mode normal et donc principal d'accès à la fonction de militaire.

L'emploi du concours tient à ce qu'il se présente comme étant le moyen le plus efficace pour recruter. Non seulement il met en opposition les candidats en permettant que le choix soit porté sur les plus performants, mais en plus, il a l'avantage de donner à ces derniers les mêmes chances. Ainsi, le concours est la voie de recrutement qui met le mieux en évidence la quête de performance et le respect du principe d'égal accès aux emplois publics.

Dans le recrutement par voie de concours, les éléments qui sont éprouvés sont les capacités physiques et les aptitudes intellectuelles.

S'agissant des capacités physiques, il est question de faire passer au candidat un certain nombre d'épreuves physiques. Les épreuves physiques sont essentielles pour le recrutement des militaires de rang, dans la mesure où ce sont des hommes d'armes appelés à aller directement au combat. Leurs capacités physiques ne peuvent donc être négligées.

Par contre, le recrutement au grade d'officier est davantage subordonné à la réussite à des épreuves dans lesquelles les capacités intellectuelles du candidat sont recherchées. Pour ce faire, ce dernier doit au préalable être muni d'un bagage intellectuel non négligeable. Il s'agit de passer avec succès le concours d'une école militaire nationale de formation d'officiers, ou encore d'une école étrangère de formation des officiers agréée.

De même, les sous-officiers désirant intégrer la hiérarchie des officiers qui remplissent les conditions d'âge et d'ancienneté doivent réussir l'entrée dans une école de formation d'officiers.

Le recrutement par concours permet de sélectionner les candidats qui présentent les aptitudes physiques ou intellectuelles requises. Par la suite, ils sont appelés à subir une formation durant laquelle leurs prédispositions sont vérifiées. Seuls les candidats qui parviendront avec succès au terme de la formation pourront légitimement prétendre à un recrutement au sein des forces de défense nationales. Au mode principal qui est le concours, s'adjoignent des modes alternatifs dont la représentation est la contractualisation (B).

B. Les modes alternatifs : la contractualisation

De nombreuses autres voies d'entrée dans les forces armées existent en dehors du concours. Elles varient suivant les catégories, la formule d'engagement (officier d'active, officier de carrière) et la durée de l'engagement.

Dans le cas français, il existe trois voies de recrutement au choix. Ces voies de recrutement sont en majorité reprises par les textes africains. Le législateur français établit dans ce cadre une typologie avec l'officier sous contrat, le militaire engagé, le militaire commissionné, le volontaire et le militaire servant à titre étranger.

- Le militaire sous contrat est recruté pour une durée déterminée. Le contrat est renouvelable.
- Le militaire servant à titre étranger est un ressortissant étranger devant servir dans la Légion d'honneur en vertu d'un contrat.
- Le militaire commissionné est également un étranger recruté par contrat, mais à la différence de celui servant à l'étranger qui est principalement un homme d'arme, le commissionné est recruté par rapport à son expérience professionnelle et ses fonctions ont un caractère scientifique.
- Le militaire volontaire est un national appelé à servir en vertu d'un contrat de volontariat. Sa durée est minimale et le contrat est renouvelable.

À l'observation, tous ces militaires recrutés en dehors du concours le sont en vertu d'un contrat. Ce qui les différencie demeure le régime, la durée de la relation contractuelle, le type d'emploi et la nationalité.

Dans les armées africaines, à part le concours, modalité principale de recrutement, il existe le recrutement par voie de contrat et le recrutement au choix. L'activation peut également être énumérée.

Le recrutement par voie de contrat concerne les diplômés de l'enseignement supérieur dans une spécialité utile et ayant suivi avec succès une formation militaire[593]. Les militaires étrangers servant au titre de la coopération sont également sous contrat.

Le recrutement par voie de contrat déborde le champ du recrutement initial et s'étend aux officiers de réserve. Lorsque leur activation doit être faite, elle est effectuée en vertu d'un contrat[594].

---

[593] Article 13 statut spécial Cameroun.

[594] Art. 60 s loi sur les militaires, art 15(2) statut spécial.

Au Cameroun, le volontariat se présente sous la forme du militaire engagé qui est un contractuel pouvant occuper les grades d'homme de rang et de sous-officier.

A part le concours et le recrutement par contrat, il en existe un troisième mode qui est le recrutement au choix. Cette modalité s'applique davantage au recrutement des officiers. Elle est exceptionnelle dans la mesure où elle n'est pas un recrutement dans un corps (celui de l'armée), mais est un recrutement dans un grade (officier) ; ce n'est donc pas une entrée initiale, mais une forme de promotion. Seulement, les textes en font état comme étant un mode recrutement[595]. L'autre aspect exceptionnel du recrutement au choix, qui par ailleurs atteste de son caractère non initial, est qu'il est une récompense à un agissement particulier d'un sous-officier. L'acte accompli doit être un fait d'armes, une action d'éclat, donc d'importance. La décision de recrutement dépend de l'appréciation discrétionnaire de l'autorité de nomination.

Le mode de recrutement s'entend d'abord par la modalité d'admission au corps des forces armées. Il correspond aussi à la formation qui est une exigence complémentaire importante tant dans l'entrée, dans le déroulement que pour la sortie des cadres de l'armée (2).

Paragraphe 2 : La formation et l'incorporation

Tout militaire, quel que soit son grade ou son armée, doit avoir été formé (A). Ce n'est qu'à l'issue de cette formation qu'il peut être effectivement recruté (B), à la condition qu'il ait avec succès affronté les différentes épreuves qui sont donc des prérequis.

A. La formation

La typologie des militaires est variée. Entre ceux qui passent un concours d'admission, ceux qui sont contractuels ou encore les engagés, il existe parmi les points communs, l'exigence minimale de formation.

La formation est l'action de donner à des apprenants des connaissances et des aptitudes. Dans l'armée, elle est de diverses formes. Il y a la formation physique qui consiste à réellement faire des apprenants des combattants au regard des exigences physiques de la fonction de militaire. La formation psychologique doit également être prise en compte, car elle consiste à inculquer aux apprenants l'esprit militaire dont la discipline et le sens du sacrifice sont de mise. Cette violence symbolique s'opère par le cadre de la formation et la jonction des aspects physiques à ceux intellectuels. La formation intellectuelle est la dernière forme. Elle s'incarne par les

---

[595]Art. 22 France, art. 13 statut spécial Cameroun.

enseignements qui sont dispensés aux apprenants en vue de les outiller au commandement et à la prise de décision.

Dans la typologie des formations, il faut distinguer celle initiale de celle professionnelle. La formation initiale intervient dans le processus de recrutement et le candidat en cours de formation doit en braver les épreuves pour être à la fin recruté. Ainsi, pour être réserviste, engagé, contractualisé ou admis définitivement après le concours, il faut satisfaire à la formation initiale.

La formation des militaires de rang est avant tout physique. Il s'agit pour eux de recevoir les connaissances et de montrer leurs capacités à intervenir, à protéger et à secourir. Les actes élémentaires du soldat leur sont enseignés.

La formation initiale des officiers consiste davantage à leur inculquer les capacités d'encadrement et d'en faire l'évaluation.

Après avoir été recruté, le militaire reçoit une formation continue pour non seulement actualiser ses connaissances, mais aussi en vue de l'acquisition des différentes qualifications techniques spécialisées, compte tenu des descriptions des postes. Ce second cadre correspond parfois à la formation initiale de premier niveau.

Étant intégré dans le corps des armées, la possibilité de bénéficier de formations est offerte au militaire. Dans ce cadre, elle ne vise plus le recrutement, mais plutôt d'une part l'optique de promotion, et d'autre part la reconversion. S'agissant de la formation initiale, quand elle est subie avec succès, elle donne droit à l'incorporation dans les forces armées (B).

B. L'incorporation

Le recrutement du militaire comme pour tout agent public s'achève par l'incorporation du postulant. L'incorporation se déroule en deux phases : le stage et la titularisation ou intégration. Dans certains statuts, tel celui français, intégration et titularisation s'opposent tout en signifiant la même réalité : celle de la confirmation. Pour autant intégration renvoie à la confirmation du militaire sous contrat et titularisation à celle du militaire admis par voie de concours. Aussi, l'intégration et la titularisation renvoient à la même réalité, mais pour des catégories différentes d'agents.

Les statuts camerounais n'opèrent pas cette distinction et cette absence de dérogation explicite donne valeur à l'application du statut général en la matière (art. 19 SGFPE).

En réalité, tout militaire effectue un stage avant d'être incorporé. Le stage a une durée d'un an. Durant cette période, il doit confirmer « *sa valeur professionnelle, sa bonne moralité et son aptitude physique à assumer les fonctions...* ». Durant la période de stage, le stagiaire est en service effectif et perçoit déjà une rémunération, puisqu'il est à ce moment titulaire d'un matricule. Le stage non concluant aboutit au licenciement, tandis que le stage concluant donne droit à l'incorporation.

L'incorporation du militaire stagiaire s'effectue par intégration ou titularisation. Que le militaire soit contractuel ou fonctionnaire, son incorporation (titularisation/intégration) s'effectue par la nomination. Il s'agit d'un acte qui déclenche l'application à l'intéressé d'un corps de règles prédéterminées[596]. La nomination porte incorporation de l'intéressé, détermine son rattachement formel à un corps et indique sa position dans la hiérarchie de son administration. C'est ainsi que l'article 14 du statut particulier du corps des officiers d'active camerounais de 2001 dispose que *« l'admission dans les différents corps d'officiers est sanctionnée par la nomination au grade initial... Le décret de nomination à un grade initial d'officier affecte l'officier à la gendarmerie nationale ou à l'une des armées, et précise la date de prise de rang ».* S'agissant du contractuel, son intégration compte du jour de la signature du contrat[597] dont les dispositions comportent notamment la description du poste de travail pourvu.

---

[596]OWONA (J), *Droit administratif spécial de la République du Cameroun*, Op.cit, p. 63.
[597]Art. 66 Ibid.

CHAPITRE 2 :

LES CONDITIONS SPÉCIFIQUES AU RECRUTEMENT

En droit, « condition » renvoie à la clause ou l'élément dont dépend la validité d'un acte. S'agissant du recrutement, il s'agit des modalités par lesquelles une ou plusieurs personnes sont admises à exercer une activité professionnelle.

Dans les conditions de recrutement, on devra donc s'édifier sur l'ensemble des exigences que doit remplir un candidat pour être engagé dans une fonction. Le cas des forces armées attire l'attention dans la mesure où les conditions du recrutement dans ces corps présentent, au-delà des points de convergence avec les recrutements dans l'administration civile, quelques spécificités. Pour mettre en évidence les conditions de recrutement dans les forces armées, il faut prendre en compte les distinctions entre les différents corps et catégories dans l'armée. Cela conduit d'une part au constat de l'existence de conditions communes (section 1) et d'autre part, à la présence des conditions particulières suivant les corps et les grades (section 2).

Section 1 : Les conditions communes à l'ensemble des forces armées

L'armée est régie par des principes généraux de droit dont seules certaines spécificités légalement acceptées tiennent lieu de dérogation. Relativement au recrutement, il est mis en avant des principes directeurs (paragraphe I), avant leur complément fait d'éléments apportant dans les détails (paragraphe II) les exigences communes du recrutement.

Paragraphe 1 : Les principes directeurs

Dans leur essence, ils sont synthétiquement au nombre de deux : le principe de légalité et le principe d'égalité.

A. La légalité

En ce qui concerne le principe de légalité, il signifie que l'administration, comme les individus, est soumise au droit. Cette soumission de l'administration au droit constitue une garantie pour les individus contre l'arbitraire. L'une des bases de ce principe est le constat de la disproportionnalité des forces entre administrations et administrés. Il est alors apparu nécessaire de situer l'organisation, le fonctionnement et les pouvoirs de l'administration dans des textes afin d'en déterminer la prévisibilité et d'en restreindre la suprématie.

La légalité renvoie quant à elle à la loi matérielle. Aussi, c'est l'acception large qui doit être considérée. Elle comprend les règles écrites extérieures à l'administration que sont la Constitution, les normes internationales, les lois et le droit posé par le juge (jurisprudence, principes généraux du droit). Elle comprend aussi les règles d'origine administrative que sont les règlements, les décisions individuelles et les contrats.

Par le principe de légalité, il revient à l'administration de se conformer à l'ensemble des prescriptions normatives conditionnant de près ou de loin les opérations de recrutement. Parmi ces prescriptions, il en existe une qui est de valeur constitutionnelle, à savoir le principe d'égalité.

B. L'égalité

L'ancrage du principe d'égalité dans la Constitution est le fait du préambule. Il y est notamment énoncé que « *tous les hommes sont égaux en droits et en devoirs* », et plus spécialement que « *tout homme a le droit (...) de travailler* ». L'administration est ainsi assujettie à l'obligation de traiter tous les candidats aux fonctions publiques d'égale manière. Il est ainsi interdit de discriminer, c'est-à-dire de privilégier une personne ou un sexe dans l'organisation des recrutements. Toutefois, il est admis que les exigences de l'emploi soient de nature à entraîner quelques dérogations à la libre et égale admission à certains emplois publics. Le recrutement dans les forces armées n'y échappe pas dans la mesure où des éléments faisant partie des conditions requises pour le recrutement le révèlent.

Paragraphe 2 : Les éléments composant les conditions communes

Avant l'époque contemporaine, il a souvent existé des discriminations quant aux éléments d'accès à la fonction de militaire. Dans la Rome antique, la cavalerie était au départ composée de riches prétoriens. Ces chevaliers romains ne l'étaient que dans la mesure où ils étaient riches et surtout que l'accès à la cavalerie était une distinction ouvrant la voie à une prestigieuse carrière politique et administrative.

Ainsi, sous la République romaine, la base du recrutement était le cens. Non seulement il servait à la reconnaissance des droits politiques, mais en plus, il permettait notamment d'obtenir un recrutement dans l'armée.

La reconnaissance et la mise en œuvre du principe d'égalité ont conduit à l'abandon de ces privilèges pour fonder le recrutement sur des bases plus objectives. Les conditions communes actuelles concernent le sexe, l'âge, la nationalité, les aptitudes, la capacité civile et la moralité.

- Relativement au sexe, aucune mention n'y est portée. Ceci marque le principe de l'indifférence quant au sexe pour indiquer qu'aucune discrimination fondée sur le sexe n'est en principe recevable. Tout de même, il faut signaler à l'observation et par le fait même des exigences liées à l'entrée dans certains corps d'élite que l'efficacité, qui est le critère unique d'évaluation, donne naturellement la préférence au sexe masculin.
- Pour l'âge, il faut reconnaître que la majorité des textes restent muets sur cette condition. Par exemple, en France, l'âge est mentionné dans le statut des militaires, ce qui n'est pas le cas au Cameroun. Il faut alors se référer au statut général de la fonction publique de l'État où à l'article 13, il est disposé que l'âge minimum d'entrée dans la fonction publique est de 17 ans.
- La nationalité est la troisième condition du recrutement. Pour toutes les armées, il s'agit de posséder la nationalité de l'État employeur. Cette exigence commune à tous les agents publics est justifiée par l'attachement à l'intérêt général, au loyalisme attendu et au sens de la patrie. Il est encore plus exacerbé chez les militaires, où l'on parle de sacrifice suprême pour lequel il est aisé d'imaginer plus la faisabilité pour un national que pour un étranger. À ce niveau, il faut préciser que la double nationalité n'est pas éliminatoire pour un recrutement dans l'armée dans certains États. Au Cameroun, par contre, la double nationalité interdit l'entrée dans l'armée.

Pour autant, des dérogations existent. La première tient aux militaires sous contrat, qui, souvent de nationalité étrangère et issus de la coopération militaire, sont en service dans les forces armées de l'État utilisateur. La seconde exception tient au communautarisme qui, à titre prospectif, pourrait conduire au recrutement de non-nationaux originaires de la sous-région.

- S'agissant des aptitudes, il est question lors de l'admission de présenter les exigences physiques et intellectuelles requises pour l'emploi. En ce qui concerne les aptitudes intellectuelles et suivant le grade, il est demandé un niveau intellectuel rapporté par la possession d'un diplôme. Au-delà de la possession dudit diplôme, il est requis pour les grades au-dessus des hommes de rang de passer avec succès des épreuves écrites ou orales quand il s'agit d'un concours. La justification en est qu'appelés à commander, ils doivent dès le départ fournir la preuve de leur niveau intellectuel.
- Par contre, relativement à l'aptitude physique, ce qui est concerné c'est l'état de santé et la force physique. Pour l'état de santé, il faut ne

présenter aucune maladie ni infirmité susceptibles d'entraver l'exécution du travail. Pour la force physique, la première vocation du militaire est d'aller au combat : il doit donc être pourvu d'une capacité physique lui permettant de fournir un niveau d'effort acceptable. En guise de précision, l'exigence de force physique est quasiment inexistante quand il s'agit des emplois civils. Ce qui a tendance à donner de l'originalité aux corps des forces armées.

- Une autre condition est celle de la capacité civile. Cette exigence formulée dans les statuts des agents publics civils se retrouve également dans les statuts des armées. Le postulant ne doit pas être sous le coup d'une condamnation ni d'une déchéance d'exercice de ses droits civiques. Cette exigence est d'ailleurs liée à celle de moralité.

- L'exigence de moralité est tirée de l'impératif d'exemplarité dont doivent faire montre les agents publics. Le premier élément permettant d'édifier est le casier judiciaire qui ne doit pas indiquer que le candidat « ... a *été l'objet d'une condamnation ferme : - pour crime ou délit de probité, notamment pour vol, faux, trafic d'influence, escroquerie, fraude, corruption, détournement de deniers publics ou abus de confiance. - À une peine assortie de l'une des déchéances prévues par le Code pénal. - Pour une infraction ayant entraîné une peine d'emprisonnement ferme de six mois » (art. 13 SGFPE).*

Le second élément qui édifie est l'enquête de moralité par laquelle, il est prescrit un certain nombre d'investigations pour avoir des éléments de la vie du candidat ; éléments qui indiquent qu'il est recommandable. Au-delà de la simple présentation de ces conditions, il faut dire que certaines sont appliquées suivant les catégories des personnels.

Section 2 : Les conditions particulières de recrutement

Elles ne sont pas exceptionnelles en ce sens qu'elles correspondent logiquement au grade et au type d'emplois concernés. Néanmoins, elles tirent leur spécificité de ce qu'elles sont celles requises pour l'admission dans le corps des officiers. On y retrouve deux règles : celle du non-recrutement d'office des sous-officiers de carrière (paragraphe 1) et celle de la haute formation pour le recrutement des officiers (paragraphe 2).

Paragraphe 1 : Le non-recrutement d'office des sous-officiers de carrière

Les grades des sous-officiers comprennent ceux de : sergent ou second maître, sergent-chef ou maître, adjudant ou premier maître, adjudant-chef ou maître principal et major. À la base, en tant que militaires, leur recrutement est conditionné par la nationalité, l'âge, les aptitudes exigées et la possession des droits civiques. Pour autant, leur recrutement est également conditionné par la règle du non-recrutement d'office.

Cette règle a deux volets dont l'un correspond à son sens strict et l'autre à une application plus large. S'agissant du sens strict, il est question du recrutement au grade de sous-officier de carrière. Telle la terminologie empruntée, le sous-officier de carrière ne l'est que parce qu'il y fait carrière. Cette exigence concerne les militaires servant en vertu d'un contrat. Il leur est demandé une ancienneté et d'avoir servi à un grade de sous-officier ou d'officier marinier pour y prétendre.

L'application large du non-recrutement d'office des sous-officiers de carrière concerne leur recrutement au grade d'officier. Cela ne s'effectue pas en général de façon directe. Seules deux possibilités y sont ouvertes. La première est la voie normale qui est pour l'adjudant-chef ou le maître principal de réussir au concours d'entrée dans une école de formation d'officier. Il doit pour autant n'avoir pas opté pour la filière menant au grade de major et remplir les conditions de qualification, d'ancienneté et d'âge (art. 13-1e-4). La seconde voie est plus exceptionnelle. Si elle concerne toujours les sous-officiers de carrière du même grade, elle est assujettie à l'accomplissement d'un fait d'armes et l'admission est prononcée par décret du président de la République sur proposition du ministre chargé de la Défense (art. 13(2)).

Ainsi, le recrutement des militaires présente un ensemble de conditions communes et d'autres, plus spécifiques, suivant qu'il s'agit d'un militaire de rang, d'un sous-officier de carrière ou d'un officier (paragraphe II).

Paragraphe 2 : La haute formation pour le recrutement des officiers

La hiérarchie dans les grades des officiers comprend les officiers généraux, les officiers supérieurs et les officiers subalternes. Le recrutement dans la hiérarchie des officiers s'effectue par l'entrée au grade d'officier subalterne (capitaine, lieutenant, sous-lieutenant). Au-delà des conditions communes aux armées déjà présentées, il est requis pour être recruté au grade d'officier de bénéficier d'une haute formation. Pour les sous-officiers de carrière, ils doivent au départ prouver leur prédisposition en réussissant aux tests de sélection ouvrant les portes d'entrée d'une école de formation d'officier et y effectuer et achever la formation. Ou encore ils doivent avoir accompli un fait d'arme, ce qui fait que la bravoure, la haute qualification avérée remplace la haute formation.

Pour le recrutement des officiers, il est demandé une haute formation en ce sens qu'ils sont appelés à exercer des fonctions de commandement et à effectuer des choix stratégiques et techniques nécessitant un minimum d'expertise. Autant les militaires de rang sont d'abord sélectionnés en raison de leurs aptitudes physiques, autant les officiers le sont en tenant notamment compte de leurs aptitudes intellectuelles. Pour ce faire, il est de principe que la réussite à un concours d'entrée dans une école nationale ou étrangère agréée de formation des officiers soit la première exigence. La seconde est l'obtention du diplôme de fin de formation de ladite école. D'ailleurs, l'entrée dans ces écoles est conditionnée par la possession d'un diplôme scolaire ou universitaire correspondant au niveau de commandement (baccalauréat, licence...).

Suivant les besoins et les spécialités, la haute formation est également obligatoire dans le recrutement des magistrats, médecins et autres ingénieurs militaires qui sont admis dans ce corps, d'abord parce qu'ils sont titulaires de diplômes requis, et ensuite parce qu'ils ont satisfait à une formation militaire appropriée.

CHAPITRE 3 :

LES DROITS ET OBLIGATIONS DES MILITAIRES

Les forces armées sont assujetties à un ensemble de droits. Lesdits droits qui régissent leurs conditions professionnelles sont assortis d'obligations. À ce niveau, une égalité est visible entre militaires de rang et officiers (supérieurs), dans la mesure où tous les grades des personnels de l'armée sont soumis au même régime de droits et obligations. Par ailleurs, il peut être affirmé que l'agrégation de ces droits et obligations autorise à percevoir des convergences et des divergences avec les régimes statutaires des personnels civils de l'État.

Section 1 : Les droits civils et politiques

Comme tous les regroupements d'agents devant intervenir pour le compte de l'État dans ses missions d'intérêt général, l'armée est faite pour servir la nation. La spécificité de sa fonction est telle qu'il lui est imposé bon nombre de contraintes, dont l'esprit de sacrifice pouvant aller jusqu'au don suprême. Le principe néanmoins demeure qu'il faut faire une distinction, comme pour tout agent, entre le militaire en service et le militaire en dehors de son service. Dans ces deux cadres, le régime juridique varie. À certains points pareils à celui des agents civils, il conserve des particularismes liés à l'État militaire.

Les segments retenus dans l'appréhension des droits et obligations des militaires font apparaître ce dernier hors du service ou dans le service. À la vérité, il s'agit d'une séparation entre ses droits et obligations dits privés (extraprofessionnels) de ceux dits professionnels. Pour autant, même en service, le militaire ne se départit pas totalement de ses attributs civils.

Ainsi, suivant ses convictions religieuses, il peut, pendant le service, vouloir exercer son culte. Dans le même sens, en dehors du service, il n'est pas entièrement démis de son état de militaire. D'ailleurs, il y a une obligation de disponibilité qui le suit partout où il se trouve. Ces éléments montrent qu'il y a, malgré la tentative de séparation, un continuum étroit entre vie civile et vie militaire. Le droit de sa profession le lie en dehors et dans le service (privé et professionnel). Le législateur en a tenu compte dans la formulation des droits et obligations du militaire.

Par leur nature, il faut opposer les droits professionnels de ceux civils et politiques. Les seconds reviennent à l'individu pris comme tel et donc en principe, en dehors de toute activité professionnelle. Plus encore, les droits civils sont ceux qui régissent la vie privée du militaire et diffèrent des droits politiques, parce que ces derniers *« s'acquièrent et se conservent conformément aux lois constitutionnelles et électorales »*[598]. Le traitement commun de ces deux catégories de droits par les statuts est ici pris en compte, et la lecture à porter à leurs régimes juridiques est celle de la limitation, avec d'une part les restrictions pour certains droits civils et politiques et d'autre part les interdictions pour d'autres droits de même nature.

Paragraphe 1 : Les restrictions des droits civils et politiques

À la différence des statuts civils, les statuts militaires inscrivent d'entame au titre premier les droits et obligations des militaires comme pour montrer le caractère prépondérant de ceux-ci. Cet état de choses permet aussi d'affirmer la forte exigence disciplinaire dans les corps de la défense nationale.

Dans les dispositions de ces statuts régissant les militaires, il est mentionné que « *les militaires jouissent de tous les droits et libertés reconnus aux citoyens* » [599]; étrange disposition. Pourquoi affirmer une évidence, si ce n'est pour ériger un principe juridique constitué de règles et d'exceptions avec toujours la possibilité que la règle vienne supplanter l'exception, ou encore le contraire (c'est le cas ici). Les statuts des agents civils ne portent aucune disposition, pour le moins évidente, sur les droits civils (sauf extension de la faute extraprofessionnelle) et politiques. Ce qui s'interprète comme une indifférence sur le sujet aux antipodes des statuts militaires. En effet, ces derniers portent réellement restrictions de ces droits dans le service (A) et tantôt en dehors du service (B).

A. Les droits restreints dans le service

La restriction est la réduction, la diminution et non l'élimination ou l'interdiction. Le principe de la restriction est qu'il y a reconnaissance, mais le cadre de la reconnaissance ou de l'exercice n'est pas ordinaire, d'où la réduction. Pour les militaires, les droits restreints le sont en général dans le service, car ils peuvent être librement exercés dans un cadre privé, ou encore que le militaire n'en jouit que partiellement.

La formulation positive de la logique de restriction est que tous les droits et libertés reconnus aux citoyens le sont pour le militaire : c'est la règle. Toutefois, l'exercice de certains d'entre eux est soit interdit, soit restreint. C'est l'exception qui donne lieu à restriction. Il s'agit en réalité des droits et libertés concernant l'opinion, la croyance et la politique.

-La liberté d'opinion est accordée lorsqu'elle n'est pas exercée publiquement. Elle postule la liberté de conscience et la liberté d'expression.

---

598 Art. 7 C. Civ.
599 Art. 3 France et art. 6 Cameroun.

Aussi, le militaire est libre d'avoir une opinion, de l'exprimer et de la défendre. Néanmoins, elles ne peuvent être librement exercées dans le service. Le militaire en service est dépouillé de ses opinions et doit servir. D'ailleurs, le secret-défense empêche que la liberté d'opinion permette la divulgation d'informations interdites. La liberté d'expression concerne aussi la liberté de communication. À ce niveau, la discrétion est de mise. Ainsi, la communication et l'usage de moyens de communication et d'information divers sont restreints dans le service s'ils sont de nature à porter atteinte à la protection des militaires en opération (art. 4 France). Il y a même interdiction d'introduire dans les enceintes militaires des publications pouvant nuire au moral ou à la discipline (art. 8 Cameroun).

La liberté d'émettre ses opinions politiques est également concernée. Il s'agit d'un concentré de libertés politiques et d'expression. L'obligation de discrétion s'applique ici parce que si le militaire peut, en privé, faire part de ses opinions politiques, il ne peut pas librement les émettre en public. Il y va du caractère apolitique de l'état de militaire. Ainsi, la majorité des statuts soumettent le droit de publiquement exprimer ses opinions politiques ou de mettre en cause une puissance étrangère ou une organisation internationale, à l'autorisation du ministre de la Défense (art. 7(2) Cameroun). À signaler l'évolution française où cette autorisation préalable a été supprimée en 2005 (art. 4). Ce qui est l'une des marques de la libéralisation politique de l'état de militaire. En dehors du service, il existe également des droits restreints.

-La liberté de culte, qui est le droit aux croyances philosophiques est reconnue. Par liberté de culte, il faut entendre la libre croyance à des convictions religieuses et la liberté d'exercer son culte. Les opinions philosophiques sont quant à elles intellectuelles, mais ont également une connotation religieuse par rapport aux associations philanthropiques et scientifiques (rose-croix, franc-maçonnerie...). Ainsi, le militaire est libre d'y adhérer, de pratiquer son culte et de dire ses convictions. Cependant, dans le service, la liberté d'exercice du culte reconnu peut être restreinte quand en opération, il y a incompatibilité ou si les circonstances l'imposent.

B. Les droits restreints en dehors du service

Le militaire est sujet à des restrictions des droits et libertés qui tiennent à la particularité du corps de la défense nationale. Il faut citer les cas de la résidence, de la circulation, et du mariage.

- La liberté de résidence est le droit de se fixer là où la possibilité et les capacités s'accordent. Le militaire jouit de cette liberté, mais comme pour les fonctionnaires civils, l'intérêt du service peut restreindre la liberté de résidence. La mission et les responsabilités dictent cette réduction de la liberté de résidence.

- La liberté de circulation est le droit d'aller et venir sans entrave. Elle a deux variantes : la liberté de circuler dans le territoire et la liberté d'aller à l'étranger. Le contrôle pour éviter les désertions, mais aussi pour limiter la mise enjeu d'informations confidentielles dont serait porteur le militaire, ont anciennement motivé la possibilité de restreindre les mouvements du militaire. À cet effet, il lui est particulièrement imposé l'accord de sa hiérarchie (le ministre)[600] pour les déplacements à l'extérieur. Pour les officiers généraux et les militaires des corps spéciaux, les déplacements à l'intérieur sont très souvent soumis soit à information, soit à autorisation.
- La liberté de mariage du militaire est également restreinte. S'il lui est permis de se marier, il reste que cela nc s'effectue pas librement. En règle générale, des investigations sont faites sur la personne que le militaire doit épouser, pour des raisons évidentes de sécurité et de préservation du secret professionnel, qui peut être menacé par l'obligation morale de partage qu'instaure le mariage. De ce fait, la liberté de se marier est subordonnée à l'autorisation préalable du ministre de la Défense[601]. Certains statuts ont revu leur position sur la question. La raison en est que même dans le concubinage et dans toutes autres relations sentimentales, les craintes perçues vis-à-vis du mariage existent et ces relations sont hors de maîtrise comme l'atteste l'histoire de l'espionnage féminin. Le statut français n'impose cette autorisation préalable qu'au militaire qui sert à l'étranger[602] et tout de même un paradoxe, ne l'impose pas au militaire servant en France et désirant contracter mariage ou pacte civil de solidarité avec un étranger, à croire qu'il n'y a pas de risque qu'un Français en France épouse un étranger.

Le premier niveau de l'aménagement spécial des obligations et droits du militaire est la restriction. Plus exacerbé est le second niveau constitué d'interdictions.

Paragraphe 2 : Les interdictions de droits civils et politiques

À l'énumération des droits civils et politiques des agents publics, il en ressort que le militaire est une catégorie à part. Sujet à des restrictions dans ses droits, il s'avère qu'il existe même des champs dans les droits civils et politiques qui excluent le militaire. Par l'interdiction, il ne peut exercer lesdits droits et libertés et cela est dû à ce que cela ne lui est pas reconnu. Théoriquement, quand il s'agit d'un droit fondamental, donc non détachable de la personne humaine, la question est de savoir si par une opération

[600] Art. 8 France.
[601] Art. 13 Cameroun.
[602] Art. 86.

matérielle il est possible de démarquer un être humain de son aspiration à ladite prérogative fondamentale.

A. L'interdiction portée aux droits politiques

Dans les droits politiques, il existe ceux larges et comprenant le droit d'exprimer ses opinions politiques et ceux plus confinés constitués par le droit de s'impliquer activement dans la vie politique.

Pour le premier cas, il a été indiqué que le militaire bénéficie de la liberté d'opinion politique qu'il ne peut cependant pas librement exprimer publiquement. Il bénéficie aussi du vote.

Pour le second cas, la liberté du militaire n'est pas reconnue et il ne peut donc régulièrement s'impliquer activement dans la vie politique. Il s'agit de ne pas porter atteinte à l'obligation de loyalisme vis-à-vis de l'État et au devoir de neutralité du militaire qui, en dernier ressort, peut devenir un arbitre politique (assurer l'exécution des lois et éviter le coup d'État). La réserve imposée au militaire fonde donc l'interdiction portée aux droits politiques, qui impliqueraient l'entrée du militaire dans le jeu politique.

Ainsi, « *il est interdit aux militaires en activité de service d'adhérer à des groupements ou associations à caractère politique...* »[603]. Il lui est donc en principe interdit de battre campagne (ce qui l'amènerait à prendre publiquement position), d'être membre d'une association politique et encore plus d'être candidat. Particularité, cette interdiction concerne le militaire « en activité de service », ce qui laisse présager qu'en non-activité ou en reforme ou détachement, il serait délié de cette interdiction. Il n'en est rien parce que les statuts qui en font état ne disposent pas explicitement de manière différente. Par contre, pour les interdictions, telle celle d'entreprendre, il y est explicitement dérogé (ex : art. 52(4) Cameroun). À l'évidence, l'état de militaire, quelle que soit la position, conduit à l'interdiction présentée.

Des dérogations y sont portées. Quand le militaire était membre d'une association politique avant son recrutement, il peut y demeurer, même si cela est suspendu pendant sa présence sous les drapeaux[604].

Plus relâche, le législateur français admet la dérogation pour les cas où, sous réserve d'inéligibilité, le militaire exprime son envie d'être candidat à une fonction publique élective. Ainsi, il n'est pas libre d'adhérer à un parti politique, mais il est libre de présenter sa candidature. Ce qui entraîne alors la suspension de l'interdiction d'adhérer à un parti politique le temps de la campagne électorale. S'il est élu, la suspension couvre la durée du mandat et

[603] Art. 5 France et art. 9 Cameroun.
[604] Art. 10 (2) Cameroun.

il est mis en position de détachement. Des interdictions aux difficiles exceptions existent aussi pour certains droits civils.

B. Les interdictions portées aux droits civils

Civils parce que n'étant pas politiques, les droits interdits ont quelques allures professionnelles, parce qu'ils sont à la frontière entre l'activité privée (hors emploi) et l'exercice d'activités secondaires proches de celles professionnelles, telle l'activité commerciale. On y retrouve :

- le droit de manifestation qui est purement civil. Le militaire est tenu par le devoir de réserve et l'obligation de neutralité. La conséquence en est qu'il est implicitement dépourvu du droit de manifestation publique ;
- le droit syndical lui est en principe interdit. Il s'agit d'un droit professionnel qui peut s'extérioriser à travers des manifestations publiques ;
- la liberté de commerce et d'entreprise est également interdite au militaire. Cette liberté qui est celle d'entreprendre, de s'installer et de gérer une activité lucrative est proscrite, car le militaire ne peut exercer de profession lucrative[605]. Cette interdiction qui est la correspondante de l'obligation de se consacrer au service s'impose aussi aux personnels civils de l'État[606], où la seule dérogation est la production rurale, littéraire, artistique et les enseignements. S'il peut être mis en activité dans une entreprise, il ne peut y prendre des intérêts[607]. Le militaire ne peut exercer d'activité lucrative et l'interdiction s'étend à son conjoint au Cameroun[608].Le cas du bénéfice d'un héritage en fait exception. Toujours à titre de dérogation, la mise à disposition peut être accordée pour l'officier s'il désire s'investir dans une activité lucrative[609]. De même, en cas de retrait d'emploi, le militaire dans cette position interruptive d'activité peut bénéficier de la même autorisation[610].

Section 2 : Les droits et obligations professionnels

En commun avec les autres agents de l'État, les militaires sont sous le régime de droits et obligations professionnels. Ces derniers se situent dans le cadre de l'exercice de la fonction. L'agent se retrouve donc en relation avec ses collègues (subordonnés et supérieurs hiérarchiques) et les usagers. Les droits professionnels mettent également en rapport la fonction et celui qui

---

[605]Art. 14 Cameroun.
[606] Art. 36.
[607]Art. 46(2) France).
[608]Art. 14.
[609]Art. 52 (4).
[610]Art. 53(3).

l'exerce. Comme pour les droits civils et politiques qui sont davantage liés à la vie privée du militaire, mais ont quand même des liens avec son milieu professionnel, les droits et obligations professionnels ne se déploient pas seulement dans le cadre de l'emploi. Ils connaissent un prolongement dans l'existence privée du militaire.

L'état des droits et obligations professionnels du militaire se distingue de celui de l'agent civil. Certains droits sont reconnus d'égale manière, tandis que d'autres le sont en moins, et jamais en plus. De ceux partagés d'égale manière, il faut constater dans leur contenu, quelques fois des différences. C'est le cas du droit à rémunération. Tous les agents ont ce droit, mais les bases de rémunération et les quantum, par comparaison, donnent le dessus au militaire.

Sans s'appesantir sur le détail, il ressort que des droits et obligations professionnels communs, sont à considérer : le droit à rémunération, le droit aux pensions, l'obligation de servir, de discrétion, le devoir d'obéissance... En réalité, parmi ces droits et obligations communs, il y en a qui sont exacerbés chez le militaire. Ce sont les devoirs de réserve, de servir et d'obéissance. Dans une autre catégorie se trouvent les droits et obligations professionnels à caractère collectif que sont le droit syndical et le droit à la participation.

Paragraphe 1 : Le droit syndical et le droit à la participation

Le militaire, tout comme les autres agents de l'Etat, jouit d'un ensemble de droits. C'est le cas du droit à la santé, à la formation permanente, au congé et du droit à la protection. L'administration de la défense nationale est tenue de faire que le militaire bénéficie de ces droits. Relativement à la protection, l'État doit lui assurer la protection contre les menaces, outrages et voies de fait qu'il subirait en raison du service. Ces différents droits sont attribués à l'agent et peuvent être considérés comme individuels. Par contre, il existe une autre catégorie à la nature davantage collective. Le droit syndical en est le plus représentatif, à côté du droit à la participation.

A. Le droit syndical

C'est par le combat des classes ouvrières qu'a été acquise la liberté syndicale. Il s'agissait de constituer des groupes de travailleurs pour que, solidaires, ils défendent leurs intérêts.

En première intention, le droit syndical est reconnu aux travailleurs pour qu'ils bénéficient d'informations syndicales et aient la possibilité d'exercer une activité syndicale. L'information syndicale permet le regroupement des travailleurs pendant et en dehors des heures de travail pour discuter de leurs intérêts communs. Cette information autorise les affichages et tracts syndicaux. Les activités syndicales permettent la participation à certaines instances consultatives, la décharge de service, et le congé de formation syndicale. Par le syndicat, il y a renforcement du dialogue social dans l'institution et les travailleurs sont impliqués dans la prise de décision et l'exécution de la décision.

En seconde intention, il s'agit de mettre sur pied un cadre devant constituer un contre-pouvoir face à la hiérarchie administrative. Ce fait est le résultat des conflits entre le patronat et les ouvriers qui, par ce droit syndical, ont le pouvoir de manifester leur point de vue, notamment en faisant obstacle au déroulement normal de l'activité professionnelle : c'est le cas de la grève.

Le droit syndical est né dans l'entreprise et s'est répandu au sein de la fonction publique. Il est collectif parce qu'il est exigé que plus d'un employé en fasse partie pour qu'il soit exerçable. Le syndicat est une association, et comme tel, il a la personnalité juridique et donc, le pouvoir d'ester en justice contre les actes concernant le personnel. Hormis l'exercice de ce droit en justice, le droit syndical peut s'exercer par le moyen de la grève.

La grève est le droit collectif qui s'exerce en portant atteinte à la continuité du service. Elle est la forme la plus poussée de l'exercice du droit syndical. Les statuts des fonctionnaires civils sont en général timides sur la reconnaissance du droit de grève. Le droit syndical est reconnu[611], mais le droit de grève est souvent non disposé dans les statuts. Cela n'est en réalité qu'une énonciation indirecte du droit de grève qui, reconnu par la Constitution, peut d'ailleurs s'exercer en dehors et même contre l'avis du syndicat, du moment qu'elle est collective et respecte les conditions légales (préavis, service minimum…).

De manière générale, il est interdit au militaire en activité d'adhérer à des associations syndicales[612]. La forte contrainte exercée sur le militaire par les statuts pourrait aussi être tirée de l'absence de ce contrepoids qu'est le syndicat. Dans la même lancée, à l'intérieur et hors du droit syndical, le droit de grève n'est pas reconnu au militaire. Très frappant, il est inscrit que « *l'exercice du droit de grève est incompatible avec l'état militaire* »[613].

Le principe est donc posé : le militaire, contrairement à la majeure partie des autres agents de l'Etat ne dispose pas du droit syndical, et encore moins de son corollaire qui est le droit de grève. Le rejet du droit syndical tient à la nature fortement hiérarchisée de l'armée. Le refus du droit de grève se justifie par le fait que la défense nationale, dans le cadre opérationnel, ne peut être faite de manière discontinue, et aussi que la vocation du militaire est de suppléer les corps civils quand il y a grève irrégulière.

---

[611] Art. 21(2) SGFP.
[612] Art. 9 Cameroun, art. 6 France.
[613] Art. 1 Cameroun, art 6 France.

Il demeure que certaines situations ont conduit à des grèves. Au Cameroun, les gardes pénitentiaires (gardiens de prison), exclus du droit de grève ont bravé l'interdiction. De même, en France en 2001, les gendarmes ont outrepassé l'interdiction de faire grève. Pour les fonctionnaires de police, il leur a été récemment accordé en France, le droit de manifester publiquement, mais pas le droit de grève. Ce qui est déjà une avancée. Un autre droit est celui de la participation.

B. Le droit à participation

Le droit à participation fait également partie des droits reconnus aux agents civils comme le droit de grève. Mais à la différence de ce dernier, il est également reconnu aux militaires. Au Cameroun, les statuts des militaires n'en font pas explicitement état. Pour autant, il ne paraît pas incompatible avec l'état de militaire, et il est disposé que le statut général s'applique dès lors que celui particulier est muet sur une question. C'est dans ce cadre qu'il faut ici convoquer l'article 34 du statut général de la fonction publique.

Il y est disposé que « *les fonctionnaires participent, par l'intermédiaire de leurs représentants élus et siégeant dans les organes consultatifs, à l'élaboration des règles statutaires à leur carrière ou au fonctionnement des services publics* ». Le droit de participation des militaires opère différemment. Il est vrai que des commissions paritaires peuvent exister, mais en priorité, le droit de participation des militaires concerne les procédures disciplinaires. Au Cameroun[614] comme en France[615], c'est prioritairement l'implication des militaires du même corps à la décision sanctionnatrice qui est mise en avant, même si leur présence au sein des organismes consultatifs et de concertation est visible[616]. Ces organismes permettent la défense du corps et fonde la participation à la sanction.

Les droits syndicaux, de grève et de participation traitent des militaires dans leur ensemble. Du point de vue professionnel, il faut dénombrer d'autres droits et devoirs qui ont un caractère plus individuel.

Paragraphe 2 : Les devoirs de servir, de réserve et d'obéissance

Le militaire est soumis aux mêmes devoirs professionnels que tous les agents publics. Néanmoins, à l'intérieur desdits devoirs se trouvent des implications parfois plus poussées pour lui. Au nombre de cinq chez les civils, les devoirs professionnels se synthétisent en trois grandes déclinaisons quand il s'agit du militaire ; à savoir le devoir de servir, le devoir de réserve, et celui très porteur qui a trait à l'obéissance hiérarchique.

---

[614]Art. 21 s.
[615]Art. 42(2).
[616]Art. 18 France.

A. Le devoir de servir

Ce devoir est clairement formulé pour les autres agents publics[617]. Chez les militaires, non mis en évidence par les textes, il est implicitement formulé et est même impératif, au regard de ses implications. Le devoir de servir c'est d'abord une obligation associée à celles de réserve et d'obéissance parce qu'elle impose par le fait de servir, de se conformer aux statuts, et donc d'effectuer le service dans la réserve et l'obéissance. C'est ensuite un devoir qui lie le militaire à la fonction qui est la sienne.

Relativement au statut général, il est prescrit que par l'obligation de servir, il s'agit de se consacrer au service[618]. Première exigence, assurer le service ; deuxième exigence, s'y consacrer personnellement avec probité, diligence et responsabilité. Troisièmement, en contact avec les usagers, il doit être à leur service, tout en se conformant à l'obligation de réserve et de discrétion professionnelles.

Dans sa consécration, il faut s'intéresser aux préambules des statuts des militaires pour découvrir les exigences de « *respect des règles de l'honneur et la disponibilité permanente au service du bien public* ».

- L'obligation de disponibilité du militaire se tire donc du devoir de servir[619]. Il doit répondre à l'appel de servir en tout temps et en tout lieu, et sa liberté de résidence est conditionnée.
- L'exigence du sacrifice peut être requise au nom du devoir de servir. Quand les circonstances sont périlleuses, le militaire ne peut se dérober, et est plutôt tenu de servir même au prix de son sacrifice suprême.
- L'obligation de désintéressement est la dernière branche du devoir de servir. En effet, nécessitant la seule consécration au service, il lui est interdit, sauf dérogations exceptionnelles (mise en disponibilité, longue maladie…), d'exercer une activité lucrative[620], car cela pourrait déteindre sur son service.

À côté du devoir de servir, celui de réserve est également exigé du militaire.

B. Le devoir de réserve

Il est de coutume d'exiger de tous les agents de l'État d'observer le devoir de réserve[621]. Le devoir de réserve est un encadrement de la liberté d'expression, car celui qui en est lié est tenu de ne pas émettre son opinion sur des questions

---

[617] Art. 35 SGFP.
[618] Art. 36 s.
[619] Art. 7 France.
[620] Art. 14 Cameroun et art. 9 France.
[621] Ex. : art. 40 (1) SGFP.

précises, ou de ne pas faire connaître certaines informations qu'il détiendrait du fait de sa fonction. À ce niveau, le statut de la fonction publique de l'Etat du Cameroun reste encore en retard, car il oblige le fonctionnaire à s'abstenir d'exprimer publiquement ses opinions politiques, philosophiques, religieuses ou syndicales, ou de servir en fonction de celles-ci.

À l'analyse, le fonctionnaire est un être confiné. Pourtant, il est aussi fonctionnaire. En plus, la liberté de pensée et celle de participer à la vie publique sont incompatibles avec cette interdiction. Ailleurs (cas français), le devoir de réserve n'est pas libellé de sorte qu'il tendrait à porter atteinte à la vie privée du fonctionnaire et c'est probablement au-delà de la lettre, le même esprit pour le statut camerounais. En effet, strictement, il est question d'éviter que le fonctionnaire ne profite de sa position pour faire des propagandes politiques, religieuses, philosophiques. Le fait en est que le devoir de réserve est une application de l'exigence de neutralité du service public qui concerne également ses agents. Il s'agit pour le fonctionnaire de ne pas, le cas échéant, profiter de sa fonction et de ne pas engager son administration par ses propos[622].

Plus important encore est la protection des informations et documents dont le fonctionnaire a eu connaissance à l'occasion du service. Ce volet concerne la discrétion professionnelle qui est l'autre pan de l'obligation de réserve, et dont l'objectif est de protéger le service.

Les franchises universitaires et la possibilité de participer à la propagande électorale sont quelques cas qui démontrent, le premier dans le cadre du service et le second en dehors du service, que le devoir de réserve n'est pas absolu vis-à-vis des civils.

Chez les militaires, il en va autrement. Clairement, l'expression publique des opinions politiques et philosophiques leur est interdite. De même, ne jouissant pas du droit syndical et encore moins de celui d'adhérer à un parti politique ou de battre campagne, il s'avère que le devoir de réserve leur est appliqué effectivement par rapport d'abord à ces abstentions d'émettre publiquement des opinions dans ces domaines. Par la suite, la discrétion professionnelle les concerne. Elle prend dans sa forme la plus poussée celle du secret-défense.

Le secret-défense vise à protéger simultanément l'agent et l'administration. Le militaire n'a pas le droit de divulguer une information qui présente un caractère confidentiel et dont la diffusion aurait un effet dangereux. Ainsi, des renseignements, procédés, objets, documents et données informatisées qui ne sont pas encore classés, mais dont la nature spéciale le révèle, sont dans le secret-défense. Pour autant, le préalable

[622] CE, 15 janvier 1935, Bouzanquet, Rec. p. 44 ; CE 11 février 1953, Touré Alhonsseni, Rec p. 709.

demeure la classification desdites informations. Habituellement, même s'il y a des sous-classifications, il s'agit d'informations qui sont de nature à nuire gravement à la défense nationale. La décision de classification est prise par l'autorité gouvernementale qui en a reçu délégation du président de la République. La levée du secret-défense incombe uniquement à l'autorité qui a procédé à la classification. Pour autant, le juge a le pouvoir d'en demander la levée. En France, il existe une commission consultative du secret de la défense nationale qui donne son avis sur demande du juge, et l'autorité compétente pour la levée du secret-défense n'est pas liée par cet avis. En Angleterre et aux États-Unis, le juge a plus de pouvoir, car il peut ordonner la levée du secret-défense, même si la coutume de la rétention du secret (refuser de se plier, ou ne le faire qu'en partie) y est toujours existante.

Ainsi, les militaires ont dans le devoir de réserve, l'obligation de ne pas violer le secret de la défense nationale et le secret professionnel[623], sauf autorisation de l'autorité compétente. Le militaire est ainsi lié par un devoir de réserve renforcé. Il en est de même pour le devoir d'obéissance.

C. Le devoir d'obéissance et la responsabilité

Le militaire est soumis à l'obligation d'obéissance. Ce devoir s'inscrit dans le cadre professionnel, parce qu'il concerne les rapports de travail entre supérieurs et subordonnés. Il s'étend du soldat de rang à la plus haute autorité militaire. Plus on descend dans la hiérarchie, plus le devoir d'obéissance est fort, parce que le nombre de supérieurs augmente. Cette obligation a trait au principe hiérarchique et soumet le subordonné aux ordres donnés par le supérieur hiérarchique.

Dans son principe, ce devoir oblige le militaire à exécuter les instructions individuelles et générales données par le(s) supérieur(s) hiérarchique(s) dans le cadre du service. Chez le militaire, l'obéissance est rattachée aux devoirs de loyauté et de servir qui l'enchainent dans un cadre disciplinaire, où le droit syndical est une abjection. Cela laisse supposer une forte soumission du militaire aux ordres hiérarchiques. Le fait est que l'obéissance est un pilier fondamental de l'État militaire. L'origine de ce devoir est qu'il est lié à la responsabilité qui, à l'origine, incombe au donneur d'ordre, parce que l'autorité militaire ne se partage pas. Des événements à l'échelle internationale devaient remettre cette position extrême en question.

Des plus notables, il faut tirer les leçons du Tribunal International de 1945 dans le procès de Nuremberg, où la partie plaignante fut « La civilisation ». Il y a été consacré, conformément à l'article 8 du statut du tribunal, que « *le fait que l'accusé a agi conformément aux instructions de son gouvernement ou d'un supérieur hiérarchique ne le dégagera pas de sa responsabilité, mais*

623 Art. 4 France, art. 18 Cameroun. V. art. 102 s du code pénal.

pourra être considéré comme un motif de diminution de la peine, si le tribunal décide que la justice l'exige ».

Cet état de chose diffuse la responsabilité à tous les niveaux dans l'armée, et transforme même le soldat en être pensant devant apprécier l'ordre avant d'agir, car il y va de sa désormais responsabilité. Les statuts des militaires ont prescrit ainsi le devoir d'obéissance, assorti de quelques dérogations. Pour le fonctionnaire ordinaire, il a le devoir de refuser d'obéir aux ordres manifestement illégaux et de nature à compromettre gravement l'intérêt public[624]. Chez les militaires, la possibilité de désobéir est plus contenue. Elle concerne l'accomplissement d'actes contraires aux lois, aux coutumes de la guerre et aux conventions internationales, ou si ces actes constituent des crimes ou délits, notamment contre la sûreté et l'intégrité de l'État[625]. Dans l'affaire Ella Ondoua, un fonctionnaire de police avait respecté un ordre en accomplissant un acte manifestement illégal et constitutif de délit. Sa condamnation s'était faite sur la base du non-respect des lois et règlements.

[624] Art. 39(2) SGFPE.
[625] Art. 15 Cameroun.

CHAPITRE 4 :

LES POSITIONS DU MILITAIRE

Par positions, il faut entendre l'ensemble des situations professionnelles dans lesquelles peut se trouver un agent public. Pour les agents spéciaux que sont les militaires, on a comme position normale l'activité (section 1) qu'ils ont en partage avec les autres agents publics, et comme autres positions, nous avons celles dites hors emploi (section 2).

Section 1 : La position normale - l'activité

Durant sa carrière, quels que soient son rang et son corps, le militaire est géré suivant sa position ou situation administrative. Après sa titularisation ou son intégration, il est considéré suivant ladite situation administrative.

La situation administrative ou position statutaire est la situation de l'agent vis-à-vis de son cadre d'emploi, à l'initiative de son employeur ou de sa propre initiative. Le cas des militaires est partout particulier, parce qu'il déroge aux classifications en usage dans les statuts généraux des agents publics. Alors que certains par extension distinguent six positions statutaires du fonctionnaire français (détachement, activité, congés, hors cadres, disponibilité, mobilité), il faut au préalable dire que ces positions ne sont que des démembrements d'autres plus englobantes. Suivant le statut général de la fonction publique camerounaise, il n'y a que trois positions : l'activité, le détachement et la disponibilité (art. 50(2)).

À caractère spécial, les statuts des militaires ne retiennent pas ces classifications, car lesdits statuts imbriquent en général ces positions les unes dans les autres, et surtout rajoutent tantôt la reforme, tantôt la retraite, voire même la démission comme étant par assimilation des situations administratives. Là où il y a convergence avec les autres statuts, c'est sur l'unanimité suivant laquelle la position statutaire normale est celle « d'activité ». Celle-ci s'incarne par l'activité dans les cadres (paragraphe I) et par l'activité hors des cadres (paragraphe II).

Paragraphe 1 : L'activité dans les cadres

Les différents statuts des militaires reconnaissent les positions d'activité dans les cadres et hors cadres. Il s'agit d'une conception qui correspond fidèlement à l'appréhension unique de la position d'activité des statuts ordinaires. Les déclinaisons ou phases de l'activité dans les cadres sont la présence (A) et l'absence (B).

A. L'activité par présence

L'activité est la position normale du militaire, de rang ou officier, titulaire ou contractuel[626]. L'activité par présence est la situation dans laquelle le militaire se trouve à son poste de travail et y effectue ce qui lui incombe dans son poste de travail. Cela suppose ainsi une présence effective au poste de travail pour lequel le militaire a été titularisé ou intégré. En cas d'affectation ou de nomination, il doit effectivement occuper l'emploi. Il y a également activité par présence quand l'exercice des fonctions est normalement effectué. Dans ce dernier cas, l'activité peut être exercée à temps complet comme à temps partiel.

Est ici concerné le temps de travail qui a été défini par le Conseil d'État français comme « *celui pendant lequel l'agent est mis à la disposition de l'autorité hiérarchique pour participer à l'activité de service* »[627]. Le temps de travail a une durée hebdomadaire qui peut être flexible. Il arrive que des permissions ou l'octroi d'heures de tété aux femmes militaires qui allaitent notamment soient de nature à faire que le temps de travail se trouve désigné comme partiel.

En position d'activité par présence, le militaire peut se retrouver dans des situations particulières. Il s'agit du service spécial et de la mission administrative. Dans le premier cas, il est question d'une charge de haute importance pour l'administration militaire et l'État. Pour le second, qui est la mission administrative, l'intérêt du service et du militaire sont pris en compte. Dans le statut français, suivant leur expertise ou les besoins de service, le militaire peut être (art. 46(2)), pour une durée limitée, affecté auprès d'une administration de l'État : c'est la mission administrative. Certains statuts disposent implicitement en faveur de cette reconnaissance. Pour autant, l'article 45 du statut camerounais des officiers d'active dispose qu'« *est considéré comme étant en position de présence, le militaire qui est présent au corps, en mission, en permission* ». La mission correspond alors laconiquement au service spécial et à la mission administrative. La position d'activité est également avérée dans des cas d'absence.

B. La position d'absence dans l'activité

L'agent ne peut pas être tout le temps en train d'effectuer le travail. Le militaire n'échappe pas à cette vérité. Un assouplissement est dès lors apporté pour des cas particuliers de non présence au poste de travail. Quand il est présent, c'est qu'il exerce effectivement sa fonction (même en mission). Par

---

[626]Art. 44 statut officier ; art. 43 militaire.
[627]CE, 1er juillet 1998, Union syndicale autonome justice.

contre, dans la position d'absence, le militaire n'exerce pas sa fonction, mais les conditions de sa mise en absence sont de nature à justifier qu'il soit toujours considéré comme étant en activité.

Suivant le statut général des fonctionnaires camerounais, des cas d'absence prévus, il y a le congé de maternité. Le législateur français va dans le même sens pour le statut des militaires[628]. Au Cameroun, le congé de maternité est, pour les militaires, plutôt constitutif d'un cas de non-activité[629]. Le fait en est que seuls les congés de plus de six mois rentrent dans les hypothèses de l'activité. Or, le congé de maternité ne dure que quatorze semaines, soit trois mois et demi. Ce choix pour les militaires est contraire à l'égalité devant le service public, car il opère comme une sanction parce que la non-activité conduit à une perception partielle du salaire.

Les congés maladie sont également souvent intégrés dans la position d'activité par absence, ce qui n'est pas le cas au Cameroun. Les trois hypothèses de la position d'absence sont :

- la détention à titre judiciaire ;
- les congés de plus de six mois prévus par les règlements ;
- la désertion.

Ainsi, la position d'absence est consécutive soit à un acte relevant de la volonté du militaire (désertion), à des aléas d'ordre conjoncturels (détention) ou à une autorisation statutaire (congés). Elle incarne le souci pour l'armée de maintenir le lien entre le militaire et sa fonction, mais aussi un assouplissement pour le déserteur. Ailleurs, la désertion n'est pas prise dans les cas de positions, mais plutôt comme cause de sanctions lourdes. Le législateur, en l'inscrivant dans la position d'absence aura probablement transposé les convictions politiques de la peur du militaire et de l'ouverture d'une voie de négociation, même si la prise de sanctions reste admise. En principe, en France, le militaire placé en position d'activité par présence ou par absence est considéré comme exerçant le service effectif, et il perçoit donc sa rémunération. Au Cameroun, la règle est que la position d'absence entraîne la suspension de la rémunération. La position d'activité dans les cadres a pour opposé l'activité hors cadres.

Paragraphe 2 : L'activité hors cadres

Dans certaines situations, le militaire comme les autres agents publics se retrouve dans des cadres professionnels différents de celui pour lequel il a été titularisé. Le traitement juridique qui y est porté diffère suivant le régime des droits et obligations applicables. L'un des régimes est celui de la mise à

---

628 Art. 46(1).
629 Art. 51.

disposition. Il s'agit de « *la situation de l'agent qui travaille au sein d'une administration autre que son administration employeur, tout en restant dans son corps ou cadre d'emplois d'origine, et étant réputé occuper son emploi d'origine et en continuant à percevoir la rémunération correspondant à cet emploi* »[630]. Très clairement, cette situation se distingue du détachement. D'ailleurs, les statuts de militaires n'admettent presque pas la mise à disposition. Au Cameroun, la seule position d'activité hors cadres est le détachement.

A. La modalité : le détachement

La position hors cadres est au Cameroun le détachement. Le militaire doit jouir d'une certaine ancienneté pour « être détaché »[631]. En France, la position hors cadres, qui est distincte du détachement, conduit à la suspension de pension dont l'effet concerne le régime général des retraites. Hors cadres, il cesse alors d'acquérir des droits à pension et, différence d'avec le détachement, il ne figure plus sur la liste d'ancienneté et n'a donc pas droit à l'avancement. Néanmoins, il peut être réintégré.

Au Cameroun, l'activité hors cadres n'est en réalité que le détachement[632]. C'est « *l'activité hors cadres... du militaire de carrière employé temporairement hors des forces armées par une administration, un organisme d'intérêt national, public ou privé pour y occuper un emploi* »[633]. Le détachement s'applique clairement aux seuls militaires de carrière (différent en France, art 51). Il est temporaire et est fait au bénéfice d'une structure publique ou privée (cas des ONG).

À la différence du statut général, le statut des militaires entrevoit le détachement comme s'intégrant dans la position d'activité. À la vérité, même si le lien avec l'administration d'origine est maintenu, plus que pour les autres positions, il faut constater que l'activité n'est plus menée au profit du service d'origine et que certains éléments révèlent bien un écart entre le traitement ordinaire de l'agent non détaché de celui de l'agent détaché. Il serait donc souhaitable de ne pas classer le détachement comme étant une forme de la position d'activité.

B. Les effets du détachement

Le détachement est effectué sur demande agréée ou d'office. La particularité est qu'employé hors des forces armées, le militaire ne voit pas tous ses droits et obligations gelés.

---

[630]Cf. Direction de l'information légale et administrative, France, site internet.
[631]Art. 53.
[632]Art. 46.
[633]Art. 44.

-Avec son administration d'origine, il perd son droit à rémunération parce que la règle du service fait est que la rémunération est la contrepartie du travail fourni. Détaché, le militaire n'exerce plus effectivement les fonctions pour lesquelles il a été recruté. Pour autant, le lien n'est pas totalement dissout, car le militaire détaché a le droit d'être réintégré, et parce qu'il exerce une fonction qui présente un intérêt pour le service public, le militaire continue de bénéficier du droit à l'avancement[634]. Il est donc maintenu sur les listes d'ancienneté. Son droit à pension de retraite est également conservé. Même détaché, le militaire n'en demeure pas moins un. Aussi, les obligations de réserve, de discrétion et les limitations des droits politiques le tiennent. Néanmoins, pour le droit syndical, il peut adhérer à un syndicat professionnel relatif à son service d'accueil.

-Par rapport à son administration d'accueil, au regard de ce qu'il y fournit un service professionnel, il a droit à rémunération. L'administration ou l'organisme auprès duquel le militaire de carrière est placé en position d'activité hors cadres (détachement) le rémunère donc. Le militaire détaché a droit à une rémunération et à des avantages au moins équivalents à ceux dont il bénéficiait dans son administration d'origine[635]. D'ailleurs, cet organisme doit réserver au Trésor public sa contribution pour la constitution des droits à pension. L'originalité ici est que la pension retraite du militaire détaché est composée des tranches de versements de chaque administration (défense et administration non militaire) qui l'aura employé. Le militaire qui est détaché est également soumis à l'ensemble des règles régissant son administration d'origine, sauf celles dérogatoires à son état de militaire.

Section 2 : Les positions hors emplois

À l'unanimité, les statuts des différents corps de l'administration disposent que l'activité est la position normale de l'agent. Le fait en est que l'agent public, quel qu'il soit, est recruté pour fournir une prestation de façon effective, et c'est dans la position d'activité qu'il y est mieux disposé.

Les statuts des militaires vont dans ce sens en mettant l'activité à la tête des positions statutaires. Ainsi, le militaire est effectivement en situation d'exercice de la fonction pour laquelle il a été recruté et nommé (dans les cadres), ou alors soit il est empêché pour une courte durée (exemple des permissions), le dernier cas étant celui où il exerce une activité en dehors de celle pour laquelle il a été recruté (hors cadres/détachement). Toutes ces situations sont dites normales parce que même hors cadres, le militaire effectue une activité professionnelle admise.

634 Art. 51 France ; art. 44 Cameroun.

635 Art. 45.

Par contre, il est prévu des positions dans lesquelles le militaire se retrouve hors emploi. Elles sont exceptionnelles parce que les autres situations sont dans « la position normale ».

Les catégories retenues pour les militaires se distinguent de celles des civils, encore que, quand certaines coïncident, dans leurs contenus, elles sont distinctes. Les statuts des agents civils reconnaissent les positions d'activité, détachement, non-activité, disponibilité, voire mise à disposition. Chez les militaires, on a la position d'activité, celle hors cadres ou détachement avec pour spécificité la possible incorporation des détachements ou position hors cadres dans l'activité.

Comme position atypique, il faut citer celle de la reforme à laquelle les équivoques situations de retraite et de démission viennent encore amplifier les particularismes de l'état de militaire. De manière générale, dans les positions hors emploi, il faut distinguer la position de non-activité (paragraphe I) de celles devant être considérées comme conduisant à des sorties d'emploi (paragraphe II).

Paragraphe 1 : La position de non-activité

Les statuts généraux ignorent presque tous la position de non-activité et n'emploient que la disponibilité et le congé parental pour renvoyer à des réalités aux régimes juridiques mitoyens à la non-activité. À l'observation, la non-activité est une position propre aux forces de défense et de sécurité. Elle renvoie chez les militaires à la position temporaire du militaire qui se retrouve sans emploi[636]. Il faut indiquer son encadrement temporel parce qu'elle est une position provisoire. En effet, si elle se prolonge, elle peut aboutir à la réforme ou à la retraite. Elle s'applique à toutes catégories d'agents militaires (contractuels ou non) et est le fait de trois causes aux régimes différents, à savoir la mise en disponibilité, l'empêchement et le retrait d'emploi.

A. L'empêchement et le retrait d'emploi

Ces deux facteurs qui opèrent de manières différentes conduisent tous à la mise en position de non-activité.

1. Relativement à l'empêchement

L'hypothèse la plus admise, au regard du statut camerounais, est l'empêchement physique. Les textes énoncent un peu maladroitement « l'infirmité temporaire » et citent la grossesse comme si elle répond à cette description.

- En premier lieu, il faut citer les blessures et maladies. Le congé maladie dont la durée est de moins de six mois, et toute prorogation de ce congé

[636] Art. 47 statut Cameroun.

ne devant être au maximum que de trois ans, entraîne la mise en non-activité. Dans ce cas, le militaire continue à figurer sur la liste d'ancienneté, bénéficie de ses droits à pension et perçoit un solde de présence ou d'absence suivant que l'affection est due ou non au service[637].

- En second lieu, se trouve le congé post-natal (pour les personnels civils de l'État, les congés de maternité font partie des déclinaisons de la position d'activité). Il s'agit de principe d'une absence de 105 jours, soit trois mois et demi. Les prolongements du congé de maternité sont également admis dans le cadre de la non-activité[638]. À la fin de ce congé, la militaire est réintégrée d'office. Durant ce congé, elle bénéficie de ses droits à pension, de son droit à l'avancement et des trois quarts de la solde de base.

Plusieurs observations doivent ici être faites. D'abord celle de la différence. En effet, les statuts suivant les pays considèrent différemment les éléments d'empêchement. Déjà au Cameroun, les congés maladie[639] et de maternité sont dans la position d'activité pour les fonctionnaires civils. Pour prendre le cas français, le congé maladie[640], de même que celui relatif à l'arrivée d'un enfant (maternité, paternité, adoption)[641], sont inscrits dans la position d'activité. Enfin, ce choix fait par le législateur camerounais est rigoureux, même si les délais sont relâchés, car dans la position d'activité, la rémunération est normale. Or, en classant le congé de maternité et celui de maladie dans la non-activité, privilège est donné à l'économie des deniers publics. En effet, la rémunération est revue à la baisse. Néanmoins, à l'avantage du statut camerounais, toutes les hypothèses de non-activité admettent une rémunération, même réduite, à la différence de la France[642], où le cas du congé parental ne donne droit qu'à pension.

2. Relativement au retrait d'emploi

Les statuts civils ne connaissent pas cette variante de la non-activité. Suivant les statuts militaires, il s'agit d'une sanction du troisième groupe[643]. À titre comparatif, le retrait d'emploi s'apparente à l'exclusion temporaire du service. Les causes demeurent la faute ou le défaut de capacité physique. Le retrait d'emploi est donc une sanction. Au Cameroun, il peut être prononcé

---

637 Art. 48(2).
638 Art. 53.
639 Art. .57 et s SGFPE.
640 Art. 47.
641 Art. 48.
642 Art. 57 France.
643 Art. 59 France.

pour une période allant jusqu'à trois ans[644]. En France, il peut s'étendre sur un an.

Il s'agit d'une situation pénalisante parce que le militaire ne perçoit qu'une infime partie de sa solde. Il perd durant cette période son droit à l'avancement. Au-delà de l'empêchement et du retrait d'emploi, la mise en disponibilité est également constitutive de la position de non-activité.

B. La mise en disponibilité

Les statuts des militaires s'accordent à intégrer la disponibilité dans les hypothèses de la position de non-activité[645]. C'est la situation de l'agent qui est temporairement mis en non-activité. La disponibilité se décline en disponibilité sur demande ou d'office. Quand elle est d'office, elle résulte de l'impossibilité de reprise de fonctions ou de difficultés à être reclassé après la fin du détachement. Pour autant, sa forme la plus usuelle est celle sur demande. C'est le cas de la demande pour entreprendre des études et recherches n'ayant pas donné droit à une permission, mais aussi pour suivre son conjoint suivant le lieu de résidence, ou encore pour des raisons de convenance personnelle, tels les congés pour convenances personnelles.

L'octroi de la disponibilité opère chez les militaires à deux conditions cumulatives, en dehors de la condition liée à l'objet de la demande de mise en disponibilité. D'après les statuts, ce bénéfice ne revient qu'à l'officier, puisqu'il est dit que la disponibilité est accordée « à l'officier », ce qui élimine les autres catégories de militaires de ce privilège. De même, il est imposé une ancienneté (dix ans au Cameroun ; quinze ans de service en France dont six mois en qualité d'officier, art. 69 France, art. 52 Cameroun). Ces discriminations ne sont pas opératoires pour les agents publics non militaires.

Dans l'admission à la disponibilité, le militaire cesse de servir dans les armées. Cette situation est provisoire et pendant sa durée, la solde n'est pas versée, ni les droits à pension retraite (à la différence pour ce cas de la France, art. 69 et Cameroun art. 52), et le droit à l'avancement est bloqué (en France, il est bloqué au choix, mais pas à l'ancienneté). Il en va différemment de l'officier général et celui dont le conjoint est nommé membre du gouvernement ou dans une représentation diplomatique, un organisme international à l'étranger, car leur régime est plus souple. Quand la mise en disponibilité ne s'achève pas par l'atteinte de la limite d'âge, le militaire a le doit d'être réintégré. En complément, la position hors emploi prend également en compte les situations de sortie d'emploi.

---

644 Art. 53.

645 Art. 54 France, art. 52 Cameroun.

Paragraphe 2 : Les positions de sortie d'emploi

À la différence des statuts généraux, celui des militaires révèle la préoccupation de l'administration militaire de maintenir le lien d'emploi entre elle et le militaire, même quand celui-ci est en cessation de fonctions. À côté des éléments humains, le facteur de dangerosité de l'ancien militaire, mais aussi la possibilité de le remobiliser, au regard des circonstances, peuvent justifier ces spécificités. L'une d'elles est la réforme (A), et les autres sont la retraite et la démission (B).

A. La réforme

Les statuts des militaires, dont ceux camerounais, instituent la réforme des militaires et en font une position statutaire[646]. La réforme est l'un des cas de figure de la cessation de l'état militaire. Dans ses causes, il faut dénombrer les raisons de santé (art 48 Cameroun), l'incapacité professionnelle et la prise de mesures disciplinaires à l'encontre du concerné.

Également, le retrait d'emploi ou le prolongement du congé maladie peuvent donner lieu à reforme après appréciation de l'autorité compétente. Pour les cas de maladie et surtout de l'infirmité, il est pris en compte l'incompatibilité de la situation (l'affection) générée avec l'exécution du service[647].

La réforme intervient ainsi pour positionner le militaire hors de l'emploi. Pour autant, il ne s'agit pas de le licencier ou de le révoquer, mais de plutôt l'accompagner vers la sortie d'emploi. La réforme est ainsi une position dans laquelle le militaire n'est plus susceptible d'être rappelé à l'activité. Cette posture est tout de même surprenante pour l'incapacité professionnelle et la mesure disciplinaire, parce que le reformé peut bien se bonifier et les circonstances suggérer son rappel.

Comme condition, la position de réforme est alternative à celle de retraite, parce que le reformé « n'a pas acquis de droit à pension fondé sur la durée des services »[648]. Privilégiés, les officiers et les sous-officiers en France (art. 95) bénéficient d'un droit à solde de réforme quand le fait générateur est l'incapacité professionnelle[649].

B. La retraite et la démission

Au Cameroun, le statut des militaires prête à équivoque, parce que ce dernier n'inscrit pas dans l'énumération des positions la retraite, et encore

646 Art. 42 Cameroun.
647 Art. 49)
648 Art. 48 Cameroun.
649 Art. 50 Cameroun (en France, étrangement, les militaires reformés pour mesure disciplinaire bénéficient de la même solde.

moins la démission. Mais alors, sa lecture laisse entrevoir la question sous un autre angle. Les positions sont regroupées dans un chapitre et c'est dans ce dernier, à sa toute fin que la retraite et la démission sont traitées comme pour signifier qu'elles sont des positions du militaire. D'autre part, et surtout pour la retraite, l'expression peu trompeuse de position revient plus d'une fois pour la désigner[650].

En réalité, il s'agit d'un héritage français où les toutes premières lois relatives au statut des officiers au 19e siècle traitaient de la retraite comme une position, surtout qu'une pension semblable à une rémunération est versée.

En termes de logique, l'esprit des statuts militaires est assis sur le fait qu'en retraite comme pour des cas de démission, le militaire est versé dans le cadre des réserves. Implication : démissionnaire ou retraité, il peut être mobilisé si les circonstances le dictent. De ce fait, à la différence du fonctionnaire civil qui perd son lien organique d'avec l'administration active, le militaire, même en dehors de son emploi pour retraite ou démission, garde ce lien qu'il fallait encadrer, d'où sa considération comme étant une position. Au forceps, cette logique manque néanmoins de cohérence juridique, car la notion de position statutaire concerne l'agent en activité. Encore que toute personne, même non militaire peut, en cas de conflit concourir, à l'effort de guerre par le biais de la mobilisation.

[650] V. Art. 51 et 56 Cameroun.

CHAPITRE 5 :

LE DÉROULEMENT DE LA CARRIÈRE

Le militaire apparaît comme un agent public soumis à un régime juridique dérogatoire à celui de droit commun. En effet, si certaines dispositions du statut général de la fonction publique lui sont applicables, il convient d'observer que par principe, les règles encadrant l'état de militaire sont spécifiques. Aussi, si celles liées aux évolutions professionnelles semblent se rapprocher de ce qui est prévu pour l'ensemble des agents publics, le changement de corps s'avère véritablement particulier pour les cadres des forces armées.

Section 1 : Les évolutions professionnelles

Pour parler des évolutions professionnelles, il est nécessaire que la personne concernée ait été recrutée, c'est-à-dire confirmée par intégration ou titularisation à un emploi et à un grade dans les forces de défense nationale. Cette posture ouvre une perspective sur le déroulement de sa carrière qui s'assimile ici à sa progression professionnelle.

Dans un sens large, il est pris en compte la hiérarchisation dans le cadre de la possibilité de gravir les échelons pour l'intégration à des grades supérieurs d'abord, et les changements de corps ou d'armée ensuite. Les positions statutaires ne sont pas non plus à ignorer, voire même aussi les effets des sanctions et les avancements sur la carrière.

Au sens strict, les formes d'évolutions professionnelles sont à envisager dans un corps des forces armées. Elles concernent les étapes d'une carrière entre le grade initial et celui de fin de carrière, avec les conditions de passage ou d'évolution. De nombreuses règles interviennent ici. D'abord celle de l'égal accès à l'avancement qui proscrit toute discrimination de quelque nature et permet à ceux qui en remplissent les conditions d'y accéder. Mais également, le principe de mérite qui, de portée relative, est néanmoins la règle dans l'évolution professionnelle. Avant de traiter des avancements (paragraphe 2) qui sont la représentation de l'évolution de carrière, il est impératif de faire état de l'ensemble des facteurs statutaires qui y concourent (paragraphe 1).

Paragraphe 1 : Les facteurs de l'évolution professionnelle

Suivant les statuts généraux des fonctions publiques, l'agent public fait l'objet d'évaluation. Elle concerne ses performances professionnelles[651] et a une incidence sur l'évolution de sa carrière. Dans les forces armées, la terminologie d'usage est la notation. Idéologiquement, évaluation et notation renvoient à des dimensions théoriques différentes, même si au final c'est l'appréciation de l'agent public qui est concernée. Pour être édifié, il faut s'attarder sur le contenu de la notation (A) dont l'impact sur l'évolution de carrière est indéniable. À ses côtés, il apparaît des positions statutaires exclusives de toute évolution de la carrière.

A. La notation

Dans les structures privées comme dans le service public, les agents font traditionnellement l'objet d'évaluation. Les corps des forces de défense n'y dérogent pas. Tous les militaires sont notés au moins une fois par an[652]. Cette périodicité est stricte chez les officiers qui sont notés une fois l'an[653]. Il peut même arriver que la notation se fasse deux fois, notamment en cas de mutation de celui appelé à noter ou du militaire noté. En effet, la nouvelle autorité de notation peut vouloir attribuer lui-même une note à ses agents, tout comme il peut endosser la note précédemment donnée au militaire.

La notation est un élément du principe hiérarchique. Ce principe présente les corps administratifs en forme pyramidale avec superposition, les subordonnés étant sous l'autorité des supérieurs hiérarchiques. Cette organisation hiérarchisée met en évidence plusieurs éléments[654]. Le premier est le pouvoir d'instruction qui donne compétence à l'autorité de donner des ordres auxquels le subordonné doit obéir. Le deuxième est le pouvoir disciplinaire qui est exercé par les supérieurs sur les subordonnés. Le troisième est le pouvoir du supérieur hiérarchique de noter ses subordonnés.

Tous les militaires sont notés, du militaire de rang au général. Pour les officiers en premier ressort, celui qui les note peut être le commandant d'unité, le chef de service, le directeur ou le chef d'état-major lorsqu'ils sont directement placés sous leurs ordres. Pour les officiers des services communs[655], la notation relève des supérieurs hiérarchiques. Celui qui note en dernier ressort est le ministre chargé de la Défense.

La notation est faite dans un bulletin de notes. Elle se traduit par des notes et des appréciations. Ces éléments sont obligatoirement communiqués aux

---

651 Art. 42(1) Cameroun.
652 Art. 35 France.
653 Art. 27(1) Cameroun.
654 OWONA (J), Op.cit, p. 22s.
655 Art. 29 Cameroun.

militaires notés (à l'exception des mentions de classement ou de fusionnement en matière d'avancement)[656]. La communication a lieu pour les officiers camerounais au cours d'un entretien[657]. Celui qui note présente à l'officier son appréciation sur sa manière de servir en insistant sur les points nécessitant amélioration. Le noté appose sa signature sur le bulletin de notes. Les supérieurs hiérarchiques de celui qui note ont le pouvoir de modifier la notation, cette modification est communiquée à l'intéressé.

Des facteurs extérieurs peuvent influencer la note. L'inconduite disciplinaire peut la déteindre. Par contre, des récompenses devraient la bonifier. C'est le cas de l'obtention d'un certificat de bonne conduite, de lettres de félicitation et d'encouragement[658]. Il est également à préciser que la notation a été considérée, non plus comme une mesure d'ordre intérieur, mais comme un acte administratif par le Conseil d'État français, devenant ainsi attaquable[659].

Le fait est que la notation n'est pas neutre, car elle permet d'établir les tableaux de concours pour les ordres nationaux et les tableaux d'avancement[660]. Ainsi, à partir de la note, ce sont les avancements qui sont prédéterminés. Les positions statutaires sont également importantes dans les évolutions professionnelles.

B. Les positions statutaires exclusives

Les évolutions professionnelles sont aussi fonction des positions statutaires des agents publics. Dans le statut général de la fonction publique de l'Etat camerounais, le fonctionnaire détaché continue de bénéficier des droits à l'avancement[661].Il en est de même pour celui qui bénéficie d'un congé maladie. Par contre, il est clairement disposé que la mise en disponibilité ne donne pas droit à l'avancement[662]. Mais pour le conjoint d'un membre du gouvernement ou d'un agent public affecté dans une ONG à l'étranger, dans une mission diplomatique ou dans une localité où il n'est pas prévu de poste de travail de cette profession, l'avancement est accordé.

Chez les militaires, les différences des positions entraînent des divergences dans les exclusions du droit à l'avancement. En France, le militaire hors

---

656 Art. 29(1) Cameroun.

657 Ibid.

658 OWONA (J), Op.cit, p. 69.

659 CE, 23 novembre 1962, CAMARA

660 Art. 30 Cameroun.

661 Art. 78 (2) du SGFP, (au détriment du préalable de l'évaluation par le supérieur du corps d'avancement)

662 Art. 81(1) SGFP : telle que la convenance personnelle, entreprendre des activités artistiques, culturelles, sociales, économiques et financières.

cadres[663], celui en position de non-activité par retrait d'emploi[664], et les congés pour convenances personnelles[665] sont exclusives de l'avancement.

Au Cameroun, trois situations statutaires excluent le militaire du droit à l'avancement : la position de non-activité par retrait d'emploi[666] ; la reforme par mesure disciplinaire[667] ; la mise en disponibilité[668].

Les deux premières positions sont d'emblée exclues par les textes et seule une lecture minutieuse permet de débusquer la troisième, qui par ailleurs est discriminatoire parce que les généraux mis en disponibilité restent encore inscrits sur les listes d'avancement dans les limites de six mois, alors que l'effet est immédiatement appliqué pour tous les autres militaires.

Au regard des différents statuts, il apparaît que l'évolution professionnelle est par principe régie par la règle de l'obligation de servir, de se consacrer au service et du service fait. L'évolution est donc non seulement un droit, mais en plus une récompense pour les agents publics. Il serait dès lors inégal d'attribuer cette possibilité à un agent s'investissant pour le service et en même temps, à celui qui ne s'est pas consacré au service. Seules des exceptions semblent admises. Dès lors que la position statutaire le permet, le militaire est noté, ce qui donne la possibilité d'établir des tableaux d'avancement.

Paragraphe 2 : Les avancements

Les évolutions professionnelles des militaires sont l'œuvre d'actes administratifs émanant des hautes autorités chargées de les gérer. En France, pour les officiers et sous-officiers commissionnés, la nomination s'effectue en principe par décision du ministre de la Défense. Pour les officiers de carrière et sous contrat, l'acte pris est un décret du président de la République. Les officiers généraux sont plutôt admis à ce grade par décret pris en conseil des ministres[669]. À l'observation, les évolutions professionnelles des militaires sont en général le fait d'actes des hautes autorités. Au Cameroun, en tant que chef des forces armées[670], il incombe au président de la République de sanctionner les avancements des militaires. Ces avancements ont lieu par nomination et sont prononcés par décret du président de la République[671]. Les évolutions professionnelles des militaires se déclinent en l'avancement (A) et

663 Art. 53.
664 Art. 59.
665 Art. 60.
666 Art. 30.
667 Art. 30.
668 Art. 52(4).
669 Art. 33 France.
670 Art. 8 (2) Constitution.
671 Art. 36 militaire et art. 35 officier Cameroun.

en la promotion (B) pour lesquels le pouvoir discrétionnaire de l'autorité de nomination est accentué.

A. Les formules de l'avancement

Pour tout agent public, le droit à l'avancement apparaît comme un principe régissant la gestion de carrière. Il n'est pas consacré comme tel par les textes, mais en toute logique, le fait de prévoir l'avancement et de déterminer ses conditions fait que toute personne les remplissant doit en bénéficier. Il s'agit donc bien d'un droit pour l'agent public. Les militaires rentrent dans ce cadre où, tant que les grades et les échelons sont offerts, ils peuvent de droit y aspirer (la différence est que les grades correspondent théoriquement à l'exercice de fonctions de responsabilité de niveaux différents, ce qui n'est pas le cas pour les échelons ou les classes). Les échelons et les classes s'imbriquent dans les grades. L'avancement des militaires répond à plusieurs conditions :

- la limite d'âge est la première condition[672], car pour avancer, il faut encore ne pas être atteint par la limite d'âge. En effet, chaque grade a un âge de départ à la retraite, généralement repoussé pour le grade immédiatement supérieur et pour faire la jonction, il ne faut pas avoir atteint l'âge limite à ce grade.
- Être inscrit au tableau d'avancement est la deuxième condition. Cela signifie que le pouvoir discrétionnaire est un peu limité, puisque l'inscription au tableau est de droit si la note obtenue le permet, de même que l'ancienneté. Les tableaux d'avancement sont établis en respectant l'ordre des candidats retenus sur la liste arrêtée par ordre de mérite pour l'avancement. Il est à préciser qu'une sanction disciplinaire peut entraver l'inscription au tableau.
- La dernière condition est d'avoir été au moins six mois au dernier échelon du grade inférieur à celui visé.

S'agissant des procédés usuels d'avancement, les statuts font état du privilège donné au procédé d'avancement à l'ancienneté et à celui d'avancement au choix :

- L'avancement à l'ancienneté est encore qualifié de linéaire parce qu'il est le fait d'une trajectoire normale et prévisible de l'agent public. Il résulte du temps qu'il a passé à exercer effectivement son travail. Suivant le statut général de la fonction publique, il a lieu tous les deux ans. Il apparaît également que l'avancement à l'ancienneté est fonction du nombre d'années à l'échelon et qu'il oscille entre deux et quatre ans[673].

---

[672] Art. 34(1) Cameroun.
[673] Art. 32.

- L'avancement au choix est plus délié. Il résulte de la sélection des militaires susceptibles d'être promus. Ils sont inscrits sur le tableau d'avancement et choisis par l'autorité de nomination dans l'ordre du classement. Parmi les conditions, le candidat doit toujours avoir un minimum d'ancienneté et une note le permettant.

Les avancements embrassent deux formes que sont l'avancement d'échelon et l'avancement de grade.

- L'avancement d'échelon résulte d'un tableau d'avancement à l'échelon[674] qui fait un classement des candidats par ordre de mérite. Cet avancement s'effectue simultanément à l'ancienneté (quatre ans à l'échelon) et au choix (à partir de deux ans : art. 32(2)).

- L'avancement de grade intervient sur classement dans le tableau d'avancement au grade. Cet avancement au grade sanctionne « *à la fois le mérite acquis et l'aptitude à remplir les fonctions au grade supérieur* »[675]. L'aptitude dont il est question relève de l'appréciation des supérieurs hiérarchiques, et donc de la notation. L'ancienneté est également mise à contribution, car prenant le cas des officiers, l'avancement de grade est conditionné aussi par le fait d'avoir passé au moins six mois au dernier échelon du grade inférieur. D'ailleurs, l'avancement au grade n'a lieu qu'au choix au Cameroun[676], à la différence d'autres statuts, tel celui français où les deux procédés sont applicables[677]. Il demeure pour le cas camerounais qu'il existe des exceptions constituées dans les promotions (B).

B. Les promotions

La promotion est un avancement qui a ses particularités. Contrairement à la dualité de l'avancement qui opère par acquisition d'un grade ou acquisition d'un échelon supérieur, la promotion est strictement confinée au grade. Il est en effet disposé que « *les promotions ont lieu de façon continue de grade à grade* »[678]. Étant indifférente au militaire concerné, il est à considérer que la promotion est applicable à tout militaire, quel que soit son rang dans la hiérarchie administrative. En France, il est à relever à la lecture de l'article 36 que les seuls bénéficiaires de promotion, sauf action d'éclat, sont les officiers et les sous-officiers.

Dans la promotion, il faut davantage s'intéresser au caractère continu et à l'élément de promotion ; lien indiquant que la promotion a lieu de façon continue. Le législateur n'énonce pas qu'il ya permanence et continuation

---

674 Art. 31 (2).
675 Art. 32 (1).
676 Art. 35 militaire.
677 Art. 37.
678 Art. 29 militaire.

naturelle de l'évolution, cela laisserait croire que l'ancienneté suffit pour être promu. Ce qui est visé est la linéarité de l'évolution, d'un grade à celui qui lui est directement supérieur. Il n'y a donc pas de saut de grade. En second lieu, à la différence de l'avancement ordinaire admettant la progression d'échelon, la promotion ne s'effectue que de grade à grade.

Pour être promu, il ne faut pas avoir atteint la limite d'âge de son grade. Il reste que le président de la République peut y déroger, mais l'officier promu devra être mis en retraite dans les six mois suivant son élévation[679]. Il apparaît que l'inscription au tableau est parfois requise (sauf pour les officiers généraux (art. 35)), mais cela ne constitue qu'un élément de procédure. Il est également admis que le militaire à promouvoir doit avoir passé un minimum de durée de service au grade inférieur. Cette durée est de six mois pour la majorité des statuts (v. art. 34(2) Cameroun). La dérogation demeure la promotion à titre exceptionnel. Elle est à côté de la promotion normale l'autre modalité de cette forme d'évolution professionnelle.

La promotion normale survient par concours ou par titre. Le concours est professionnel et permet au militaire de se faire évaluer. Son succès sera la preuve qu'il mérite la promotion, ce qui aura lieu à l'issue de la formation. Par titre, la promotion est effectuée parce que le militaire a acquis une formation nouvelle essentielle pour les forces de défense.

La promotion à titre exceptionnel est une récompense[680]. Chez les militaires, elle fait suite à une action d'éclat ou à un service exceptionnel qui a permis au militaire de se distinguer. Un comportement différent, une abnégation particulière, un fait d'armes ou des sacrifices consentis ou subis sont quelques éléments rentrant en ligne de compte pour le facteur exceptionnel justifiant l'élévation professionnelle du militaire. Au demeurant, cette promotion a des traits discrétionnaires parce que l'appréciation ultime relève de l'autorité de nomination qui n'est pas contrainte par les textes.

Avec la promotion, le militaire change de grade, ce qui peut entraîner un changement d'emploi. Mais surtout, il a droit, comme pour l'avancement ordinaire, au reclassement indiciaire de la solde de rémunération et de ses accessoires[681], ce qui fait intervenir sa rémunération.

Section 2 : Le changement d'armées ou de corps

L'un des aspects pour lesquels les statuts généraux des fonctions publiques demeurent muets est le changement de corps. Au Cameroun, le statut ne dit mot, sinon par extension, il faut y voir une représentation du détachement. En

679 Art. 34.
680 OWONA (J), Op.cit., p. 71.
681 Art. 39.

France, cette entrée dans un corps par les membres d'un autre apparaît comme un droit à la mobilité des fonctionnaires (art. 14 titre Ier). Ces mouvements s'effectuent entre les trois fonctions publiques (de l'État, territoriale, hospitalière). C'est ainsi qu'un décret de 1999 ouvre le corps des administrateurs civils aux administrateurs territoriaux[682] par la voie du détachement.

Le procédé est tout autre pour les militaires. D'abord, il n'y a pas segmentation étanche des structures, puisque toutes appartiennent à la défense nationale. En plus, il y a similitude avec le détachement en termes de procédure, mais ce n'est pas le détachement entendu par les statuts des corps civils. En effet, le maintien du grade, la rémunération toujours supportée par le budget de la défense nationale et l'unité du droit auquel le militaire est assujetti (à la différence de la dualité des droits : administration d'origine/administration d'accueil) font qu'il ne s'agit pas du détachement.

En plus, la mobilité des fonctionnaires civils, telle que conçue en France, n'est pas opératoire dans les Etats qui n'ont qu'une seule fonction publique (cas du Cameroun) et il faut plutôt l'entrevoir comme le mouvement d'une administration autonome à une autre, et d'un corps à un autre.

D'une administration à l'autre au sein de la même personne morale, il faut entrevoir l'enseignant relevant du ministère de l'Éducation employé par le ministère des Finances ; le mouvement se faisant par simple nomination ou affectation. D'un corps à un autre, la procédure est plus complexe et correspond dans une moindre mesure au changement de corps dans les armées. Pour ces derniers, il faut entrevoir les modalités de cette mobilité (paragraphe 1) avant de s'intéresser à proprement parler au régime y relatif (paragraphe 2).

Paragraphe 1 : Les modalités

La mobilité des militaires est visible dans deux cas de figure. Le premier a trait au changement d'armée et le second concerne le changement de corps. Ces deux variantes renvoient à deux applications de la mobilité et sont communément procédurières.

A. Le changement d'armée

Pour parler de changement d'armée, il est préalable qu'il y ait des armées. En termes d'identification, il faut pénétrer les forces de défense nationale pour se faire une idée. À l'évidence, il existe des différences en plus ou en moins suivant les États et en rapport avec leurs capacités financières et leurs positions géographiques. En France, les forces armées sont constituées de : armée de terre, marine nationale, armée de l'air, gendarmerie nationale et

[682] Décret n° 99-945 du 16 novembre 1999.

divers services interarmées. Cette classification est traditionnellement reprise dans les États africains, à quelques exceptions près. C'est ainsi que des pays n'ayant pas de voies navigables, ou faute de moyens, peuvent ne pas avoir de marine.

Le cas des forces de gendarmerie est aussi à signaler ou leur existence n'est pas universelle, et encore moins leur rattachement aux forces de la défense nationale plutôt qu'à celle de sécurité.

Au demeurant, le cas le plus important est celui des sapeurs pompiers dont la nature porte à controverse. Incorporée à la sécurité civile, cette force est régie par des textes qui, en général, confient leur rôle aux collectivités décentralisées. C'est le cas au Cameroun où la lutte contre les incendies et les catastrophes est partiellement dévolue aux collectivités décentralisées, faisant planer le doute sur la survie des pompiers comme force étatique et comme force de la défense nationale. En France, il y a quatre catégories de pompiers :

- les sapeurs pompiers volontaires ;
- les sapeurs-pompiers professionnels ;
- les pompiers militaires ;
- les agents de sécurité incendie certifiés (ex : dans les aéroports, industries...).

C'est dire que le métier de pompier en France n'est pas l'apanage de l'armée, à tel point que le cadre des pompiers militaires est soit intégré à l'armée utilisatrice, ou aux services divers. Au Cameroun, il est disposé que « *le corps national des sapeurs-pompiers est une formation militaire interarmées spécifique de protection civile* »[683]. Sa spécificité est qu'il est un cadre interarmées, qu'il est détaché des autres et qu'il est sous l'autorité du ministre de la Défense et mis à la disposition du ministre de l'administration territoriale.

Malgré cette spécificité, les sapeurs pompiers, non expressément cités dans l'énumération des armées peuvent par assimilation être considérés comme forces de défense.

Le changement d'armée est la possibilité qui est offerte au militaire de partir d'une force armée à une autre. Même quand les textes n'en disposent pas, il est de droit pour le militaire, de se mouvoir d'une armée à une autre quand les conditions sont réunies. Le déclencheur est la demande[684] de l'intéressé, à laquelle sont joints certains éléments telles les photocopies des

---

[683] Art. 1er du décret n° 2001/184 du 25 juillet 2001 portant réorganisation du corps national des sapeurs-pompiers.
[684] Art. 32 France.

diplômes et un certificat médical sur lequel est parfois exigé la mention « apte pour le changement d'armée ». Il est encore requis d'obtenir l'autorisation.

B. Le changement de corps

Pour comprendre le changement de corps, il est requis de s'édifier sur le contenu de la notion de corps. Les statuts ne font pas cas des corps, mais mettent en évidence ses composantes sous des appellations différentes. L'exemple typique est celui « d'armes » ; les armes étant les fractions d'une armée.

Le cas de l'armée de terre, souvent divisée en sept armes ou fractions, à savoir : l'infanterie, arme blindée et cavalerie, artillerie, génie, train, transmissions, matériel[685]. Celui aussi de l'armée de l'air avec l'utilisation expresse du vocable « corps » pour désigner le corps du personnel navigant, personnel non navigant spécialiste et personnel non navigant du service général.

En réalité, la notion de corps renvoie à un ensemble de personnels de l'armée se distinguant des autres par leur formation et leur mission au sein d'une armée. On parle de corps d'armée. La définition donnée par l'OTAN est qu'il s'agit « *d'une formation supérieure à une division, mais inférieure à une armée ou un groupe d'armées, comprenant généralement deux divisions ou davantage, avec des armes d'appui et des services* »[686]. C'est à ce titre qu'on peut parler de corps (ou d'armes) dans chacune des branches de l'armée. Mais aussi de corps dans les services de santé des armées ou de la justice militaire[687].

Contrairement au changement d'armée dont la modalité unique est la demande, pour le changement de corps, il y a dualité. En effet, ce changement s'effectue soit sur demande, soit d'office.

Sur demande, le besoin de changer de corps correspond aux aspirations objectives et subjectives du militaire. L'expression usuelle est « la convenance personnelle » qui interagit avec la garantie fondamentale de mobilité dans la gestion de carrière du militaire.

La demande simplement formulée est soumise à autorisation, mais la garantie de réponse positive n'est pas donnée. Il est néanmoins mis sur pied un mécanisme d'augmentation de la possibilité de mobilité : la permutation. Reste encore à trouver une personne du corps d'aspiration l'acceptant. Auquel cas, la procédure ne peut être défavorable pour cause de poste non disponible.

---

[685] Art. 4(2) Cameroun.

[686] OTAN : AAP-6 1983.

[687] Art. 7 et 8 Cameroun.

-D'office, le changement de corps est soit subi par le militaire, soit subi par l'administration.

* Subi par le militaire, il s'effectue d'autorité sans requérir son avis. C'est l'hypothèse de la nécessité de service qui est incarnée par la fusion de corps ou la perte d'une qualification nécessaire pour l'appartenance au corps considéré.

* Subi par l'administration, le changement de corps d'office est le fait du militaire qui, ayant acquis une formation nouvelle ou réussi à un concours particulier a droit et pour l'intérêt des forces armées, à être intégré dans le corps correspondant à sa nouvelle qualification. Il en est notamment ainsi des corps de la santé ou du corps de la justice militaire. L'ensemble de ces éléments permet dès lors de commencer à explorer le régime de ces changements.

Paragraphe 2 : Le régime

La mobilité professionnelle est admise dans les forces armées. Elle prend les formes de changements d'armée ou de corps, et au titre de son régime, il est déjà visible que pour le premier, la règle est la demande, quoique des statuts, tel celui camerounais, admettent l'affectation d'office[688], alors que pour le second, la demande et le changement d'office sont possibles. Dans les règles y concourant, il y a les restrictions aux changements complétées par les implications de droit lorsque la mobilité est effectuée.

A. Les restrictions

L'exécution du changement, que ce soit d'armée ou de corps, est sujette à des conditions particulières. La première concerne son activation. Elle obéit soit à l'unité ou à la dualité de l'impulsion, suivant qu'il s'agit de la demande ou de l'admission d'office, ou encore de l'acceptation de ces deux procédés.

La seconde condition concerne le militaire admissible. Il apparaît que les statuts ne font généralement pas de discriminations[689], car pour leur majorité, militaire de carrière ou non, officier ou non, tout militaire a le droit de bénéficier du changement d'armées ou de corps. Il est précisé par le statut français que les militaires sous contrat peuvent changer dans les mêmes conditions que les militaires de carrière, avec l'obligation de souscrire un nouvel engagement sans interruption de service[690].

---

688 Art. 27.
689 Art. 25 et 32 France et art. 27 Cameroun.
690 Art. 32.

La dernière condition concerne les restrictions liées au profil. Elle s'étend à l'offre de qualification du militaire et atteint le champ de mouvement admis pour le corps ou l'arme dont il est question.

S'agissant du profil, il faut rappeler que le changement est lié à la formation rattachée. Cela signifie qu'il faut avoir l'aptitude nécessaire ou avoir perdu l'aptitude nécessaire. Au rappel, l'armée et surtout le corps sont composés de personnels ayant un profil bien déterminé pour l'emploi. Dans le cadre des civils, cette logique est respectée. En effet, il n'est pas possible de passer d'un corps à un autre si l'on ne peut fournir le travail attendu. Ainsi, un administrateur civil ne peut à loisir décider de devenir universitaire ; un inspecteur des régies financières ne peut prétendre sur la base de sa seule formation être admis dans le corps des ingénieurs agronomes.

Ceci signifie que la logique des armées et la logique des corps, pour se référer aux militaires, sont construites sur la technicité ou le profil du métier.

L'exemple est que le corps de la santé militaire est constitué de professionnels de la santé. Pour y entrer, au préalable, il faut obtenir cette qualification. De même, il n'est pas admissible qu'un officier de l'armée de terre prétende intégrer le corps du personnel navigant de l'armée de l'air.

Cet ensemble de représentations illustre que sans le profil, c'est-à-dire la qualification nécessaire, il est interdit d'accorder le changement de corps ou d'armée. Est ici indexée, la qualification nouvelle, qui est le fait du titre obtenu à l'issue d'une formation ou par la réussite à un concours conduisant à l'obtention du diplôme de fin de formation.

L'hermétisme présenté conduit à la possibilité d'admission dans les corps recrutant exclusivement par concours, ou sur présentation d'un titre déterminé[691]. Sauf à réussir audit concours ou à présenter ce titre. Dans les faits, il est même rendu difficile d'accéder par changements de corps aux corps spéciaux pour ceux qui n'en font pas partie, comme il est parfois rendu difficile de sortir desdits corps.

B. Les implications

Le changement d'armée ou de corps a pour effet direct de mettre le militaire qui a bénéficié de la mobilité sous une situation statutaire nouvelle. Chez le militaire, il ne s'agit pas de détachement parce que le bénéficiaire demeure militaire et sert toujours pour le compte de la défense nationale.

Toutefois, son nouveau corps ou son armée d'accueil peut avoir des spécificités auxquelles il doit se plier. Pour le magistrat militaire, il est assermentée et donc nouvellement contraint par son serment (ex. : neutralité). Pour le médecin militaire, il existe un code de déontologie comportant un

[691] Art. 32 France.

serment qu'il doit respecter. De même, le militaire bénéficiaire de la mobilité se retrouve sous l'autorité de nouveaux supérieurs hiérarchiques, et il appartient réellement à ce nouveau corps ou à cette armée d'accueil. Néanmoins, le retour à son corps d'origine ne lui est pas interdit sous réserve des conditions prescrites. On parle de droit de retour et non de droit à réintégration. Dans le même sens, rien ne lui interdit de changer à nouveau de corps ou d'armée, s'il remplit les conditions pour sa nouvelle aspiration.

Du point de vue statutaire, il bénéficie des droits acquis. Aussi, ce changement ne peut entraîner « *ni la modification du grade et de l'ancienneté acquise dans le corps d'origine ni la prise de rang dans le nouveau corps avant les militaires de même grade et de même ancienneté ni la perte du bénéfice d'une inscription au tableau d'avancement* »[692]. Une exception concerne le militaire sous contrat, qui peut se voir attribuer un grade inférieur en cas de changement[693]. Mais, cela ne lui est pas imposé, quoique cette condition soit érigée comme devant être remplie pour que le nouvel engagement soit signé.

[692]Art. 32 France et 27 Cameroun.
[693]Art. 25 France.

CHAPITRE 6 :

LA DISCIPLINE ET LA SANCTION

On parle de discipline lorsqu'il s'agit d'inventorier le régime des obligations fondant la contrainte sur des professionnels d'un corps. Pour les armées, on fait référence à l'ensemble des mesures visant à éviter le désordre et à garantir que le militaire aura un comportement exemplaire, et qu'à défaut, il sera susceptible de recevoir une sanction.

Section 1 : La discipline militaire

Quand il faut caractériser les forces armées, le vocable qui revient le plus et partout est « discipline ». Il semblerait que les forces armées soient des « forces de discipline », à la différence des agents civils pour lesquels l'observation n'amène pas à établir d'analogie.

En fait, il est évident, au regard des devises en usage dans les armées où discipline est une expression symboliquement intégrée, à la lecture des statuts où les civils disposent du droit syndical et de grève (synonyme de trouble social), alors que les forces de défense n'en jouissent pas et doivent même pallier aux troubles des grèves et autres manifestations (synonyme d'ordre social), que le concours à la discipline sociale oblige l'armée à être une force de discipline. D'ailleurs, telle que déjà présentée, la discipline militaire qui a parfois suscité la systématisation par les théoriciens du management s'incarne à trois niveaux. Le premier est le confinement des droits et l'augmentation des restrictions tant politiques que professionnelles en comparaison au fonctionnaire civil. Le deuxième, purement analytique, découle de l'organisation des statuts des militaires où d'une part, il est mis d'entame explicitement en évidence le caractère disciplinaire de l'armée et d'autre part, l'énumération directe des contraintes y relatives. Le troisième est lié à la mise en place d'un dispositif disciplinaire qui n'est pas fondamentalement différent de celui en vigueur chez les civils, quoique les sanctions sont plus renforcées et complexes.

Chez les militaires, la discipline désigne de manière générale le strict respect des ordres. Il s'agit d'obéir aux ordres des supérieurs[694]. Le militaire doit aussi observer ses obligations liées au combat et à la vie en

---

[694]Art. 1er(1) du décret n° 2005-796 France relatif à la discipline militaire.

communauté[695]. Ainsi, la discipline militaire est l'ensemble des sujétions qui pèsent sur le militaire et le renforcement de ces sujétions est la sanction. À la question de savoir comment se déploie la discipline militaire, il convient de répondre qu'elle est faite d'obligations et de sanctions. Le premier volet (obligation) étant déjà présenté, il reste à s'attarder sur le second qui, bâti sur un socle institutionnel donné (paragraphe 1), fait état d'une segmentation et d'une gradation des sanctions (paragraphe 2) pour être une réponse adaptée à la forme d'indiscipline enregistrée.

Paragraphe 1 : Le cadre institutionnel de la sanction

Tous les militaires sont astreints à observer la discipline des forces de défense. Y contrevenir expose le militaire à la sanction. À ce niveau, il est à observer que la procédure est le fait d'un organe disciplinaire consultatif (A) joint à l'autorité de décision (B).

A. L'organe consultatif

Il existe un principe général, implicitement admis dans les rapports professionnels et concernant la prise de sanctions. Ce principe, dans les services privés comme dans les services publics, institue, suivant la gravité de la sanction encourue et l'acte commis, une procédure préalable d'instruction et d'audition avant toute prise de décision.

Dans les fonctions publiques, il existe de ce fait des organes consultatifs avec la création d'organes propres pour les corps spéciaux. Il en va ainsi pour l'armée qui a ses organes disciplinaires consultatifs.

Comme pour la fonction publique du statut général et les autres corps de la fonction publique, dans l'armée, l'organe disciplinaire consultatif de droit commun est le conseil de discipline.

Le conseil de discipline est un organe collégial interne aux forces de défense dont le rôle est de participer à la prise de décisions disciplinaires à l'encontre des militaires reconnus responsables d'atteintes à la discipline.

Sa compétence est prescrite par les textes[696]. Hormis quelques exceptions, la prise de sanctions se fait par le biais du conseil de discipline. Cet organe doit en effet être consulté[697] avant le prononcé de sanctions statutaires précises. Il participe donc à la sanction disciplinaire dans les forces armées.

Pour les sanctions relevant de la compétence du conseil de discipline, sa saisine relève de l'initiative du ministre chargé de la Défense au Cameroun. Tout de même, étant donné que l'exercice du pouvoir disciplinaire incombe

[695]Ibid., art. 1(2).
[696] Art. 42 (2) France, art 24 Cameroun.
[697] Art. 24.

aux supérieurs hiérarchiques, il n'est pas étrange que la saisine du conseil de discipline soit déconcentrée dans certains États.

Saisi, le conseil de discipline entame une procédure contradictoire devant l'amener à émettre un avis sur l'administration d'une sanction au militaire.

Relativement à sa composition, le conseil de discipline est partout constitué d'un président qui est l'officier le plus ancien dans le grade le plus élevé. En outre, les autres membres de ce conseil doivent au moins être en partie du même corps que le comparant. En cas d'impossibilité[698] de réunir un tel conseil au vu notamment du caractère trop gradé du mise en cause, le ministre désigne un président, deux chefs d'état-major (dont celui d'appartenance du mis en cause) et deux inspecteurs généraux. Une autre règle est que les membres du conseil doivent être soit plus gradés, soit plus anciens au même grade que le mis en cause.

En résumé, il faut dire que le cadre institutionnel de la sanction présente l'existence d'organes consultatifs qui, suivant les sanctions requises, doivent être consultés. Leurs avis ne sont pas des actes administratifs parce qu'ils ne font pas grief[699], mais l'autorité disciplinaire doit les requérir même si ces avis ne le lient pas.

B. L'autorité de décision

Au rappel, le circuit disciplinaire donne une place importante au conseil de discipline ou à ce qui en tient lieu. Le recensement du circuit disciplinaire fait état de trois étapes :

- le déclenchement de l'action disciplinaire suite au manquement dont reproche est fait au militaire. Ce déclenchement incombe au supérieur hiérarchique et l'information du ministre peut conduire à la saisine du conseil de discipline ;
- l'instruction de l'affaire est la suite. Le conseil formé doit étudier les faits reprochés au mis en cause, l'auditionner et émettre un avis à l'attention de l'autorité de décision ;
- la décision de sanction n'est pas exercée par un organe, mais une autorité qui n'est pas liée par l'avis du conseil disciplinaire.

En premier ressort, l'autorité de décision est exercée par la personne désignée comme chef suprême des forces armées. En Allemagne par exemple, c'est le ministre en situation normale et le Premier ministre en situation de crise.

---

[698] Art. 33 Cameroun.

[699] CS/CA, jugement n° 67 du 14 mars 1985, Atangana Ntonga Sylvestre contre État du Cameroun.

Au Cameroun, les situations ne sont pas influentes, puisque la Constitution fait du président de la République, le chef suprême des forces armées. D'ailleurs, pour les cas de sanctions statutaires, il est clairement disposé qu'elles sont prononcées par le président de la République[700].

Néanmoins il apparaît de manière générale que le ministre chargé de la Défense exerce ici et ailleurs, l'autorité de sanction disciplinaire de droit commun. La technique usuelle est celle de la délégation qu'il reçoit du président de la République. Quand il s'agit de sanctions professionnelles, les autorités ayant reçu délégation du ministre chargé de la Défense exercent avec lui le pouvoir disciplinaire. Il s'avère alors que l'autorité concernée l'ait en fonction du type de sanction à infliger.

Paragraphe 2 : L'encadrement matériel de la discipline militaire : la sanction

Le pouvoir disciplinaire ne s'exerce pas arbitrairement. L'implication profonde d'une décision sanctionnatrice a & été prise en compte pour encadrer ce pouvoir. L'une des garanties à relever intervient dans la qualification de la sanction avec une classification desdites sanctions (A) et une typologie de ces dernières (B) qui procèdent toutes de la quête de sécuriser l'exercice du pouvoir disciplinaire.

A. La classification des sanctions

En guise de précision, il faut distinguer la classification de la typologie des sanctions. Par classification, les textes font une organisation des sanctions par rapport à leurs gravités. Or, la typologie établit une organisation des sanctions en fonction de leur nature. La conséquence en est que, dans les types des sanctions, se retrouve l'échelle de gravité des sanctions.

Concernant la classification des sanctions dont le vecteur est leur gravité, trois niveaux de gravité sont à dénombrer. Ce sont les sanctions du premier groupe, les sanctions du deuxième groupe et celles du troisième groupe.

- **Les sanctions du premier groupe**

Elles sont traitées comme étant les moins graves. Elles n'ont pas isolément d'effet substantiel sur la carrière du militaire, mais leur répétition peut y conduire. L'effet sur la solde est également neutre dans le principe. En dehors du blâme et de l'avertissement qui sont les sanctions du premier groupe classiques, les statuts des militaires rajoutent d'autres spécifiques à l'état militaire que sont : la consigne, la réprimande, les arrêts et le blâme du ministre. Les cas de la consigne et de l'arrêt peuvent poser quelques problèmes quant à leur légalité, et seule leur organisation par un texte de nature

---

[700] Art. 25 militaire.

législative comme c'est le cas en France ((art. 41) et pas au Cameroun) peut y déroger.

Autre particularité, la sanction du premier groupe est en général prononcée sans le recours à l'organe consultatif, mais le droit de réponse (enclenché par la demande d'explication) demeure reconnu au militaire mis en cause.

- **Les sanctions du deuxième groupe**

Elles sont essentiellement liées au blocage à l'avancement ou pire, à la rétrogradation (abaissement hiérarchique) du militaire. Ce sont la radiation du tableau d'avancement et l'abaissement d'échelon. Il faut y rajouter l'exclusion temporaire de fonctions (forme de mise à pied) limitée dans les jours avec effet sur la rémunération.

Les sanctions de deuxième groupe sont plus graves que celles du premier groupe, ce qui justifie le recours à l'avis consultatif du conseil de discipline.

- **Les sanctions du troisième groupe.**

Ses deux variantes principales sont le retrait d'emploi et la radiation des cadres ou la résiliation du contrat.

Le retrait d'emploi est prononcé au Cameroun par décret du président de la République, après avis du conseil de discipline et sur proposition du ministre chargé de la Défense[701]. Faisant suite à une faute disciplinaire, cette sanction maintient néanmoins pour le militaire le droit aux prestations familiales et la perception d'un solde d'absence, parce qu'il est considéré comme étant en position de non-activité. Cette sanction est provisoire.

Par contre, la radiation des cadres et la résiliation du contrat sont des formes de licenciement (le premier pour le fonctionnaire et le second pour le contractuel) dont la sortie du cadre d'emploi est en principe définitive. Ces sanctions doivent être prises après que le conseil de discipline a siégé et émis son avis sous peine de « nullité de la sanction »[702].

Toutefois, la radiation peut embrasser trois formes : la mise en réforme et la mise à la retraite d'office aux effets relatifs et la révocation aux effets plus profonds[703].

Dans le cas où le mis en cause s'est rendu coupable d'assassinat, de subvention ou d'atteinte à la sûreté de l'Etat, les textes donnent souvent la possibilité de le sanctionner sans préalablement recourir au conseil de discipline. Cette distinction est également opératoire dans la typologie des sanctions (B).

---

701 Art. 53 (2).
702 CS/CA, arrêt n° 1 du 18 février 1993, Tchoupnjou Jean Jacques contre État du Cameroun.
703 Art. 20 (3).

B. La typologie des sanctions

Il existe une trilogie des sanctions qu'encourt le militaire. Ce sont : les sanctions administratives et disciplinaires, les sanctions professionnelles et les sanctions statutaires.

La tentative de les distinguer est à effectuer. Il apparaît que la sanction professionnelle est consécutive à une faute commise dans l'exercice de la fonction. Ces fautes sont des manquements aux règles professionnelles. Pour la sanction administrative ou disciplinaire, elle fait suite à l'inobservation des textes portant règlement de discipline dont les assises sont l'obéissance aux ordres, l'entraînement au combat et l'inclination devant ses devoirs. Le non-port de la tenue, le non-respect des règles de la guerre sont parmi les diverses autres obligations disciplinaires du militaire. Quant à la sanction statutaire, elle est celle prévue par le texte majeur servant de statut pour le militaire.

En réalité, il y a une possible confusion des fautes professionnelle, disciplinaire et statutaire. Le fait par exemple d'être toujours en état d'ivresse est une inconduite réprimée statutairement, car elle porte atteinte à l'exigence de sobriété et est donc une faute professionnelle, de même qu'elle marque le manque de respect de la hiérarchie et constitue par là une faute disciplinaire.

La seule considération à avoir en qualifiant partiellement la nature de la faute est le texte qui la régit. Aussi, la faute statutaire relève du statut ; la faute administrative ou disciplinaire du règlement général de discipline et la faute professionnelle du texte régissant l'exercice technique de la profession.

-La sanction professionnelle révèle une inaptitude à bien effectuer l'emploi. Elle peut notamment être le retrait partiel ou total, temporaire ou définitif d'emploi[704], ou de qualification.

-La sanction administrative et disciplinaire est qualifiée de « punition ». Pour relever sa gravité.

-La sanction statutaire est en principe la plus grave parce qu'elle conduit vers la perte d'emploi (art. 39 Cameroun).

Au final, il s'avère que les sanctions administrative et disciplinaire sont davantage répertoriées dans celles des premier et deuxième groupes, que les sanctions professionnelles sont, avec les sanctions statutaires, des sanctions des deuxième et troisième groupes. En fait, les divisions ne sont pas étanches et l'autorité sanctionnatrice a le pouvoir d'infliger une sanction moins lourde que celle proposée par le conseil de discipline, la sanction du premier groupe pouvant toujours être réformée par la hiérarchie de l'autorité sanctionnatrice.

---

[704] Art. 23 Cameroun.

Section 2 : Le régime des sanctions

La sanction est le résultat de la faute. Chez le militaire, la discipline en vigueur lui impose un ensemble d'attitudes qu'il doit observer dans le service et hors du service, sous peine d'encourir sanction.

Parmi ces contraintes, il doit se soumettre à l'obéissance hiérarchique, observer le secret professionnel et l'obligation de discrétion. Il est astreint à prendre soin du matériel, s'entraîner en vue d'être efficace dans l'action, respecter les règles du droit international, porter au complet l'uniforme en service... autant d'obligations dont le non-respect est susceptible d'entraîner la sanction.

Il incombe aux autorités hiérarchiques de prendre la sanction quand elle est du premier groupe, ou pour les autres groupes, de la préparer afin qu'elle soit selon les cas soumise à l'appréciation d'abord de l'organe disciplinaire, et ensuite du ministre de la Défense ayant reçu délégation, ou à l'autorité qui a bénéficié de sa délégation de pouvoir.

C'est à ce niveau qu'intervient l'encadrement juridique de la sanction. Il tient à la question portant sur le régime des sanctions infligées au militaire. Par régime, il faut entendre l'ensemble des règles applicables ici aux sanctions. Elles concernent la procédure et le militaire « *sanctionnable* ». Pour ce cas, tout militaire encourt sanction quand son attitude contrevient aux règles disciplinaires. L'indifférence est donc marquée quant au grade, à la fonction, ou à la position statutaire, car l'état militaire accompagne le militaire même en situation de non-activité.

Du reste, l'intérêt est davantage porté dans ce régime pour la question du cumul des sanctions infligées aux militaires (paragraphe 1) et quant à la consistance de celles-ci (paragraphe 2), par comparaison au régime disciplinaire des agents publics non militaires.

Paragraphe 1 : La question du cumul des sanctions

Dans les administrations civiles, la tradition est de ne pas établir de distinction expresse entre les fautes administratives ou disciplinaires, les fautes statutaires et les fautes professionnelles. En plus, il y a exclusion du cumul de sanctions pour une même faute[705]. Pour les forces armées, il y a dans des cas exclusions (A) et dans d'autres inclusions du cumul des sanctions (B).

[705] Art. 95 (2) SGFPE.

A. L'exclusion du cumul

À l'examen des textes régissant les armées, il en ressort que les corps de la défense en Occident sont dans un régime distinct de ceux africains par le régime du cumul des sanctions. L'intérêt doit être porté au cas français.

Dans la loi portant statut général des militaires, le législateur français, après l'étalage de l'ensemble de sanctions encourues par le contrevenant, précise à l'article 41 (2) que les sanctions disciplinaires ne peuvent se cumuler entre elles. Ce principe de l'exclusion qui n'a qu'une seule exception[706] doit être expliqué.

En réalité, le traitement de la sanction tel qu'effectué en France, fait du manquement disciplinaire des manquements administratif, professionnel et statutaire. Il n'y a donc pas de réelle distinction entre toutes ces fautes qui sont d'emblée disciplinaires par leur essence. Il n'y a donc pas possibilité de cumuler les sanctions de natures diverses, puisqu'il n'existe qu'une seule nature réelle, à savoir celle disciplinaire.

De plus, cette exclusion vise la non-jonction pour les mêmes faits de sanctions de groupes différents. La règle d'usage est que la faute la plus lourde l'emporte, tel que pratiqué devant les juridictions.

Toutefois, il est à observer un traitement un peu distinct de la sanction professionnelle, qui met en avant l'agent dans sa prestation de service, quoique le lien soit toujours opérant avec la discipline. Ainsi, les textes restent fidèles à l'esprit général de la loi, car le décret portant règlement général dispose que « *pour un même fait, les sanctions professionnelles ne peuvent se cumuler entre elles* »[707]. Cela confirme la logique de ne pas inclure le cumul tel que pratiqué ailleurs (B).

B. L'inclusion du cumul

Pour le régime disciplinaire en vigueur dans les États africains, il apparaît une préférence générale pour l'inclusion du cumul.

D'abord, la précision veut qu'il y ait de l'insistance sur la distinction sanctions administratives, professionnelles et statutaires, de même qu'une classification par groupe, du premier au troisième groupe.

S'agissant du cumul des sanctions par groupe, les textes sont en général muets. En vertu de l'adage « *ce qui n'est pas interdit par le droit doit être considéré comme admis* », l'interprétation de ce silence textuel est alors l'admission du cumul des sanctions pour les mêmes faits.

---

[706] Infra.
[707] Art. R4137-117.

Ensuite, les textes viennent renforcer le cumul par groupe par l'effet de la consécration du cumul par nature de sanctions. La loi camerounaise de 1980 portant statut des militaires dispose en son article 25 que « *peuvent être prononcées cumulativement une punition disciplinaire, une punition administrative, une sanction professionnelle et une sanction statutaire* ». Or, les punitions administratives et disciplinaires sont en général du premier groupe, et leur cumul avec les autres sanctions d'autres groupes emporte cumul entre groupes, et cumul entre sanctions de natures diverses.

Dans le cas français, l'exception au non-cumul est les arrêts[708] qui peuvent être prononcés dans l'attente d'une autre sanction. Mais le législateur a de manière générale préféré édifier un régime de sanctions non excessif. Par contre, pour mieux asseoir la discipline, soumettre le militaire et renforcer le pouvoir hiérarchique, la préférence est donnée au dédoublement de la coercition par la validation du principe de l'inclusion du cumul dans les armées africaines, comme c'est le cas au Cameroun. À côté de la question du cumul, la consistance de la sanction est également un élément essentiel du régime des sanctions (paragraphe 2).

Paragraphe 2 : La consistance de la sanction

La consistance de la sanction fait ressortir les éléments s'intégrant dans l'acte sanctionnateur. Elle comprend également l'envergure et le poids de la sanction. Ses déclinaisons sont l'échelle des sanctions (A) et les incidences pécuniaires et statutaires qu'elles comportent (B).

A. L'échelle des sanctions

Pour s'appesantir sur l'échelle des sanctions, une précision doit être faite sur le cas de la suspension. Dans les lexiques de droit, sans presque en donner définition, un renvoi est fait tantôt à la sanction disciplinaire, tantôt à la procédure disciplinaire.

Il est inexact de considérer la suspension dans le cadre de la discipline militaire comme étant une sanction disciplinaire. La vérité de la posture contestée est fondée sur les effets anormaux engendrés tel l'arrêt de service, l'effet financier et parfois la publicité de la mesure. Mais la suspension n'a qu'un caractère provisoire et à l'issue de la procédure, les droits du mis en cause sont rétablis s'il est blanchi. Aussi, la suspension est davantage une mesure conservatoire qui se situe dans la procédure disciplinaire[709].

Considérer la suspension comme étant une sanction préparatoire, où le premier niveau de l'échelle des sanctions est donc inexact dans la discipline

[708] Art. 41.

[709] Ceci peut être différent dans des corps spéciaux comme celui des enseignants du supérieur au Cameroun, où la suspension peut être une sanction et non pas qu'une mesure conservatoire.

militaire. Encore que dans certains statuts, le droit à rémunération est maintenu (art. 44 France), contrairement à d'autres (art 99, 109 s, SGFPE). De surcroit, la suspension ne figure pas dans l'énumération des sanctions.

L'échelle des sanctions apparaît entre les différentes mesures disciplinaires énumérées. Il fait l'établissement d'une variété de sanctions dont la caractéristique est leur présentation en groupe avec de manière croissante le passage de sanctions moindres vers celles lourdes, comme l'exclusion définitive d'emploi de l'agent.

Cette échelle correspond à l'exigence de proportionnalité de la sanction qui irrigue la répression disciplinaire. Aux agissements légers les sanctions modestes, et aux fautes graves les sanctions lourdes et graves du troisième groupe. Pour la garantie de la proportionnalité de la sanction, autorité est donnée au supérieur hiérarchique de celui qui a sanctionné de reformer la décision. Le juge administratif détient également le pouvoir de contrôler la proportionnalité des sanctions, car celles-ci sont des actes administratifs et ne doivent donc pas être infligées arbitrairement. L'affaire Hardouin peut être citée[710], car même pour les actes dits d'ordre intérieur, le juge se réserve le droit d'apprécier leur gravité. La consistance de la sanction est également le fait de ses incidences financières et statutaires.

B. Les incidences financières et statutaires

Du point de vue financier, il n'existe qu'une seule sanction privant immédiatement le mis en cause de son revenu. Il s'agit de l'exclusion temporaire du service qui est d'office privative de toute rémunération. Pour les autres sanctions que sont l'avertissement, la consigne, la réprimande, le blâme, les arrêts, il est de règle qu'elles n'ont pas d'effet financier.

Par contre, les abaissements d'échelon ou de grade, quand c'est admis, ont indirectement un effet financier parce que le militaire subit en quelque sorte une rétrogradation qui est à la fois statutaire et pécuniaire.

Relativement à l'incidence statutaire, le principe est la neutralité des sanctions du premier groupe sur la carrière du militaire. Il peut néanmoins être décidé de leur inscription dans le dossier disciplinaire, ce qui occasionnerait une mise en péril des avancements. Pour les sanctions des deux autres groupes, le troisième groupe met fin à la carrière, tandis que le deuxième groupe regorge de sanctions-frein à l'évolution professionnelle. Elles vous maintiennent dans la même situation (radiation du tableau d'avancement) quand elles ne provoquent pas l'écrêtement de la situation professionnelle (abaissement temporaire). Il est à noter que ce frein à l'évolution ne concerne que les militaires qui ont déjà bénéficié d'au moins un avancement.

[710] CE. Ass., 17 février 1995, Hardouin. Recours jugé recevable contrairement à l'état du droit, et formé contre une punition de 10 jours d'arrêt.

BIBLIOGRAPHIE

1. ABA'A OYONO (JC), « *Chronique du grain de sable dans la fluidité jurisprudentielle à la chambre administrative du Cameroun* », RASJ, vol5, n° 1, 2008.

2. ABA'A OYONO (J-C), *La compétence de la juridiction administrative en droit Camerounais*, Thèse de doctorat N.R, université de Nantes, 1994, 510 p.

3. ABANE ENGOLO (P E), *L'application de la légalité par l'administration au Cameroun*, Thèse de Doctorat/PHD en droit, Université de Yaoundé II, 2009, 515 p.

4. AMSELEK (P), « *La qualification des contrats de l'administration* », AJ, 1983.

5. AMSELLEK (P), (S-D) *Interprétation et droit*, Bruylant et Presses Universitaires d'AIX-Marseille, 1995.

6. ANDRIANTSIMBAZOVINA (J), « *Quel avenir pour la jurisprudence Couitéas ?* », DA 1988, chron. n° 17.

7. ANOUKAHA (F), « *La délimitation des compétences entre la Cour Commune de Justice et d'Arbitrage OHADA et les cours suprêmes nationales en matière de recouvrement de créances* », juridis périodique n° 59, 2004.

8. ATANGANA-MALONGUE (T), « *Le domaine de la loi applicable au statut personnel dans l'avant-projet du code camerounais des personnes et de la famille* », RASJ, vol6, n° 1, 2009.

9. AUBY (J-M), « *Le principe de publicité de la justice et le droit public* » Annales de la Faculté de droit de Toulouse, 1968 (1).

10. AUCOC (L), *Conférences sur l'administration et le droit administratif*, t1, 1ère éd, DUNOD, 1869.

11. BADINTE(R), « *La responsabilité pénale du président de la République sous la Ve République* », in Mélanges P. GELARD, 1999.

12. DE BECHILLON (D), « *Le Gouvernement des juges : une question à dissoudre* » recueil Dalloz 2002, Chronique.

13. BENOIT (F-P), « *Les fondements de la justice administrative* », in Mélanges Marcel WALINE, LGDJ 1974.

14. BERNARD (P), *La notion d'ordre public en droit administratif*, LGDJ, 1962.

15. BETTATI (M), « *Réflexions sur la portée du code international de conduite pour le transfert de technologie : Éloge de l'ambigüité* », in *Études offertes à C.A. COLLIARD*, PEDONE, 1984.

16. BIGAUT (C) ET CHANTEBOUT (B), *« De l'irresponsabilité prétendue des ministres sous la Ve République »,* pouvoirs n° 92, 2000.

17. BIGOT (G), *L'autorité judiciaire et le contentieux de l'administration. Vicissitudes d'une ambition*, 1800-1872, LGDJ, 1999.

18. BILONG (S), « *L'insaisissable responsabilité sans faute de la puissance publique en droit Camerounais* » Annales de la FSJP de Dschang, AES S.A Yaoundé, T1, vol1, 1997.

19. BILONG (S), « *Le déclin de l'État de droit au Cameroun : le développement des immunités juridictionnelles* », juridis périodique, n° 62, 2005.

20. BINYOUM (J), « *Bilan de vingt ans de jurisprudence administrative de la cour suprême au Cameroun* » 1ère partie 1957-65, RCD, série 2, n° 15 et 16, 1978 et 2e partie 1961-72.

21. BINYOUM (J), *Droit administratif*, Yaoundé, cours polycopiés, sans date, 227 p.

22. BIPOUN WOUM (J M), « *La représentation de l'État en justice au Cameroun* », RCD, n° 28, 2nde série, 1984.

23. BIPOUN-WOUM (J-M), « *Recherches sur les aspects actuels de la réception du droit administratif dans les États d'Afrique noire d'expression française : Le cas du Cameroun* », RJPIC, 1972, n° 3, p.359.

24. BOLZE (C) et PEDROT (P) (S-d), *Les juges uniques : dispersion ou réorganisation du contentieux*, coll. Thèmes et commentaires, Dalloz, 1996 ; 283 p.

25. BOULOUIS (J), « *Faut-il supprimer le droit administratif ?* », pouvoirs, n° 46, le droit administratif, 1988.

26. BOURDIEU (P), *Question de sociologie*, minuit, paris 1981, 271 p.

27. BOYER (C), *Les magistrats*, Que Sais-Je ? PUF, paris 1985, 127 p.

28. BRETHE De la GRESSAYE (J), « *Montesquieu, fondateur du Droit Public Moderne* », in Mélanges STASSINOPOULOS, 1973.

29. BRISSON (J-F), *Les recours administratifs en droit public français*, collection bibliothèque droit public, T 185, paris, LGDJ.

30. BUFFELAN-LANDRE (JP), « *De l'indépendance de la magistrature* » Les Petites Affiches, 11 juin 1993.

31. BUGNICOURT (J), « *Le mimétisme administratif en Afrique, obstacle majeur au développement* », RFSP, 1973, P1254.

32. BURDEAU (F), *Histoire du droit administratif*, PUF-Thémis, 1995, 512 p.

33. BURDEAU (G), « *Remarques sur la classification des fonctions étatiques* », RDP 1945.

34. CALLEY (G), « *Les notes en délibéré dans la procédure administrative contentieuse* », Les Petites Affiches, 25 juin 2003.

35. CARRE DE MALBERG (R) :

- Contribution à la Théorie Générale de l'État, tome 1, édition Dalloz, paris 2004, 837 p.
- Contribution à la théorie Générale de l'État, tome 2, édition Dalloz, paris 2004, 638 p.

36. CHABANOL (D), « *Faut-il bruler le tribunal des conflits ?* » AJDA, 1988.

37. CHANTEBOUT (B), *Droit constitutionnel*, 21e édition, Armand Colin, paris 2004, 592 p.

38. CHEVALLIER (J), « *Du principe de séparation au principe de dualité* », RDFA, 1990, P712.

39. CHEVALLIER (J), « *La fin des Écoles ?* », RDP 1997, p679.

40. CHEVALLIER (J), « L'ordre juridique », in *Le droit en procès*, PUF, paris 1984.

41. CHEVALLIER (J), *l'État de droit*, in *Problèmes sociaux*, la documentation Française, n° 899, paris 2004, 110 p.

42. CONAC (G), « *Le juge de l'État en Afrique francophone* », *Afrique contemporaine* n° 156, 4e trimestre 1990, numéro spécial : *La justice en Afrique* (S-d) de GAUDUSSON (Jean Dubois) et CONAC (Gérard), Economica, Paris.

43. D'AMBRA (D), *L'objet de la fonction juridictionnelle : Dire le droit et trancher les litiges*, thèse, LGDJ, paris 1994, T236, 339 p.

44. DE GAUDUSSON (J), « *Le statut de la justice en Afrique noire* », in *La justice en Afrique*, (S-d) DUBOIS DE GAUDUSSON (J) et CONAC

(G.), Afrique contemporaine, n° spécial, la documentation française, 1990.

45. DE LAUBADERE (A), « *Les éléments d'originalité contractuelle de l'administration* », in Mélanges à MESTRE, 1949.

46. DECOCQ (A), « *Le désordre juridique français* », in *écrits en hommage à Jean FOYER*, PUF, 1997.

47. DEGUERGUE (M), *Procédure administrative contentieuse*, Montchrestien, paris 2003, 223 p.

48. DELAMY (B), « *Les principes constitutionnels dans la jurisprudence judiciaire. Le juge judiciaire, le juge constitutionnel ?* », RDP, 2002.

49. DELCROS (B), *L'unité de la personnalité juridique de l'État*, LGDJ, paris 1976, 322 p.

50. DELION (A-G), « *Réforme administrative : déconcentration et unité d'action* », AJ, 1963.

51. DELVOLVE (P), « *Paradoxe du (paradoxe sur le) principe de séparation des autorités administratives et judiciaires* », in *Mélanges René CHAPUS*, Montchrestien, 1992.

52. DJOUTSOP (F R), « *La négation du droit à la vie de l'enfant à naître* », RASJ, vol2, n° 1, 2009.

53. DOUAT (E), « *La cassation, procédure et moyens de cassation* », J.-Cl adm-fasc. 1107.

54. DRAGO (R), « *L'évocation dans la procédure administrative* », RDP, 1957.

55. DREYFUS (F) et D'ARC (F), *Les institutions politiques et administratives de la France*, 5e édition, Economica, paris 1997, 360 p.

56. DUGUIT (L), *Traité de droit constitutionnel*, tome 2, éd de BOCCARD, 3e éd, 1928.

57. DUHAMEL (O), *Le pouvoir politique en France*, PUF, paris, 1991, 429 p.

58. DUPUIS (G), *Les privilèges de l'administration*, thèse de doctorat en droit, paris 1962, 648 p.

59. DUPUY (R-J), « *Le pourvoi en cassation et la dualité du contentieux de l'annulation* », RDP, 1950, 505.

60. EISENMANN (C), « *L'esprit des lois et la séparation des pouvoirs* », Mélanges CARRE de MALBERG, 1993.

61. EISENMANN (C), « *La pensée constitutionnelle de Montesquieu* », in *La pensée politique et constitutionnelle de Montesquieu. Bicentenaire de l'Esprit des lois 1748-1948*, Sirey, 1952.

62. EISENMANN (C), « *L'esprit des lois et la séparation des pouvoirs* » in Mélanges Carré de MALBERG, 1933.

63. EISENMANN (C), *Écrits de théorie du droit, de droit constitutionnel et d'idées politiques*, éditions Panthéon-Assas, paris 2002, 668 p.

64. EISENMANN (Charles) :

- *Cours de Droit Administratif*, tome1, LGDJ, paris 1982, 786 p.
- *Cours de Droit Administratif*, tome 2, LGDJ, paris 1983, 908 p.

65. EISENMANN (P), « *Le nez de Cléopâtre ou les Affaires de la causalité* », Dalloz, 1954, chron.

66. ESSOMBA ONAMBELE (R S), *Le régime juridique de l'évocation en contentieux administratif Camerounais*, Mémoire de DEA en droit public, Université de Yaoundé II, 2009, 179 p.

67. FALCONE (P-M), « *The council of state* », in *An Introduction to French Administration*, la documentation française, IIAP, Paris 1996, 238 p.

68. FATÔME (E) et REDOR (M-J), « *Le juge administratif et le développement du partenariat* », in *Le juge administratif à l'aube du XXIe siècle (40é anniversaire des TA,)* presses universitaires de Grenoble, 1995.

69. FAVOREU (L), « *Résurgence de la notion de déni de justice et droit au juge* » in Mélanges Jean WALINE, paris, Dalloz 2002, P513.

70. FEUER (G), « *Contribution à la théorie de l'appel dans la procédure contentieuse administrative* », RDP, 1958, 19.

71. FOUGERE (L), *Le conseil d'État, son histoire à travers les documents de l'époque (1799-1974)*, éd du CNRS, 1974, 1012 p.

72. FOULETIER (M), *Recherche sur l'équité en droit public*, LGDJ, 2003, 502 p.

73. FOYER (J), « *Les destinées du droit français en Afrique* », penant 1962.

74. FRYDMAN (P), « *L'ordre public et le juge* », eod loc.

75. GAUDEMET (J-M) et MOLINIER (J), *Finances publiques, emprunt, fiscalité*, tome2, éd MONTCHRESTIEN 1988, 577 p.

76. GAUDEMET (Y), « *Les procédures d'urgence dans le contentieux administratif* », RFDA, 1988, p.420.

77. GAUDEMET (Y), « *Remarques sur l'évolution des sources du droit contentieux administratif* », in Mélanges Pierre DRAI, Dalloz 2000.

78. *GAZIER (F), « Réflexions sur les symétries et dissymétries du tribunal des conflits », RFDA, 1990.*

79. GENY(F), *Méthodes d'interprétation et sources en droit privé positif*, Paris, tome1, 1919.

80. GOHIN (O), *Contentieux administratif*, 4e édition, Litec, paris 2005, 436 pages.

81. GONIDEC (PF), *L'Etat et le droit*, in Encyclopédie Juridique de l'Afrique, N.E.A. 1982, tome1.

82. GONIDEC (P-F), *Les droits africains, évolutions et sources*, 2e édition, LGDJ, paris 1976.

83. GRIMAL (P), MILLOTE (J-P), PACAUT (M), *Histoire générale de l'Europe*, 1ère édition, PUF, paris 1980, tome 1, 557 p.

84. GUEDON (M J), *Les autorités administratives indépendantes*, paris, LGDJ, 1991, coll. Systèmes, Droit Administratif, 142 p.

85. GUESSELE ISSEME (L-P), *L'apport de la cour suprême au droit administratif Camerounais*, thèse de doctorat/PHD en droit public, Université de Yaoundé II, 2010, 703 p.

86. GUGLIELMI (G-J), *La notion d'administration publique dans la théorie juridique française (De la révolution à l'Arrêt CADOT (1789-1889)*, LGDJ, 1990, 378.

87. GUILLIEN (R), VINCENT (J), GUINCHARD (S), MONTAGNIER (G), *Lexique des termes juridiques*, 13e édition, Dalloz, paris 2001, 592 p.

88. GUIMDO DONGMO (B-R), « *La responsabilité politique du Gouvernement dans la constitution Camerounaise* », Revue de la recherche juridique Droit prospectif 2007-4, PUAM, 120e numéro, P2099.

89. GUIMDO DONGMO (B-R), « *Le droit d'accès à la justice administrative au Cameroun, contribution à l'étude d'un droit fondamental* », Droit prospectif, PUAM, 2008.

90. GUIMDO DONGMO (B-R), *Le juge administratif camerounais et l'urgence. Recherche sur la place de l'urgence dans le contentieux administratif camerounais*, thèse d'Etat, Université de Yaoundé, 2004, 607 p.

91. HOLO (TH), « *Requiem pour la chambre administrative* », RBSJA, n° 10, juillet 1988.

92. JACQUOT (H), « *Le contentieux administratif au Cameroun* », RCD, n° 8, 1975.

93. JEAMMAUD (A), « *La règle de droit comme modèle* » recueil Dalloz 1990, Chronique.

94. JESTAZ (P), « *La jurisprudence, ombre portée du contentieux* », D 1989, chron, p.149.

95. KAMDEM (J C), « *L'intérêt et la qualité dans la procédure administrative contentieuse au Cameroun* », RCD, n° 28, série, 1984.

96. KAMDEM (J-C), *Contentieux administratif*, tome1, Université de Yaoundé, Année 1985-1986, 279 p.

97. KAMTO (M), « *Révision constitutionnelle ou écriture d'une nouvelle constitution* », lex lata, n° 023-024, 1996.

98. KAMTO (M), « *La fonction administrative contentieuse de la cour suprême du Cameroun* » in *Les cours suprêmes en Afrique-III la jurisprudence administrative*, (S-d) DE GAUDUSSON Jean et CONAC Gérard, Economica, paris 1988.

99. KAMTO (M), *Droit administratif processuel du Cameroun*, collection sciences juridiques, PUC, 1990, 256 p.

100. KAMTO (M), *Pouvoir et Droit en Afrique. Essai sur les fondements du constitutionnalisme dans les États d'Afrique noire francophone*, LGDJ, 1987, 545 p.

101. KELSEN(H), *Théorie pure du droit*, Dalloz, paris 1962, 496 p.

102. KEUTCHA TCHAPNGA (C), « *Note sous CS/AP, arrêt du 16 août 1990, Affaire Albert ONO NGAFOR contre Etat du Cameroun* », in juridis périodique n°46, 2001.

103. KEUTCHA TCHAPNGA (C), SIETCHOUA DJUITCHOKO (C), « *Note sous CS/CA, Jugement n° 29 du 03 mai 1990, Affaire MBARGA Symphorien contre État du Cameroun* », juridis périodique n° 43, 2000.

104. KOURILSKY (P) et VINEY(G), *Le principe de précaution*, rapport, éd O. Jacob 1999, 250 p.

105. LAFERRIERE (E), *Traité de la juridiction administrative*, 2e édition, 1986, tome1.

106. LAMPUE (P), « *La distinction des contentieux* », in Mélanges Georges Scelle, LGDJ, 1950.

107. LASERRE-KIESOW (V), « *L'ordre des sources ou le renouvellement des sources du droit* », recueil Dalloz 2006, chroniques.

108. LAUBABERE (A de), MODERNE (F), DELVOLVE (P), *Traité des contrats administratifs*, LGDJ, 2e édition, T1, 1223 p.

109. LE BRAZIDEC (G), *René Capitant, Carl Schmitt : crise et réforme du parlementarisme (De WEIMAR à la cinquième République)*, Logiques juridiques, l'harmattan 1998, 310 p.

110. LEBEN (C), *Charles Eisenmann, Écrits de théorie du droit, de droit constitutionnel et d'idées politiques*, paris 2002, éditions panthéon-Assas, 668 p.

111. LECLERC (C), « *Comment sont portées à la connaissance des parties les décisions des juridictions administratives ?* », S 1963. Chron. 5.

112. LEGENDRE (P), *Histoire de l'administration de 1750 à nos jours*, PUF-Thémis, 1968, 580 p.

113. LEVY (De), « *Les développements récents du droit administratif anglais* », in Mélanges René CHAPUS, Montchrestien, 1992.

114. LONG (Marceau), « *Le conseil d'État, rouage de l'administration et juge administratif suprême* », Rev. Adm, 1995.

115. MARTIN-LAPRADE (B), « *Les « avis » contentieux* », AJDA 1988, 89 p.

116. MASSOT (J), « *La cassation* », AJDA, 1995, 200 p.

117. MBARGA (E), « *Évolution politique au Cameroun en 1972 : Le référendum du 20 mai 1972 et la formation de la République unie du Cameroun* » Annales de la FDSE, n° 6.

118. MBOME (F-X), *Histoire des institutions et des faits sociaux*, Fasst éditions, 2009, 166 p.

119. MBOME (F-X), *Les grands arrêts de la jurisprudence administrative Camerounaise*, éditions revue et corrigée, Yaoundé 1986, 365 p.

120. MBOUYOM (F X), *Recueil des grands arrêts de la jurisprudence administrative de la cours suprême*, 1970-1975.

121. MESCHERIAKOFF (A), « *Le régime juridique du recours gracieux préalable dans la jurisprudence administrative Camerounaise* », RCD, série II, n° 515 et 16, 1978.

122. MESCHERIAKOFF (A-S), « *Le déclin de la fonction administrative contentieuse au Cameroun* », RJPIC, n° 4, 1980.

123. MESSI (T), *Le contrôle de cassation de la cour suprême du Cameroun*, thèse de doctorat de 3e cycle en droit, Université de Yaoundé, (S-d), 371 p.

124. MESTRE (J-L), *Introduction au Droit administratif français*, Collection Droit fondamental, PUF 1985, 294 p.

125. MODERNE (F), « *Le juge administratif français et les règles du procès équitable* », RUDH, 1991, n° 7-9.

126. MOMO (B), « *Le problème des délais dans le contentieux administratif Camerounais* », Annales de la FSJP de Dschang, université de Dschang, t1, vol1, 1997.

127. MORAND DEVILLER (J), *Cours de droit Administratif*, 9e édition, Montchrestien, paris 2005, 817 p.

128. MOUANGUE KOBILA (J), « *Le préambule du texte constitutionnel du 18 janvier 1996 : De l'enseigne Décorative à l'étalage utilitaire* », lex lata, n° 023-024, 1996.

129. MOULIOM (I), *Le contentieux de l'imposition au Cameroun (Essai d'analyse sur sa nature juridique)*, Thèse de doctorat en droit public, Université de Yaoundé II, juin 2002, 294 p.

130. NCHOUWAT (A), *Le juge et l'évolution du droit administratif au Cameroun*, thèse de doctorat de 3e cycle en droit, Université de Yaoundé II, 1994, 454 p.

131. NTAH A MATSAH (H M), Le *ministère public dans le contentieux administratif au Cameroun : Contribution à l'étude des organes de la juridiction administrative Camerounaise*, thèse de doctorat/PHD en droit, université de Yaoundé II, 2010.

132. NYOBE NLEND, *Le tribunal de Grande Instance au Cameroun*, thèse de doctorat de 3e cycle, Université de Yaoundé, 1988.

133. ONDOA (M), « *La constitution duale : Recherches sur les dispositions constitutionnelles transitoires au Cameroun* », RASJ, 2002, Vol1, n°2.

134. ONDOA (M), « *Le droit administratif français en Afriques francophone : contribution à l'étude de la réception des droits étrangers en droit interne* », RJPIC, vol 56, n° 3, 2002.

135. ONDOA (M), *Le droit de la Responsabilité publique dans les États en développement : contribution à l'étude de l'originalité des droits africains*, thèse de doctorat d'État en Droit public, 3 tomes, Université de Yaoundé II, 1997.

136. ONDOA(M), « *La constitution Duale. Recherches sur les dispositions constitutionnelles transitoires au Cameroun* », RDSJ 2000-vol1, n° 2.

137. ORDONNEAU (P), « *Le costume des membres du Conseil d'État* », in *Le conseil d'État* (S-d) Louis FOUGERE, éd du CNRS, 1974.

138. OULD BOUBOUTT (A.S), *L'apport du Conseil Constitutionnel au Droit Administratif*, Economica, paris 1987, 590 p.

139. OWONA (J), « *La nouvelle Constitution camerounaise. De l'État Fédéral à l'État Unitaire* » RJPIC, n° 1, 1973.

140. OWONA (J), *Droit administratif spécial de la République du Cameroun*, Edicef, Paris 1985, 256 p.

141. OWONA (J), « *La réforme politique et constitutionnelle du 9 juin 1979 au Cameroun* », REPEA, 1980, P486.

142. PACTEAU (B), « *Le juge unique dans les juridictions administratives* » Gazette du Palais, 30-31 janvier 1998.

143. PAMBOU TCHIVOUNDA, « *Recherche sur l'urgence en droit administratif français* », RDP, 1983.

144. PEISER (G), *Contentieux administratif*, 10e édition, Dalloz, paris 1997, 246 p.

145. PEKASSA NDAM (G), « *Les établissements publics indépendants : une innovation fondamentale du droit administratif Camerounais* », RASJ, vol2, n° 1, 2001.

146. POUYAUD (D), « *Le recours en rectification d'erreur matérielle devant les juridictions administratives* », RFDA, 1993, 721.

147. RIALS (S) et BARANGER (D), *textes Constitutionnels étrangers*, 7e édition, PUF, paris 1982, 127 p.

148. RIALS (S), « *Constitutionnalisme, souveraineté et représentation* » in *La continuité constitutionnelle en France de 1789 à 1989*, colloque de l'AFC, 1990.

149. RICCI (J-C), *Contentieux administratif*, HACHETTE, paris 2007, 255 p.

150. RIVERO (J), « *Le huron au palais-royal, ou réflexions naïves sur le recours pour excès de pouvoir* », D 162, Chron.

151. ROBERT (H), *La monarchie de juillet*, que sais-je ? PUF, n° 1002, 126 p.

152. RONNY (A), « *Les magistrats des tribunaux administratifs et des cours administratives d'appel* », RFDA, 1988.

153. ROUAULT (M-C), « *Force doit rester à la séparation des pouvoirs. Remarques sur une interprétation stricte de la voie de fait* », Les Petites Affiches, 8 janvier 1992, n° 4.

154. ROUSSILLON (Cl), *Le régime législatif de la France d'outre*-mer, bibliothèque juridique de l'union française, paris 1952.

155. SAUVEL (T), « *La justice retenue de 1806 à 1872* », RDP, 1970, 237.

156. SAVY (R), « *La Constitution des juges* », Dalloz, 1983, 1, n° 105.

157. SCHAEGIS (C), « *L'intérêt en droit administratif processuel* », RGDP, 1999, n° 1.

158. SEURIN (J-C), « *Les origines historiques de la séparation des pouvoirs* », in Mélanges AUBY, 1992.

159. SIETCHOUA DJUITCHOKO (C), « *Perspectives ouvertes à la juridiction administrative du Cameroun par la loi n° 96/06 du 18 janvier 1996 portant révision de la constitution du 2 juin 1972* » Annales de la FSJP de Dschang, AES, Yaoundé, t1, vol1, 1997.

160. TCHAKALOFF (M.F.C) et GOHIN (O), « *La Constitution est-elle encore la norme fondamentale de la République ?* » recueil Dalloz 1999, chron.

161. TEBOUL (G), « *La coutume, source formelle de Droit en droit administratif* » Rev. Droits, 1986, n° 3.

162. TIMSIT (G), « *M. le Maudit, relire Montesquieu* », in Mélanges René CHAPUS, Montchrestien 1992.

163. TOGOLO (O), « *Le juge camerounais et le juge de la CEMAC : un regard prospectif* », juridis périodique N° 63, 2005.

164. TROPER (M), « La constitution de 1791 aujourd'hui », RFDC, n° 9, 1992.

165. TROPER (M), *La séparation des pouvoirs et l'histoire constitutionnellefrançaise*, LGDJ 1980.

166. TRUCHET (D), « *Fusionner les juridictions administratives et judiciaires ?* », in Mélanges Jean-Marie AUBY, Dalloz 1992.

167. TRUCHET (D), « *Mauvaises et bonnes raisons de mettre fin au dualisme juridictionnel* », in *Justice*, n°3, 1996.

168. VAN DE KERCHOVE (M) et OST (F), *Le système juridique entre ordre et désordre*, PUF 1988, 254 p.

169. VEDEL (G), « *Le Droit administratif peut-il être indéfiniment jurisprudentiel ?* », EDCE, 1979.

170. VIRALLY (M), « *L'introuvable acte de Gouvernement* », RDP, 1952.

171. WALINE (M), « *Le pouvoir normatif de la jurisprudence* », in Mélanges Scelle, 1950.

172. WANDJI KAMGA (À D), *Le droit de l'exécution Forcée. Réflexion à partir des systèmes juridiques Camerounais et Français*, Thèse de doctorat/PHD, université de Limoges, 2009, 594 p.

173. YEM GOURI (M), « *Bilan de l'unité du droit administratif dans les pays d'Afrique noire francophone* », Penant 1988, n° 797.

TABLE DES MATIÈRES

DROIT
AUX ÉDITIONS L'HARMATTAN

Dernières parutions

LE RAPPORT DU DROIT ADMINISTRATIF NATIONAL AUX DROITS ADMINISTRATIFS ÉTRANGERS
Les cas de la France et de l'Espagne
Anna Neyrat
Préface de Fabrice Melleray
Les droits administratifs français et espagnol sont souvent présentés comme des idéaux types opposés dans leur rapport aux droits administratifs étrangers. Comme exportateur, le droit administratif français considère ses homologues étrangers comme un réceptacle de son influence ; comme importateur, le droit administratif espagnol les envisage comme source de son enrichissement. Si une telle présentation repose sur des raisons temporelles et culturelles qui ont fait du droit administratif français un modèle et de l'espagnol un imitateur, elle se révèle partiellement inexacte. Elle est notamment dépassée à l'heure de la globalisation. Cette recherche invite à poser un regard différent sur ces présupposés.
(Coll. Logiques Juridiques, 680 p., 49 euros)
ISBN : 978-2-343-16682-7, EAN EBOOK : 9782140114588

DROITS FONDAMENTAUX ET CRISE(S) DES SOLIDARITÉS
Fabien Bottini
La solidarité renvoie aux liens sociaux qui font le ciment d'une communauté. Si c'est pourquoi il semble plus juste de parler de solidarités au pluriel, l'Etat a pendant longtemps été leur garant au travers des droits sociaux fondamentaux. Mais le constat s'impose : des débats qui ont agité la réforme du droit du travail à ceux qui portent sur les régimes de retraites en passant par la crise des migrants ; des hésitations sur la place des territoires et de l'Union européenne dans la mise en oeuvre des politiques sociales à l'apparition d'un droit constitutionnel économique... Les interrogations ne manquent pas quant à savoir si ces droits fondamentaux parviennent encore à faire la solidarité. Si crises il y a, signent-elles la fin de l'âge d'or de la solidarité ou sa mutation ?
(Coll. Le Droit aujourd'hui, 276 p., 28,5 euros)
ISBN : 978-2-343-16201-0, EAN EBOOK : 9782140114274

DÉCLARATION DES DROITS DE L'HOMME ET DU CITOYEN
Postérité et actualité
Remi Puigventos
Responsables scientifiques : Jimmy Meersman et Rémi Puigventos
Le 26 août 1789, l'Assemblée constituante adopte les derniers articles du texte de la Déclaration des droits de l'homme et du citoyen qui, traversant les siècles, deviendra l'un des textes fondamentaux de la Cinquième République. Si la Déclaration de 1789 est l'une des pierres angulaires de la garantie des droits de l'homme, l'étude de sa postérité et de son actualité interroge. Le présent ouvrage contribue à en dévoiler les éléments les plus essentiels au travers d'une douzaine de contributions.
(Coll. Droit privé et sciences criminelles, 238 p., 25 euros)
ISBN : 978-2-343-16359-8, EAN EBOOK : 9782140112164

ANNUAIRE DES ENGAGEMENTS INTERNATIONAUX AYANT FAIT L'OBJET D'UNE LOI D'AUTORISATION SOUS LA VE RÉPUBLIQUE
Didier Jamot
Au cours de la Ve République, près de 2000 engagements internationaux ont fait l'objet d'une loi d'autorisation. Dans les années 1960, seulement 22% des lois votés par le Parlement avaient pour objet la ratification ou l'approbation de tels engagements, alors que désormais 40% des lois visent un tel

objectif. Par conséquent, le nombre de normes internationales intégrées au droit interne est considérable. Mais leur importance n'est pas seulement quantitative : tout engagement international régulièrement ratifié et publié s'impose au législateur. Aucune loi ne peut ainsi lui être contraire. Par ailleurs, les conventions internationales embrassant l'ensemble des matières juridiques, plus aucune activité humaine n'échappe aux droits et obligations prévus par les conventions. Cet annuaire recense enfin ces engagements internationaux avec des index thématiques et par pays signataire.

(Coll. Logiques Juridiques, 432 p., 42 euros)

ISBN : 978-2-343-16237-9, EAN EBOOK : 9782140112089

LES TITRES DE NOBLESSE DE LA VICTIME DEVANT LA COUR PÉNALE INTERNATIONALE

Guy David Mbara A Betsem

Préface de Gilbert Bitti - Avant-propos de Jean Claude Tcheuwa

La victime a longtemps été tenue à l'écart du procès devant les juridictions pénales internationales d'avant le début du XIXè siècle. Depuis l'avènement de la Cour pénale internationale (CPI), la victime est désormais admise dans le procès pénal. Ces droits, qui ne sont autres que des titres de noblesse, confèrent donc des privilèges permettant à la victime d'accéder à une justice pénale internationale très sélective, mais surtout réservée à une certaine catégorie de personnes. La CPI pose la problématique du rôle de l'État dans la mise en oeuvre des droits des victimes.

(242 p., 25,5 euros)

ISBN : 978-2-343-16718-3, EAN EBOOK : 9782140111631

MÉDIATION ET ENTREPRISES

Regards croisés Droit et Gestion

Responsables scientifiques : Gulsen Yildirim, Isabelle Sauviat et Romain Dumas. Textes réunis par Romain Dumas

La médiation, mode alternatif de résolution des différends, est un mécanisme désormais bien connu en Droit. L'entreprise apparaît comme l'un des lieux privilégiés de son application et ce, qu'il s'agisse d'aplanir un différend tant dans ses relations internes qu'externes. Toutefois, à la différence du Droit, le concept de médiation apparaît beaucoup moins familier en Sciences de gestion. C'est cette interaction singulière entre Droit et Gestion qui permet de mesurer la place réelle de la médiation dans les entreprises et les organisations. Entre acclimatation à parfaite et hostilité, un équilibre est possible afin qu'elle devienne un outil efficace.

(Coll. Droit privé et sciences criminelles, 142 p., 16,5 euros)

ISBN : 978-2-343-16643-8, EAN EBOOK : 9782140111556

PHÉNOMÈNE DISCIPLINAIRE DANS LE DROIT PUBLIC HELLÉNIQUE CONTEMPORAIN

Sotirios Lytras

Attachée constamment à l'idée que la notion de discipline concernait en principe les relations entre les ensembles organisés et leurs agents, la théorie traditionnelle du droit public a laissé hors de son attention des domaines entiers de la vie publique. Parue en grec en 1989, cette étude a pu montrer qu'en droit positif hellénique le phénomène disciplinaire a manifesté sa présence forte dans des relations entre ensembles publics et des personnes physiques ou morales y étant rattachées. A travers ce phénomène, l'activité publique s'avère décisivement élargie.

(Coll. Logiques Juridiques, 262 p., 27 euros)

ISBN : 978-2-343-16125-9, EAN EBOOK : 9782140111310

RECEL ET BLANCHIMENT

Nouvelles sources de cumul de qualifications

Théo Touzeau

Préface de Gildas Roussel

A la lumière de la jurisprudence, la question de l'impossible cumul de l'infraction d'origine avec celle du recel de choses concernant un même auteur mérite de nouveau d'être posée. C'est que les juges de la Chambre criminelle, malgré leur opposition à ce cumul, ont depuis admis la condamnation d'un individu tant pour une première infraction que pour le blanchiment subséquent. Cette différence de traitement des deux infractions interroge nécessairement. Cet ouvrage, dressant le constat de la possibilité de dépasser les arguments qui fondent le rejet de « l'auto-recel », invite le lecteur à mettre de côté ses certitudes et à prendre position : rien ne semble s'opposer à l'admission du cumul de l'infraction d'origine et du recel de choses.

(Coll. Bibliothèques de droit, 138 p., 15,5 euros)

ISBN : 978-2-343-16624-7, EAN EBOOK : 9782140110962

LES LIENS ENTRE ÉTHIQUE ET DROIT

L'exemple de la question animale

Sous la direction de Lucille Boisseau-Sowinski et Delphine Tharaud

A priori distincts, le droit renvoyant à la régulation des comportements par la loi et l'éthique à la distinction entre bien et mal, ces deux domaines s'interpénètrent et se nourrissent, particulièrement sur la question animale. La réflexion sur l'éthique animale s'est amplifiée ces cinquante dernières années et a conduit à une prise en compte des intérêts et de la qualité d'êtres vivants des animaux. Le droit s'en est fait l'écho. Pour autant, cette dynamique n'est pas si évidente : quelles théories peuvent inspirer le droit ?

(Coll. Le Droit aujourd'hui, 176 p., 18,5 euros)

ISBN : 978-2-343-16449-6, EAN EBOOK : 9782140109553

CORRUPTION ET DROIT PÉNAL

Sous la direction de Jean-Paul Céré et Carlos Eduardo Japiassu

Le thème de la corruption a traversé le temps. L'intérêt du droit pénal est cependant renouvelé par les nombreuses affaires médiatisées qui gangrènent la vie politique et le monde des affaires dans de nombreux pays. L'arsenal législatif interne cherche à s'adapter sous l'effet des multiples textes qui ont vu le jour à l'échelle internationale et régionale. Une nette tendance à l'harmonisation des législations criminelles anti-corruption est perceptible. Cet ouvrage permet de saisir la diversité du phénomène dans sa dimension criminologique et juridique.

(Coll. Comité international des pénalistes francophones, 238 p., 24,5 euros)

ISBN : 978-2-343-16153-2, EAN EBOOK : 9782140109850

JUSTICE CONSTITUTIONNELLE ET SUBSIDIARITÉ

L'apport de l'expérience canadienne pour la construction européenne

Claire Aguilon

La précision des critères d'application de la subsidiarité et le développement de son contrôle par l'Union européenne constituent un progrès vers un plus grand respect du principe selon lequel l'UE, lorsqu'elle intervient dans une compétence partagée avec les Etats-membres, doit établir la plus-value d'une action à son niveau pour atteindre l'objectif visé. L'étude de la jurisprudence de la Cour de justice de l'UE montre ses réticences à un contrôle allant au-delà de la recherche d'une motivation formelle de la nécessité de l'intervention européenne. En droit canadien, la subsidiarité éclaire sous un jour nouveau la clause de commerce ou la doctrine de l'intérêt national.

(Coll. Logiques Juridiques, 460 p., 40 euros)

ISBN : 978-2-343-15311-7, EAN EBOOK : 9782140109522

UN COMBAT POUR LA PAIX

Récit

Nouvelle édition revue et augmentée

Daniel Lagot

Alors qu'il s'est refusé jusque-là à tout engagement devant la fragilité des choses humaines, un homme découvre l'amour et s'engage, avec la femme à ses côtés, dans un combat pour le droit, la justice et la paix. Après l'enthousiasme initial, les tensions et dilemmes vont se développer, en particulier lors des guerres en Libye et en Syrie. Comme dans une tragédie grecque, ces tensions conduiront les personnages à leur destin. Le récit est en partie romancé, mais est directement inspiré d'histoires et de faits réels. Face aux drames et menaces pesant sur l'humanité, doit-on céder au pessimisme ou conserver l'espoir ?

(Coll. Les Impliqués, 152 p., 16,5 euros)

ISBN : 978-2-343-16114-3, EAN EBOOK : 9782140109409

LES SENS DE LA PEINE

Hugo Cappadoro

Préface de Muriel Giacopelli

Quelle est la raison d'être de la peine ? C'est autour de cette question que se sont cristallisés, au temps des Lumières, les paradigmes punitifs modernes. Du fait des bouleversements que connait aujourd'hui notre droit répressif et de la crise du milieu carcéral, auquel la pénalité est identifiée, le législateur, les acteurs et penseurs pénaux sont amenés à s'interroger une nouvelle fois sur l'acte de punir. Cet ouvrage aborde ainsi les évolutions pénales et propose une réflexion mettant en évidence la difficulté pour la pénalité actuelle d'avoir un sens intelligible et pluriel, tant pour le condamné, que pour la victime et la société.

(Coll. Bibliothèques de droit, 212 p., 21,5 euros)

ISBN : 978-2-343-16461-8, EAN EBOOK : 9782140108945

SUR LA COUR EUROPÉENNE DES DROITS DE L'HOMME

Rétrospective d'un initié (1998-2016)

Bostjan M. Zupancic

La Convention européenne des droits de l'homme, prétendant expliciter ce que sont ces droits, est un court texte abstrait. Quatre-vingt-dix-neuf pourcent de ces droits seront concrétisés par les précédents prononcés en flux continu, autoréférentiel, par la Cour européenne des droits de l'homme (CEDH). En somme, les droits de l'homme sont simplement ce que la CEDH déclare qu'ils sont ou ne sont pas. Quarante-sept Etats signataires sont liés à cette jurisprudence de Strasbourg. Or, l'approche jurisprudentielle du stare decisis est étrangère au formalisme juridique européen. A l'autre extrême, l'auteur apporte une explication métaphysique du sens de la justice. Il présuppose le plus haut niveau d'autonomie morale et de raisonnement juridique.

(Coll. Logiques Juridiques, 452 p., 45 euros)

ISBN : 978-2-343-15739-9, EAN EBOOK : 9782140108808

GOUVERNANCE D'ENTREPRISE, RESPONSABILITÉ SOCIÉTALE EN DROIT MALIEN

Issiaka Cissé

Cet ouvrage interroge le droit positif malien dans l'appréhension des concepts de la gouvernance d'entreprise (GE) et de la responsabilité sociétale des entreprises (RSE). L'étude met en évidence le décalage du droit malien dans la construction évolutionniste de l'entreprise. Elle révèle que l'environnement juridique des entreprises maliennes n'évolue pas dans une économie pourtant en pleine mutation. Des contraintes liées à l'application des principes de ces deux concepts créent un déséquilibre en termes de compétitivité au plan national voire régional ou international.

(Coll. Études africaines, 390 p., 38 euros)

ISBN : 978-2-343-15230-1, EAN EBOOK : 9782140108464

POUR UNE NOUVELLE ÉDUCATION JURIDIQUE

Sous la direction de Massimo Vogliotti

Depuis quelques années, nous assistons en Europe à une floraison de réflexions et d'expériences novatrices relatives à la formation juridique. Ce phénomène peut être interprété comme le signe annonciateur d'une révolution de notre façon de concevoir l'enseignement du droit, encore liée au cadre théorique et mythologique du paradigme juridique moderne. Cet ouvrage met en avant la nécessité d'un renouvellement en profondeur de notre modèle traditionnel d'enseignement du droit.

(Coll. Logiques Juridiques, 228 p., 24,5 euros)

ISBN : 978-2-343-10744-8, EAN EBOOK : 9782140108426

Structures éditoriales du groupe L'Harmattan

L'Harmattan Italie
Via degli Artisti, 15
10124 Torino
harmattan.italia@gmail.com

L'Harmattan Hongrie
Kossuth l. u. 14-16.
1053 Budapest
harmattan@harmattan.hu

L'Harmattan Sénégal
10 VDN en face Mermoz
BP 45034 Dakar-Fann
senharmattan@gmail.com

L'Harmattan Cameroun
TSINGA/FECAFOOT
BP 11486 Yaoundé
inkoukam@gmail.com

L'Harmattan Burkina Faso
Achille Somé – tengnule@hotmail.fr

L'Harmattan Guinée
Almamya, rue KA 028 OKB Agency
BP 3470 Conakry
harmattanguinee@yahoo.fr

L'Harmattan RDC
185, avenue Nyangwe
Commune de Lingwala – Kinshasa
matangilamusadila@yahoo.fr

L'Harmattan Congo
67, boulevard Denis-Sassou-N'Guesso
BP 2874 Brazzaville
harmattan.congo@yahoo.fr

L'Harmattan Mali
Sirakoro-Meguetana V31
Bamako
syllaka@yahoo.fr

L'Harmattan Togo
Djidjole – Lomé
Maison Amela
face EPP BATOME
ddamela@aol.com

L'Harmattan Côte d'Ivoire
Résidence Karl – Cité des Arts
Abidjan-Cocody
03 BP 1588 Abidjan
espace_harmattan.ci@hotmail.fr

L'Harmattan Algérie
22, rue Moulay-Mohamed
31000 Oran
info2@harmattan-algerie.com

L'Harmattan Maroc
5, rue Ferrane-Kouicha, Talaâ-Elkbira
Chrableyine, Fès-Médine
30000 Fès
harmattan.maroc@gmail.com

Nos librairies en France

Librairie internationale
16, rue des Écoles – 75005 Paris
librairie.internationale@harmattan.fr
01 40 46 79 11
www.librairieharmattan.com

Librairie l'Espace Harmattan
21 bis, rue des Écoles – 75005 Paris
librairie.espace@harmattan.fr
01 43 29 49 42

Lib. sciences humaines & histoire
21, rue des Écoles – 75005 Paris
librairie.sh@harmattan.fr
01 46 34 13 71
www.librairieharmattansh.com

Lib. Méditerranée & Moyen-Orient
7, rue des Carmes – 75005 Paris
librairie.mediterranee@harmattan.fr
01 43 29 71 15

Librairie Le Lucernaire
53, rue Notre-Dame-des-Champs – 75006 Paris
librairie@lucernaire.fr
01 42 22 67 13